Werner Raith
Florenz vor der Renaissance

Palazzo Vecchio in Florenz, begonnen um 1299, daneben die Loggia dei Signori, 1376–1381. Von hier aus wurden die Regierungsgeschäfte geführt

Werner Raith

FLORENZ VOR DER RENAISSANCE

Der Weg einer Stadt aus dem Mittelalter

Campus Verlag
Frankfurt/New York

Als Habilitationsschrift auf Empfehlung des Fachbereichs 3 (Erziehungswissenschaften und Psychologie) der Technischen Hochschule Darmstadt gedruckt mit Unterstützung der Deutschen Forschungsgemeinschaft

CIP-Kurztitelaufnahme der Deutschen Bibliothek

Raith, Werner:
Florenz vor der Renaissance : d. Weg e. Stadt aus d. Mittelalter / Werner Raith. – Frankfurt/Main, New York : Campus Verlag, 1979.
ISBN 3-593-32373-7

ISBN 3-593-32373-7

Produktion: Buchteam Frankfurt
Umschlaggestaltung: Eckard Warminski, Frankfurt/Main
Satz: H. E. Henniger, Satzbetriebe, Wiesbaden
Druck: Poeschel & Schulz-Schomburgk, Eschwege
Bindung: Klemme & Bleimund, Bielefeld
Printed in Germany

Inhalt

Vorwort 9

Einleitung 12

1 Die gesellschaftliche Entwicklung in Florenz vom 12. bis zum 15. Jahrhundert 23

1.1 Die demografische Entwicklung 24
1.1.1 Bevölkerungszahl 24
1.1.2 Die Anzahl der Armen 25
1.1.3 Kinder 25
1.1.4 Klerus 26
1.2 Schichten und Klassen in der Gesellschaft 28
1.3 Die innenpolitischen Kämpfe 37
1.4 Die Veränderungen der florentiner Verfassung 49

2 Arbeit und Situation der Arbeiter zwischen dem 12. und 15. Jahrhundert in Florenz 54

2.1 Der Übergang von der ländlich-feudalen zur städtisch-kapitalistischen Produktion 58
2.1.1 Die erhöhte Bedeutung der städtischen Produktion . . . 58
2.1.2 Die veränderte Produktionsweise auf dem Land 60
2.1.3 Das Vorherrschen der städtischen (kapitalistischen) Produktionsform 61
2.2 Das Handwerk 63
2.3 Die Zünfte als gesellschaftliche Organisationsform der Arbeit 69
2.4 Industrie, Manufaktur, Großbetriebe 73
2.5 Monopole, Kartelle 79
2.6 Die Bedeutung einzelner Gewerbe 81
2.7 Handels- und Bankhäuser als Ort des Großbürgertums . . 91
2.8 Arbeitsverhältnisse 94
2.9 Versuche der Selbstorganisation von Arbeitern 106

3 Berufsbildung in Florenz vom 12. bis 15. Jahrhundert . . 111

3.1 Die Mehrschichtigkeit der Ausbildung 116
3.2 Die Zweckgerichtetheit der Ausbildung 119
3.3 Die Ausbildung der Handwerker 121

3.4 Die Ausbildung der Kaufleute, Händler und Bankiers . . 126
3.5 Die Ausbildung der Ideologen 131

4 Die Organisation des florentiner Bildungswesens 136
4.1 Die Elementarschulen (Lesen und Schreiben) 142
4.2 Die Rechenschulen 149
4.3 Die Latein- und Grammatikschulen 152
4.4 Besondere Schultypen 157
4.5 Die Hochschulen und die Universität 158
4.6 Der Lehrerstand 163
4.7 Mädchenbildung 165
4.8 Die psychische Struktur der Schüler 168

5 Die außerschulische Erziehung 172
5.1 Die Masse der Nichtschulgänger 175
5.2 Die häusliche Erziehung 178
5.3 Die Erziehung durch Prediger und Laienbrüderschaften . 182
5.4 Kommunikation 188
5.5 Die erzieherischen Elemente der Volkserhebungen 190

6 Das Aufkommen humanistischer Ideologie und Bildungsvorstellung 195
6.1 Die Grundlegung des Humanismus als Erscheinung einer Zeit bereits entwickelter neuer Ökonomie in Florenz . . 197
6.2 Die Gespaltenheit der humanistischen Ideologie und Bildungsvorstellung 199
6.3 Der individuell-ästhetische Humanismus bei Petrarca . . . 202
6.4 Der bürgerlich-politische Humanismus bei Salutati 207
6.5 Die ökonomische Wurzel der beiden humanistischen Hauptlinien 215

7 Ökonomische Veränderung – Arbeit/Beruf – Ausbildung/Beruf 219

Anmerkungen 227

Verzeichnis der Quellen 247
I. Archivmaterialien und reine Quellensammlungen 247
II. Darstellende Sammlungen, die teils in Regestenform, teils in auszugsweiser Wiedergabe Quellen und Archivmaterialien enthalten 248
III. Zeitgenössische Dokumente vorwiegend literarischer Art . 249

Ausgewählte Sekundarliteratur 251

Register 274

Für meine Frau Waltraud

Palazzo des Podesta, sog. Bargello, begonnen um 1255. Der Bargello diente als Sitz der Innen- und Polizeiadministration

Vorwort

Die vorliegende Arbeit hat sich aus einem ursprünglich umfassenderen und anders akzentuierten Themenbereich entwickelt. Die in den letzten Jahren wieder sichtbar werdende Hinwendung zu klassisch-bürgerlichen Bildungsinhalten, manifestiert u. a. in einem erheblich verstärktem Vormarsch des humanistischen Gymnasiums in der Bundesrepublik, legten eine Untersuchung nahe, unter welchen historischen Bedingungen sich derartige Humanismen bilden und zu etablieren vermögen. So sollte ursprünglich eine Arbeit „Über die ökonomischen, sozialen, politischen und ideologischen Voraussetzungen für das Entstehen humanistischer Epochen in der Geschichte" angelegt werden.

Im Laufe der Nachforschungen zeigte sich jedoch, daß überall da, wo grundlegendes Material für die Darstellung und Interpretation vonnöten war, erhebliche Lücken in der wissenschaftlichen Quellensicherung vorlagen, so daß der Plan, möglichst alle humanistischen Epochen einzubeziehen, aufgegeben werden mußte. Stattdessen bot sich an, zunächst die Konzentration auf einen Abschnitt der Geschichte zu verlegen und hier im Detail den Wechselwirkungen von Wirtschaftsentwicklung, Politik, Kultur etc. nachzugehen und damit zumindest einen Einstieg für weitere Forschungen zu gewinnen, Interpretationsraster zu entwickeln und Muster für weitere Untersuchungen zu schaffen.

Aus verschiedenen Gründen bot sich die Geschichte italienischer Städte im 12.–15. Jahrhundert besonders an. Denn einerseits liegt sie gerade an der Schwelle von der mittelalterlichen zur neuzeitlichen Gesellschaftsform, bietet also die Möglichkeit zum Einblick in die Dialektik historischer Transformationsvorgänge, noch dazu im Übergang zu einer uns heute noch betreffenden sozialen, ökonomischen, ideologischen Epoche, andererseits wurden auf eben diesem Gebiet in den letzten anderthalb Jahrzehnten durch westliche wie östliche Archive viele bisher unbekannte Urkunden und Materialien zutage gefördert, auch die Diskussion über die Deutungsmöglichkeiten auf immer breiterer Ebene geführt, so daß der Einstieg gerade hier besonders lohnend erschien. Da sich darüber hinaus noch erwies, wie wenig die Interpretationen bisher über ein nachträgliches Verknüpfen isoliert gewonnener Erkenntnisse hinausgelangt sind, war die Notwendigkeit einer umfassenden Neubewertung noch stärker gegeben.

Insbesondere zeigte sich, daß gerade jene Epoche, in der sich die italienischen Stadtstaaten als Zentren des frühen Kapitalismus organisieren, bezüglich der Wechselwirkung von wirtschaftlicher Grundlage und kulturellem Aufbau bisher weitgehend unzulänglich behandelt waren; tatsächlich findet die Konstituierung neuzeitlich-bürgerlicher Produktions- und Distributionsformen bereits zeitlich so lange vor den ersten Ansätzen eines Humanismus statt, daß das Aufeinanderbeziehen beider Aspekte völlig unzulässig erscheint, obwohl es in der kulturgeschichtlichen Darstellung bis heute nahezu ausschließlich in dieser Weise statthat.

Damit aber verlagerte sich der Schwerpunkt der Untersuchungen erneut: einerseits mußte nun als notwendige Vorgeschichte erst einmal der tatsächlich zur Zeit der bürgerlichen Etablierung in Florenz herrschende kulturell-ideologische Überbau erforscht werden, der bis heute nirgends eingehend dargestellt ist, um so die Wurzeln für das Entstehen des Humanismus zu erkennen, andererseits mußte eine Geschichte des 12.–15. Jahrhunderts in wirtschaftlicher und politischer Hinsicht miteingeschrieben werden, z. T. unter Heranziehung bis heute wenig oder gar nicht gewürdigter Urkunden und Archivmaterialien, die aber gerade im Hinblick auf unser Anliegen bezeichnendes Licht werfen.

Insoweit entwickelte sich die Arbeit endgültig weg von einem zunächst nahezu ausschließlich erziehungshistorischem Ansatz hin zum Aufweis des Weges einer Stadt aus dem Mittelalter mit all den wesentlichen Aspekten dieses Weges. Es mußte das Bild des sich vom Feudalismus befreienden Stadtstaates Florenz gezeichnet werden, dessen wichtigste wirtschaftliche Leistungen bereits mehrere Jahrhunderte vor der Renaissance – die die Stadt dann kulturell so berühmt gemacht hat – lagen und der in vielem die Entwicklung der neuzeitlichen Gesellschaft, Politik, Kultur vorausnahm.

Die Untersuchung wurde nach Einbeziehung mehrerer tausend Urkunden und nach der Verarbeitung der vorhandenen Sekundärliteratur auf die Schwerpunkte Arbeit, Beruf, Ausbildung und Erziehung konzentriert, die am ehesten eine deutliche Darstellung der Wechselwirkung, gegenseitigen Beförderung und Hemmung der Bereiche Basis und Überbau erwarten ließen.

In der hier publizierten Fassung wurde die Arbeit 1976 abgeschlossen und unter dem Titel „Arbeit, Beruf, Ausbildung und Erziehung in Florenz vom 12.–15. Jahrhundert / Ein Beitrag zur Bildungsgeschichte in der Übergangsepoche zur italienischen Renaissance" als Habilitationsschrift im Fachbereich 3 der Technischen Hochschule Darmstadt verwendet, wo sie von den Professoren H.-J. Gamm, G. Gründer, G. Kade und E. Grassi (München) begutachtet wurde. Nach Abschluß des Verfahrens hat die Deutsche Forschungsgemeinschaft einen erheblichen Kostenzuschuß für die Veröffentlichung geleistet; allen, die diese Arbeit gefördert haben, sei an dieser Stelle mein herzlicher Dank ausgesprochen; das gilt auch für die italienischen und deutschen Archive, die mir ihr Material zur Verfügung gestellt haben.

Schließlich noch eine Bemerkung zur Zitierweise. Um den Band nicht allzusehr mit Indices und Anmerkungen zu überladen, wurde überall da, wo eine Angabe nur Bibliographie und Seitenzahl enthält, ein Kürzel unmittelbar in den Text eingeschoben und nur dort ein Anmerkungsverweis angebracht, wo über den fortlaufenden Text hinaus Bemerkungen notwendig waren.

Die Kürzel im Text verweisen mit der ersten Zahl auf die Nummer des Literaturverzeichnisses (einschließlich Quellenverzeichnis), dann folgt entweder die Bandnummer als römische Ziffer, eventuell mit Schrägstrich die Halbbandnummer, sodann, wieder durch Komma getrennt, die Seitenzahl; erfolgt in derselben Klammer eine weitere bibliographische Angabe, so ist sie von der ersten durch einen Strichpunkt getrennt. Z. B. bedeutet die Angabe (236, II/2, 355; 787, 290) im Klartext: Davidsohn, Geschichte von Florenz, Bd. II, 2. Halbband, S. 355; Villari, I primi due secoli . . ., S. 290.

Reinheim, Dezember 1978 W. R.

Einleitung

Zur Problemstellung

Die wissenschaftliche Erforschung jenes Zeitraums europäischer Vergangenheit, die ökonomiegeschichtlich mit dem allerersten Aufkommen kapitalismusähnlicher Produktions- und Distributionsformen und geistesgeschichtlich mit der „Wiederbelebung des classischen Alterthums"[1] verbunden wird, befindet sich in einem eigenartig gespaltenen Zustand.

Denn: Einerseits ist jene „Wiedergeburt der Antike" zu einem nahezu unerschöpflichen Feld akademischer Forschungen geworden. Nicht nur einige, sondern Dutzende von Interpretationsschulen haben sich herausgebildet, die einander mit schöner Regelmäßigkeit den Besitz der rechtmäßigen Deutung absprechen[2].

Andererseits haben sich in letzter Zeit zunehmend Wissenschaftler – insbesondere aufgrund einer materialistischen Geschichtstheorie – mit der historischen Erforschung jener Epoche im Hinblick auf die Entfaltung der Produktivkräfte befaßt[3].

Aber: Es findet sich heute faktisch nicht eine grundlegende Untersuchung, die das Bindeglied zwischen diesen beiden fundamentalen Faktoren gesellschaftlicher Entwicklung – Basis und Überbau – für jene Zeit aufspürt und zu einer Darstellung bringt. Arbeit, Produktion, Entfaltung der Produktivkräfte und Produktionsmittel auf der einen Seite und die Gesamtheit des kulturellen und ideologischen Überbaus auf der anderen Seite stehen einander als isolierte Bereiche gegenüber. Ihre wechselseitige Einwirkung aufeinander und ihre dialektische Durchdringung voneinander bleibt unverständlich.

So erscheint im Bereich der Ökonomie die erstmalige, im Vergleich zum Mittelalter geradezu ungeheuer anmutende Entwicklung der Warenproduktion und des Handels, die immer rapider zunehmende Konzentration der Produktivkräfte vor den Augen des Forschers, und er vermag diese Tatsachen wissenschaftlich auch überzeugend aus den sich damals verändernden Umständen naturbedingter und herstellungstechnischer Art abzuleiten[4].

Genauso läßt sich innerhalb jenes fast gigantisch wirkenden Überbaus, der heute mit dem Sammelnamen „Humanismus" belegt wird, eine gewisse dialektisch-historische Gesetzmäßigkeit aufspüren. Aber das Entscheidende für unseren heutigen Erkenntnisfortschritt ist nicht, wie sich im Schoß der Feudalgesellschaft die neue Ökonomie herausgebildet oder wie auf der anderen Seite das mittelalterliche durch ein bürgerliches Weltbild ersetzt wird. All das sind ja nur Einzelfaktoren innerhalb der gesamtgesellschaftlichen Entwicklung. Vielmehr kommt es darauf an zu zeigen, wie beides miteinander zusammenhängt, welches das Glied bzw. die Instanz ist, mithilfe derer die Basis auf den Überbau einwirkt und umgekehrt der Überbau die ökonomischen Fundamente beeinflußt.

Es ist bezeichnend, daß auch die wenigen Darstellungen der Geschichte jener Zeit, die nicht einseitig die eine oder die andere der genannten Komponenten ins Zentrum rücken, bis heute praktisch genauso in ihren Interpretationsversuchen gescheitert bzw. im Unbefriedigenden stehengeblieben sind wie alle anderen, die den von uns ins Auge gefaßten Zeitraum behandelt haben. Wir zitieren hier stellvertretend für andere die ansonsten vorzügliche „Geschichte der Erziehung", die K. H. Günther et. al. in Berlin/DDR herausgegeben haben und die mehr als alle anderen Darstellungen aus dem deutschsprachigen Wissenschaftsraum um die Herausarbeitung der Dialektik Basis-Überbau bemüht ist. Dort wird über die fraglichen Epochen folgendermaßen berichtet:

„Mit dem Frühkapitalismus erwuchs eine neue Ideologie, die den Bedürfnissen des Bürgertums entsprach. Sie stellte den Kern einer großen Kulturbewegung dar, welche ihrer Grundtendenz nach sich gegen Scholastizismus, Dogmatismus und Klerikalismus der mittelalterlichen Kirche, der Stütze der feudalen Ordnung, richtete. Bei der Herausbildung der bürgerlichen Weltanschauung bot sich – zumal in Italien – als wertvolle Hilfe das heidnische Altertum an. Man betrieb mit Leidenschaft die Erforschung der Antike und gestaltete das künstlerische, wissenschaftliche und politische Erbe der Römer und der Griechen nach den Erfordernissen der Gegenwart. Diesen Erneuerungsprozeß nennen wir „Renaissance", das heißt Wiedergeburt der Antike. Bildende Künstler, Musiker, Dichter, Gelehrte waren ihre Schöpfer" (347, 77).

Hier zeigt sich in besonderer Deutlichkeit das unvermittelte Nebeneinander der Bereiche Basis und Überbau in der Darstellung: Zum Frühkapitalismus erwuchs eine neue Ideologie, die des Bürgertums. Das Altertum bot sich an. Aber warum gerade das Altertum? Der Hinweis, daß in Italien sich gerade die römische Antike „anbot", wird sofort dadurch in Frage gestellt, daß unmittelbar nachfolgend das „Erbe der Römer und der Griechen" als Grundlage angegeben wird – warum auch der Griechen? Wenn sich die neue Ideologie gerade aufgrund der neuen ökonomischen Produktionsform, nämlich des Frühkapitalismus, bildet – was hat die Antike, die sicherlich keine Beziehung zum neuzeitlichen Kapitalismus aufweisen kann, damit zu tun? Welches ist der Grund dafür, daß das Bürgertum das völlig anders gestaltete Altertum der Sklavenhaltergesellschaft zur Grundlage seiner „neuen" Ideologie machen wollte? Und schließlich die noch viel entscheidendere Frage: Wie konnten die Herrschenden gerade mithilfe einer von der Volkssprache völlig verschiedenen Phraseologie und Terminologie (Latein und Griechisch im Gegensatz zum Italienischen, „Volgare") einen Überbau schaffen, dem das Volk, zu 95 % nicht einmal das Lateinischen kundig, folgen sollte?

Der Fehler liegt nach den Erkenntnissen unserer folgenden Arbeit bereits im Grundsätzlichen. Die Forschung hat bisher immer nur eine nachträgliche Verknüpfung der vorher isoliert gewonnenen Ergebnisse versucht und die organische Gewachsenheit der damaligen Epochen nicht zum Gegenstand der Untersuchungen gemacht. Mit anderen Worten: Einerseits lagen die Ergebnisse der Überbau-Forschung vor, andererseits die gewonnenen Fakten der Ökonomie-Geschichte. Die Historiker, die einer dialektisch-historischen Geschichtsschreibung verpflichtet sind, haben nun versucht, beides miteinander zu verbinden. Genau das aber ist die Schwäche der bisherigen Darstellungen, denn dabei haben sich unzählige gravierende Irrtümer eingeschlichen, die zu einem guten Teil darin wurzeln, daß eben nicht alles, was logisch und theoretisch bündig klingt, sich auch historisch so abspielen muß. Die unzähligen kleinen und kleinsten Einzelfaktoren lassen die konkreten geschichtlichen Vorgänge keineswegs so schön schematisch ablaufen, wie es sich der Forscher wünscht – Engels hat in seinem berühmten Brief an Bloch eine solche naive, wenn auch sehr weit verbreitete Betrachtungsweise eindrucksvoll kritisiert[5].

Wir weisen auf einige der wichtigsten Fehleinschätzungen und Falschinterpretationen hin. An dieser Stelle der Problemaufstellung können wir dies nur in Form von Behauptungen tun; den Beweis wird die folgende Abhandlung zu bringen haben,

1. Die bisherigen Interpretationsversuche verbinden stets den aufkommenden Frühkapitalismus (als ökonomische Basis) mit dem humanistischen Gedankengut (als entsprechendem Überbauaspekt). Sie übersehen dabei, daß bereits mit dieser Verbindung ein grundlegender Fehler geschieht. Denn man vermengt hier die Ideologie einer gewissen Epoche mit der materiellen Basis einer zeitlich ganz anders liegenden: die wichtigsten Umstrukturierungen auf dem Gebiet der Ökonomie geschehen in den entwickelteren Stadtstaaten Italiens – insbesondere in Florenz – bereits im 12. und 13. Jahrhundert; am Ende des 13. Jahrhunderts sind sie in ihren Grundzügen bereits so weit abgeschlossen, daß kaum mehr eine Weiterentwicklung erfolgt. Der Humanismus aber, jedenfalls in der heute allgemein den Untersuchungen zugrundeliegenden Form, wird frühestens mit Petrarca und Boccaccio angesetzt – also nicht vor der Mitte des 14. Jahrhunderts. Eigentliche Höhepunkte bürgerlich-humanistischer Denkweise beginnen sogar noch später, mit Salutati in der zweiten Hälfte und besonders im letzten Drittel des 14. Jahrhunderts.

2. Humanismus ist eine ausgeformte Ideologie, die als solche nur den am weitesten fortgeschrittenen Teilen der „Denker" jener neuen tonangebenden Schicht zugänglich sein konnte.

Wenn die Forschung heute die Werke und Aussprüche dieser Ideologen als Denkweise jener Zeit vielfach totalisiert, so übersieht sie, daß gerade die in einer den Massen nicht verständlichen nichtlebendigen Sprache abgefaßten Thesen und Theorien, Regeln und Anleitungen sich nur auf eine verschwindend kleine Minderheit bezogen. Darüber hinaus, was bis heute ebenfalls weitgehend vernachlässigt wird, ist diese kleine Minderheit in sich keineswegs homogen, sondern zerfällt in verschiedene Hauptströme, die sich in ganz verschiedenen Forderungen und Wünschen darstellen.

3. Die Masse der damals lebenden Menschen bestand weder vor Aufkommen noch während der Blüte des Humanismus aus Humanisten, sondern aus einfachen, arbeitenden Menschen. Ihre Gedanken und ihr Tun wurden geformt durch ihre tagtägliche Beschäftigung, durch ihre Arbeit, ihre Gewohnheiten, ihre gegenseitigen Auseinandersetzungen, ihre Kommunikation und auch durch die Art ihrer Zerstreuung (die damals eine wichtige Rolle in der Bewußtseinsgenese spielte). Da sich die Forschung bisher nicht die Mühe gemacht hat, den Einfluß der damaligen Befriedigung mittelbarer und unmittelbarer Bedürfnisse der Volksmassen auf die allgemeine Denk- und Verhaltensweise zu untersuchen, ist ihr auch das wesentliche Fundament für eine dialektische Interpretation Basis-Überbau in der Zeit des frühen Kapitalismus verloren gegangen. Und die Totalisierung des Humanismus zur Ideologie der damaligen Zeit schlechthin wurde zum bisher nicht kritisierten, aber dennoch falschen Ersatz für die Darstellung des organischen Wachsens der florentiner frühkapitalistischen Gesellschaft mit ihren Grundlagen in Basis und Überbau.

4. Ebenfalls völlig vernachlässigt – und deshalb zu falschen Spekulationen einladend – ist bisher die Frage, auf welchem Wege sich in der Zeit aufkommender neuer Ökonomie, also im 12. und 13. Jahrhundert, die Verinnerlichung herrschaftlicher Denkweisen vollzieht – bei den neuen Machthabern einerseits und, als Akzeptieren der sich neu bildenden Gesellschaftsform, bei den Volksmassen andererseits. Ist, wie bereits angesprochen, der Humanismus eine Ideologie, die sich zeitlich erst lange nach Etablierung der neuen Produktionsweisen und nach dem gesellschaftlichen Umschwung bildet, so wissen wir äußerst wenig über die tatsächliche Ideologie des 12. und 13. Jahrhunderts in den Metropolen des frühen Kapitalismus, und noch weit weniger ist uns über die Mittel bekannt, mit denen man sie dem Volk aufoktroyierte. D. h., für die Erforschung der gesamtgesellschaftlichen Entwicklung im Frühkapitalismus spielt der in den heutigen Darstellungen so eng damit verbundene Humanismus nur eine sehr geringe, weil späte Rolle, während die ihm lange vorangehende Weltsicht des 12. und 13. Jahrhunderts erst erforscht werden muß, zumindest was die dem Feudalismus entwachsenden Städte wie Florenz angeht.

Die vorliegende Arbeit stellt sich deshalb die Aufgabe, gerade den hier genannten Fragen und Problemen nachzugehen, die aus der Unzulänglichkeit und den Falschinterpretationen der bisherigen Darstellungen entspringen. Da ein solches Unterfangen insbesondere angesichts der schon erwähnten Defizite auf dem Sektor der Quellen-Erforschung ein Jahrhundertwerk zu werden vermöchte, sind allerdings einige Einschränkungen zu machen. Und zwar folgende:

1. Wir beschränken uns in unserer Untersuchung auf den Zeitraum vom endenden 12. Jahrhundert bis zum beginnenden 15., wobei wir, wo nötig und sinnvoll, auch noch auf entsprechend frühere oder spätere Erscheinungen eingehen werden. Dieser zeitliche Rahmen wurde gewählt, weil einerseits die Entwicklung kapitalismusähnlicher Produktionsformen bereits gegen Ende des 12. Jahrhunderts deutlich wird und weil andererseits in der Forschung wenigstens das eine unbestritten ist, nämlich daß spätestens zu Beginn des 15. Jahrhunderts innerhalb des Humanismus die florentiner Denkweise vorherrschend geworden ist.

2. Wir beschränken uns auf Florenz. Das hat erstens den Vorteil, daß wir es hier mit einem Gemeinwesen zu tun haben, dessen Umfang noch hinreichend beschränkt ist, um den Überblick zu behalten. Zweitens ist aber die Kommune damals bereits so differenziert, daß wir alle die bestimmenden Faktoren des sich entwickelnden Kapitalismus nachweisen können. Und drittens vermögen wir an manchen Stellen sogar einzelne dieser Faktoren so weit zu isolieren, daß wir sie in ihrer konkreten Einwirkung auf den Gang der Dinge untersuchen können.

3. Wir legen das Hauptgewicht unserer Untersuchung auf die Komponenten Arbeit, Beruf, Ausbildung und Erziehung. Die Forschung ist bis heute gewohnt, insbesondere bei der Frage von Erziehung und Bildung die Theorien der Humanisten zu referieren; wir haben aber schon erwähnt, daß nach unseren Erkenntnissen diese bis ins späte 14. Jahrhundert keine Rolle spielen. D. h., wir werden in unserer Arbeit die bekannten humanistischen Erziehungstheorien nicht des langen und breiten erörtern. Vielmehr werden wir bezüglich dieser Ideologie lediglich im Rahmen des uns interessierenden Zeitraums die – allerdings – zentrale Frage zu stellen haben, auf welcher Basis die Humanisten des 14. Jahrhunderts, und warum gerade zu dieser Zeit und nicht früher, ihre Thesen und Forderungen entwickeln. – Ansonsten wird bei unseren Darlegungen das Zusammentragen möglichst vieler bis heute nicht ausgewerteter Fakten über die Erziehung, Ausbildung, über Beruf und Berufsvorbereitung und über die Arbeit als für den Menschen konstitutiven Faktor im Vordergrund stehen.

4. Im Gegensatz zu den Untersuchungen, die sich besonders um die Darlegung des Fortschreitens in der Entwicklung der Produktivkräfte bemühen, und von denen wir bereits einige vorzügliche besitzen, werden wir im folgenden das Hauptaugenmerk weniger auf die exakte Form der Arbeit und der Arbeitsvorgänge, die Ausgestaltung der Produktionsmittel etc. legen, sondern uns vielmehr um die Konsequenzen für das Tun und Denken der Menschen kümmern, die sich aus der

Form der Arbeit, des Berufs, der Ausbildung und Erziehung – und aus ihren neuen Inhalten – ergeben.

5. Die Arbeit trägt gesellschafts-wissenschaftlichen wie erziehungshistorischen Charakter. Da unserer Meinung nach Erziehung eine Funktion der Gesellschaft und damit ein Korrelat zu der ökonomischen, politischen, kulturellen etc. Entwicklung ist, wird ein erheblicher Teil der Ausführungen zwangsweise immer wieder mit Fakten aus diesen korrelierenden Bereichen befaßt sein. Es soll hier ganz besonders deutlich die Dialektik gezeigt werden, die sich zwischen Basis und Überbau ergibt, wobei es für den Erziehungswissenschaftler darauf ankommt, Möglichkeiten und Grenzen des eigenen Bereichs genauer einschätzen zu lernen.

6. Es wurde bereits einige Male erwähnt, daß sich die Forschung auf diesem Gebiet noch sehr in den Anfängen befindet. D. h., für die im folgenden gemachten Ausführungen war ein intensives Studium der einschlägigen Quellen notwendig. Diese sind nur zu einem Teil ediert (z. T. auch nur als Regesten oder in Übersetzung, also nur beschränkt tauglich), weshalb für eine solche Arbeit das Heranziehen einer Anzahl italienischer Archive vonnöten war, insbesondere der Archive und Bibliotheken in Florenz, Siena, Neapel, Rom. Die ungeheure Anzahl noch vorhandener und zu sichtender Urkunden, Notariatsbücher, Ratsbeschlüsse, Geschäftsbücher und Aufzeichnungen früherer Handels- und Bankhäuser etc. macht natürlich auch für diese Arbeit eine exemplarische Auswahl vonnöten. So mußten wir uns mitunter zum Beweis von Behauptungen auf die ausführlichere Wiedergabe nur eines oder weniger Dokumente beschränken, um insbesondere den Anmerkungsteil nicht allzu ausufern zu lassen. Wir haben aber dafür Sorge getragen, daß ausdrücklich vermerkt wird, wenn wir unsere Behauptungen nur auf sehr wenige Quellen stützen, so daß eine Generalisierung nur mit Vorsicht zu betreiben ist. Ansonsten geben wir in den Anmerkungen wo immer möglich zu den ausführlich zitierten Dokumenten weitere Parallelstellen zumindest als Fundangabe oder Codex-Nummer der betreffenden Bibliotheken an. – Einige in älteren Quellenwerken angegebene Urkunden sind heute in den Archiven nicht mehr auffindbar, was wohl mit den Kriegen und verschiedenen Auslagerungen der Materialien im Zusammenhang steht. Wo die in früheren Werken wiedergegebenen Quellen verschollen sind, mußten wir uns auf die seinerzeitigen Editionen stützen, ohne die Authentizität nachprüfen zu können; wir haben nur solche Angaben unberücksichtigt gelassen, die ganz und gar unwahrscheinlich klingen und die man etwa auf Lesefehler zurückführen kann.

7. Weiterhin muß noch einschränkend bemerkt werden, daß trotz jahrelanger Suche in der Literatur und in Archiven längst noch nicht all das mit Sicherheit noch vorhandene Material aufgefunden werden konnte; es liegt wahrscheinlich in vielen Privat-Archiven italienischer Adels-Familien, in abseitigen und unbekannten Tresoren kleinerer

Kommunen oder örtlicher Bibliotheken, mitunter vielleicht auch im Ausland, und es ist damit zu rechnen, daß da im Laufe der Zeit noch einige Überraschungen ans Licht kommen.
8. Wir haben uns in der folgenden Arbeit – trotz des umfangreichen Literaturverzeichnisses – insbesondere bei der Darstellung des Erziehungs- und Ausbildungsbereiches möglichst wenig auf Sekundärliteratur gestützt. Diese Vorsicht wird spätestens dann verständlich, wenn wir uns von Zeit zu Zeit in unserer Arbeit mit Veröffentlichungen und Aussagen einer Anzahl von Forschern über unseren Gegenstand auseinandersetzen werden: es zeigt sich, daß leider sehr viele Behauptungen der unbelegten – und oft genug auch unbelegbaren – Spekulation entstammen oder durch unzulässige Analogieschlüsse von Tatbeständen anderer Länder oder späterer Zeiten her zustandegekommen sind. Wo noch wenig gesichertes Material vorliegt, blüht die Phantasie, und oft genug wird eine unbelegte Mutmaßung einer Forscher-Kapazität von weiteren Wissenschaftlern schon als bewiesene Behauptung weitergegeben und pflanzt sich so im Laufe der Zeit als gesicherte „Tatsache" fort. Die Aufhebung solcher Irrmeinungen ist dann besonders schwer, wenn die Kritik nur über mühselige Archivarbeit erfolgen kann und noch dazu anerkannte Autoritäten und Kenner der Materie angreifen muß. Aus all diesen Gründen erschien uns eine Arbeitsweise vernünftiger, die sich primär um das Quellenmaterial ansiedelt und erst dann die Sekundärmeinungen befragt, um so mit weniger Vorurteilen behaftet die Kritik ansetzen zu können. Weiterhin schien uns ein Ausgangspunkt von den Quellen her geeigneter zu sein im Sinne der oben angegebenen Absicht, die gesellschaftliche Entwicklung organisch zu erforschen und darzustellen, d. h. von der gleichzeitigen und sich wechselseitig durchdringenden Genese sowohl der Basis wie des Überbaus her ansetzend. Nur dadurch ist wohl die Sackgasse, in die die Literatur bezüglich der frühkapitalistischen Entwicklung der Gesellschaft durch die oben genannten Fehler geraten ist, zu überwinden.

Zwei etwas umfangreichere Anmerkungen müssen wir zum Abschluß dieser Problemdarstellung noch machen, die erste ist formaler, die zweite terminologischer Art.
1. Die Benennung der vorhanden Archivmaterialien insbesondere in Italien wird in der Literatur mitunter sehr unterschiedlich gehandhabt. Wir haben für die folgende Arbeit diejenige Art der Kodizierung verwendet, wie sie Robert Davidsohn in seiner umfangreichen „Geschichte von Florenz (236) und in den „Forschungen zur (älteren) Geschichte von Florenz" (28) benutzt hat. Der Grund liegt darin, daß Davidsohns Werk bis heute als einzigartige Gesamtdarstellung der Geschichte von Florenz unentbehrlich ist, wiewohl z. T. bereits mehr als siebzig Jahre alt. Der Forscher – und auch jeder Kritiker der vorliegenden Arbeit – wird zwangsweise früher oder später auf Davidsohn stoßen, und tatsächlich beziehen sich auch nahezu alle uns bekannten Sekundärdarstellungen jedwelcher Probleme aus dem Florenz des 12.

bis 15. Jahrhunderts auf Davidsohn. Es wäre also unsinnig, die formale Basis der Davidsohnschen Kodizierung zu verlassen, wenn sein Werk – obwohl es in einigen Dingen überholt ist – immer noch das Nachschlagewerk schlechthin ist.

2. Der zweite Punkt ist die Terminologie bezüglich der gesellschaftlichen Entwicklungen. Wir werden im folgenden häufig Begriffe wie Bürger, Bürgertum, Proletariat, Manufaktur etc. verwenden. Nun ist die Literatur voll des Streits über diese Betriffe und ihre Anwendung auf die historischen Gegebenheiten[6], und darum halten wir es für gut, gleich zu Beginn einige Klarstellungen vorzunehmen.

Wir wollen mit dieser unserer Arbeit nicht in die bekannten Auseinandersetzungen eingreifen, ob und ab wann man von Kapitalismus sprechen kann, und bis wann man von einem Vor- oder einem Frühkapitalismus, von einem unentwickelten oder einem halbagrarischen Kapitalismus sprechen muß, ab wann man die Arbeiter als Prolatariat bezeichnen darf und bis wann es sich um ein Vor-Proletariat handelt oder um ein Proletariat des Vor- und Frühkapitalismus etc. Wir verwenden all die oben angegebenen Begriffe wie Bürger usw. in gewisser Weise pragmatisch, um für die Trennung der verschiedenen Schichten und Klassen, für die sich entwickelnden Produktionsformen etc., einfache Abgrenzungen zu schaffen.

Wir werden im folgenden unter Kapitalismus diejenige Produktionsform verstehen, bei der innerhalb der Produktion einander einerseits Besitzer von Produktionsmitteln und Rohstoffen und andererseits Besitzer von Arbeitskraft gegenüberstehen, derart, daß die Arbeitskraft von ihrem Besitzer als Ware dem Besitzer von Produktionsmitteln angeboten und überlassen wird. Als weiteres Kennzeichen kommt hinzu die Tendenz zur Steigerung von Produktion und Warenherstellung, deren Rentabilität durch vermehrte Auspressung der Arbeitskraft zu erhöhen getrachtet wird, sowie der Zwang, sich in freier Konkurrenz gegenüber anderen Produktionsstätten und Händlern durchzusetzen.

Da die Voraussetzung dieser Produktionsform zunächst die Anhäufung bestimmter Mittel zum Zwecke des Erwerbs sei es der Produktionsmittel oder der Rohstoffe, sei es der Arbeitskraft selbst ist und in Florenz diese Anhäufung primär durch den Handel erfolgte, müssen wir auch diese vorausgehende, noch nicht eigentlich zum entwickelten Kapitalismus zählende Phase noch irgendwie benennen, und wir tun es, indem wir ihr die Bezeichnung des Handelkapitalismus beilegen.

Es mag zum Streit anregen, ob es im Florenz jener Jahrhunderte überhaupt irgendwann einmal einen über den Handelkapitalismus hinausgehenden Kapitalismus gegeben hat, und wir beabsichtigen nicht, hier zu den Hunderten von Schlagabtäuschen noch weitere hinzuzusetzen. Für diese Arbeit werden wir den Begriff Kapitalismus in dem Moment benutzen, wo sich innerhalb der Bevölkerung eine deutlich nachweisbare Schicht von Menschen abzeichnet, die im Besitz von Produktionsmitteln und Rohstoffen sind und die andere Leute, die nur ihre Arbeitskraft und nichts weiter besitzen, gegen Entlohnung mit diesen Mitteln an diesen Rohstoffen arbeiten lassen. Dies ist jedenfalls, wie wir zeigen werden, schon im 13. Jahrhundert der Fall.

Der Begriff Bürger und Bürgertum ist teilweise noch schwieriger zu bestimmen. Wir verwenden den Begriff des Bürgers in zweierlei Hinsicht: einmal, um den Stadtbewohner gegenüber dem Landbewohner zu bezeichnen, und zum anderen, um den Popolanen, den mit allen politischen Rechten und Vollmachten ausgestatteten Städter, gegenüber den anderen in der Stadt lebenden Menschen abzugrenzen. Letztere Scheidung bezieht sich auf die Klassen nach unten wie nach oben: der Bürger, der Popolane, ist in seinen Rechten und Vollmachten sowohl vom städtischen Adel, vom Patriziat der Granden und Ritter, zu scheiden, wie auch nach unten, vom Proletariat und den nichtselbständigen und nicht in Zünften organiserten Arbeitern. Ebenso wie in der späteren Phase das unternehmerische kapitalistische Bürgertum und das Proletariat einander antithetisch gegenüberstehen, sind in den gesellschaftlichen Veränderungen des 12. und besonders des 13. Jahrhunderts die Angehörigen des Popolo und das städtische Patriziat die beiden unversöhnlichen Seiten derselben Sache: die Stellung des städtischen Patriziats gegenüber dem von ihm bekämpften Feudaladel ist durch die Macht der Städte bedingt, und diese Macht hat sich nur durch die aufsteigende und expandierende Produktion und den sich erweiternden Handel ergeben, was aber wiederum nicht durch die Patrizier, sondern durch den Popolo, das Bürgertum, erarbeitet worden war. Die Macht und Regierung lag bei dem Patriziat, während der Popolo den Reichtum und die Grundlage der Macht des Patriziats nach außen erst schuf: das waren die Gegensätze der beiden Klassen.

Die beiden hier genannten Begriffe des Bürgers – einmal als Stadtbewohner schlechthin, das andere Mal als vollprivilegierter Bürger im Gegensatz zum (später entmachteten) Patriziat und dem Proletariat – werden im folgenden nicht durcheinanderkommen, da die Kontexte, in denen sie auftauchen, jeweils eindeutig sind. Es wäre nach unserem Dafürhalten unsinnig, hier nochmals eine terminologische Scheidung anzustreben, wo die historische Entwicklung des Begriffes „Bürger" noch dazu tatsächlich genau jene beiden Aspekte enthält.

Den Begriff des Proletariats werden wir verwenden, ohne hier eine explizite Klassentheorie zu diskutieren. Zwar werden wir nachweisen, daß sich insbesondere im 14. Jahrhundert bereits ein Bewußtsein der eigenen Lage bei den Wollarbeitern konstituiert, das gewisse Züge eines Klassenbewußtseins zeigt. Aber es wäre ziemlich vermessen, aufgrund der spärlichen Nachrichten, die uns verbürgt sind, hier nun schon konkrete und eindeutige Nachweise zu behaupten. Unter das Proletariat werden wir also nachfolgend all jene subsummieren, die, ohne mehr als ihre Arbeitskraft zu besitzen, diese ihre Arbeitskraft gegen einen Lohn verkaufen, den der Besitzer von Produktionsmitteln und Rohstoffen, für den sie arbeiten, an sie bezahlt. In der von uns behandelten Zeit ist dieses Kriterium für die Zugehörigkeit zum Proletariat aber nicht hinreichend weit, um zu einer Kennzeichnung zu gelangen. So finden wir eine starke Minderheit von Menschen, die zwar ebenfalls bar allen Besitzes – mit Ausnahme ihrer Arbeitskraft – sind, deren Abhängigkeit vom Kapitalisten aber verdeckter ist. Es sind dies die tausende von Heimarbeitern, die in den eigenen vier Wänden ihre Aufträge abwickeln, meist produzieren mithilfe von Geräten – etwa Webstühlen –, die der Unternehmer ihnen verpachtet oder gegen Entgelt für die Dauer des Produktionsvorganges geliehen hat. Eine dritte Gruppe besitzt zwar außer der Arbeitskraft noch in bescheidenem Umfang Produktionsmittel, etwa einen Webstuhl. Sie ist aber bereits voll in die Abhängigkeit von Händlern geraten, die nach Gutdünken die Produkte abnehmen, den Preis diktieren und dafür sorgen, daß ein Aufmüpfiger keine Aufträge mehr erhält. Diese letzere der drei Gruppen ist objektiv dem Proletariat hinzuzurechnen, da sie immer mehr absinkt und da ihre Abhängigkeit bereits so weit fortgeschritten ist, daß der Besitz des verbliebenen Produktionsmittels nichts mehr nützt. In der Auseinandersetzung mit den Unternehmern spielt diese Gruppe aber mitunter eine eigene Rolle, weil sie subjektiv ihre Lage noch nicht erkannt hat und sich noch immer an die Vorstellung der Selbständigkeit klammert. Es ist also ratsam, diese Gruppe an den entsprechenden Stellen vom Begriff des Proletariats auszunehmen, was wir auch tun werden.

Den Begriff der Manufaktur müssen wir weit anwenden: unter ihr verstehen wir eine Form der Arbeitsorganisation, bei der das Produkt von verschiedenen Handwerkern bzw. Bearbeitern hergestellt wird, und zwar so, daß eine übergeordnete ökonomische Instanz – das Unternehmen oder, personalisiert, der Unternehmer etc. – Eigner des Produkts, vom Rohstoff bis zur Fertigstellung, ist, den Ablauf der Fertigung bestimmt und im Allgemeinen sowohl den Lohn für die Produzenten wie auch den Preis für den Verkauf des Produkts festsetzt. Nicht in diese Bestimmung eingeschlossen ist, ob die Fertigung des Gesamtprodukts unter einem Dach geschieht oder ob sie von Handwerksbetrieb zu Handwerksbetrieb weitergeleitet wird, ob sie also zentralisiert oder dezentralisiert ist. Wir werden beide Formen als Manufaktur bezeichnen, weil der wesentlichste Aspekt, die Teilung der Produktfertigung und die Leitung durch das Unternehmen, beidemale gegeben ist. Wir werden darüber hinaus sogar dann noch von Manufaktur sprechen, wenn Teile der Fertigung in Heimarbeit ausgegeben werden und nur ein, allerdings überwiegender, Prozentsatz der Herstellung unter der unmittelbaren Regie des Unternehmens zustandekommt.

Wir werden im Folgenden auch bei anderen Begriffen der Versuchung widerstehen, sie etwa historisch-genealogisch abzuleiten, d. h. uns in lange Diskussionen um den Herkunftsverlauf zu verlieren. Für uns genügt regelmäßig die Tatsache, daß zu der von uns behandelten Zeit bzw. zu den jeweils festgestellten Zeitpunkten bestimmte, belegbare Erscheinungen vorliegen, die sich in der und der Weise manifestieren. Wie weit sie in ihrer Entwicklungsgeschichte zurückreichen, ist sekundär; eine solche Feststellung würde letztlich in die Ausarbeitung einer Weltgeschichte einmünden. Mit anderen Worten, für uns ist wichtig etwa die Tatsache, daß wir im 12. Jahrhundert von einer zum Stadtstaat emporgewachsenen Kommune Florenz sprechen können, und es ist in unserem Zusammenhang nicht wichtig, wie lange sich das schon so verhält, ob bereits im 10. oder erst im 11. Jahrhundert das Prädikat „Stadt" oder „Stadtstaat" anwendbar ist. Dasselbe gilt für alle die anderen genannten Erscheinungen, für Bürgertum, Kapitalismus, Proletariat, Manufaktur etc. – für den Forscher tritt all dies in die Geschichte ein mit dem Zeitpunkt seiner jeweiligen Nachweisbarkeit. Alles andere wäre bei Recherchen, die sich auf ein halbes Jahrtausend zurückliegende Epochen beziehen, unsinnig und vermessen.

Verstümmelte beim Almosenempfang. Ein großer Teil dieser Menschen verlor seine Organe oder Gliedmaßen durch Bestrafungen seitens der Kommune oder der Arbeitgeber. Aus dem Fresco „Triumph des Todes" (Pisa, Camposanto)

Kapitel 1
Die gesellschaftliche Entwicklung in Florenz vom 12. bis zum 15. Jahrhundert

Die allgemeine Geschichte von Florenz ist schon vor mehreren hundert Jahren in einer Reihe mehr oder minder umfangreicher Darstellungen überliefert worden, worunter sich auch eine Anzahl wichtiger statistischer Angaben aus der Zeit des 12. bis 15. Jahrhunderts befindet[7]. Auf ihnen fußen dann auch die meisten späteren Abhandlungen, wobei aber die kritische Betrachtungsweise erst in den letzten Jahrzehnten einigermaßen gesichert worden ist.

Das umfangreichste und zentralste Werk über die florentiner Geschichte ist nach wie vor das bereits erwähnte von Davidsohn. Die Darstellung Davidsohns hat zudem den Vorteil, daß sie ganz im Gegensatz zur sonst geübten Geschichtsschreibung gerade des ausgehenden 19. Jahrhunderts sich nicht in einer Aufzählung heldenhafter Taten, Feldzüge und Erbfolgeberichte erschöpft. Vielmehr berichtet er möglichst umfassend alles, was ihm bei seinen mehr als drei Jahrzehnte währenden Forschungen untergekommen ist. Das macht ihn für uns zu der Fundgrube, die auch heute noch nicht ganz ausgeschöpft ist. Andererseits aber leidet Davidsohns Darstellung zwangsweise darunter, daß der Forscher unter einer ungeheuren Fülle von Material auswählen mußte, um sein Werk nicht ins Uferlose gehen zu lassen, und so hat er eine Menge für uns interessanter Urkunden offenbar einfach außer Acht gelassen, ist auch mitunter infolge eben der genannten Überlastung zu Verkürzungen gekommen, die es zu korrigieren gilt.

Für die Darstellung der gesellschaftlichen Entwicklung sind zunächst all die Fakten von Interesse, die uns Auskunft geben oder Rückschlüsse zulassen über die Zusammensetzung der Bevölkerung, die Verfassung der Kommune sowie über die Wechselwirkung von inneren und äußeren politischen Veränderungen. Demgemäß wenden wir uns zuerst einer demografischen Beschreibung von Florenz zu, die auch die uns nachweisbaren Daten über die gesellschaftlichen Klassen und Schichten umfassen wird. Die zwischen diesen Klassen und Schichten ausgetragenen Kämpfe und Auseinandersetzungen bilden einen weiteren Aspekt der Betrachtung, der danach zur Darstellung der äußeren Verwicklungen der Kommune ausgeweitet werden muß. Schließlich werden wir noch die Rückspiegelung dieser Aspekte auf Form und Inhalt der florentiner Verfassung und ihrer Entwicklung aufzeigen. All diese

Elemente bilden ja die grundsätzlichen Voraussetzungen für das, was sich im Bereich der Arbeit, der Berufe, der Ausbildung, Bildung, Erziehung abspielen wird.

1.1 Die demografische Entwicklung

1.1.1 Bevölkerungszahl

Erste, allerdings fragmentarische Nachrichten über die Bevölkerungszahl und -dichte besitzen wir bereits aus dem 12. Jahrhundert. Eine uns erhaltene Eidliste aus einem der damaligen sechs Stadtbezirke läßt die Einwohnerzahl der gesamten Stadt für das Jahr 1198 zu ca. 20 000 hochrechnen[8]. Diese Zwanzigtausend lebten auf einer Fläche von ca. 105 ha, die vom sogenannten zweiten Mauerring umfaßt wurde – der erste uns bekannte Ring hatte nur eine Fläche von 32 ha umfaßt und war schon 1172 so viel zu klein geworden, daß man den zweiten Mauernkreis in Angriff nehmen mußte, der auch die mittlerweile außerhalb der alten Mauern liegenden Ansiedlungen einbezog. Um 1300 war die Einwohnerzahl wiederum so gestiegen, daß man noch einen dritten Mauerkreis bauen mußte, der nunmehr 512 ha einschloß; die Einwohnerzahl lag damals bei ca. 45 000[9]. Der sich ergebende Lebensraumkoeffizient von ca. 23 qm pro Einwohner für die Zeit unmittelbar von dem dritten Mauerbau, und ca. 114 qm für die Zeit danach klingt für unsere Vorstellung geradezu phantastisch, da wir meistens das umgekehrte Verhältnis – viele Einwohner auf einen einzigen qm – in Städten gewohnt sind. Tatsächlich aber bedeutete die genannte Bevölkerungsdichte bereits eine große Enge, denn innerhalb des Stadtkreises mußten noch genügend Grün- und Anbauflächen erhalten bleiben, um die Einwohner bei monatelanger Belagerung zu ernähren, ebenso Weiden und Unterstellplätze für Haustiere und Vieh etc.

Für 1348, kurz vor dem ersten Ausbruch der Pest in Florenz, läßt sich aufgrund von Steuerlisten eine Einwohnerzahl von ca. 51 000 errechnen, und diese Zahl bleibt bis ins 15. Jahrhundert mit einer Toleranz von ca. 10–20 Prozent ziemlich konstant. Dabei ist allerdings zu berücksichtigen, daß in den Jahren 1348, 1375 und 1400 schwere und schwerste Pestepidemien z. T. mehr als zehntausend Menschen hinwegrafften. Andererseits wurde aber dieser Verlust an Bevölkerungszahl zum größten Teil innerhalb weniger Monate wieder ausgeglichen, weil Menschen massenweise vom Land in die – durch Tod und Flucht – entvölkerte Stadt strömten[10].

Von Interesse für unsere späteren Ausführungen bezüglich Arbeit, Beruf, Ausbildung, Bildung und Erziehung sind nun bestimmte Gruppen und deren Bevölkerungsanteil. Wir haben auch darüber einige konkrete Aufschlüsse, die sich aus dem von uns bearbeiteten Material ergeben.

1.1.2 Die Anzahl der Armen

Die Zahl derer, die so arm waren, daß sie überhaupt keine Steuer zahlen mußten, läßt sich mit einiger Genauigkeit erschließen. Dazu muß man aber erst einiges über das Steuersystem zu Florenz im 12. und 13. Jahrhundert wissen (136, 130; 236, I, 681 ff, 84, II, 46).

1. Die Besitzenden wurden nach der Höhe ihres Vermögens geschätzt und anteilig steuerlich veranlagt.
2. Die Nichtbesitzenden, wohl aber Arbeitenden wurden mit einem Festbetrag versteuert.
3. Nicht besteuert wurden nur jene, die weder Vermögen besaßen noch arbeiten konnten — also Schwachsinnige, Greise, Körperversehrte, Witwen, die keine arbeitsfähigen Kinder hatten etc. (136, 131).

Aus dem Jahr 1370 besitzen wir eine Aufstellung, aus der sich das Verhältnis der versteuerten Familien zu den steuerfreien innerhalb einiger Stadtbezirke berechnen läßt. Danach kam auf eine unversteuerte Familie die Zahl von ca. 5,1 versteuerten Familien. Von den damals insgesamt anzunehmenden 55 000 Einwohnern sind damit ca. 4 000 Arme zu veranschlagen[11] . Die letzte Pestepidemie war schon einige Jahre vorbei, die verwaisten Arbeitsplätze dürften mithin wieder aufgefüllt gewesen sein, und so ergibt sich die genannte Zahl wohl als eine Art Armen-Standard. Er zeigt, daß die Kommune angesichts solcher Massen Unversorgter zu allerhand sozialen Aufwendungen gezwungen sein mußte.

Daß dieses „Lumpenproletariat" in Krisenzeiten in der Hoffnung auf Besserstellung zum Mitlaufen bei revolutionären Aktionen neigte, ist nicht zweifelhaft. Man darf dies aber auch nicht zu hoch veranschlagen, da ja ein Teil dieser Mittellosen verkrüppelt war, also gar nicht kämpfen konnte, oder auch aus Witwen bestand, die im Straßenkampf nicht unbedingt mitgemacht haben mögen.

1.1.3 Kinder

Giovanni Villani hat in seiner „Chronica" eine recht unwahrscheinliche Zahl jährlicher Taufen angegeben, die einen Taufkoeffizienten von 1 Taufe pro 15 Einwohner ergeben würde[12]. Taufregister, die uns Aufschluß über die Zahl der Neugeborenen geben, wurden in Florenz erst ab 1450 geführt, und die ältesten uns davon erhaltenen sind auch noch recht unzuverlässig[13]. Bei den späteren, sicheren Nachweisen ergibt sich jahrhundertelang stets der gleiche Koeffizient, nämlich 1 Taufe pro ca. 25 Einwohnern (136, II, 138), und es gibt keinen Grund zu der Annahme, daß es im Florenz des 12. und 13. Jahrhunderts anders gewesen sein sollte. Wie immer sind die Großschätzungen der Villanis sehr vage, was bei dem absoluten Mangel statistischer Registrierungen nicht weiter wunder nimmt.

Setzen wir – was in der damaligen Zeit durchaus angemessen ist – nach diesen Zahlen nun die Sterblichkeitsrate der Jugendlichen bis zu 15 Jahren mit durchschnittlich 10 % eines Jahrgangs an, so ergibt sich eine Anzahl von ca. 16–17 000 Kindern und Jugendlichen in diesem Bereich. Das stimmt ziemlich genau mit dem Prozentsatz von 2:1 zwischen Einwohnern über zu solchen unter 15 Jahren überein, der uns aus späteren Jahren verbürgt ist[14].

Die Zahl der Kinder im Schulalter von 7–15 Jahren (wobei allerdings das Schulalter mitunter weiter reichte, was wir aber hier vernachlässigen können) ergibt sich dann, bei einer Einwohnerzahl von 51 000 zu Beginn des 14 Jahrhunderts, zu ca. 6 700. Diese Zahl wird später, bei der Betrachtung der tatsächlich zur Schule kommenden Jugend, eine große Rolle spielen (Kap. 4).

1.1.4 Klerus

Angaben über den Klerus interessieren uns hier ebenfalls, weil von ihm aus ein erheblicher Teil der außerschulischen wie schulischen Indoktrination vorgenommen wurde. Die Chronica der Villani gibt uns für das Jahr 1338 ca. 1500 Personen klerikalen Standes an, nämlich 80 Mönche, 500 Nonnen, 700 Fratres, 200 bis 300 Kirchengeistliche und Kapläne (83, XI, 93). Das ergäbe ein Verhältnis von ca. 30 Einwohnern pro geistlicher Person und bildet für unsere heutigen Begriffe schon ein unglaublich dichtes Klerusaufkommen. Obwohl Beloch, der Villani normalerweise sehr mißtrauisch gegenübersteht, nun gerade diese Feststellung als richtig einschätzt, halten wir dafür, daß das Verhältnis noch dichter war, etwa 20 : 1. Das ergibt sich sowohl aus genaueren Angaben für wenig spätere Zeiten, wie auch aus den verbürgten Daten anderer Städte zur selben Zeit[15]. In jedem Fall aber wollen wir festhalten, daß die kirchliche Aufsicht und die kirchliche Beeinflussung stets sehr groß gewesen sein wird.

Armenspeisung vor den Toren von Florenz während der Hungersnot. Miniatur aus dem 14. Jahrhundert (aus dem Codex Il biadajolo, Laurenziana)

1.2 Schichten und Klassen in der Gesellschaft

Die florentiner Geschichte zwischen dem 12. und 15. Jahrhundert zeigt eine Reihe von Auseinandersetzungen zwischen gesellschaftlichen Klassen und Schichten auf, wie wir sie in anderen Ländern erst im 18. und 19. Jahrhundert aufweisen können.

Florenz hat sich bereits im 12. Jahrhundert deutlich von der Feudalgesellschaft wegzubewegen begonnen. Der bis dahin herrschende Landadel hatte seine ökonomische und politische Macht voll und ganz auf den Grundbesitz gestützt. Mit der Vergrößerung der Stadt und der Differenzierung der dort ausgeübten Gewerbe und Berufe, der Verbesserung der handwerklichen Geräte und dem damit verbundenen Aufschwung des Handels wurde dem Adel die ökonomische Vorherrschaft aber immer mehr entzogen[16]. In der Stadt entstanden neue Schichten von Einwohnern mit sich häufenden Reichtümern an Waren und an Geld, die ein eigenes Stadtregiment zu bilden begannen und sich immer mehr und immer häufiger gegen die Feudaladels-Bevormundung aufzulehnen begannen.

Da der Feudaladel zu dieser Zeit besonders durch das (deutsche) Kaisertum gestärkt wurde (natürliche Folge der Interessen, das feudale Regime aufrechtzuerhalten), das Kaisertum von den Staufern getragen wurde, bedeutete in jener Zeit Antifeudalismus zugleich Antistaufertum. Natürlicher Verbündeter der Städte war damit eben jene Fraktion, die auch in Deutschland die Staufer bekämpfte, das Welfentum. Guelfen (wie die Welfen in Italien hießen) und Ghibellinen (die Staufer-Anhänger) standen einander im Klassenkampf gegenüber. Dabei wurde die Lage in Italien noch dadurch spezialisiert, daß der Papst – interessiert an einer Schwächung des Kaisertums – alles unterstützte, was gegen die Staufer ging, zumindest bis ihm dann die Städte zu mächtig wurden, also bis etwa zum endenden 13. Jahrhundert (236, II/1/2; 724).

Die Kaiser, insbesondere Friedrich I., erkannten den beginnenden Kampf der Städte gegen den Feudaladel sehr gut und suchten bereits Mitte des 12. Jahrhunderts den Verfall zu steuern und die Adelsmacht wieder zu festigen. 1155 z. B. schickte Friedrich zwei besonders raffinierte Diplomaten als Legaten in die Toskana, Rainald von Dassel und Christian von Mainz (724, 13–17). Die erzielten Erfolge waren jedoch von kurzer Dauer – die Städte hatten ihre eigene Macht schon zu deutlich erkannt und führten die Kämpfe weiter. Allmählich setzten sie dabei eine politische und rechtliche Entmachtung des Adels durch, auch wenn verschiedene kaiserliche Gewalteinsätze (wie etwa der machtvolle Einzug Barbarossas in Florenz 1185) noch einige Male die früheren Zustände herzustellen schienen. Bereits um 1200 waren die wichtigsten Schlachten geschlagen. Die Macht der Städte war nun nicht mehr zu überwinden: die Alberti und die Guidi, die mächtigsten Landgrafen, hatten ihre militärische Vorherrschaft in der Toskana verloren.

Trotzdem dauerte es noch fast ein Jahrhundert, bis die Entmachtung des Landadels ohne die Gefahr neuerlicher Rückfälle politisch wie rechtlich durchgeführt war. Berthold Stahl, der eine recht umfangreiche Dissertation über *Adel und Volk im florentiner Dugento* verfaßt hat, glaubt zwar nachgewiesen zu haben, daß der Einfluß des Landadels auch zu dieser Zeit und danach in keiner Weise geschmälert wurde. Er bezieht sich dabei aber auf Fakten, die seine Behauptungen nicht tragen können. Z. B. übersieht er, daß gerade die beiden von ihm als Paradebeispiele fortdauerenden Landadelseinflusses hervorgehobenen Familien der Guidi und der Alberti immer wieder zu Gebietsabtretungen gezwungen waren, die zwar ihre ländliche Substanz in Bezug auf Anbaugebiete etc. nicht grundsätzlich angegriffen haben mögen, die aber andererseits eine erhebliche strategische Bedeutung hatten, wie etwa beim Verlust des vor den Toren von Florenz gelegene Semifonte an die Stadt[17]. Weiterhin erkennt Stahl offenbar die Bedeutung nicht, die in der den Grafen auferlegten Verpflichtung lag, mindestens einen Monat im Jahr in der Stadt selbst zu wohnen – womit ihnen die Hauptstütze ihrer Kriegsstrategie entzogen wurde, nämlich die Weite des Terrains zum Aufmarsch der Ritter und die grundsätzliche Unnahbarkeit. Und schließlich muß man auch in Rechnung stellen, daß die Alberti und die Guidi zu den wenigen Adelsgeschlechtern Italiens gehörten, die ab und zu tatsächlich einen aufgeklärten Sproß hervorbrachten, der sich mit den neuen städtischen Gepflogenheiten und Mächten zu arragnieren verstand[18].

Ein weiterer entscheidender Schlag gegen die Adelsherrschaft wurde geführt, als am 6. August 1289 die Veräußerung von Abhängigen, Kolonen und Hörigen unter Strafe gestellt wurde – das Gesetz bestimmte, daß jeder mit einem Stück Land verkaufte Mensch mit dem Verkauf frei wurde. Dabei wurde erstmals in der Geschichte eine Art Menschenrechtskatalog aufgeführt als Präambel für ein jruistisches Grundsatzwerk:

„Da die Freiheit, aus der der Wille entstammt, nicht von fremdem Ermessen abhängen kann, sondern auf Selbstbestimmung beruhen muß; da die persönliche Freiheit aus dem Naturrecht stammt, demselben, das auch die Völker vor Bedrückungen schützt, ihre Rechte hütet und erhöht, so sind wir willens, sie zu erhalten und zu mehren"[19].

Formulierungen, die sich mehr als zwei Jahrhunderte vor Giovanni Pico della Mirandolas *De hominis dignitate* finden.

Seit Verabschiedung dieses Gesetzes hatten Hörige Möglichkeiten, sich gegen den Widerspruch des Adeligen freizukaufen; auch die Kommune konnte Abhängige befreien. Dem Adel waren damit faktisch alle wichtigen schützenden juristischen Möglichkeiten genommen, seine ökonomische Basis aufrechtzuerhalten. B. Stahl sucht diese Tatsachen dadurch herunterzuspielen, daß er auf die Einzigartigkeit dieses Gesetzes in der damaligen Zeit hinweist und glauben machten möchte, es habe sich um ein ad-hoc-Gesetz ohne weitreichende Wirkung gehandelt. Es sei nur deshalb zustandegekommen, weil die um Florenz herrschenden Ghibellinen Grundstücke vom Klerus hatten kaufen wollen und die städtischen Guelfen das verhindern mußten, um dem Gegner nicht strategisch wichtige Ländereien zu überlassen. Und, so Stahl, mit einem Gesetz, das den Verkauf von Hörigen untersagte, wurden natürlich die Ländereien als Nutzfläche ansonsten wertlos. Daß die Kommune hernach die Ländereien samt Hörigen übernahm und diese so lange arbeiten ließ, bis der Kaufpreis abgedient war, ist für Stahl ein weiteres Indiz der Richtigkeit für seine These (724, 41–44).

Dem können wir uns ganz und gar nicht anschließen. Stahl übersieht zunächst schon, daß unmittelbar vor Verabschiedung der Gesetze eine große und erbitterte militärische Auseinandersetzung zwischen den Ghibellinen und den Guelfen stattgefunden hatte, die mit einem für damalige Verhältnisse überaus großen Aufgebot an Kriegern ausgetragen worden war – seitens Florenz und seiner Verbündeten wurden mehr als 25 000 Mann ins Feld geschickt (236, II/2, 321 ff). Es ging gegen Arezzo, das damals, 1288, von Ghibellinen beherrscht war; und daß die Ghibellinen einer entscheidenden Schlacht – die sie selbst verlangt hatten – letztlich ausgewichen waren, bedeutete international einen großen psychologischen Erfolg der Guelfen. Die zitierten Gesetze, die wenige Monate danach erlassen wurden, haben zweifellos den Charakter einer politischen und juristischen Festschreibung der Bändigung des Feudaladels.

Gleichzeitig ist dieses Gesetz mit seiner Präambel eben über die Tatsache einer de-facto-Zurückdrängung der Adelsmacht hinaus eine erste sehr wichtige Artikulierung des bürgerlichen Selbstverständnisses, eine Aufstellung der Werte, die die bürgerliche Gesellschaft für die tragenden hält, und es ist nicht einzusehen, warum das nicht ernst gemeint gewesen sein sollte.

Wenn Stahl dies behauptet und weiterhin davon ausgeht, daß die Gesetze dann nicht eine entsprechende Wirkung gehabt hätten, weil die Bauernbefreiung letztlich nicht zustandegekommen sei, auch die Kommune wenig dafür getan habe, um die vom Land fliehenden Bauern zu städtischen Vollbürgern zu machen, so läßt er auch hier wieder wichtige Tatsachen außer Betracht. Er müßte dann nämlich erklären, wieso ausgerechnet in dieser Zeit, nach dem Erlaß des Gesetzes, die Einwohnerzahl in Florenz derart angewachsen ist, daß man schon ein Jahrzehnt später mit einem neuen, riesigen Mauerbau beginnen mußte, der nahezu das vierfache Gebiet des bisherigen Ringes einschloß (vgl. 1.1.1). Es kann also kein Zweifel bestehen, daß die Macht des Landadels in jener Zeit empfindlich getroffen, wenn nicht sogar schon weitgehend gebrochen wurde.

In diesen Jahren hatte sich aber bereits eine neue Schichtung ergeben, und zwar innerhalb des städtischen Volkes. Da war zum einen das städtische Rittertum, das sich durchaus mit der Zeit nicht nur als Kriegerstand begriff, sondern seine Macht und seine Waffenkunst dazu benutzt hatte, im städtischen Gemeinwesen zu führender Rolle aufzusteigen. Mitunter trieben die Ritter auch Handel und häuften dabei große Reichtümer an – umgekehrt verkam die einst auf wirkliches Kriegertum beschränkte Ritterwürde zum reinen Titel, den sich auch Mitglieder aus reichen städtischen Familien verleihen ließen. Die sich so bildende neue Oberschicht nannte man „Magnaten" oder auch „Granden"; sie bildeten einen neuen, städtischen Adel. Nach Villanis Schätzung war diese führende Schicht sehr dünn; er gibt für die Zeit von 1339 eine Zahl von ca. 1500 an (bei einer von ihm geschätzten Einwohnerzahl von 90 000 – diese Zahl ist aber, wie wir schon nachgewiesen haben, zu hoch: aber in ihr drückt sich die von Villani angesetzte Relation deutlich aus)[20].

Aus diesem Stadtadel, zusammen mit einigen im Verlaufe des 12. und 13. Jahrhunderts noch dazustoßenden Familien des Großhandels und der sich verselbständigenden Bankinhaber, rekrutierte sich bereits im 13. Jahrhundert ein großer Teil derer, die Regierungsämter bekleideten[21].

Aber auch im Volk schlechthin, also demjenigen Teil, der nicht zum Stadtadel, zum Patriziat gehörte, bildeten sich kräftige Unterschiede heraus. Schon im 13. Jahrhundert sah sich das nichtadelige Volk infolge der unterschiedlichen Besitzstände eingeteilt in den *popolo grasso* und den *popolo minuto*, in die „Fetten" und die „Mageren". Die „Fetten" suchten sich im Laufe der Zeit mehr und mehr in ihrem Gehabe den Magnaten anzunähern, gerieten aber mitunter durchaus in Interessengegensätze zu diesen (etwa zur Zeit des Herzogs von Athen, vgl. 1.3).

Innerhalb der neuen Oberschicht, mitunter auch unter Einbeziehung einzelner Familien des *popolo grasso*, spielte sich insbesondere im 13. Jahrhundert eine Menge unerfreulicher Kämpfe und Fehden ab. In der Zeit des Zusammenbruchs der alten Rechtsformen begannen die selbstherrlichen Magnaten sich die Gerichtsbarkeit selbst zuzulegen; sie begriffen sich selbst offenbar als außerhalb jeglicher Ordnung stehend und übten – teilweise unter dem Deckmantel der Blutrache, zum Teil aber auch ohne jegliche Begründung – die Justiz nach ihre Laune und Willkür aus, was weitere Fehden und Rachezüge der Geschädigten nach sich zog und die Stadt in ein unruhiges und unsicheres Terrain mit nächtlichen Morden und Kämpfen verwandelte. Mit der Zeit wurde das Volk solcher Herrschaft aber doch so überdrüssig, daß es ernsthafte Anstrengungen unternahm, die Willkür und die gegenseitigen Fehden der Granden zu unterbinden. Mitte des 13. Jahrhunderts waren die Dinge so weit gediehen, daß der popolo inmitten der Wirren zwischen den Kämpfen der Ghibellinen mit den Guelfen und den Streitigkeiten der Granden untereinander eine gewisse Bändigung der selbstherrlichen Magnaten durchsetzte; als wichtigster Schritt dazu kann angesehen werden, daß die Rittersozietät um 1250 aufgelöst wurde; aber den entscheidenden Durchbruch brachten dann die *ordinamenti di giusti-*

zia, „Ordnungen der Gerechtigkeit", die florentiner Verfassung von 1293, wo man die Magnaten völlig entmachtete. Den Gesetzgebern fiel übrigens damals nur eine einzige sinnvolle Definition für „Magnat" ein: in diesen Begriff sollten alle einbezogen sein, in deren Familie sich ein Ritter fand (236, II/2, 402–568, und II/1, 368 f).

Über die genauere Zusammensetzung des Volkes hinsichtlich der Schichtung in Arbeiter (Abhängige) und Selbständige etc. läßt sich heute nur noch durch relativ mühselige Rückschlüsse aus anderen Fakten Aufschluß gewinnen. Wir wissen z. B. nur recht vage, wie viele der in einer Branche Beschäftigten selbständige Meister waren, wie viele Gesellen und Lehrlinge und wie viele Hilfsarbeiter. Trotzdem sind die Zahlen, die wir ermitteln können, für unsere Bedürfnisse hinreichend genau.

Von den in den verschiedenen Zünften arbeitenden Meistern wissen wir z. B., daß es 1328 insgesamt 40 selbständige Goldschmiede gab[22], daß sich 1321 im Ganzen 30 Küraßmacher (Hersteller von Ritterrüstungen) in selbständiger Gewerbeausübung befanden (236, IV/2, 22), daß es 146 Bäckereien gab (236, IV/2, 36) und ca. 90 selbständige Weinhändler zur selben Zeit (236, IV, 2, 42; vgl. auch 2.2). Über das für uns wichtige Verhältnis der Selbständigen zu den Abhängigen sagt das natürlich noch nichts aus. Die Chronik der Villani berichtet uns, wie viele Menschen in der florentiner Wollindustrie tätig waren: rund ein Drittel der Einwohner von Florenz soll es gewesen sein (83, XI, 94). Aber Villani differenziert wiederum nicht zwischen selbständigen Unternehmern, unabhängigen Meistern und abhängigen Arbeitern und Arbeiterinnen. Dazu wäre auch noch die aus Villanis Angaben über die Einwohnerzahl (90 000) hervorgehende Ziffer von 30 000 Wollbeschäftigten sicher zu hoch. Gehen wir von der realistischeren Einschätzung aus, die wir im demografischen Teil gegeben haben, so müssen wir zu dieser Zeit ca. 51 000 Einwohner annehmen; die Zahl der in der Wollindustrie Beschäftigten wäre dann mit ca. 17 000 zu veranschlagen.

Weitere Aufschlüsse über das numerische Verhältnis von Abhängigen zu Nichtabhängigen müssen wir aus anderen Dokumenten erschließen. Eine Steuerliste von 1321 zeigt uns, was die einzelnen Gewerbe an Steuern vorausbezahlt hatten[23], und eine daran angehängte Aufstellung beweist, daß es sich dabei regelmäßig um rund die Hälfte der Jahressteuern gehandelt hat[24]. Wir werden später (2.6) auf die daraus ableitbaren Umsatzzahlen zu sprechen kommen.Für jetzt ist wichtig, daß in dieser Steuerliste die Ars lana, die Wollindustrie, bei weitem die höchsten Steuern zu entrichten hatte. Die Vorauszahlung betrug 2 000 Goldflorene, was umgerechnet ca. 6 600 librae üblicher Währung in Florenz entsprach (28, 320 f). Es folgen erst mit großem Abstand die Gastwirte mit 600 librae, die Schuhmacher mit 530, und andere durchaus bedeutende Gewerbe wie etwa die Kürschner zahlten nur 200 librae, Weinhändler 250[25].

Es läßt sich nun weiter berechnen, daß der Hauptanteil der Wollherstellung und -verarbeitung schon zu Beginn des 14. Jahrhundert vor allem von Großbetrieben vorgenommen wurde (246). Villani berichtet uns (83, XI, 94; auch 652, 49 und 142) (und beim Zählen bis 300 dürfen wir ihm durchaus vertrauen, noch dazu, wo er ja selbst dem Kaufmannsstande angehörte und wissen mußte, wovon er sprach), daß es um 1310 in Florenz ca. 300 Großbetriebe gegeben hat, die jährlich um die 100 000 Stück Tuch hergestellt haben. 1340 waren es nur noch 200 Großbetriebe, und sie stellten jährlich noch 70–80 000 Stück Tuch her. Der Wert des Hergestellten hatte sich aber gegenüber den 100 000 Stück von 1310 nahezu verdoppelt. Von den Umsatzeinnahmen wurde etwa ein Drittel als Löhne veranschlagt, und hier treffen wir auf einen sehr konkreten Hinweis zum Verhältnis der Unternehmer zu den Abhängigen. Die ungeheure Diskrepanz, die zwischen dem *popolo grasso*, der die restlichen zwei Drittel – sei es als Unternehmer, sei es als Händler – einstrich, und dem Heer der einfachen Arbeiter bestand, diese Diskrepanz macht die ungeheuren Spannungen, die gerade in der Wollindustrie im 14. Jahrhundert sichtbar sind, sehr gut erklärlich. Berechnungen, die A. Sapori angestellt hat, haben ergeben, welch ungeheure Gewinne die Unternehmer aus der Produktion schöpften, insbesondere bei der Tuchveredelung (z. B. durch Bedrucken und Färben) – selbst kleinere Betriebe kamen auf mehrere Hunderttausend im Jahr; die Großen wie die Peruzzi und die Bardi schafften Millionenumsätze ohne Mühe (652, 49 u. 142).

Um uns für unsere späteren Ausführungen ein genaueres Bild über die Mannigfaltigkeit der in Großbetrieben ausgeführten Tätigkeiten zu machen, greifen wir auf Arbeiten zurück, die A. Doren bereits vor mehr als siebzig Jahren veröffentlicht hat und in denen die Fertigungsabläufe insbesondere für die Wollherstellung und -verarbeitung beschrieben werden. Aus den Schilderungen Dorens geht klar hervor, wie kompliziert der Aufbau der Arbeiterschaft schon damals war, so daß auch innerhalb der Abhängigen eine erhebliche Schichtung nach Tätigkeitsmerkmalen anzunehmen ist.

In einer ersten Stufe – nach Eingang der Wolle – wurde das Rohmaterial zunächst einmal gesäubert und für spätere Verarbeitung hergerichtet. In diesem Bereich arbeitete jeweils eine große Anzahl von Wollschlägern, Hechlern, Kämmerern und Wollkratzern.

In der zweiten Stufe wurde die Wolle nun zu Tuch verarbeitet, indem sie am Webebaum angezettelt und danach in der gewünschten Fadenform verwoben wurde. Hier saßen bereits Spezialisten, die eine längere Ausbildung hinter sich hatten, während im ersten Bereich die Anlernkräfte überwogen. Verdienst und soziales Ansehen waren danach.

In der dritten Stufe wurde das fertige Tuch von Revisoren kontrolliert und gegebenenfalls ausgebessert, ehe es die Fabrik verließ. Diese *reveditori* und *remendatori* hatten infolge ihrer Kontrollfunktion natürlich noch weitere Befugnisse, die sie über die Arbeiter in den vorangegangenen Stufen hinaushoben (246, 220).

Wenn wir den Arbeitsablauf einordnen wollen, so ergibt sich das Bild einer organischen (vertikalen) Manufaktur im Sinne von Marx (464, XXIII, 363 ff). Allerdings dürfen wir uns die Manufaktur noch keineswegs durchgehend als lokal zentralisiert vorstellen. Auch wenn es mit Sicherheit eine Anzahl zentralisierter Manufakturen gab, in denen tausend und mehr Arbeiter unter einem Dach produzierten, so dürfte doch der überwiegende Teil auch noch im 14. Jahrhundert dezentralisiert gewesen sein. D. h., das Garn wurde schon außerhalb der Fabrik vorbereitet, etwa auf dem Land vorgesponnen, so daß dann in der Fabrik sofort der Webvorgang einsetzen konnte. Meist wurde die Garnherstellung übrigens von Frauen besorgt, überwiegend in Heimarbeit (246; 818, 30–31).

Auch das Weben wurde nicht unbedingt innerhalb eines zentralen Fabrikgebäudes vorgenommen. Ein beträchtlicher Teil wurde von mitunter sogar noch selbständigen Meistern in der Stadt erledigt, das Produkt dann unter Umständen auf dem (Jahr-)Markt frei verhandelt (818, 30 f). Bei der laufenden Verarmung der Selbständigen sanken aber bereits im 13. Jahrhundert viele Meister zu de facto Abhängigen herab, denen ein Verleger nicht nur die Rohstoffe, sondern sogar die Produktionsmittel stellen mußte. Es entwickelte sich ein umfangreiches Leih- und Pachtwesen selbst für die elmentarsten Geräte, und tüchtige Verleiher schlugen kräftigen Gewinn daraus; uns ist z. B. eine Urkunde über den berühmten Maler Giotto erhalten, der seinen Webstuhl für eine geradezu unverschämte Miete verlieh und sein Gehalt so beträchtlich aufzubessern wußte (818, 31; 236, IV/2, 61).

All diese Erkenntnisse zeigen die Vielschichtigkeit der florentiner Bevölkerung. Die Unterschiede bestanden natürlich nicht nur innerhalb der Arbeiterschaft, wie eben beschrieben, sondern die Schichtung betraf genauso die mitteleren und oberen Klassen. So sicherten sich z. B. die Großunternehmer in den Zünften Sonderrechte – obwohl dies eigentlich dem Zunftgedanken ganz und gar widersprach (vgl. 2.3). Betriebe mit weniger als 4 Mitarbeitern galten als Kleinbetriebe; ihre Inhaber waren für bedeutendere Ämter und Posten nicht zugelassen[26]. Alle wesentlichen Verordnungen und Erlässe der Zünfte wurden so durch die Großbetriebe kontrolliert und nach ihren Bedürfnissen gestaltet.

Damit war auch innerhalb der Schichten, die nicht in den Bereich der Unselbständigen absanken, eine horizontale Trennungslinie geschaffen, die sich bei gelegentlichen Revolten wie etwa dem Ciompi-Aufstand 1378 so auswirkten, daß die minderprivilegierten Zunftmitglieder zeitweise durchaus auf Seiten der Aufständischen standen, während die größeren Kollegen sich mit allen Mitteln dagegen wandten.

Die Auseinandersetzungen zwischen den gesellschaftlichen Klassen sowie die durch die Zünfte keineswegs wirksam zu steuernden Krisen in Angebot und Nachfrage führten nun zu alledem dazu, daß zu Zeiten aus anderen Städten Italiens Spezialisten des einen oder anderen Gewerbes zu- oder abwanderten: wenn die Nachfrage sich vergrößerte, ist ein reger Zustrom auswärtiger Handwerker zu beobachten (236, IV/2, 74), und kam es zu Absatzkrisen oder wurde der Druck der ausbeutenden Manufaktureigner zu groß, so sehen wir viele Gewerbetreibende aus Florenz abziehen (236, IV/2, 67 f). Diese Fluktuation verstärkte die Geschwindigkeit der sich dauernd umwälzenden Schichtung noch, so daß es mitunter recht schwer ist, für Zwecke der Forschung genauere Momentdarstellungen etwa für bestimmte Jahre oder gar Monate zu schaffen.

Ein weiteres bestimmendes Element der sozialen Schichtung brachte die seit dem 12. Jahrhundert vorherrschend gewordene zunftmäßige Organisation in die Gesellschaft. Da über die Zünfte in einem eigenen Paragraphen berichtet wird (2.3), gehen wir hier nur auf die Fakten ein, die die soziale Schichtung und ihre Auswirkungen unmittelbar betreffen.

Wer sich als Geschäftsmann oder Handwerker selbständig halten wollte, mußte faktisch Zunftmitglied sein. „Wilde" Selbständige wurden mit allen Mitteln verfolgt, insbesondere durch Boykott und dadurch, daß man Rohstofflieferungen an sie zu verhindern suchte (236, IV/2, 94).

Die Aufnahme in die Zunft war meist eine Geldfrage; viele schafften sie nur, indem sie in eine bereits einer Zunft angehörende Familie einheirateten[28]. Um sicherzustellen, daß die Zunftmitgliedschaft sich nicht zu sehr in andere soziale Schichten ausbreitete, schrieb der Aufnahmeritus oft sehr teure und umfangreiche Gelage für alle Zunftmitglieder vor, die der Novize auf eigene Kosten ausrichten mußte. Der Aufnahmepreis für Angehörige bereits zünftig Organisierter wurde auch erheblich reduziert, so daß man die Mitgliedschaft weitgehend in immer denselben Kreisen hielt (236, IV/2, 94 f).

Als Zunftmitglieder zählten mitunter nicht nur die Meister, sondern – häufig – auch die Gesellen und – weniger häufig – sogar die Lehrlinge. Andererseits war es sehr vielen Berufen ausdrücklich verwehrt, sich als Zunft zu konstituieren, um so aus der Abhängigkeit einer Großzunft herauszukommen. Des öfteren, insbesondere im 14. Jahrhundert, versuchten sich einzelne Berufsgruppen in nichtzünftigen Innungen oder Gewerkschaften zusammenzuschließen, was aber nach kurzer oder längerer Zeit von den Herrschenden wieder unterdrückt wurde (236, IV/2, 94 f u. 29).

Zusammenfassend läßt sich somit feststellen: Die städtische florentiner Gesellschaft nimmt vom 12. bis 14. Jahrhundert eine Entwicklung von der verfallenden Feudalgesellschaft hin zu einer neuen sozialen Schichtung gemäß der ökonomischen Stellung in der neuen, städtischen Produktion. Während sich in der Oberschicht noch einige Gruppen halten, die ihre Stärke weniger ihren finanziellen Geschäften, sondern ihrer Tätigkeit als Ritter und Krieger verdanken, ist in den unteren Schichten die Hinentwicklung auf die späteren ausgeprägten Verhältnisse schon deutlicher zu sehen: eine klar hervortretende Tendenz zu Proletarisierung weiter Schichten im Sinne einer „Befreiung" einerseits von feudalen Bindungen, andererseits von allem Besitz vor allem an Produktionsmitteln; gleichzeitig entsteht die „freie" Verkäuflichkeit der menschlichen Arbeitskraft als Ware.

Die Verstädterung im 12. Jahrhundert wie auch die gleichzeitig zu beobachtende handwerkliche und kaufmännische Spezialisierung bringt die Städte zu einer solchen Machtfülle, daß sie der Feudalabhängigkeit und -herrschaft zunehmend entfliehen können und die Grafen und Barone zu entmachten vermögen. Die in dieser Zeit sich vollziehende Akkumulation großer Reichtümer insbesondere bei den Händlern – und nach deren Absonderung von den Geldverleihern auch bei den Bankiers – bedingt innerhalb der Bürgerschaft eine Trennung in Reiche und Arme, wobei sich die Reichen – sofern nicht untätig, weil bloß durch Glücksumstände mithilfe z. B. von Erbschaft zu Gut und Geld gekommen – als Unternehmer und Ankäufer von Arbeitskraft betätigen, teilweise auch als Verleger wirken und Fertigprodukte weiterveredeln lassen. Die Abhängigen behalten z. T. noch den Schein von Selbständigkeit, sinken aber in der übergroßen Anzahl schon im 13. Jahrhundert zu den Besitzlosen ab. Beobachtbare Diskrepanzen innerhalb der herrschenden Schicht selbst rühren z. T. von einem durch wirtschaftliche Auseinandersetzungen geprägten Konkurrenzkampf her, liegen aber auch mitunter einfach in den allgemeinen sozialen Umschichtungen innerhalb der florentiner Gesellschaft begründet. Vorübergehende Vormachtstellungen, die sich das mittlere und niedere Volk – die kleineren und jüngeren Zünfte und der *popolo minuto,* also vorwiegend handwerkliche Schichten – Ende des 13. Jahrhunderts erkämpfen, sind nicht von langer Dauer. Bereits 1295, zwei Jahre nach dem Erlaß der „Ordnungen der Gerechtigkeit" mit ihrer Entmachtung der Magnaten und oberen Zünfte, wird diese demokratische Verfassung schon wieder derart modifiziert, daß die Oberschicht ihre alte Herrscherstellung zumindest hinter den Kulissen erneut einnehmen kann (724, 178–188).

Es ist freilich nicht angebracht, die florentiner Gesellschaft des 12. und 13. Jahrhunderts ohne weiteres in Parallele etwa zur Entwicklung Deutschlands im frühen Kapitalismus des endenden 18. und beginnenden 19. Jahrhunderts zu setzen. Im Florenz jener Zeit war die Industrialisierung noch nicht einmal in konkreten Anfängen; insbesondere fehlten die großen Erfindungen zur Multiplikation der menschlichen Arbeitskraft oder gar zu deren Ersatz. Darüber hinaus finden sich für das Deutschland des 18. und 19. Jahrhunderts ja bereits genügend vor Augen stehende Nachbarn mit großer kapitalistischer Entwicklung, von denen man lernen kann, deren Fehler man vermeiden könnte (auch wenn man es dann letztlich doch nicht tut). Florenz dagegen stand in allem am Anfang, hatte keine Vorbilder bezüglich des Kapitalismus, mußte sich ohne Hilfe und Anleitung weitertasten auf ein Terrain, das bis dahin völlig unbekannt war, und mit Mitteln, die es erst selbst entwickeln mußte.

Dennoch sind in jener Zeit bereits wesentliche Elemente vorhanden, die wir als Wirkfaktoren der psychischen und intellektuellen Disposition der Menschen im Kapitalismus ansehen müssen. Darunter fällt etwa die Zusammendrängung vieler Arbeiter in einen Arbeitsbereich, ja mitunter sogar schon zusammengepfercht unter einem Fabrikdach; es gehört dazu die fortschreitende Entfremdung vom eigenen Produkt, indem der Handwerker immer weniger über das bestimmt, was er herstellt; weiterhin muß dazugerechnet werden die zunehmende Arbeitsteilung, die schon so weit getrieben ist, daß faktisch weder der selbständige Handwerker noch der Arbeiter irgendein relevantes Produkt vom Rohstoff bis zur Fertigstellung bearbeitet. Das organische Verhältnis des Produzenten zu seinem Produkt schwindet so immer mehr, er weiß am Ende nicht mehr, warum und für wen er welches Ding herstellt.

Die Ausbeutung der unteren durch die oberen Klassen erfolgt zu dieser Zeit in immer größerem Ausmaße. Aber sie ist nichtsdestoweniger keineswegs schematisch anzusetzen. Die Hausweberei z. B. steht noch in aktiver Konkurrenz zur Manufaktur, und der Kampf der beiden Produktionsorganisationen scheint zu dieser Zeit noch keineswegs entscheiden. Und bis weit ins 14. Jahrhundert hinein ist in der Klassifizierung der gesellschaftlichen Gruppen die Schicht der zumindest scheinbar Selbständigen noch ein nicht zu vernachlässigender Wirkfaktor. Die Geschichte der innenpolitischen Auseinandersetzungen wird das sogleich zeigen.

1.3 Die innenpolitischen Kämpfe

Über die Klassenauseinandersetzungen und auch über die Konkurrenzkämpfe innerhalb der neuen Oberschicht des städtischen Patriziats lassen sich vielbändige Bücher schreiben[29]. Für unsere Belange müssen wir nur die wesentlichsten Formen und Grundzüge dieser Kämpfe hervorheben, ohne uns deshalb in allzu viele Einzelheiten zu verlieren.

Über die Auseinandersetzungen mit dem Feudalismus ist ansatzweise bereits in den vorangegangenen Paragraphen berichtet worden. Wir klären deshalb hier vor allem die Form, die diese Kämpfe hatten.

Wenn die Stadt sich mit dem Feudaladel auseinandersetzte, so geschah dies im Regelfall auf militärischer Basis. Hatte die Kommune sich geweigert, den Grafen irgendein von ihm gefordertes Zugeständnis zu machen oder einen auferlegten Tribut zu zahlen, oder wollte sie traditionelle Abgaben verweigern, so suchte der Feudalherr – nach meist nur sehr kurzer friedlicher Besprechung – sein Recht mithilfe seines Heeres durchzusetzen, bzw. das Erwünschte durch seine Krieger holen zu lassen. Gelegentlich griff auch die kaiserliche Zentralgewalt von Deutschland her ein. Da das Kaisertum in jener Zeit selbst jedoch schon um sein Überleben zu kämpfen hatte – gegen den Papst wie auch gegen die Fürsten im eigenen Lande – geschah solche Intervention zunächst vorwiegend mithilfe diplomatischer Offensiven, durch Legaten, Verordnungen, Schutzbriefe etc. (724, 11–16; 236, II/1). Das nutzte meist nichts, und wenn der Kaiser sein Gesicht wahren wollte, konnte auch er nicht umhin, seinen Forderungen und Anforderungen durch Krieger Nachdruck zu verleihen.

Der zwischen Adel und Stadt tobende Klassenkampf fand mithin zu dieser Zeit – bis ins 13. Jahrhundert hinein – auf dem Schlachtfeld statt, als regelrechter Kriegszug.

Solche Kämpfe begannen in und um Florenz zu Beginn des 12. Jahrhunderts konkrete Formen anzunehmen, als die Stadt im Bewußtsein ihres ökonomischen Erstarkens sich auszudehnen begann und das umliegende Gebiet – den *Contado*, die Grafschaft – als natürliches Expansionsgebiet betrachtete (724, 11 ff; 236, II/1). Zu der schon früher deutlich gemachten Widerwilligkeit zur Leistung von Abgaben an die Grafen kamen nun auch territoriale Ansprüche. Als um 1100 die Markgrafen von Florenz ausstarben, fand Florenz, es sei nun Zeit, sich deren Gebiet einzuverleiben. Dagegen wandten sich mit großer Macht die anderen angestammten Feudalherren, gewohnt, beim Aussterben einiger Adelsgeschlechter deren Gebiet unter sich auszuhandeln. Da Florenz aber nicht nachgeben wollte, kam es bereits 1108 zu erbitterten Kämpfen um das unweit Florenz gelegene Reichslehen Prato (724, 12). Freilich war die Stadt mit ihren damals kaum 20 000 Einwohnern noch viel zu schwach, um aus eigener Kraft allein solche Kriege durchzustehen. Aber es zeigte sich, daß die Bürger schnell zu lernen verstanden: geschickt nutzten sie die Streitigkeiten der Feudalherren untereinander aus. Die Kämpfe, die sich 1108 um Prato abspielten, führte Florenz z. B. nominell für die Großgräfin Mathilde von Tuszien. Wenige Jahre später verbündete sich die Kommune mit den Grafen Alberti gegen die Grafen Guidi: Ein Sprößling der Alberti hatte als Bischof von Florenz der Stadt Ländereien vermacht und die Guidi erhoben darauf Anspruch.

Auch diese Kämpfe, geführt um 1122, brachten am Ende keineswegs Siege für die Adeligen, auch wenn sie an der Seite der Stadt ab und zu über Widersacher siegten – die Adelsgewalt als solche wurde systematisch ausgehöhlt, es bildete sich nirgends eine so starke Grafenmacht, daß sie es gegen die Stadt hätte aufnehmen können.

Mitte des 12. Jahrhunderts war die Stadt bereits zu einer solchen Stärke gekommen, daß sich die kaiserliche Zentralgewalt zum Eingreifen genötigt sah. Friedrich I. setzte mit aller ihm zu Gebote stehenden kriegerischen Machtdemonstration die ausgebooteten Grafen wieder in ihre angestammten Rechte ein, ja, er reiste sogar selbst nach Florenz (1155) (724, 15). Aber die Florentiner hielten nur genauso lange still, wie die unmittelbare Bedrohung durch das Heer des Kaisers anhielt. Kaum war dieser weitergezogen, verwickelten sie den gerade herrschenden Grafen Guido II. an den verschiedensten Stellen in schwere Kämpfe, die dieser bis zu seinem Tode nicht siegreich beenden konnte.

Das andere mächtige Geschlecht, das der Grafen Alberti – zu Beginn des 12. Jahrhunderts mit der Stadt verbündet – wurde im Jahr 1200 endgültig zur Aufgabe der Kämpfe gegen die Kommune gezwungen (724/17).

Vor aller Welt wurde mit diesen Erfolgen bewiesen, daß sich in Oberitalien der Feudalismus gegen die erstarkenden Städte nicht mehr behaupten konnte, sobald diese Städte eine schlaue Politik wie Florenz betrieben. Gleichzeitig wurde auch klar, daß selbst die kaiserliche Zentralgewalt nicht imstande war, den Feudalismus dort noch aufrechtzuerhalten. Der Krieg der Stadt gegen den Feudaladel war so bereits zu Beginn des 13. Jahrhunderts entschieden, auch wenn sich einzelne Kämpfe nun mehr ins Innere der Stadt hineingezogen und die Entmachtung der Kaisertreuen erst nahezu ein Jahrhundert später auch juristisch abgeschlossen wurde.

Inzwischen aber hatte sich der Klassenkampf längst von dem Antagonismus Stadt-Feudaladel wegverlagert. Die sozialen Umschichtungen, die wir im vorigen Paragraphen dargestellt haben, zeitigten unmittelbar ihre Folgen.

Hatte der Gegensatz zwischen Guelfen und Ghibellinen – der städtischen (z. T., vom Papst unterstützten) und der feudalen (vom Kaiser geschützten) Partei – bis ins 13. Jahrhundert hinein die Auseinandersetzungen bestimmt, so tritt nun mehr und mehr der Antagonismus zwischen den Volksmassen und dem mittlerweile zum Stadtadel aufgestiegenen städtischen Rittertum und den zu ihnen stoßenden Angehörigen der reichen Kaufmannsfamilien in den Vordergrund, wobei die beiden zuletzt genannten Gruppen zwar im allgemeinen einig im Streit gegen die mittleren und niederen Schichten waren, aber durchaus auch untereinander fochten.

Im Kampf der Feudalen gegen die Stadt war das Volk selbst nur mittelbar betroffen gewesen: der Kampf zu Felde wurde außerhalb der Stadt geführt, von Söldnern und Rittern zumeist, die selbst keineswegs dem *popolo* angehörten. Das Volk wurde allenfalls durch höhere Steuern und – im Falle der Niederlage – durch plündernde Söldner auf die Kämpfe unmittelbarer aufmerksam. Ansonsten war das Land, der *Contado*, infolge der durchziehenden Heere stets mehr betroffen als die Stadt, es sei denn, in gewissen Friedensdiktaten wurde etwa die Zerstörung eines Teils der Stadt angeordnet etc. Nun aber verlagerte sich der Kampf in die Stadt selbst. Die Schlacht zu Felde taugte nicht für die Auseinandersetzungen, die zwischen den auf engem Raum miteinander lebenden sozialen Schichten der Stadt ausgefochten werden mußten.

Die ersten Kämpfe waren aber keineswegs die zwischen den Abhängigen, den Arbeitern einerseits, und den Unternehmern, Ausbeutern usw. andererseits (Der Gegensatz zwischen ihnen bildete sich erst im Laufe vieler Jahrzehnte so zentral heraus, daß auf beiden Seiten ein so starkes Zusammengehörigkeitsgefühl – eine Art Klassenbewußtsein – entstand, wie es für derartige Auseinandersetzungen nötig wäre). Vielmehr drückten sich die Veränderungen im gesellschaftlichen Kampf zuerst in überaus zahlreichen und blutigen Fehden innerhalb der Oberschicht, der städtischen Patrizier und der reichen Familien aus. Die täglichen Morde und Metzeleien, die Florenz im 13. und auch noch im beginnenden 14. Jahrhundert erlebte (724, 76–87; 236, II/1), waren zunächst einmal Streitigkeiten der Magnaten, der Patrizier und der neuen reichen Handelshäuser untereinander; das Volk hielt sich, so gut es konnte, heraus.

Sinnfälliges Zeichen der oberschichtigen Streite war eine völlige Umgestaltung des architektonischen Bildes von Florenz: die miteinander im Hader liegenden Familien des Patriziats und der Reichen bauten sich in der Stadt besondere Wohnungen, die mit hohen Türmen verbunden waren, um im Falle ausbrechenden Kampfes schnell in Sicherheit zu kommen (724/79 ff). Nicht so begüterte Familien, die aber dennoch in die Kämpfe eingriffen, bauten sich mitunter auch zusammen einen Turm, der dann gemeinsam verwaltet wurde. Das Florenz des 13. Jahrhunderts wurde von Hunderten solcher Türme überragt (724/79 ff). San Gimignano, nahe Florenz, hat sich diese „Geschlechtertürme" z. T. bis heute bewahrt und gibt ein eindrucksvolles Bild davon, wie wohl das zehnmal größere Florenz damals ausgesehen haben muß.

Der Grund für all diese Kämpfe muß in mehreren Bereichen gesucht werden. Der wichtigste hiervon ist zweifellos der ökonomische, wenn er auch nicht der einzige ist.

Die städtischen Oberschichten leiteten ihre Macht aus unterschiedlichen Quellen her, wie wir schon berichtet haben (1.2). Zum Teil beruhte sie auf der Überlegenheit infolge der Zugehörigkeit zum Ritterstand, z. T. hatten sich auch bereits reiche Kaufmannsgeschlechter dazugeschlagen, z. T. hatte sich eine Art Amtsadel gebildet, so daß wir in Regierungsämtern häufig die gleichen Namen beobachten. Grundsätzlich war all diesen Granden und Magnaten gemeinsam, daß sie ihre Macht nur dann halten konnten, wenn sie sich innerhalb der Stadt einerseits weitere politische Einflußmöglichkeiten schufen, andererseits ihre ökonomische Herrschaft weiter ausbauten. Das erklärt bereits zum guten Teil die Kämpfe der herrschenden Familien untereinander – es ging schlicht um die Verbesserung der eigenen Position, und bei manchen sicher auch bereits ums Überleben. Daß diese Kämpfe zunächst nicht auf dem Gebiet der Handelsbilanzen ausgetragen wurden, sondern mit dem Schwert, mit Meuchelmord und vorgeschobener Blutrache, liegt in dieser Umbruchzeit selbst begründet. Die Probleme waren neu, und die Mittel, derer man sich hier bedienen mußte, waren noch lange nicht auf geschäftlichen Konkurrenzkampf mithilfe der Eroberung neuer Märkte etc. eingerichtet. Das schon in der Auseinandersetzung mit dem Feudaladel bewährte Mittel war die physische Gewalt. Ein Teil der Magnaten war ja durch seine Eigenschaft als Ritter bereits an eine leichte Hand in Töten gewohnt. Begünstigt wurde diese Form der Auseinandersetzung wahrscheinlich auch noch dadurch, daß ein Teil des alten Feudaladels so fortschrittlich war, sich den neuen Tendenzen anzupassen, in die Stadt zu ziehen und sich dort bürgerlichen Geschäften zu widmen, um auf diese Weise weiter die Politik in seinem Sinne zu bestimmen (724, 54–76; 523; 524; 525) – und diese Teile der Oberschicht kannten nun traditionell überhaupt keine andere Form der Konfliktlösung als die Mithilfe der rohen Gewalt.

So färbten die traditionellen Methoden, sich miteinander in Konflikten auseinanderzusetzen, schnell auf die neuen herrschenden Schichten hinüber, so etwa bei den Morden und Meucheleien der Chiermontesi, der Cavalcanti, der Frescobalidi – auch wenn als vordergründiges Motiv oft genug Blutrache angegeben wird[30]. Aber wie wenig letztlich die nur aus solchen Motiven geführten Fehden die wahren Gründe bildeten, zeigt die Tatsache, daß schließlich nur diejenigen Geschlechter überdauerten, die ihre Kampfesanlässe nüchtern und rational aus ökonomischen Erwägungen suchten, während andere, die das nicht begriffen und ihre Mordlust an irgendwelchen Kollegen kühlten, ohne die materiellen und konkurrenzbedingten Komponenten in Betracht zu ziehen, am Ende einfach ausstarben[31].

Natürlich wurde auch das Volk mitunter in solche Kämpfe hingeingezogen, war doch der Ort für die Auseinandersetzungen die Straße. Und wie wir noch zeigen werden (4.8) ist die Tendenz zu Gewalttaten keineswegs auf die Oberschichten beschränkt gewesen (allerdings mit dem Unterschied, daß das mittlere und niedere Volk bei Streitereien nicht die Macht- und Kriegsmittel der Granden besaß, daraus gleich einen kleinen Bürgerkrieg zu machen) (724, 83; 236, IV/1, 333). Aber wir haben bis ins erste Drittel des 13. Jahrhunderts keinerlei Nachricht, daß sich die breite Masse einer der kämpfenden Parteien zugeneigt oder gar sich ihr angeschlossen hätte.

Die erste massivere Reaktion auf die ständigen Streitereien der Granden erfolgt innerhalb des mittleren Bürgertums in den vierziger Jahren des 13. Jahrhunderts. Müde der ewigen Unsicherheit in der eigenen Stadt suchten die Handwerker und kleineren Händler die Auseinandersetzungen zwischen den Ghibellinen und Guelfen zu nutzen. Da beide Parteien sich darüber klar waren, aus eigener Kraft den Gegener nicht besiegen zu können, suchten prompt auch beide das Bündnis mit dem *popolo* Und so merkwürdig es erscheint, ausgerechnet in einer Zeit, wo die Ghibellinen gerade wieder die Oberhand hatten und die Stadt reichstreu war, wurden erste Ansätze zu einer demokratischen Verfassung installiert; aber sie waren noch sehr wenig konkret, so daß erst im Jahr 1250, dann unter den Guelfen, der *primo popolo* zustandekam, die erste festere Organisation des mittleren Volkes (236, II/1, 296). Das Volk, getragen durch die mittleren Handwerker und Händler, hatte zu diesem Zeitpunkt offenbar derart genug von der Politik der Granden, daß es sich selbst zum Souverain einsetzte und im Anschluß an einen verlorenen Feldzug die (ghibellinischen) Ritter entmachtete – eine Maßnahme, die zu diesem Zeitpunkt besonders günstig war, weil die Ritter derzeit gerade außerhalb der Stadt im Felde waren. Der *popolo* organisierte sich in 20 Genossenschaften, deren jede ein eigenes Banner bekam, um das sich die Genossen in (durch Glockenruf bekanntgemachten) Krisen- und Kampfeszeiten zu versammeln hatten. Die Genossenschaften wurden zur Grundeinteilung für Verteidigungs-, Verwaltungs- und Organisationsaufgaben; jeder Angehörige der Genossenschaft war zu unbedingter Hilfe für andere Mitglieder verpflichtet[32]. Dieses neue Verfassungssystem bestand immerhin fast ein Jahrzehnt und begünstigte eine bis dahin ungeahnte Entwicklung des Handwerks und des Handels in Florenz.

So hat sich die Führung des sozialen Kampfes ab der Mitte des 13. Jahrhunderts in die mittleren Schichten des Volkes verlagert. In der Folgezeit ist eine weitere Veränderung zu bemerken – es beginnen die Kämpfe zwischen dem frühkapitalistischen Unternehmertum und den Arbeitern. Auch wenn wir über organisiertes Eingreifen der unteren Volksschichten erst im zweiten Drittel des 14. Jahrhunderts verbürgte Nachrichten besitzen, zeichnet sich diese Entwicklung schon früher ab – so konnten z. B. die Kämpfe zwischen den „Schwarzen Guelfen" (den unversöhnlichen Guelfen, die für eine völlige und radikale Entmachtung aller Patrizier und Granden eintraten) und den auf Ausgleich mit den früheren Machthabern bedachten „Weißen Guelfen" zu Beginn des 14. Jahrhunderts nur mithilfe des niedrigen Volkes ausgetragen werden, und bei der Vertreibung der „Weißen" spielte das Volk auf der Straße keine geringe Rolle[33].

Zu den ersten größeren Auseinandersetzungen zwischen Arbeitern und Unternehmern kam es in den vierziger Jahren des 14. Jahrhunderts. Als Brienne de Gauthier, Herzog von Athen, 1342 die Macht ergriff, bediente er sich vorwiegend der Arbeiter, um seine Regierung zu stützen. Indem er ihnen ihre Organisierung gestattete, ihnen Gewerkschaftsprivilegien verlieh und sie sogar mit eigener Fahne ausstattete, brachte er vor allem die Arbeiter der großen Wollzunft, der ars lana, hinter sich, und als er die Arbeiter darüber hinaus auch noch bewaffnete (818, 34–36; 620, 25 ff), zeigte sich erstmals die Kraft, die in dieser bisher von den anderen Schichten kaum beachteten Klasse steckte.

Gleichzeitig können wir zu diesem Zeitpunkt erstmals auch eine bewußte Artikulationsfähigkeit der Arbeiter erkennen. In ihren Petitionen an den Herzog beschweren sie sich darüber, daß sie den mächtigen Unternehmern hilfslos ausgesetzt seien, daß diese ihnen ihre Löhne oft jahrelang vorenthielten und dann nur nach Gutdünken, nicht aber nach Vereinbarung zahlten. Ganz besonders beklagten sie ihre völlige Rechtlosigkeit – wenn sie ihre Rechte vor Gericht einklagen wollten, kamen sie immer nur an die Zunftgerichtsbarkeit, und dort saßen wiederum nur Mitglieder der Unternehmerschaft als Konsuln und Richter, also genau jene, gegen die sie sich beschweren wollten (818, 34–36; 620, 25 ff; 598, 35 ff).

Der Herzog von Athen hatte natürlich primär ganz andere Dinge im Sinn als die Emanzipation der Arbeiter – er war ja von den Granden gestützt, um die zu immer mehr Macht drängenden Angehörigen des *popolo grasso* zu bändigen, und wenn er den Arbeitern Freiheiten gewährte, so war ihm dies nur Mittel zu dem Zweck, den *popolo grasso*, als das Großunternehmertum, in Schwierigkeiten zu bringen.

Aber indem er das niedere Volk zur Durchsetzung seiner Ziele benutzte, gab er diesem auch erstmals das Selbstvertrauen und das Bewußtsein möglicher eigener Stärke. 1343, als der Herzog von Athen gestürzt worden war und die Popolanen die Herrschaft zurückerobert hatten, gaben die Arbeiter nicht einfach nach. Hatte hundert Jahre zuvor, bei der Installierung des *primo popolo*, der Schlachtruf „viva il popolo" geheißen, so erscholl jetzt vor dem Regierungssitz der Ruf nach politischer Gleichstellung der Armen mit den Reichen (818, 34ff; 620, 25 ff), die Forderung nach Gleichheit aller.

Die Popolanen konnten dieser Herausforderung durch die unterdrückten Klassen nur mit den altehrwürdigen Hausmitteln begegnen, die sie bei den Angehörigen der Oberschicht beobachtet hatten: sie ließen die Wortführer der Arbeiter ergreifen und hinrichten.

Aber es erwies sich erneut, daß sich die Arbeiter nicht mehr leicht ins Bockshorn jagen ließen. Sie legten – erstmals nachweisbar – die Arbeit nieder und solidarisierten sich mit den inhaftierten Führern. So zeigte sich 1345 der tiefgreifende Wandel in den sozialen Auseinandersetzungen besonders deutlich, und als kurze Zeit später die Streikbewegung auch noch auf das Land übergriff, war spätestens klar, daß es sich hier nicht mehr nur um einen lokalen Konflikt der Wollzunft handelt (620, 36; 598, 95 ff). Daß sich sogar die bisher besonders ruhigen *lavoratori* bzw. *levoranti delle terre* im *Contado* verweigerten, um gegen Lohndrückung (die die Arbeitgeber trotz Arbeitermangel – infolge vieler Seuchen der letzten Jahre – durchzusetzen versucht hatten) zu protestieren, zeigte überdies, daß die Arbeiter dieses neue Mittel der Auseinandersetzung sehr schnell zu beherrschen lernten.

Die Arbeiter der Wollzunft hatten sich schon zur Zeit des Herzogs von Athen besonders hervorgetan. In der Folgezeit wurden sie mehr und mehr das treibende Element der Klassenkämpfe. Der ihnen in der

Forschung beigelegte Name der *Ciompi* bezeichnete im ursprünglichen Sinne zu jener Zeit keineswegs spezifisch die Wollarbeiter, sondern leitete sich aus der Verballhornung von „compêre" oder „compare" ab, eine Bezeichnung, mit der sich die Gefolgsleute des Herzogs meist gegenseitig anredeten[34]. *Ciompi* bezeichnete danach eigentlich alle, die keiner Zunft als Meister oder Geselle angehörten, die also nicht organisiert waren und somit rechtlos, zumeist auch völlig ohne Besitz. Erst später hat sich der unmittelbare Bezug zur Ars lana in der Historiographie festgesetzt. Die Ciompi selbst nannten sich während ihrer Aufstände keineswegs so, sondern z. B. 1378 das „popolo di Dio", das Volk Gottes, welches für die Gesamtgesellschaft sprach (236, IV/2, 5). Bereits diese Tatsache dokumentiert deutlich, daß das Bewußtsein der Arbeiter in diesen dreißig Jahren seit dem Herzog von Athen so weit entwickelt war, daß sie ihre Klasse als das tragende Fundament der neuen Ökonomie erkannten.

Über den eigentlichen Aufstand der Ciompi 1378 ist in der Literatur viel gestritten worden[35]. Tatsache bleibt jedenfalls trotz aller Unterschiede in der Einschätzung, daß es sich hierbei um eine sehr schnell in organisierte Formen einmündende Erhebung der unteren und untersten Volksschichten handelte. Im Unterschied zu 1342–1345 beteiligte sich nunmehr auch ein Teil der niederen Zünfte an den Umwälzungen (110). Die Front war breiter geworden, wenn sie auch keineswegs homogen war und sich im Laufe der Zeit auch in viele Einzelabschnitte je nach den Interessen der vielen Gruppen aufspaltete (818, 38; 620, 157).

Vorausgegangen waren dem Aufstand katastrophale Jahre für Florenz. 1370/71 gab es eine große Dürre, im Gefolge davon entstanden Hungersnöte und Viehseuchen, durch die Verknappung der Vorräte kam es zu inflationären Preisentwicklungen. Andere Kommunen, die man um Hilfe anging, verboten ihrerseits Getreideausfuhren, und somit sah sich die Stadt Florenz außerstande, die eigenen Bürger zu ernähren. 1374 wütete dann wieder einmal die Pest in der Stadt, und obendrein vernichtete eine erneute Dürre die gesamte Ernte. Auch der folgende Winter war außerordentlich trocken. Aber im April 1374 kam der Regen, und er hörte nicht mehr auf bis in den Juni – wieder war die Ernte zerstört (818, 36; 620, 157).

Solche Augenblicke der Schwäche eines Staates locken mitunter alle möglichen zusätzlichen Probleme an. Der Papst – einst Verbündeter der Städte im Kampf gegen den Kaiser – hatte bereits seit vielen Jahrzehnten die zunehmende Macht der Städte mit Mißtrauen beobachtet, und in der augenblicklichen Situation sah er seine Stunde gekommen, ausgerechnet die Wortführerin städtischer Machtfülle, Florenz, niederzudrücken. Seine Verbündeten innerhalb der Stadt waren dabei die „Schwarzen Guelfen", eben jene, die seit eh und je unversöhnlich einem Ausgleich mit den früheren Feudalherren entgegengekämpft hatten und stattdessen ein Regiment der bürgerlichen

Timokratie installieren wollten. Sie entfalteten einen regen Terror im Inneren, um dem Papst ein leichtes Spiel zu ermöglichen. Aber der Widerstand der anderen Seite wuchs mit der Bedrängnis, und Florenz löste schnell alle politischen Bindungen zum Papsttum. Das Beispiel ermutigte, und faktisch alle Städte, die dem Papst bis dahin noch unterstanden waren, fielen von Rom ab. Florenz erklärte überdies gegenüber Papst Gregor XI. den Krieg, worauf dieser die Stadt unter Interdikt stellte. Zusätzlich – worauf er offenbar gewartet hatte – sah er sich jetzt gerechtfertigt, alles zu beschlagnahmen, dessen er von florentiner Bürgern habhaft werden konnte, und das war insbesondere in Avignon, seinem derzeitigen Domizil, sehr viel (818, 37; 620, 157).

Aber obwohl durch die Befreiung von päpstlicher Oberherrschaft z. B. das Getreideausfuhrverbot für den Kirchenstaat nicht mehr galt, wurde die Not in Florenz nicht kleiner – zu groß waren die vorangegangenen Schädigungen gewesen.

In dieser Stunde schwang sich ein florentiner Bürger zum Führer des *popolo minuto* auf, Salvestro Medici. Er entmachtete die von der florentiner Signoria eingesetzten *otto della guerra*, das für die Kriegführung installierte Gremium aus sechs Vertretern der (alten) Oberzünfte, einem Adeligen und einem Vertreter des *popolo minuto*. Diese vordergründig als eine Art „Allparteienregierung" eingesetzte Institution hatte natürlich vor allem die Förderung der Interessen des *popolo grasso* im Sinne, und der *popolo minuto* war so verärgert, daß er mit wenigen rhetorischen Formeln zum Aufstand zu bewegen war. Salvestro Medici besaß die geeignete Rhetorik und wurde zum *gonfaloniere di giustizia*, zum Bannerträger der Gerechtigkeit gewählt, ein Amt, das ehemals zur Beaufsichtigung der Granden eingerichtet war und dem insbesondere die städtische Miliz unterstand (818, 37; 620, 157; 236 IV/1, 88 ff).

Die *Arti maggiori*, die Oberzünfte, sahen die Wahl Salvestros zurecht als ein unangenehmes Vorzeichen an und bekamen es sehr schnell mit der Angst zu tun. Eiligst verbündeten sie sich mit den unmittelbar bedrohten Granden, da sie wohl erkannten, daß das Volk diesmal nicht vor dem *popolo grasso* haltmachen würde, wenn es einmal die Magnaten überwunden hatte. *Popolo grasso* und Magnatentum schmiedeten Pläne zur Entmachtung Salvestro Medicis, aber dieser war offenbar den Intrigen gewachsen und kam ihnen durch die Vorlage eines detaillierten Planes zur Entmachtung des Adels zuvor. Als dieser im Rat abgelehnt wurde – was Salvestro offenbar einkalkuliert hatte – öffnete der Medici die Fenster des Ratsgebäudes, und es zeigte sich, daß die Piazza voll war von Anhängern des Gonfaloniere. Eine seiner Mitstreiter rief „Viva il popolo", und dies war offenbar das Zeichen zum Tumult. Lange aufgestaute Wut über das Mißregiment der Granden und der mit ihnen verbündeten *Arti maggiori*, die immer deutlichere Erkenntnis der eigenen Lage und die Enttäuschung über die starre Haltung des Rates bestimmte nicht nur die *Ciompi*, sondern auch zahlreiche Mitglieder der *Arti minori* und andere Minderprivilegierte, sich mit allen möglichen tauglichen und untauglichen Geräten zu bewaffnen und in den Straßen der Stadt die Granden zu verfolgen, dabei auch deren Häuser zu stürmen und die Besitztümer zu zerstören (818, 37; 620, 157 f; 222). Daß es dabei nicht nur gegen die Granden ging, zeigt die Tatsache, daß bei dieser Gelegenheit auch vier auswärtige Tuchhändler an den Galgen mußten (222, 133) – ein Vorgang, an dem die *Ciompi* selbst kein unmittelbares Interesse haben konnten (da die Händler ja den Absatz der Produkte garantierten und ihr Tod die sowieso schon schwierige Verkaufslage noch zusätzlich verschärfte), sondern nur die Konkurrenten dieser Kaufleute; hier wurde ganz offenbar auch manches private Interesse im allgemeinen Tumult miteingebracht.

Salvestro Medici setzte nun, gestützt auf die Mittelschicht und den popolo minuto, eine Verfügung durch, die alle Übergriffe der Granden und des *popolo grasso* verhindern sollte. Unmittelbar danach aber zog sich Salvestro aus seinem Amt zurück. Hatten die Granden und der popolo grasso nun an eine Atempause geglaubt, so war dies eine falsche Rechnung: Es zeigte sich schnell, daß das Volk und die Arbeiter keineswegs ohne Führer waren. Eine ganze Reihe talentierter Leute aus den eigenen Reihen trat in den Vordergrund (etwa Simancino, Pagolo del Bodda, Lorenzo Ricomani, Filippo di Simone) (818, 38; 620, 157), und da sie allesamt aus dem *popolo minuto* kamen, geriet die ganze Bewegung nun schnell auf eine ausschließlich im Sinne der Arbeiter und unteren Schichten liegende Interessenslinie. Die Stoßrichtung wandte sich immer mehr weg von dem ausschließlichen Bezug auf die Granden (mit denen die Arbeiter im täglichen Leben auch wenig zu tun hatten) und verlagerte sich hin zum Kampf gegen die großen Unternehmer, die ja für die Arbeiter wesentlich unmittelbarer Gegner der täglichen Auseinandersetzung waren.

Die Koalition der Revoltierenden bestand zu diesem Zeitpunkt vorwiegend aus den *Ciompi*, weiterhin zahlreichen Mitgliedern der niederen Zünfte und allgemein solchen Leuten, die ihre Selbständigkeit durch die Machenschaften der Reichen eingebüßt hatten; eine große Gruppe bildeten die Färber, die unmittelbar von der *Ars lana* abhängig waren und unter ihr sehr zu leiden hatten – und schließlich stießen dazu noch ehemalige Gesellen und Lehrlinge insbesondere aus solchen Berufen, denen man eigene Gewerkschaften verweigert hatte (818, 38; 620, 157). Mit dem Abtritt Salvestro Medicis hatten die früheren Herrscher wieder in die Regierung zu kommen gesucht und sogleich ihre alten Methoden restauriert. Deshalb suchten die Aufständischen ihre eigene Haltung gegenüber dem Volk besonders deutlich zu machen und formulierten ein umfangreiches Programm (das sogenannte Programm von Ronco).

Hauptaspekte waren darin:
- Politische Gleichheit aller
- Aufhebung aller Abhängigkeitsverhältnisse
- drastische Lohnerhöhungen
- Recht auf politische Organisation für alle
- Straffreiheit für alle, die am Aufstand mitgewirkt hatten
- Freiheit für die innerhalb des Aufstandes aus den Gefängnissen Befreiten (818, 38; 620, 157; 85, 21–25)

Die Kluft zwischen den Popolanen allgemein und den Aufständischen ließ sich nun nicht mehr durch taktische Winkelzüge, wie insbesondere Salvestro sie hinter den Kulissen versuchte, überbrücken. Der *popolo grasso*, und mit ihm auch bereits wieder einige der mittleren Zünfte, die ebenfalls vor einzelnen Forderungen der *Ciompi* Angst bekommen hatten, mußten zu allen möglichen Listen greifen. Zu Hilfe kam ihnen dabei, daß just im rechten Augenblick ein neuer Führer der Arbeiter auftrat, Michele di Lando. Werner vermutet, daß Michele di Lando von Salvestro Medici vorgeschickt worden sei (818, 41; 620, 157), aber er bleibt den Beweis dafür schuldig. Und so sehr die Ausführungen von Rodolico überzeugen, daß Michele die Lando ein Opportunist war und die Sache der *Ciompi* verraten hat (599), so wenig läßt sich daraus ableiten, daß Salvestro di Medici ihn vorgeschickt hatte.

Michele di Lando war ein sehr geschickter Redner, der sich – selbst aus der Kammacherei herstammend – die beim aufständischen Volk zündenden Vokabeln schnell aneignete und als radikale Phrasen verwendet. So wurde er 1378 zum *Gonfaloniere die guistizia* gewählt.

Im Juni hatten sich drei neue Zünfte gebildet, die nun den größten Teil des *popolo minuto* auch organisatorisch vertraten – erstens die kleinen Wollhandwerker, zweitens die von Meistern abhängigen Färber und Weber etc. und drittens die Werkstattarbeiter schlechthin (818, 41; 620, 157–192).

Michele di Lando erkannte sehr schnell, daß man diese Trias spalten konnte, denn die ersten der beiden Gruppen waren in ihrer Mentalität ja vom Kleinbürgertum her geprägt und meist mit einem wenn auch sehr bescheidenen Besitzstand ausgestattet; vor allem aber hatten sie Hoffnung, gesellschaftlich und ökonomisch doch noch aufsteigen zu können.

Diese beiden Gruppen waren anfällig für bereits geringe Versprechungen, und die *Ciompi* sahen sich alsbald alleingelassen. Sie gaben aber keineswegs auf, verfolgten vielmehr ihre im Programm von Ronco aufgestellten Forderungen unbeirrt weiter. Da ihre Macht durch den Erfolg ihrer Aktionen weiter stieg, begannen sie ihre Vorstellungen nach und nach innerhalb weniger Wochen in die Tat umzusetzen. Insbesondere mußten sie nun aber einer von den Unternehmern gesteuerten Inflation entgegenwirken; sie taten dies, indem sie einen Preisstopp verfügten (222, 109–136). Die durch die Schließung vieler Betriebe durch ihre Besitzer während der allgemeinen Wirren entstandene Arbeitslosigkeit verringerten sie, indem sie die Wiedereröffnung der Werkstätten verfügten (818, 42; 620, 180 ff) und insgesamt die Wiederaufnahme der Produktion veranlaßten.

Aber durch diese an sich sinnvollen Ansätze wurden neue Probleme geschaffen. Der allgemeine Preisstopp traft z. B. auch mittlere Zünfte, die eine freie Preisgestaltung gerade eben gegen den *popolo grasso* durchgesetzt hatten; so wandten sich z. B. die Fleischer energisch gegen diese Bestimmung. Und die Unternehmer öffneten zwar unter dem Zwang der Gesetze ihre Betriebe wieder – aber es stellte sich heraus, daß sie bereits vorher alle Rohstoffe beiseite geschafft hatten, so daß überhaupt nicht produziert werden konnte (620, 180 ff). Die *Ciompi* reagierten durch die Aufstellung einer Miliz. Sie wurde zwar schnell aufgeboten, aber schlecht bezahlt (woher auch!), und so blieb sie wirkungslos, ja, ein großer Teil der Milizionäre verkaufte oder versetzte die ihm zur Verfügung gestellten Waffen sogar, um den Sold ein wenig aufzubessern (620, 180 ff; 818, 47 f).

Inzwischen hatte sich aber auch der *Popolo* organisiert, und Michele die Lando, im Bund mit dem *popolo grasso* und den mittleren Zünften sowie den beiden kleinbürgerlichen den drei neuentstandenen Gewerkschaften machte sich daran, die *Ciompi* niederzuwerfen. Während diese im florentiner Vorort Camaldoli eine neue Verfassung entwarfen, schließlich ein Direktorium mit dem Namen *otto santi del popolo di Dio* wählten und mithilfe eines Zuges von 5 000 bewaffneten *Ciompi* im Regierungspalast zu Florenz eine neue Petition vorbrachten und durchsetzten, hatten die Gegner bereits von den umliegenden ländlichen Bezirken eine große Heeresmacht herbeigeholt. Im geeigneten Moment wurden die Stadttore geschlossen, nachdem die gutgläubigen *Ciompi* wieder nach Camaldoli zurückgekehrt waren, und so konnten sie nicht mehr in die Stadt zurück. In einem schweren Kampf wurden die Aufständischen niedergemacht (818, 43; 620, 273–330).

Der organisierte Aufstand des Proletariats war damit vorerst zusammengebrochen. Er hatte sehr viele Opfer gefordert; und am Ende stand doch wieder das Regiment der „Fetten". Aber der Kampf hatte, auch wenn er nur drei Monate gedauert hatte, erstmals in der Geschichte des Kapitalismus den Weg der künftigen Auseinandersetzungen gewiesen, und man darf ihn in seiner historischen Bedeutung durchaus neben die Kommune von Paris im 19. Jahrhundert stellen, insbesondere wenn man die in Florenz zu jener Zeit noch so wenig entwickelten Verhältnisse in Rechnung zieht und damit die unglaublichen Anfangsschwierigkeiten erkennt, die eine ohne alle Theorie und Zukunftsperspektive handelnde Arbeitermasse zu überwinden hatte.

All das, was wir bis heute in den kapitalistischen Klassenauseinandersetzungen beobachten können, ist somit in nuce bereits im Florenz des 14. Jahrhunderts zu erkennen: sowohl die in der sozialen Revolution schnell auftretende Koalition von Kleinbürgertum und Proletariat, die in dem Augenblick zerbricht, wo dem Kleinbürgertum Hoffnung auf sozialen Aufstieg gemacht wird und ihm kleinere Forderungen erfüllt sind; wie auch die Machtlosigkeit der Revoltierenden, wenn sie nicht beizeiten eine auf physische, d. h. auf Waffengewalt gestützte Politik betreiben oder betreiben können; ebenso ist sichtbar die Tendenz der Herrschenden, ihre Herrschaft mit den Mitteln der Täuschung, Verzögerung, scheinbaren Anpassung, Ausnutzung von Diskrepanzen unter den Aufständischen, mit Lug und Trug zu stützen und zu erhalten, die Menschen in ihren berechtigten (und teilweise von den Herrschenden verbal durchaus anerkannten) Forderungen zu übertölpeln und schließlich blutig niederzuwerfen, sobald die Umstände es gestatten. Der bei solchen Aufständen regelmäßig zu beobachtenden Mäßigung auf Seiten der Unterdrückten, ihrem Zurückgehen auf geringere Forderungen und ihr Stehen zu einem einmal gegebenen Wort wird auf der anderen Seite keinerlei ebensolches Verhalten entgegengebracht. Am Ende wird alles, was sich auch nur entfernt mit den Aufständischen eingelassen hat, brutal umgebracht[36].

1.4. Die Veränderungen der florentiner Verfassung

Wir können uns in diesem Paragraphen relativ kurz fassen, da ein erheblicher Teil der Änderungen in der Verfassung eng mit den eben beschriebenen Kämpfen zusammenhängt und hierbei schon dargestellt worden ist.

Ende des 12. Jahrhunderts hatten die städtischen Kaufleute die ursprüngliche, noch aus dem Feudalismus stammende gräfliche Verfassung so weit ausgehöhlt, daß faktisch alle politischen Entscheidungen von Vertretern des Handwerks und Handels, von den sogenannten Konsuln, mitbestimmt wurden. Zu Beginn des 13. Jahrhunderts finden wir gleichberechtigt neben den *rectores* der Zünfte auch Konsuln der Kaufmannschaft, und beide Gruppen werden von den Volksvertretern und den Regierungsstellen in jeder wichtigen Angelegenheit gehört. Kurze Zeit danach werden die Handwerks- und Kaufmannsverbände noch durch die sich spezialiserenden Wechsler- und Bankierszünfte ergänzt, und spätestens hierbei wird sichtbar, daß die vom Volk gewählten städtischen Konsuln ohne Mitwirkung der drei Gruppen nichts mehr entscheiden können (236, I, 360 ff).

Die Gesetzgebung lag gegen Ende des 12. Jahrhunderts beim sogenannten *consilium*, einem Rat, der Vertreter angesehener Familien, daneben aber auch Abgeordnete der Vorstädte und der weniger vornehmen florentiner Schichten enthielt. Dieses *consilium* ist schon 1167 verbürgt (236, I, 674).

Das Volk in seiner Masse konnte sich innerhalb einer Vollversammlung, dem *arringum* oder *contium* artikulieren; dieser Versammlung hatten die Räte und Konsuln Bericht zu erstatten. Inwieweit das Volk in dieser Versammlung zu Initiativanträgen befugt war, ist unsicher, aber jedenfalls mußten bedeutende Verfügungen sowie innen- und außenpolitische Entscheidungen hier bestätigt werden (236, I, 675). Tatsächlich wurde diese Versammlung immer mehr zu einer Tribüne für geschickte Rhetoren[37]. Die Beschlüsse wurden damit immer häufiger verzögert oder sogar unmöglich gemacht, das ganze Gremium viel zu schwerfällig, und die faktische Machtausübung wurde immer weniger kontrolliert. Nur so ist es auch zu verstehen, daß die Zünfte und Organisationen ohne jegliche Verfassungsänderung zu einem derart unübergehbaren Einfluß kamen wie oben beschrieben.

Neben der städtischen Verwaltung, die vom Bürgertum getragen wurde, hatte sich im Laufe der Zeit innerhalb des Gemeinwesens noch ein eigener Staat im Staate herausgebildet – die Ritter. Sie bildeten sogar auch nominell eine eigene „comune", die *comune militum* neben der *comune majus*, der Stadtverwaltung. Die Ritter waren mit eigener Finanz- und Zollhoheit ausgestattet und bezogen daraus einen erheblichen Teil ihres Reichtums[38].

Nominell wurden die Regierungsgeschäfte im 12. Jahrhundert nach den uns vorliegenden Erkenntnissen von einem Vertreter der städtischen Konsuln (vielleicht in den späten Jahren des 12. Jahrhunderts auch von einem der kaufmännischen) geleitet. Zu Beginn des 13. Jahrhunderts wurde als Exekutivorgan ein *Podestà* eingesetzt, und zwar ab 1207 regelmäßig ein von auswärts berufener.

Von Interesse für uns – die wir hier ja keine Verfassungsgeschichte zu schreiben haben – sind die Veränderungen, die sich insbesondere innerhalb des beschlußfassenden Rates ergeben haben, vor allem von der Mitte des 13. Jahrhunderts ab, als der popolo zum ersten Male die Macht ergriffen hatte, zur Zeit also des *primo popolo*.

Hier sind tatsächlich wesentliche Änderungen in der Verfassung zu nennen. Neben die bisherigen Regierungsspitzen, die von der Oberschicht gestellt wurden, tritt nun ein *capitano del popolo*, ein Volkskapitan, zugleich als Kontroll- wie auch als Exekutivorgan, der die Rechte des Volkes gegenüber den Herrschenden zu wahren hatte. In späterer Zeit wurde die Zahl der Kapitane teilweise sogar auf drei erhöht (724, 109). Im Jahr 1250 wird Florenz durch den *primo popolo* neu organisiert: Zünfte und Kaufmannschaften verlieren ihren korporativen Einfluß. Die Bürgerschaft wird stattdessen in 20 *gonfaloni*, Genossenschaften oder besser Nachbarschaftsverbände mit jeweils eigenem Banner und Bannerträger (Vorsitzendem) zusammengefaßt. Damit wird auch die gesamte städtische Verwaltung gleichzeitig neu organisiert; Steuererhebung, Milizwesen, Nahrungsmittelverteilung etc. werden Privilegien dieser Verbände, und auf das Rufzeichen des *gonfaloniere,* des Bannerträgers, müssen die dazu Eingeteilten bewaffnet an bestimmten Punkten der Stadt erscheinen (724, 115 ff; 236, I 368 ff). Als beschlußfassendes Organ der Regierung werden 12 *Anzianen* gewählt; in der ersten Zeit kamen sie aus den Popolanen. Die Ritter sind zu diesem Zeitpunkt nicht mehr von Bedeutung, da sie infolge ihrer gegenseitigen Kämpfe einander neutralisiert hatten; die Rittersozietät löste sich Mitte des 13. Jahrhunderts auf (236, I, 360 ff).

Der Gesamtpopolo wird durch den Volkskapitan vertreten, der insbesondere die Aufgabe hatte, bei allen Gesetzesverstößen von gewisser Tragweite an ein Rufzeichen zu geben, wonach sich das gesamte popolane Volk – bewaffnet oder unbewaffnet, je nach Anlaß – zu versammeln hatte; insbesondere galt dies für den Fall einer Gefahr für die Gemeinschaft und bei äußerer Bedrohung (236, I 369 ff).

Wie bedeutend diese Umwälzungen waren und wie sehr die traditionellen Herrscher dies erkannten, geht daraus hervor, daß die kaiserliche Zentralgewalt alles versuchte, solche Entwicklungen zu verhindern. Aber wie sie schon im ersten Drittel des 13. Jahrhunderts mit ihren Verboten der Nachahmung florentiner Verfassungen erfolglos geblieben war, so scheiterte sie auch jetzt und konnte die Entwicklung nur noch kurzzeitig aufhalten[39].

Das *Anzianat*, die wesentlichste Neuerung im Hinblick auf eine sich entwickelnde Demokratie, bewegte sich aber dennoch im Laufe der Zeit keineswegs in Richtung auf Demokratisierung und Interessenswahrnehmung für die breiten Massen. Vielmehr wurde diese Einrichtung mehr und mehr zum Durchsetzungsorgan der Interessen einer neu entstehenden Oligarchie und Timokratie. Wir finden in großer Zahl Angehörige der Oberzünfte und des Geldadels unter den Anzianen, etwa die Frescobaldi, Falconieri, Cambii etc.

1260 wurden die Statuten des *primo popolo* wieder außer Kraft gesetzt – die Ghibellinen hatten bei Montaperti die Kommune besiegt und traten nun zur Restauration ihrer Herrschaft an. Aber auch diese Herrschaft war nicht von Dauer. Die Verfassung von 1250, das Kapitanat und das Anzianat, wurden zwar aufgehoben, die Räte eindeutig ghibellinisch besetzt. Aber bereits 1266 fühlte sich der popolo wieder so stark, daß er eine Wiederherstellung seiner Verfassung von 1250 versuchte (724, 141 ff). Im ersten Anlauf scheiterte er, aber es gelang ihm noch im selben Jahr, die Ghibellinen zu vertreiben. Die Hoffnung auf Wiederherstellung einer mittelständischen Demokratie erfüllte sich nun trotzdem nicht – der Bundesgenosse, der bei der Vertreibung des Feudaladels und der Kaiserpartei geholfen hatte, war nämlich der Papst gewesen. Und dieser brachte die Popolanen nun in dieselbe Abhängigkeit wie es vordem die Kaisertreuen praktiziert hatten, setzte seine Leute in das Stadtregiment ein und dachte nicht im entferntesten an Demokratie. Und wenn auch infolge der stärkeren Freizügigkeit gegenüber der traditionell im Kaufmannsstand verwurzelten Guelfenpartei Handel und Gewerbe stark gefördert wurden, so blieb das Volk in seiner Masse doch genauso unterdrückt wie vorher (724, 141 ff).

Erst die verschiedenen außenpolitischen Verwicklungen der achtziger Jahre bringen neue Ansätze mit Erfolgsaussichten. Darüber haben wir bereits in vorigen Paragraphen (1.2 und 1.3) berichtet. Die Gesetze von 1289 zur Entmachtung des Landadels leiten eine Entwicklung ein, die dann 1293 in die *ordinamenti di giustizia*, die Verfassung und das Grundgesetz zugunsten des mittleren Bürgertums, einmündet.

Wichtigste Neuerung war dabei, daß nun zu den älteren Oberzünften, den *arti maggiori*, auch die jüngeren, sogenannten mittleren Zünfte als Träger der Macht hinzutraten, ja – für zwei Jahre – sogar bestimmend wurden. Das Verbot politischer Betätigung für alle Magnaten sollte den Einfluß des Stadtadels ein für alle Mal brechen, und die verfassungsmäßige Einsetzung von Räten der Popolanen, die Vorschriften über die Wahl der Bannerträger, über den Zusammenschluß der Zünfte, die Miliz etc. waren hier der juristische Ausdruck der von den Popolanen geschaffenen neuen Verhältnisse. Flankierend wurden den Magnaten hohe und höchste Strafen für die Verletzung eines Popolanen angedroht, ja es wurde sogar der innere Notstand ausgerufen, wenn ein Magnat einen Popolanen beleidigt oder gar verletzt hatte (724, 178; 236, II/2, 402–569).

Aber schon zwei Jahre später setzten die Magnaten eine grundlegende Änderung der *ordinamenti* durch. Kernstück war die Rücknahme der großen Strafandrohungen und die Wiederzulassung der Magnaten zu Ämtern, sofern sie in eine Zunft eintraten (724, 180; 236, II/2, 552 ff). Damit war die neue Verfassung ausgehöhlt und einer neuen Oligarchisierung und Timokratisierung Tür und Tor geöffnet. Selbstverständlich erfuhr die Verfassung von Florenz auch in der Folgezeit noch Veränderungen, aber sie war zu Beginn des 14. Jahrhunderts bereits so weit ausgereift, daß sie allenfalls vorübergehend außer Kraft gesetzt, nicht aber mehr grundsätzlich beseitigt werden konnte. Die einzelnen Organe hatten inzwischen auch ihre Ausformung erhalten, die z. T. nicht mehr viel mit dem ursprünglichen Zweck gemein hatte, aber diese Ausformung war dann eben der Zustand, in dem diese Organe auch weiterhin Bestand hatten. Aus dem Amt des Volkskapitans, das ursprünglich eine Art Volkstribunat gewesen war (236, IV/1, 71–74), wurde mit der Zeit eine recht umfangreiche und komplizierte Verwaltungsbürokratie (Notabene: So sehr dies im Interesse einer demokratischen Weiterentfaltung zu bedauern ist, so verdanken wir dieser Entwicklung doch einen großen Teil dessen, was uns heute an gesicherten Fakten überhaupt erreicht hat – durch den dieser Behörde eigenen Hang zum Statistischen und Urkundlichen).

Grundsätzliche Änderungen der Verfassung wurden im Verlaufe des 14. Jahrhunderts vor allem von den bisher allzu kurz gekommenen Schichten, den Nichtselbständigen und den Arbeitern gefordert, vom *popolo minuto* und vom Proletariat. Aber mit Ausnahme der nur wenige Monate währenden Installierung niederer Zünfte als Machtträger zur Zeit des Herzogs von Athen in den vierziger Jahren und der nur ein gutes Vierteljahr dauernden *Ciompi*-Erhebung hat es keine Reformen mehr gegeben, und längeren Bestand hatte auch keine der eben genannten vorübergehenden Änderungen; auch die Einbeziehung niederer

Zünfte und des Proletariats in die Machtausübung wurde alsbald wieder zurückgenommen oder gar unterdrückt; wir haben dies berichtet (1.3).

So hat die florentiner Verfassung bereits zu Beginn des 14. Jahrhunderts ihre Ausformung so weit erreicht, daß grundlegende Umgestaltungen nicht mehr geschahen. Er war eine in der Grundabsicht demokratisch angelegte Verfassung, die einer starken Tendenz zur Oligarchie aber zu keiner Zeit widerstand. Soziale und politische Gegensätze konnten so natürlich auf keine Weise ausgeglichen werden, und das Vertrauen in die Verfassung war offenbar so gering, daß alle paar Jahre neue Versuche zu ihrer Änderung unternommen wurden – aber seit dem endenden 13. Jahrhundert zeigte sie sich doch so stabil, daß ihre Fundamente eventuelle Anstürme gut überstanden. Und seit die Mächtigen und Einflußreichen erkannt hatten, wie sich eine solche Verfassung auch für ihre Zwecke nutzen ließ, sahen sie auch keinen Grund mehr, dagegen anzugehen – sie stützten sie nunmehr gegen die unteren Schichten, mit Erfolg. Da überdies die neuen gesellschaftlichen und ökonomischen Verhältnisse noch nicht so weit entwickelt waren, daß ein starkes und durchschlagendes Klassenbewußtsein entstehen und Erfolge hätten zeitigen können, blieben auch die Anstürme der unteren Klassen letztlich zwangsweise ohne nachhaltigen Erfolg. Der unentwickelt Kapitalismus hatte noch kein organisiertes Proletariat hervorgebracht, auch wenn die wichtigsten Kennzeichen einer starken Proletarisierung der Arbeitenden durchaus beobachtet werden können (1.2).

Wir müssen uns diese Aspekte gegenwärtig halten, wenn wir bei unseren späteren Betrachtungen über das Erziehungssystem immer wieder auf eine uns heute kaum mehr verständliche Mentalität der Unterdrückten und Rechtlosen in Fragen von Erziehung und Bildung stoßen werden.

Begräbnis an der Pest 1349 Verstorbener Französische Miniatur, 1352 (Brüsseler Bibliothek)

Kapitel 2
Arbeit und Situation der Arbeiter zwischen dem 12. und 15. Jahrhundert in Florenz

Genauere Kenntnisse über Art und Umfang der Arbeit, ihre Differenzierung, die Arbeitsverhältnisse, über die Form der Organisation, die Werkstätten, Betriebe usw. finden wir anhand einiger Chroniken aus dem 14. Jahrhundert, bei einigen Details sogar schon von früher vor. Es liegt aber auf der Hand, daß die im 14. Jahrhundert verfaßten Chroniken umso ungesicherter werden, je weiter die Zeiträume zurückliegen, auf die sie sich beziehen, so daß z. B. unser Wissen für die Zeit des 12. Jahrhunderts nur recht vage ist. Allerdings haben wir zusätzlich noch eine Anzahl erhaltener Urkunden, aus denen einiges abzuleiten ist.

Gegenüber den genannten Chroniken – traditionell als Hauptquelle für alle Erörterungen geschichtlicher Fakten aus jener Zeit benutzt – müssen wir hier von vornherein noch weitere wichtige Einschränkungen geltend machen, sofern sich die Angaben auf den Arbeitsbereich beziehen. Denn gerade hier mischen sich in besonderem Maße erkenntnisleitende Interessen hinein, die in der persönlichen Biographie der Chronisten wurzeln. Die Villani – drei Generationen lang für uns die wohl datenreichsten Chronisten – z. B. waren Bankiers und Kaufleute (236, IV/3, 159 ff), und ihre Berichterstattung erfolgt von diesem Blickwinkel aus. Das Wohl und Wehe ihres eigenen Standes – sie entstammten der Oberzunft der Calimala, die besonderen politischen und wirtschaftlichen Einfluß hatte, da sie den Großhandel umfaßte – lag ihnen natürlich besonders am Herzen, und unter diesem Gesichtspunkt werden die Ereignisse ihrer Zeit eingeordnet. Das trifft gerade besonders auf alle Angaben über Arbeiter und Arbeitsverhältnisse in der Stadt zu – in eben jener Zeit, da die Villani schrieben, konstituiert sich ja für alle sichtbar immer deutlicher der Antagonismus der Unternehmer zum Proletariat, und alle Aktivitäten der Arbeiter, bessere Verhältnisse zu schaffen, sich zu organisieren oder zumindest die niederdrückende Abhängigkeit vom Kapital zu mindern und zu brechen, wurde von den Angehörigen der reichen Zünfte als Bedrohung ihres Besitzstandes empfunden. Die Chroniken der Villani lassen demzufolge auch nahezu alles aus, was für die Arbeiter an Positivem ins Feld geführt werden könnte, sehen in ihnen nur Idioten, Ungebildete und unzufriedene Aufrührer.

Solche Verfälschungen wären an sich nicht so schlimm, wenn uns auf der anderen Seite weitere Berichte zur Korrektur erhalten wären, die von Angehörigen anderer Klassen verfaßt worden sind und die z. B. die Partei der Arbeiter wahrgenommen hätten. Aber leider ist dem nicht so – der allergrößte Teil der Chronisten entstammt dem Kaufmannsstand, und andere, frühere, die von Juristen u. ä. verfaßt worden sind, bieten so dürftige Hinweise, daß man kaum etwas daraus entnehmen kann[40].

Die bisherige Forschung ist dem Mangel einander korrigierender Chroniken weitgehend aufgesessen. Denn da die verschiedenen Angaben der Villani auch noch durch andere Chronisten, etwa durch Dino Compagni und Coppo Stefani, wiederholt wurden, schienen sie auch in glänzender Weise bestätigt und ein Zweifel fehl am Platze. Aber Dino Dompagni war selbst wieder Großkaufmann[41]. und Coppo Stefani stammte aus einer Familie von Sozien der Großbankiers und Kaufleute Accaiuoli[42]. und beider Interessen lagen deshalb wohl sehr nahe an denen der Villani. Die scheinbare Sicherung der durch die Villani berichteten Ereignisse und Fakten läßt sich mithin zu einem guten Teil auf die zwischen den Chronisten herrschende Interessenidentität zurückführen.

Daß Chroniken in jener Zeit vor allem von Kaufleuten geschrieben wurden, hat seinen Grund wohl darin, daß in diesem Geschäft Aufzeichnungen über Daten und Fakten grundsätzlich nützlich sind und daher naheliegen. Daß sich aus solchen schriftlichen Niederlegungen – die zunächst nur dem eigenen Gedächtnis und der Führung des Geschäfts gedient haben – im Laufe der Zeit umfangreichere Berichte zusammenstellen lassen, ist klar. Und wenn dann eine Stadt wie Florenz beginnt, sich in die Weltpolitik einzuführen, sich als Leiterin und Führerin des Abendlandes – als Nachfolgerin Roms – zu fühlen, was liegt dann für die Angehörigen der ökonomisch herrschenden Schicht näher, als die eigene, geschäftliche Welt mit den Ereignissen der großen Politik zu verbinden und in den Darstellungen zu verquicken oder gar in eins zu setzen.

Der Vater der Chronisten Villani, Stoldo, war bereits ein erfolgreicher Geschäftsmann. Sein Sohn Giovanni, *der* Villani, entwickelte seinen Plan zur Abfassung einer Chronik um 1300, zu einer Zeit also, wo der Kaufmannsstand sich schon ganz in den gesellschaftlichen Vordergrund gearbeitet hatte. Giovanni Villani überliefert eine große Anzahl wichtiger Daten und Details aus der florentiner Geschichte, auch wenn man die unmittelbar von den eigenen kaufmännischen Interessen geleiteten Verfälschungen einmal abzieht. Je weiter Giovanni Villani allerdings zurückgreift, umso mehr vermischt sich seine Darstellung mit Sagen und Legenden, aber das ist in der Geschichtsschreibung mitunter bis heute so. Giovanni Villani lebte bis in die Mitte des 14. Jahrhunderts, und seine „Chronica" spiegelt in jeder Zeile die beeindruckenden politischen Kämpfe und Wirren wider, in denen er lebte. Daß er schließlich verarmt, in den Strudel der Bankkräche hineingerissen, im Schuldgefängnis starb, hat seine prinzipielle Einstellung zur Richtigkeit des damaligen „oben" und „unten" nicht verändert.

Sein Bruder Matteo hat die Villanischen Chroniken fortgesetzt, bis er 1363 starb, und wiederum einer seiner sechs Söhne, Filippo, hat dem noch weitere Bücher hinzugefügt, so daß wir faktisch das gesamte 14. Jahrhundert hindurch Chroniken aus dem Blickwinkel dieser Kaufmannsfamilie besitzen.

Diese Chroniken und Historien bilden bis heute „die" Fundgrube für den Quellenforscher, und Davidsohn hat in seiner umfangreichen *Geschichte von Florenz* sich nahezu immer auf die Villanis verlassen. Erst neuere Untersuchungen wie etwa von Beloch und Sapori über die Bevölkerungsgeschichte und die schon zitierten Arbeiten von Werner, Rutenburg und – mit den gegebenen Einschränkungen – auch die von Stahl haben mit einer Demontage Villanischer Glaubwürdigkeit begonnen, die nun ihrerseits nicht bloß auf Behauptungen des Gegenteils beruhen, sondern andere, schwieriger zugängliche Quellen zur Grundlage nehmen.

Wir haben diese Sachverhalte ausführlicher dargestellt als es auf den ersten Blick nötig erscheint. Wir halten es aber für äußerst wichtig, gerade in Hinsicht auf die Arbeitswelt der damaligen Zeit andere Quellen als die tendenziösen Oberschicht-Chroniken jener Zeit heranzuziehen und in ihrer Bedeutung höher einzuschätzen als die Darlegungen der Villani und der anderen florentiner Geschichtsschreiber. Wenn wir im folgenden deshalb die Chroniken nur recht spärlich zitieren und soweit möglich dort, wo wir sie anführen, entweder kritisch Stellung nehmen oder anderweitige Bestätigungen anbringen, hat dies seinen Grund in der eben aufgewiesenen gebotenen Vorsicht den einfließenden erkenntnisleitenden Interessen der Chronik-Verfasser gegenüber.

In unseren Ausführungen haben wir uns besonders an Urkunden gehalten, wie wir in den Archiven von Florenz, Siena und San Gimignano finden, und aus denen wir ziemlich viel gesichertes Material über den Arbeitsalltag, die Arbeitsorganisation, die gegenseitigen Abhängigkeiten, den Arbeitsmarkt und die sich wandelnde gesellschaftliche Bezugnahme zur Arbeit erschließen können.

Dabei muß, wie immer bei dieser Untersuchung, bewußt bleiben, daß es sich auch hier um einen Anfang handelt, da ja ein erheblicher Teil der Urkunden bis heute weder ediert noch bearbeitet ist; und wir gehen auch davon aus, daß noch viele Dokumente in den verschiedensten Archiven lagern, ohne daß wir bis jetzt Kenntnis davon haben. Bei unserer eigenen Arbeit in Archiven hat sich gezeigt, daß auch ein Teil der zugänglichen Urkunden dem Untergang zustrebt, weil eben zu wenig Geld für ihre Erhaltung vorhanden ist.

Zu den Dokumenten, die uns besonderen Aufschluß über Arbeit und Arbeitsverhältnisse, insbesondere zur späteren Konfrontation mit den Problemen der Ausbildung und Erziehung, geben, gehören:

- notarielle Urkunden über Arbeitsverträge
- Verträge (notarieller und privater Natur) über Lehrverhältnisse, insbesondere
- Anstellungs- und Ausbildungsverträge für Lehrlinge
- Geschäftsbücher von Kaufleuten, Bankiers und Handelskonsortien
- Verträge und Abmachungen zwischen Geschäftsleuten und Kommunen
- Gerichtsurteile über Streitigkeiten zwischen Geschäftsleuten und Angestellten bzw. Arbeitern
- Schiedssprüche der Zunftgerichte über Streitigkeiten von Unternehmern untereinander über die bei ihnen beschäftigten Arbeiter (etwa wegen Abwerbung)
- Urkundlich belegte Sanktionen der Kommune oder der Gewerbe gegen Minderprivilegierte und Arbeiter
- Protokolle von Beschlüssen des Rates oder der Regierung über Arbeitsverhältnisse
- Zunftstatuten mit ihren Ausführungen über Arbeitsorganisation, Arbeitsverhältnisse und Disziplinierungsmaßnahmen gegenüber Arbeitern und Abhängigen

Auch hier haben wir die Aufzählung der Quellen absichtlich im Darstellungsteil und nicht nur in den Fußnoten eingefügt, um von vornherein klarzulegen, mit welcher Detailarbeit diese ersten Schritte auf dem Weg zu Erforschung der Arbeitsverhältnisse und der damit verbundenen Probleme zu jener Zeit gekoppelt sind. Dies auch wieder nicht, um das Ansehen solcher Arbeit zu erhöhen, sondern um von vornherein auf die vielen Unsicherheiten und Fehlerquellen hinzuweisen, die bei den ersten Interpretationsversuchen eines noch weitgehend unstrukturierten und bisher kaum gewürdigten Materials notwendig auftreten. Wir werden uns allerdings bemühen, alles was wir an Lücken notwendig durch Spekulation auffüllen, klar zu kennzeichnen und damit wohl auch Anregungen für spätere detaillierte Forschungsarbeit zu geben, die aus den genannten Gründen erst im Laufe der Zeit geleistet werden kann, welche aber mit Sicherheit gewisse Modifizierungen in die bis heute möglichen Deutungen bringen wird.

Um unnötige Überschneidungen und Wiederholungen zu vermeiden, werden wir an den entsprechenden Stellen auf eventuell bereits in vorangegangenen Paragraphen gemachte Ausführungen hinweisen, da dort aus Gründen der informativen Darstellung schon einiges von dem vorweggenommen werden mußte, was auch in dem jetzt abzuhandelnden Kapitel einen wichtigen Platz einnimmt.

2.1 Der Übergang von der ländlich-feudalen zur städtisch-kapitalistischen Produktion

In zweierlei Hinsicht verändert sich zwischen dem 12. und dem 15. Jahrhundert die Form und der Umfang der Produktion entscheidend: Erstens bekommt die in der Stadt selbst geleistete Arbeit, die Arbeit der Händler und Handwerker, immer größeres Gewicht gegenüber der bisher vorherrschend bestimmenden Arbeit der Bauern und Landbewohner. Zweitens werden auch auf dem Land Produktionsweisen und Organisationsformen der Arbeit eingeführt, die dem überkommenen Modus der feudalen Bewirtschaftung völlig unähnlich sind.

2.1.1 Die erhöhte Bedeutung der Städtischen Produktion

Vom 12. zum 13. Jahrhundert vollzieht sich in Florenz der schwungvolle Differenzierungsprozeß innerhalb des Handwerks, begünstigt durch den immer stärker aufstrebenden Handel florentinischer Kaufleute. Florenz wurde mehr und mehr Mittelpunkt des oberitalienischen Kommerzes; die damals wichtigste Handelsverbindung verlief in westöstlicher Richtung, und Florenz stellte auf dem Weg zum Orient einen wichtigen Umschlagplatz dar. Seit dem Beginn der Kreuzzüge erhöhte sich die Bedeutung solcher Metropolen natürlich, und Florenz baute seine Vormachtstellung kräftig aus (236, I, 280 ff); bereits aus der Zeit des 1. Kreuzzuges, der Florenz berührte, 1096, wird uns von zahlreichen Mitfahrern aus der Toskana berichtet[43].

Die aus jenen Jahren erhaltenen gebliebenen Urkunden zeigen, daß innerhalb des Handwerks mit dem Aufblühen des Handels auch die arbeitsteilige Differenzierung nahezu synchron läuft. Haben wir am Ende des 11. Jahrhunderts zwar schon eine Anzahl spezialisierter Handwerker, so sind doch zu dieser Zeit z. B. die Schmiede noch nicht von den Waffenverfertigern getrennt, die Wollhersteller noch nicht von den Wollarbeitern etc.; und auch im Handel hatten sich die Bankiers noch nicht von den Kaufleuten getrennt[44]. Mit dem 12. Jahrhundert aber ist der Differenzierungsprozeß, der die spätere weltwirtschaftliche Bedeutung von Florenz begründet, voll im Gange[45]. Und spätestens im ersten Drittel des 13. Jahrhunderts sind uns nahezu alle Gewerbe urkundlich überliefert, die bis heute Bestand haben[46].

Die Umsätze des Handels haben sich unter diesen Umständen natürlich beträchtlich erhöht, und zu Beginn des 14. Jahrhunderts haben nicht wenige Handels- und Bankhäuser bereits Umsätze, die sich in der Höhe von Millionen librae bewegen (18, 20:236, IV/2, 179 f).

Gleichzeitig nimmt nun die ländliche Produktion an Bedeutung ab. Das hängt mit mehreren Dingen zusammen.

Zunächst bedeutet natürlich der überragende Aufschwung der städtischen Produktion an sich bereits eine relative Veränderung der Verhältnisse zwischen Stadt und Land, wenn die ländliche Produktion in derselben Zeit nur gleich bleibt. Aber wir haben Gewißheit, daß die ländliche Produktion zu jener Zeit auch in absoluten Zahlen rückläufig war, und zwar aus verschiedenen Gründen.

Der erste Grund liegt darin, daß die Zeit des 12. bis 14. Jahrhunderts – wie schon geschildert (1.2) eine Epoche fortwährender kriegerischer Auseinandersetzungen war. Da waren einerseits die laufenden Kämpfe zwischen dem Feudaladel und der Stadt, gefolgt von den Streitigkeiten zwischen Ghibellinen und Guelfen, und als diese weitgehend entschieden waren, traten die internationalen Verwicklungen der Stadt auch in Form von Kriegen in den Vordergrund, der Kampf der oberitalienischen Städte um die Vorherrschaft (236, II/1 und 2). Siena und Pisa, Arezzo und Lucca waren die unmittelbar benachbarten Gegner, und in der weiteren Umgebung ging es gegen Mailand und Venedig, gegen Bologna und, in Form des antipäpstlichen Kampfes, gegen Rom. Die Stadt selbst war von solchen Kämpfen nur im Falle einer Niederlage berührt, ansonsten kamen auf sie allenfalls höhere Steuern zwecks Verteidigung zu, die sie aber besonders im Falle eines Gewinnes durch die dann erschlossenen zusätzlichen Handelsverbindungen leicht ausgleichen konnte. Das Land aber war in jedem Fall betroffen, da die Kämpfe ja auf dem Lande stattfanden, solange sie in Form von Kriegen und Gefechten ausgetragen wurden. Das Land hatte für die geworbenen Söldner die nötigen Nahrungsmittel aufzubringen, da die Stadt hierfür allenfalls Geld geben konnte, aber selbst innerhalb ihrer Mauern nichts an überflüssigen Nahrungsmitteln produzierte. Die ländliche Produktion blutete so in zweierlei Hinsicht aus – erstens wurden Menschen getötet, Ernten zerstört, wurde Vieh umgebracht, wenn die Kämpfe tobten, und zweitens wurde das, was dann noch an Produktion übrigbleibt, nicht dem Handel zugeführt, sondern von den Heeren verschlungen – legal oder geplündert. In jedem Falle blieb natürlich auch die Lust der Bauern auf Erhöhung der Produktion in Grenzen, da ja alles von derartiger Unsicherheit geprägt wurde, daß eine vernünftige vorausschauende Kalkulation auch kaum möglich war.

Der zweite wichtige Grund liegt darin, daß sich in jenen Jahrhunderten, ganz besonders aber im 14., eine Reihe von Mißernten ereignete; wir haben darüber bereits gesprochen (1.3). Dürre und unzeitgemäße Hitze, dann wieder monatelanger Regen haben die Ernte mehrerer Jahre völlig vernichtet.

Und ein dritter Grund ist der, daß die Auseinandersetzungen der Kommune mit den Landadeligen zu einer Reihe von Gesetzen geführt haben, die die Macht der Grafen brechen sollten, die aber in weiterer Konsequenz zu einer riesigen Landflucht führten. Das Verbot des Weiterverkaufs von Hörigen Ende des 13. Jahrhunderts begünstigte das Davonlaufen von Bauern in ernormem Maße. Da überdies die Bauernemanzipation so vor sich ging, daß die Bauern zwar befreit wurden, aber kein Vorrecht zum Kauf des bisher von ihnen bewirtschafteten Stückes Erde bekamen, waren unzählige Menschen nun ohne irgendein Auskommen und sahen sich daher gezwungen, sich als Tagelöhner oder sonstwie als Arbeiter zu verdingen (818, 29; 326, I, 778 ff u. II/2, 500 f). Sie taten das dort, wo sie Arbeit erhofften, in der Stadt. Das Land blutete damit aus, verlor insbesondere seine kräftigsten und geschicktesten Arbeiter, da diese auch in der Stadt hochwillkommen waren.

2.1.2 Die veränderte Produktionsweise auf dem Land

Aber dieser Rückgang der ländlichen Produktion ist nur die eine Seite. Dialektisch entwickelte sich bereits im Schoß dieses Niedergangs eine andere Produktionsweise, die mit den überkommenen Formen brach und mehr und mehr den kapitalistischen Organisationsweisen ähnelte.

Begünstigt wurde diese Umstellung durch eine in Italien an sich schon seit dem 8. Jahrhundert nachweisbare Form der Bewirtschaftung, dem sogenannten Teilbau, der *mezzandria* oder *mezzeria*. Bis zum 12. Jahrhundert war sie aber kein tragender Faktor der Landwirtschaft.

Im Teilbau wird dem sogenannten Halbpächter oder Teilbauern (auch: Halbbauer) vom Landgeber – dem Grafen oder anderweitigen Landeigner – das Land zur Bewirtschaftung überlassen, und zwar so, daß ein Teil des Ertrages beim Pächter bleibt (wobei sich im Laufe der Zeit wohl die hälftige Teilung durchsetzte (818, 26–29; 236, I, 778 ff) – daher der Name Halbpacht). Der Pächter hatte damit einen großen Anreiz für seine Arbeit, floß doch ein erheblicher Teil ihm selbst unmittelbar zu. Die Landeigner wiederum waren erst in einer Zeit, wo auch die Agrarprodukte weniger für den eigenen Bedarf als für einen sich immer mehr erweiternden Warenmarkt interessant wurden, für eine solche Form der Arbeitsorganisation aufgeschlossen, brachte ihnen dieses System doch in der Regel eine erhebliche Steigerung des Ertrags infolge des großen Engagements der Bauern. Im florentiner Gebiet, wo wir die Halbpacht erst seit 1030 urkundlich nachweisen können[47]. wird die *mezzandria* schon im 12. Jahrhundert zu einer dominierenden Form der Bewirtschaftung (28, I, 150 ff).

Dieses System hatte aber wieder äußerst weitreichende Folgen. Da der Adelige, um möglichst viel aus seinem Land herauszuschlagen, sein Land in viele Einzelparzellen aufteilte und darin jeweils einen Halbpächter einsetzte, waren die Bauern gezwungen, auf diesem kleinen Terrain jedes Krümelchen Erde auszunutzen. So wurde in die Weinberge Getreide eingepflanzt, unter die Olivenbäume Gemüse etc. Abgesehen von einer verstärkten Anfälligkeit für Krankheiten, die sich die Pflanzen gegenseitig übertrugen, war solch zusammengepferchtes Gewächs in seinem Ertrag sehr witterungs- und saisonabhängig, und je nach Güte des laufenden Jahres kamen ganz unterschiedliche Ergebnisse zustande. Die Landeigner nun versuchten solche Ausfälle dadurch zu korrigieren, daß sie sich einen größeren Teil abschnitten, und so mancher Kleinbauer ging daran zugrunde. Wer sich noch retten wollte, sah nur eine Möglichkeit: er ließ sich von vermögenden Leuten das Anbaugut – Samen, Pflanzen, bzw. das Vieh für die Weide – stellen, und zwar unter der Abmachung, wiederum einen Teil der Ernte bzw. des vom Vieh gewonnen Ertrags abzugeben.

Da ein einzelner Bauer aber nicht zugleich den Landeigner und den Geber des Anbauguts etc. ernähren konnte, war dieses System nur zu praktizieren, wenn wiederum der Landeigner und der Materialiengeber identisch waren. Soweit wir aus den Urkunden ersehen, war nur ein geringer Teil der alten Adeligen so flexibel, dieses neue System mitzumachen; in der Regel waren die neuen Herren des Landes – Stadtbewohner, die dort ihr Vermögen anlegten, z. T. ihre eigene Versorgung gewährleisten wollten, z. T. aber bereits die gewonnen Erträge wieder als Waren betrachteten, die Gewinn brachten. Diese neuen Landeigner brachten zudem den Vorteil mit sich, in der städtischen Organisationsform der Arbeit zuhause zu sein, und so ähnelte auch der Landbau im 13. und 14. Jahrhundert immer mehr dem kapitalistischen Verlegertum (818, 27; 236, I, 778 ff).

Das drückte sich auch darin aus, daß bei einem Teil der Halbpachten der abzugebende Ertrag aufgesplittet wurde – sowohl Naturalien als auch Geld mußten entrichtet werden; meist wurde der Bodenertrag – Getreide, Früchte, Gemüse etc. – direkt verlangt, während die das Vieh betreffende Ausbeute in Geld abgeliefert wurde (818, 27). Es ist klar, daß hier noch kein klassisches kapitalistisches Verhältnis vorliegt, da der Pächter ja nicht wie der Arbeiter mit einem festen Lohn bezahlt, seine Arbeitskraft nicht auf dem freien Markt gekauft wird – er ist im Gegenteil sogar noch direkt am Profit beteiligt, wenigstens nominell.

Aber immerhin ist die Annäherung an kapitalistische Produktionsformen doch sehr deutlich; auf jeden Fall ist der Unterschied zur feudalen Produktionsweise des Mittelalters mit seinem System der Hörigen und Hintersassen gravierend.

2.1.3 Das Vorherrschen der städtischen (kapitalistischen) Produktionsform

Damit hat sich in Florenz eine entscheidende Veränderung ergeben. Noch während die Kämpfe zwischen dem alten Feudaladel und der Reichsgewalt, die ihn stützt, auf der einen Seite, und dem städtischen Handwerk und Handel um die Vorherrschaft in der Toskana längst nicht abgeschlossen sind, hat sich bereits in der materiellen Grundlage der Gesellschaft eine weitgehende Verschiebung durchgesetzt: die städtische Art und Weise der Produktion dominiert überall, und die noch vorhandenen Relikte anderer Produktionsformen werden zügig liquidiert (818, 26).

Gleichzeitig taucht ein neuer Aspekt dieser modernen Art der Produktion auf, und zwar auf dem Lande wie in der Stadt: es wird möglich, die Erträge dadurch zu steigern, daß mehrere Produzenten – auf dem Land Bauern, in der Stadt Handwerker oder Händler – zu ‚Konsortien' zusammengefaßt werden, die auf diese Weise z. B. mit gemeinsamen Geräten oder infolge gemeinsamen Rohstoffeinkaufs rationellere Herstellung zu betreiben vermögen als Einzelbetriebe (236, I, 777); solches gilt auch für den Handel, der durch Sozietäten mit ihren Möglichkeiten der aufwendigen Schaffung internationaler Filialen großen Aufschwung nimmt. Über diese Entwicklungen, die im Bereich des Handwerks zur Manufaktur führen, später mehr (2.4). Weiter begünstigt wird diese Entwicklung nun durch die immer größere Anhäufung von Geldkapital bei den Händlern und Bankiers der Stadt. Der Handel weitet sich, namentlich seit den Kreuzzügen, derart aus, daß die Mengen angehäuften Geldes bald alle Bereiche des gesellschaftlichen Lebens beherrschen. Städtische Bankiers und Wucherer dringen in immer mehr Gebiete ein, so sie bisher nicht tätig gewesen sind. Ein besonders intensiv belegter Bereich wird dabei das Land, das ja bis dahin noch so gut wie nicht in die Form kapitalistischer Produktion einbezogen war. Florentiner Urkunden weisen eindrücklich nach, in welch dichter Folge die bisherigen feudalen Landbesitzer – Barone, Grafen, Bischöfe, Klöster etc. – ihr Land an städtische Geldverleiher verlieren[48], die damit nach und nach die Aufgabe der feudalen Produktionsweise erzwingen.

Die Gründe für dieses rapide Verarmen der Feudalherren sind wahrscheinlich recht vielfältig; aber der wesentlichste Grund mag doch die Belastung durch die dauernden Kriegsanstrengungen gewesen sein, die nun die städtischen Bankiers bewußt und gezielt auszunützen verstanden. Was durch diese Umstände den Feudalherren nicht verlorenging, suchten sich die städtischen Kaufleute und Bankiers dann noch durch andere Maßnahmen zu sichern. Z. B. zogen sie regelmäßig nach einem Sieg über die Ghibellinen – die sich ja aus Feudalherren oder deren Anhängern zusammensetzten – alle verfügbaren Güter der Besiegten ein; das städtische Magnatentum war der Nutznießer (28, IV, 277). Die Bankiers und z. T. auch die Großkaufleute konnten nun den zusammengekauften oder -gepreßten Landbesitz wesentlich anders und besser nutzen als die alten Feudalherren: hatten letztere in der Regel nur ihre und ihrer Familie Versorgung aus den Gütern bezogen, so verwendete der Bankier die Güter einerseits ebenfalls zur Gewinnung von Naturalien, andererseits aber waren die Ländereien Grundlage seiner Kreditwürdigkeit, sie bildeten seine Rücklagen schlechthin. Die Bardi und die Peruzzi z. B. gründeten ihre wirtschaftliche Glaubwürdigkeit nicht zuletzt auf riesige Ländereien[49]. Gleichzeitig ergab sich in der Stadt weitere Umschichtung. Der Händler trennt sich weitgehend vom Handwerker, und der Bankier wird zu einem Spezialberuf. Aber je weniger es den Handwerkern möglich wurde, noch selbständig Handel zu treiben, umso mehr drangen die Händler und Bankiers in die Bereiche der Handwerker ein, indem sie sich als Verleger betätigten, Preise diktierten, die Rohstoffzufuhr steuerten und die Qualität vorschrieben. Immer breitere Schichten kamen so in Abhängigkeit von den reichen Geldgebern aus Handel und Bankwesen. Die wichtigste Konsequenz war die, daß nicht mehr die unmittelbare Nachfrage beim Meister die Produktion bestimmte, sondern der Verleger, Geldgeber, der Händler oder Bankier. Denn dieser steckte sein Geld nur in Waren, für die er einen Markt zu sehen glaubte; die Handwerker hatten sich danach zu richten, da sie sonst auf ihrer Produktion sitzen blieben oder überhaupt keine Rohstoffe bekamen.

Damit ergibt sich eine neue Qualität in der Produktion: sie richtete sich künftig nach den Gesetzen des Warenmarktes, wurde seinen Bewegungen unterworfen; die Krisenanfälligkeit stieg damit enorm. Für den Handwerker, den Arbeiter, wurde nun völlig unklar, für wen er produzierte, und warum er gerade dieses Stück herstellt; er wußte auch nicht, ob sein Produkt überhaupt einen Käufer finden würde. Ein weiteres wesentliches Element kapitalistischer Produktionsweise wird damit eingeführt, und zwar bereits im 13. Jahrhundert.

Insgesamt entwickelt sich Florenz nun weiterhin weg von der reinen Nutzung bodenständiger Rohprodukte; die Stadt wird mehr und mehr zu einem Umschlagplatz ausländischer Waren (28, II, 294–302 u. 236, III, 1–90) und zu einer Veredelungsstätte auswärtiger Rohstoffe und Rohprodukte (28, II, 294 ff, 236, IV/2, 55–68).

2.2 Das Handwerk

Das Kennzeichen der Umschichtung im 13. und 14. Jahrhundert ist zweifellos der Übergang von der feudalen zur kapitalistischen Produktionsweise, jedenfalls im Bereich der Stadt Florenz.

Die Basis, auf der sich dieser Umschwung überhaupt erst ereignen konnte, ist die Ausgestaltung, Verfeinerung und Expansion des Handwerks. Denn wenn auch durch den Handel ernorme Reichtümer und Kapitalien angehäuft wurden und der Zins für Geldeinlagen schwindelerregende Höhen erreichte[50], so wäre dies doch alles umsonst gewesen, wenn den Händlern nicht immer neuer Nachschub von Waren zur Verfügung gestanden hätte, wenn die Bankiers ihr Geld nicht durch immer größere Warenmengen hätten decken können – und diese Waren eben wurden durch das Handwerk geschaffen, sei es in voller Herstellung, sei es in Veredlung. Erst durch das Handwerk wurde jenes Fundament geschaffen, das Florenz zu einer Weltmacht erheben konnte. Gerade die Verbindung von Handel und Handwerk ermöglichte die besonders rationale Expansion der Warenherstellung und -distribution, die die Bedeutung von Florenz ausmachten.

Über die Differenzierung der Handwerke ist ansatzweise schon gehandelt worden (2.1.1). Die Aufspaltung in viele Einzelberufe ging Hand in Hand mit der Ausweitung des Handels; es war im Laufe der Zeit eben so viel Arbeit da, daß sich einzelne Hersteller auf bestimmte Teile eines früher als Ganzes gefertigten Gegenstandes konzentrieren konnten oder daß sich komplizierte und verflochtene Abläufe ganz von selber entwirrten und auf Einzelfertigung zuliefen. Wir belegen dies exemplarisch am Beispiel des Waffenhandwerks, das bereits im 13., vermehrt noch im 14. Jahrhundert zu einem wichtigen Erwerbszweig und zum Produzenten begehrter Waren aus Florenz wurde[51].

Während in den uns erhaltenen Urkunden aus dem 11. Jahrhundert nur ein einziger erwähnt wird, der mit einer gewissen Wahrscheinlichkeit etwas mit Waffenherstellung zu tun hatte, nämlich ein *pungitore*, was von „spitzes Eisen" hergeleitet sein könnte, also eventuell einen Dolchmacher bezeichnet[52], finden wir im 13. Jahrundert fast ein Dutzend Berufe, die allesamt in getrennter, spezialisierter Tätigkeit Waffen und Kriegswerkzeug herstellen.

Da gab es z. B. die *spadai*, die Schwertfeger. Für kleinere Mordwaffen waren noch die Messerschmiede (*cutellai*) zuständig. Armbruste wurden von den *balestrieri* hergestellt; die Bogenmacher waren davon getrennt und wiederum ein eigenständiger Berufszweig. Ebenfalls gab es einige Werkstätten für die später viel verwendeten Eisenkugeln für Bombardements. Ritterrüstungen wurden keineswegs von einem einzelnen Hersteller produziert. Vielmehr war der *asbergherio* nur für den Oberteil, den Halsberg, zuständig, während sich die *cervellerai* um die Arm- und Beinschienen kümmerten. Die Helme wurden schon von richtiggehenden Helmschmieden gearbeitet. Die *corazzai* waren die eigentlichen Küraßmacher, die den Brust- und Körperschild herstellten, aber unter diesen gab es bereits wiederum Spezialisten, die nur starre Panzer herstellten und solche, die bewegliche Paillettenrüstungen verfertigten (236, IV/2, 21 f).

Wir haben gerade diesen Erwerbszweig hervorgehoben, weil sich an ihm besonders deutlich das Ineinandergreifen von Handelsexpansion und Handwerksdifferenzierung zeigt: das 13. Jahrhundert mit seinen von Jahr zu Jahr stärkeren Auseineindersetzungen der Städte untereinander, der Städte mit den Feudalherren, und nicht zuletzt der städtischen Parteien und Familien gegeneinander, hatte die Waffen- und Rüstungsherstellung zum großen Geschäft gemacht; der florentiner Handel mit diesen Gütern lief über ganz Italien und auch über die Alpen[53], er nahm einen so hohen Aufschwung, daß die Rüstungsindustrie neben der Ars lana zum wichtigsten Wirtschaftszweig wurde, der Florenz neben vielem Geld auch erhebliches Ansehen einbrachte (236, IV/2, 21 f).

Alle diese auf das Handwerk sich beziehenden Einzelheiten haben bezüglich unseres Hauptproblems, die Korrespondenz der Arbeitswelt mit dem ideologischen Überbau und dessen Sozialisationsinstanzen der Ausbildung, Bildung und Erziehung weittragende Bedeutung, kann sich doch ein differenziertes Schulwesen nur dort entfalten, wo auch eine differenzierte Arbeitswelt besteht. Wir werden den Zusammenhang noch deutlicher sehen, sobald wir uns der Betrachtung der Entwicklung im Erziehungs- und Ausbildungssystem jener Zeit zuwenden (3.).

Da aber nicht nur Umfang und Differenzierung der Produktion wesentlichen Einfluß auf den kulturellen, ideologischen und insbesondere pädagogischen Bereich haben, sondern auch die Form, in der die Produktion sich gestaltet, das Erscheinungsbild, müssen wir nunmehr die in jener Zeit herrschenden Grundtypen der Arbeitsorganisation aufzeigen, soweit dies unsere Materialien zulassen.

Soweit die Arbeit nicht manufakturell erledigt wurde – worauf wir noch einmal kommen werden (2.4) – war neben der einfachen Heimarbeit die vorherrschende handwerkliche Produktionsorganisation der sogenannte „Meisterbetrieb"; zumindest bis ins beginnende 14. Jahrhundert behielt er eine wichtige Stellung auch noch innerhalb der sich in den Vordergrund schiebenden Manufaktur, selbst wenn die Meister mehr und mehr ihre volle Selbständigkeit verloren. Darüber gleich mehr. Zunächst noch einige Worte über den Begriff des Meisterbetriebs. Im für uns interessanten Zeitraum bedeutete eine meisterbetriebliche Organisation das Zusammenwirken von Gesellen, Lehrlingen, Hilfsarbeitern und Faktota unter einem Betriebsvorstand – der zumeist auch der Betriebseigner war – innerhalb einer Werkstatt, der sogenannten *botthega*, wobei eben jene Gegenstände produziert wurden, auf die der Meisterbetrieb eingestellt war, also z. B. Schuhe oder Messer etc.

Der Begriff des „Meisters" selbst bleibt seiner Herkunft und geschichte nach etwas im Dunkeln. Denn wenn wir auch wissen, daß im 13. und 14. Jahrhundert die Ernennung des Meisters durch die Zunft erfolgte, so müssen wir doch annehmen, daß die – in Florenz erst im 12. Jahrhundert nachweisbaren – Zünfte (236, I, 667) früher durch den Zusammenschluß schon vorher sich so bezeichnender „Meister" entstanden waren. Ob es sich bei den Handwerkern, die die Zünfte gründeten, um besonders vermögende Mitglieder dieser Berufsparten handelte oder ob ursprünglich die Zunftgründung durch alle Handwerksausübenden geschah und sich die Meister erst später eine dominierende Stellung aneigneten – etwa weil sie im Besitze einer eigenen Werkstatt waren – wissen wir jedenfalls für Florenz bis heute nicht.

Tatsache aber ist, daß der handwerkliche Betrieb im 12. und 13. Jahrhundert bereits voll als Meisterbetrieb organisiert war, und für unsere Arbeit ist das das Entscheidende.

Der Raum, in dem gearbeitet wurde – die *botthega* – war zugleich Produktionsraum und Verkaufsstätte; die beiden Eigenschaften des

Raumes wurden begrifflich daher nicht voneinander getrennt (236, IV/2, 10).

Der Meister hatte – zumindest in den genannten Jahrhunderten, ehe viele von ihnen ihre Selbständigkeit verloren und in Abhängigkeit von den Anordnungen der Verleger und Händler geraten waren – die Entscheidung darüber, was und wieviel produziert wurde, welche Qualität es bekam usw. Unterworfen war er nur den Zunftanordnungen, die hier freilich manchmal entscheidende Rahmenbestimmungen erließen, etwa was Preis, Güte und Umfang der Produktion betraf (394, I, 215).

Die Gesellen waren vom Meister abhängig und – abgesehen von wenigen von der Zunft erlassenen Schutzgesetzen – der Ausbeutung durch die Meister ziemlich ausgeliefert. Mitunter lehnten sie sich deshalb auf, was natürlich besondere Bedeutung für die Meister hatte, da die Gesellen immerhin schon einige Jahre das Handwerk erlernt hatten und sich „wild" außerhalb betätigen konnten, auf diese Weise Konkurrenz zu den Zünftigen bildeten, Preise drückten etc. Die Zunft versuchte mit aller Strenge solchen „Ausartungen" zu steuern und verfolgte die „wild" arbeitenden davongelaufenen Gesellen mit aller Strenge[54]. Die Gesellen bildeten während des Ciompi-Aufstandes 1378 ein wesentlich mittragendes Element.

Mehr noch als die Gesellen waren die Lehrlinge und Hilfsarbeiter ausgebeutet. Darüber wird insbesondere bei der Behandlung der betrieblichen Ausbildung (3.3) zu berichten sein. Hier muß aber so viel schon angemerkt werden, daß der Meister in der Regel die Arbeitskraft der Lehrlinge ganz oder teilweise unentgeltlich in Anspruch nahm – meist wurde nur freies Wohnen oder Verpflegung gestellt –; und das viele Jahre lang. Da es im Belieben des Meisters lag, wann er den Lehrling durch die Zunft freisprechen ließ, der Lehrling seinerseits keine rechtliche Handhabe gegen den Meister hatte, war die Abhängigkeit vom Meister vollkommen.

In der Regel war der Meister gleichzeitig Händler, z.T. noch bis ins 13. Jahrhundert hinein. Der Meister verkaufte seine Produkte noch überwiegend persönlich und zum großen Teil direkt an den Kunden (236, IV/2, 10). Im 13. Jahrhundert freilich begann der Verkauf an Händler zu überwiegen bzw. die Abgabe der Waren in Kommission, d. h. der Händler zog im Auftrag des Meisters auf Mräkte und bot dessen Produkte an; noch später dann gab der Händler beim Meister eine bestimmte Produktion in Auftrag und diktierte damit auch den Preis für das Gefertigte (818, 31). Die Unabhängigkeit vieler Meister ging in dieser Zeit, dem 13. und 14. Jahrhundert, allmählich zugrunde. Wenn nun sukzessive die Händler damit begannen, den Meistern Umfang, Preise, Qualität der Produkte zu bestimmen unter Ausnutzung der immer mehr umklammernden Abhängigkeit, so wurde damit natürlich die gesamte Zunftordnung untergraben. Denn das Zunftwesen war ja gerade dazu geschaffen, Konkurrenz unter den Betrieben auszuschalten und die Unabhängigkeit und Selbständigkeit der Meister zu erhalten. Aber die Entwicklung war nicht aufzuhalten: immer mehr Meister sanken zu Unselbständigen herab und die Zunftgewalt ging damit auch zurück, da sich immer mehr dieser Handwerker notgedrungen den Bedingungen der Händler beugten, um wenigstens noch den Schein der eigenen Werkstatt zu wahren.

So begann sich auch die handwerkliche Produktion im Laufe der Zeit immer mehr den Gesetzen des Handels und des Warenverkehrs anzupassen. Freilich wurden nicht alle Berufsarten davon gleichmäßig betroffen, sie blieben insbesondere dann von solcher Entwicklung verschont, wenn sie schon vor der großen Handelsexpansion des 12. und 13. Jahrhunderts zu einer gewissen Standardgröße im Handel gekommen waren und es verstanden, sich relativ exklusiv zu halten, wie etwa die Goldschmiede, oder wenn sie Produkte herstellen, die zu einer überdurchschnittlichen Absetzung nicht geeignet waren, wie etwa die Talglichtzieher etc. (236, IV/2, 1–100). Bei diesen hält die überwiegende Selbständigkeit verhältnismäßig lange an, ohne daß wir allerdings sagen könnten, es hätte nicht auch hier Einbrüche gegeben.

Aber die wichtigsten Handwerkszweige, insbesondere die Wollherstellung und -verarbeitung, die Tuchveredelung und die Färberei etc., die gut ein Drittel der Bevölkerung mit Arbeit versorgten, kamen völlig in den Zwang dieser Entwicklung. Anfang des 14. Jahrhunderts finden wir in vier der sieben alten Oberzünfte (nämlich der *Ars lana*, der *Ars di Por San Maria* – die mit Tuch- und Tuchderivaten handelnde Zunft –, der *Ars Cambio* – Wechsler und Bankiers – und der *Ars Medici e Speciali* – Ärzte und Apotheker –) insgesamt 15000 Meister; die Zunft der Großhändler, die *Calimala*, umfaßte zusammen mit der Zunft der Kürschner, 500 Meister (600, 255). Aber für die *Ars lana* wissen wir auch, daß nahezu die gesamte Produktion am Ende des 13. Jahrhunderts von nicht mehr als 300 Großbetrieben hergestellt wurde; Mitte des 14. Jahrhunderts waren es nur noch 200 (Vgl. 2.4.). Ein Zeichen, auf wie wenige Personen und welch geringen Familienkreis sich in dieser Zeit die betriebliche Selbständigkeit beschränkte bzw. noch mehr einzuschränken begann.

Die Arbeit der Meister litt damit zunehmend unter den einsetzenden Gesetzmäßigkeiten des Kapitalismus: Druck auf die Preise seitens der mächtigen und kapitalkräftigen Händler ließ die Meister verarmen, sie wurden mehr und mehr von Verlegern abhängig, die ihrerseits wiederum den Profit einstrichen. Den verarmten Meistern blieb z.T. nichts anderes mehr übrig, als sich ganz der Konzentration auszuliefern, d. h. sich mit oder ohne ihren Betrieb in Manufakturen einzugliedern. Die dort betriebene rationellere Großproduktion drückte wiederum auf die Preise, ließ in der Konkurrenz noch mehr Meister verarmen – usw. usf. Mögen in den Großbetrieben auch zunächst überwiegend davongelaufene Gesellen gearbeitet haben, so wurden diesen Unternehmen im Laufe der Zeit doch mehr und mehr abgesunkene Meister einverleibt – womit auch der frühere Mangel behoben wurde, nämlich die mindere

Qualität der manufakturellen Waren. Wir wissen jedenfalls, daß die 70 000 im Jahre 1338 hergestellten Stück Tuch mehr als den doppelten Verkaufswert der 100 000 hergestellten Stück im Jahre 1300 hatten, und das alleine spricht schon für sich (236, IV, 11).

Ein letzter wichtiger Aspekt der handwerklichen Produktion jener Zeit bleibt noch zu erwähnen. Wir haben bereits ausführlich über die Berufsdifferenzierung und Spezialisierung der Betriebe gehandelt. Aber diese Spezialisierung erfaßte nun nicht die Arbeitsteilung innerhalb ein und desselben Meisterbetriebs. D. h., in einer Schuhmacherei z. B. wurde die Arbeit nicht so aufgeteilt, daß der eine die Sohle, der andere das Oberteil verfertigte, der dritte nähte etc. Vielmehr produzierte jeder der im Betrieb Tätigen immer einen ganzen Schuh, von der Sohle bis zu den Senkeln. Eine Arbeitsteilung, die die einzelnen an der Herstellung beteiligten Arbeitsgänge zwischen den Betriebsangehörigen aufteilte, bildete sich erst in den Manufakturen heraus (394, 213–216), das eben war ja einer der Vorteile der Manufaktur. Innerhalb der zünftigen Meisterbetriebe hätte übrigens schon allein die starre Zunftordnung jeden Ansatz zu einer solchen Rationalisierung verhindert; sie schrieb genauestens vor, in welcher Weise die im Betrieb verfertigten Produkte hergestellt werden mußte. Die Zunft hatte in dieser Hinsicht den Meistern – nicht den Großbetrieben – gegenüber auch die nötigen Druckmittel, war sie es doch, die dem Meister die notwendigen Rohstoffe für seine Arbeit beschaffte und die auch darüber bestimmte, wieviele Arbeiter und Angestellte er halten durfte – einschließlich der in der Regel ja im eigenen Betrieb mitarbeitenden Verwandten und Familienmitglieder –, und die damit letztendlich über sein Einkommen entschied (394, 214). Ein nicht nach den tradierten Regeln der Zunft arbeitender Meister verfiel Sanktionen, die ihn in den allermeisten Fällen ruinierten (394, 215).

Das Fundament des florentiner Reichtums, das Handwerk, zeigt sich so zwar als das der feudalen Produktionsweise überlegene ökonomische Moment der Gesellschaft. Zur wirklichen und tiefgreifenden Revolutionierung der Produktionsverhältnisse aber reichte dies noch nicht; dazu waren die Organisationsformen noch zu wenig auf Expansion und Entwicklung des Warencharakters der Produkte eingestellt, dazu war auch noch zuviel an mittelalterlichen Vorstellungen in den Handwerkszusammenschlüssen vorhanden, z. B. die Ausschaltung der freien Konkurrenz durch die Zünfte, womit eine rapidere Entwicklung der Produktionskapazitäten bei auch aufnahmefähigenm Markt verhindert wurde. Der Schritt zur Manufaktur, der einerseits die Selbständigkeit der Meister weitgehend beendete oder zumindest einschränkte, und der andererseits mit dem Prinzip der freien Konkurrenz eine gewaltige Welle der Produktionssteigerung zustandebrachte, war der notwendige zweite Ansatzpunkt im Hinblick auf die volle Ausbildung kapitalistisch-industrieller Verhältnisse. Darüber werden wir anschließend zu berichten haben, sobald wir zur Abrundung der Darstellung handwerklicher Produktion die Form und Bedeutung der zunftmäßigen Organisation der handwerklichen Arbeit dargestellt haben.

2.3 Die Zünfte als gesellschaftliche Organisationsform der Arbeit

Das Aufkommen der Zünfte ist überall in den entwickelten Ländern Europas zu beobachten (394, 213–216: 312, I, 663 ff), sobald sich eine städtische Produktion herauszubilden beginnt. Ihre Ausformung erhalten sie aber – trotz des vermuteten Ursprungs bereits im 10. Jahrhundert[55] – erst im 12. Jahrhundert, und damit ist auch ihre politische Bedeutung gesellschaftlich verankert. Wir haben das bereits aufgewiesen (2.1.3.).

In der Zunft waren die Handwerker – und wenig später auch die Kaufleute[56] – in einer Weise zusammengeschlossen, daß alle wichtigen Entscheidungen über die innerhalb des Arbeitsbereichs einer Sparte anfallenden Probleme von allen Mitgliedern eben dieses Berufszweigs beredet und gemeinsam gelöst wurden. Selbstverständlich ist das nur das Idealbild der Zunft; tatsächlich haben sich natürlich auch dort die größeren und mächtigeren Mitglieder durchgesetzt und eine Demokratie hat es dort wohl niemals gegeben. Das hat sich z. B. innerhalb der Darstellung der Schichten und Klassen (1.2.) zeigen lassen, und es gilt für praktisch alle Zünfte.

In Zunftgedanken war zunächst einmal die gegenseitige Hilfeleistung der einem bestimmten Handwerk angehörenden Bürger zentral eingeschlossen. Das bezog sich auf die Beschaffung von Rohstoffen genauso wie auf den Schutz vor Konkurrenz und Wettbewerb, insbesondere bezüglich auswärtiger Kollegen. Um dies zu gewährleisten, schrieb die Zunft z.T. bis in die Einzelheiten vor, wie wann und wieviel ein ihr angehöriger Betrieb produzieren durfte – wir haben das schon berührt (2.1.); sie war andererseits auch Vertretung der Handwerker – bzw. Händler – nach außen hin, also einerseits der Gesamtgesellschaft, andererseits den anderen Zünften gegenüber. In dieser Eigenschaft war sie für jedes ihrer Mitglieder zur Sorge verpflichtet, darüber hinaus sogar für die Familienangehörigen, sei es durch Zuwendungen in wirtschaftlicher Not, sei es durch Sorge für Hinterbliebene usw. (394, I, 213–216; 236, IV/2, 94–97); am Ende richtete die Zunft sogar die Beerdigungen für ihre Mitglieder aus (236, IV/2, 94–97; 394, I, 215).

Um sich die Disziplin ihrer Mitglieder – worunter nicht nur Meister, sondern auch Teile der Gesellen und mitunter sogar der Lehrlinge fielen – zu sichern, haben die Zünfte schon bald eigene Gerichts- und Schiedstellen für Streitigkeiten eingerichtet. Diese trugen Sorge dafür, daß die Zunftvorschriften und -statuten peinlich erfüllt wurden und hatten eine Reihe von Sanktionen gegen unbotmäßige Mitglieder zur

Verfügung, die von der Einschränkung der Produktionserlaubnis bis zum totalen Ausschluß aus der Zunft – und damit faktisch zum Berufsverbot – reichten[57].

Als Vertretung nach außen hin fungierten gewählte (meist nur auf wenige Monate bestimmte) Vorstände. Sie errangen über die rein zunftmäßigen Belange hinaus in der florentiner Gesellschaft im Laufe der Zeit solche Macht, daß bereits gegen Ende des 12. Jahrhunderts praktisch alle politischen Entscheidungen von ihnen mitbestimmt wurden. Die „Rektoren" und „Konsuln", die Vorsteher der Zünfte, traten, ab 1202 mit dem Titel „Prioren" ausgestattet, quasi gleichberechtigt neben die vom Gesamtvolk gewählten Volkskonsuln.

Die Macht der Zunftvorsteher leitete sich aus der ökonomischen Vorrangstellung von Handwerk und Handel in der florentiner Gesellschaft ab. Zunächst war die Zunft ja die Instanz, die die wichtigsten Steuern – die Gewerbesteuern – bezahlte: Nicht das einzelne Mitglied wurde von der Kommune veranlagt, sondern die gesamte Zunft, die ihrerseits wieder von ihren Genossen Beiträge erhob[58]. Das ökonomische Fundament der Kommune ruhte damit auf den Einkünften der Zünfte, und eine Weigerung von dieser Seite, die Steuern zu entrichten, wäre ein sehr bedrohlicher Vorgang für die Gesellschaft gewesen, insbesondere in Krisenzeiten. Darüberhinaus war ein Teil der Mitglieder alter Zünfte bereits zum städtischen Patriziat aufgestiegen, insbesondere die Kaufmannszünfte und später auch die Bankiers, und bestimmten schon von daher die Stadtpolitik erheblich mit; dadurch vermengten sich erneut Zunft- und Gemeindeinteressen. Starken Einfluß übten auch die Richter- und Juristenvereinigungen, derer man bei der Führung der Staatsgeschäfte bedurfte, und die mehr und mehr auch zu wichtigen Personen beim Abschluß von Handelsverträgen und Geschäftsvereinbarungen wurden (236, IV/2,3,).

Wir müssen immer gegenwärtig halten, welch riesiger Unterschied die damalige Produktionsform gegenüber unserer heutigen abhebt. Durch die zünftig garantierte Ausschaltung der Konkurrenz ist zunächst einmal der Zunftangehörige weitgehend gesichert. Die Produktion richtet sich bis ins 13. Jahrhundert hinein in der Regel genau nach der Nachfrage; ein Ins-Blaue-hinein-Produzieren findet kaum statt. Das bedingt einerseits, daß sich die Produktion nur relativ langsam steigert, andererseits aber auch, daß es nicht zu Absatzkrisen kommen kann, da jedes Produkt bereits vor Fertigung einen Käufer hat.

Erst mit der großen Ausweitung des Handels und der damit zusammenhängenden Veränderung im Handwerk, die wir im vorangegangenen Paragraphen dargestellt haben, werden diese Gesetze unterlaufen, wird die Produktion nicht mehr nach der Nachfrage gerichtet, sondern nach einem spekulativen Markt, von dem niemand weiß, ob er tatsächlich die in Auftrag gegebenen Waren zur Gänze aufnehmen kann. Mit dieser, gegen Ende des 12., verstärkt aber im 13. Jahrhundert auftretenden Veränderung der Produktionsorganisation verlieren die Zünfte ihren eigentlichen Sinn mehr und mehr, ohne deshalb aber in ihrem Bestand gefährdet zu sein. Sie behalten ihren Charakter als Interessensvereinigung der betreffenden Gewerbe weiter; ihr Aufgabenbereich wird nicht kleiner, wandelt sich aber insofern, als weniger die sowieso nicht mehr haltbaren Antikonkurrenzbestrebungen im Vordergrund stehen als vielmehr die Vertretung der Anliegen und Bedürfnisse der betreffenden Gewerbetreibenden der Gesellschaft und den anderen Macht- und Interessensfaktoren gegenüber.

Wir haben bisher das Zunftwesen in seiner allgemeinen Erscheinungsform dargestellt, wie sie sich in Europa insgesamt zu jener Zeit gezeigt hat. Für Florenz müssen wir aber einige Abweichungen von der Norm konstatieren, denn gerade diese Besonderheiten sind es, die uns erklären können, warum gerade Florenz imstande war, sich zu dieser Zeit unter den anderen Städten Italiens und Europas zur bedeutendsten Industrie- und Handelsstadt aufzuschwingen, während andere Städte mit ähnlicher Lage und ähnlichen Möglichkeiten dies nicht zustandebrachten, m. a. W., warum sich gerade in Florenz der frühe Kapitalismus schon im 13. und 14. Jahrhundert so weit entfalten konnte.

Die florentiner Gesellschaft war zu jener Zeit ein derart inhomogenes und vielfältig geschichtetes Sozialwesen, daß das Einpassen in streng definierte Interessenverände nur zu einem kleinen Teil gelang. Das mag damit zusammenhängen, daß Florenz im Gegensatz zu anderen Städten erst relativ spät dem internationalen Handel erschlossen worden war, daß keine aus der Antike herreichende Tradition als Großstadt vorlag usw. — und daß die Entwicklung zur Metropole mit einem Zuzug überaus unterschiedlich interessierter beruflicher, nationaler und ökonomischer Schichten und Gruppen einherging, was die Verflechtung unauflöslich machte. Ein Teil des Landadels war schon im 12. Jahrhundert in die Stadt gezogen und hatte sich an den städtischen Geschäften beteiligt (vgl. 2). Zusammen mit den reich gewordenen Rittern und Angehörigen der Oberzünfte bildeten sie einen neuen, städtischen Adel, der sich durch ähnliche Interessen oft mehr miteinander verbunden fühlte als durch die Zunftbanden, denen sie durch ihre Gewerbe unterlagen. Die „Oberen" bildeten so einen zwar nach außen hin nicht organisierten Interessensverein, eine Clique, die sich aber in allen Krisenzeiten schnell zusammenfand (vgl. z. B. 1.3, 2.8 und 2.9) und blitzschnell reagierte — über alle Zunftbindungen hinaus und auch gegen die Zunftregeln, wenn es darauf ankam (etwa bei der Einrichtung spezieller Konvente für die größeren Unternehmen der Ars lana — vgl. 2.4). Angehörige dieser Oberschicht drangen auch stets in die politischen Organe ein, und wir finden in allen Gremien der Kommune immer wieder Namen aus den Familien der Timokratie und des Magnatentums. In der Liste der Kaufmannskonsuln von 1192/93, um nur ein Beispiel zu nennen, finden wir z. B. bereits einen Cavalcanti, einen Fifanti, einen della Bella (236, I, 667). Das Volk des *primo popolo* hat deshalb auch Mitte des 13. Jahrhunderts die Rittersozietät, die zu einem solchen Staat im Staate geworden war, aufgelöst (236, II/1, 296 f u. 367 ff), ohne allerdings die Macht der Granden damit schon zu brechen. In den „Ordnungen der Gerechtigkeit" 1293 werden viele Mitglieder der alten Zünfte der politischen Rechte beraubt, weil sie fast allesamt einen Ritter in ihrer Familie hatten und damit zu den „Magnaten" zählten (236, II/1, 402–483).

Auch die nicht der Timokratie zugehörenden Mitglieder der Zünfte bildeten keineswegs eine Einheit. Wir erinnern an unsere Darstellung des Ciompi-Aufstandes 1378, wo die niederen Zünfte innerhalb kurzer Zeit im Gegensatz zu den mittleren gebracht wurden (1.3).

Diese nun einander überlagernden Interessenverhältnisse ließen kein strenges und in sich geschlossenes Zunftregiment aufkommen. Was aber den damaligen Zeitgenossen in gewisser Weise chaotisch erschienen sein mag, war andererseits ein beförderndes Element der Entwicklung aller Produktivkräfte. Denn wenn in anderen Städten dieser Zeit die Zünfte so stark waren, daß sie Verstöße gegen ihre Regeln unnachsichtig ahnden konnten und auch tatsächlich ahndeten, so war dies in Florenz eben in solcher Strenge unmöglich; es gab Ausnahmen über Ausnahmen, und überdies wachte eine immer mehr erstarkende Kommune darüber, daß die Interessen der Gesamtgesellschaft durch die Durchsetzung der Zunftanliegen nicht zu sehr geschädigt wurden. So verhinderten die staatlichen Organe z. B. 1285 die unter dem Zunftregiment mehr leicht möglichen Kartell- und Ringbildungen zu einem Teil [59], und sie ergriffen auch Maßnahmen gegen die den Zünften leicht von der Hand gehenden inflationären Preisgestaltungen bei Knappheit bestimmter Waren [60] (vgl. 2.5).

Auch die relativ schnelle Umgestaltung der Produktion vom handwerklichen Herstellungsbetrieb zur Manufaktur ist den genannten Umständen anzurechnen. Während die Zünfte ihrer Bestimmung nach eifersüchtig darüber wachten, daß keines ihrer Mitglieder mehr als die zugestandene Zahl der Werkstattmitarbeiter hielt oder neue Betriebe dazukaufte, durchbrachen geschickte Florentiner diese Verordnungen zunächst dadurch, daß sie mehrere einzelne Betriebe zu sogenannten Sozietäten zusammenschlossen – ein Vorgang, gegen den sich die Zünfte, da sie in Florenz eben nicht so stark waren wie in anderen Städten, nicht erfolgreich zur Wehr setzen konnten. Seit dem ersten Drittel des 13. Jahrhunderts finden wir Sozietäten zunächst im Handel, später dann auch im Handwerk als eine ganz übliche Betriebsform[61]. Auch hier wurde die Schwäche der Zunftorganisation zur Voraussetzung für das Gedeihen früher kapitalistischer Unternehmensarten.

Ein Punkt existierte allerdings, wo alle 21 Zünfte – die oberen wie die mittleren und die niederen – zusammenstanden: gegen die Arbeiter und Abhängigen. Die Koalitionsfreiheit wurde den Gesellen und Lehrlingen wie auch den ungelernten Arbeitern, ja insgesamt allen Unselbständigen, unisono von allen Zünften verweigert (236, IV/1, 56). Und alle zu beobachtenden Versuche, sich anderweitig zu organisieren, wurden mit aller Macht unterdrückt (Vgl. hierzu auch 2.9). Als gar die Wollarbeiter im 14. Jahrhundert zweimal zur Gewerkschaftsbildung kamen – 1342 unter dem Herzog von Athen und 1378 während des Ciompi-Aufstandes – war dies einer der Hauptgründe für das blutige Zusammenschlagen der Revolten, und es beteiligten sich jeweils auch die niederen Zünfte daran (236, IV/2, 2–7; 818, 35–44; 620, 273 ff). In dieser Hinsicht ging die durch die Zünfte geprägte Gesellschaft nahtlos in die vom Kapitalismus bestimmte über – bei beiden mußten Organisationsansätze der Arbeiter und Unterdrückten erst in mühsamem Kampf gegen die Interessen der Produktionsmitteleigner durchgesetzt werden.

2.4 Industrie, Manufaktur, Großbetriebe

Der Weg vom Handwerksbetrieb zur Manufaktur und zum Großbetrieb, als Produktionssystem dann später, nach Verbesserung der Produktionsmittel, in die umfassende Industrie einmündend, hat seine ersten Höhepunkte bereits im 13. und 14. Jahrhundert, und wenn wir uns auch hüten müssen, die damals sichtbaren Ansätze zu einer mechanisierten Großherstellung schon mit der entwickelten Industrie des 19. Jahrhunderts gleichzusetzen, so werden doch unübersehbar im Florenz jener Zeit Grundlagen gefunden, die dann später die rapide Entwicklung der Industrie ermöglichen.

Um im nächsten Kapitel die verschiedenen Ausbildungsformen und Schultypen sinnvoll auf die wirtschaftlichen Grundlagen jener Zeit beziehen zu können, ist es nun notwendig, einen Überblick über Art und Umfang der Großbetriebe zu geben. Denn aus der Relation zwischen dem Bestand an handwerklichen und händlerischen Kleinbetrieben und der Existenz großer Unternehmen lassen sich die auf ganz verschiedene Ausbildungsziele gerichteten Interessen der verschiedenen Wirtschaftsgruppen herleiten, und die Durchsetzung oder der Aufbau ganz bestimmter Schularten läßt dann umgekehrt wieder Schlüsse auf die Bedeutung der einzelnen Betriebsformen zu.

Giovanni Villani, der schon oft zitierte Chronist, stammte selbst aus der florentiner Handelsoligarchie. Man möchte also annehmen, daß seine Angaben zumindest bezüglich der Wirtschaft, insbesondere im Hinblick auf den Handel und die Gewerbe, präzise und glaubwürdig seien. Die Historiographie hat dies allerdings stark bezweifelt[62], und erst neuere Untersuchungen haben bestätigt, daß Davidsohns nahezu unerschütterlicher Glaube an alles, was Villani sagt, im Bereich ökonomischer Daten tatsächlich berechtigt war. Geheim- und Geschäftsbücher verschiedener Handelsunternehmen, von Bankiers und Geschäftssozietäten, geben uns Aufschluß über die wirklichen Verhältnisse, und so manche phantastisch scheinende Zahl Villanis wurde hervorragend bestätigt[63].

Wenn wir uns vergegenwärtigen, daß um 1300 ca. 300 Firmen in Florenz zusammen jährlich 100 000 Stück Tuch hergestellt haben, und zwar auch in der Zeit, in der englische Wolle noch nicht in großem Maß eingeführt wurde (238, 228), daß also jeder Betrieb im Durchschnitt 333 Stück Tuch herzustellen und zu bearbeiten hatte; wenn wir weiterhin bedenken, daß es noch keine Energiequellen zur Vervielfältigung der menschlichen Arbeitskraft gab, also jedes Stück Tuch von Hand auf dem Webstuhl gewebt wurde; daß weiter das Tuch ja nicht nur gewebt, sondern bis zur endgültigen, gefärbten bzw. bedruckten Gestalt bearbeitet wurde – dann wird die Größe der Betriebe einigermaßen klar, und Villanis Hinweis, daß ca. ein Drittel der florentiner Bevölkerung in diesem Gewerbe gearbeitet hat, erscheint nicht mehr so übertrieben. Wenn auch die Schätzung der absoluten Bevölkerungszahl durch Villani (auf 90 000 zu seiner Zeit) auf etwas über Fünfzigtausend zu reduzieren ist, so bleiben doch noch ca. 18 000 in der Wolltuchindustrie Beschäftigte, und wenn wir das nun auf die angegebenen 300 Betriebe umlegen, so hat jeder davon ca. 60 Arbeiter beschäftigt. Natürlich stimmt dies nicht ganz, da über die dreihundert Großfirmen hinaus noch eine Anzahl kleinerer Meisterbetriebe in dem Gewerbe angenommen werden muß; aber da diese dann auch weniger als 4 Mitarbeiter hatten – die florentiner Definition für eigentliche „Unternehmen" begann erst ab dieser Beschäftigungszahl (vgl. 1.2) – fallen sie nicht so sehr ins Gewicht, und wir können eine Durchschnittsbeschäftigtenzahl von 50 pro Großbetrieb durchaus annehmen.

Diese Durchschnittszahl sagt aber natürlich noch nichts über die erreichten Spitzengrößen der Unternehmen. Aber auch darüber haben wir gewisse Aufschlüsse. So stellte z. B. die Firma Buonaccorso Pitti zum 1350 jährlich 1100 Stück Tuch her[64], wobei sie im wesentlichen bereits die eingeführte französische Wolle verwendete. Ein Riesenunternehmen also, aber wenn wir daran denken, daß nach Villanis Angaben (83) schon 1338 die Zahl der Großfirmen auf kaum 200 abgesunken war, mögen solche Betriebe durchaus in mehreren Exemplaren vorhanden gewesen sein, denn die gesamte Wollindustrie stellte ja zu jener Zeit ca. 70 000 Stück Tuch her.

Auf die Organisation der Manufakturen haben wir bereits hingewiesen (1.2) – vorherrschend war im 13. Jahrhundert wohl noch der dezentralisierte Betrieb mit teilweiser Auftragsarbeit an Heimarbeiter und selbständige Meister; im 14. Jahrhundert tritt die zentralisierte Manufaktur mit räumlich einander benachbarten oder gar unter einem Dach untergebrachten Arbeitsstätten in den Vordergrund.

Wie lange aber diese Tendenz zur Konzentration schon vorhanden war, darüber gibt uns ein einzigartiges Dokument noch aus der Mitte des 13. Jahrhunderts Aufschluß, und gleichzeitig informiert es über die rein räumliche Größe solcher Firmen. Das Haus Guidalotti, jedenfalls dessen guelfischer Teil, wurde 1260 nach der Machtergreifung der Ghibellinen völlig enteignet, und wir besitzen eine Aufstellung der

Reichtümer der Verbannten[65]. Uns interessiert hierbei insbesondere jener Passus der Liste, der sich mit den manufakturell genutzten Gebäuden befaßt. Hier werden – neben unzähligen Gebäuden und Räumen, die ausschließlich dem Handel dienten – folgende Einzelheiten aufgeführt: Eines der Häuser hatte im Erdgeschoß 5 Werkstätten; drei Häuser waren allein für die Färberei da, wobei eines den Ofen enthielt, der für das Tuchtrocknen benötigt wurde. Drei weitere Häuser enthielten zehn Tuchspannereien, auch ein umfangreiches Grundstück wurde zusätzlich hierzu verwendet. Eine nicht genau zu ermittelnde Zahl von Räumen war schließlich für die Aufbewahrung der Produkte vorgesehen, sowie für Brennmaterial (Reisig etc.). Der Betrieb bestand also aus nicht weniger als 30 Häusern, wenn man den Handelstrakt mit einbezieht; und allein daraus läßt sich bereits erahnen, eine wie große Zahl von Arbeitern darin beschäftigt gewesen sein mußte.

Wir haben noch weitere Angaben. Zur Zeit des Ciompi-Aufstandes 1379, als die *Ciompi*, die Woll-Hilfsarbeiter (nicht die Meister und Gesellen) eine eigene Vereinigung bildeten, gehörten ihr ca. 9 000 Personen an (238, 247), was bei einer zu dieser Zeit anzunehmenden Zahl von 150–200 Firmen wiederum eine durchschnittliche Beschäftigungszahl von 50 bis 60 Personen pro Betrieb ausmacht.

Nach dem Ciompi-Aufstand und seiner brutalen Niederschlagung, insbesondere der Verfolgung der *Ciompi* durch die Angehörigen der siegreichen Oligarchie, verfiel die Wolltuchindustrie in Florenz sehr stark. Nicht einmal die bescheidene Forderung der *Ciompi* während ihrer Herrschaft, die Wollindustrie möge doch zur Aufrechterhaltung der Wirtschaft wenigstens 2 000 Stück Tuch im Monat herstellen, wurde erfüllt (238, 247 ff; 818, 42; 222, 154). Die Kapitalflucht ins Ausland, das Verbringen der Rohstoffe weg von Florenz durch die Unternehmer und nicht zuletzt die massenweise Abwanderung der verfolgten *Ciompi* in andere Städte, vor allem nach Bologna, Arezzo, Lucca, Pisa, Padua (222, 124; 238, 249) ließ dieses Gewerbe in Florenz fast zum Erliegen kommen. Auch in der Zeit der Konsoldidierung im beginnenden 15. Jahrhundert kam es niemals wieder zu einer solchen Blüte wie im 13. und 14. Jahrhundert (238, 251 ff; 818, 18 f).

Die nämlichen Einbußen hatte auch das übrige Handwerk, wenigstens zeitweise, zu erleiden (81, rubr. 824), aber offenbar hat sich zumindest der Handel selbst gegen Ende des 14. Jahrhunderts wieder so weit erholt, daß die Großhändler und die Geldverleiher erneut ihre Geschäfte machen konnten und die Größten unter ihnen an die Installierung einer Herrschaft des Prinzipats gehen konnten.

Die Wolltuchindustrie ist selbstverständlich für den Bereich von Florenz zu jener Zeit das Paradebeispiel für die Entwicklung von Manufaktur und Großbetrieb. Aber ganz offensichtlich ist auch in anderen Branchen, so z. B. in der Schuhmacherei (236, IV/2, 50) oder der Waffenindustrie (236, IV/2, 22) der Hang zur Betriebsvergrößerung und Konzentration zu verspüren. Denn obwohl im zuletzt genannten

Wirtschaftszweig die Anzahl der selbständigen Firmen durch eineinhalb Jahrhunderte fast konstant blieb, hat sich ihre Produktion und der Verkauf dieser Produktion in dieser Zeit um ein Vielfaches erhöht (236, IV/2, 21 ff).

Die Grundlage, die in Florenz die Bildung von Manufakturen und Großbetrieben ermöglichte, war die enge Vermengung von Handel, Banken und Handwerk. D. h., die schnelle Expansion der Güterherstellung und der Distribution andererseits kam dadurch zustande, daß sich die Händler und Bankiers keineswegs auf bloße Handels- oder Geldgeschäfte beschränkten, sondern in großem Umfang selbst an der Organisation der Produktion teilnahmen. Sie gründeten Firmen oder kauften Werkstätten auf oder betätigten sich als Verleger und bestimmten in großem Maß Art, Qualität und Umfang der Produktion. Die wichtigsten Voraussetzungen für die Bildung größerer Unternehmen war die Gründung von Sozietäten, d. h. von Gesellschaften, die entweder ihre schon bestehenden Firmen zu einer engen Arbeitskooperative zusammenlegten, oder deren Mitglieder sich gegenseitig ergänzten, indem sie Betriebe verschiedener Handwerkszweige einbrachten, oder aber die sich zunächst nur aus reichen Sozien zusammensetzten, die ihr Geld in Handels- oder Handwerksunternehmen steckten, um diesen auf solche Weise eine kräftige Kapitaldecke zur Erweiterung zu verschaffen. Darüber haben wir schon berichtet (2.1 und 2.3). Wichtig ist für diesen Zusammenhang hier und in den folgenden Kapiteln, daß sich aufgrund dieser ökonomischen Neuorganisationen auch allmählich eine neue Mentalität der Gesellschaftsglieder bildete: Auf der einen Seite entstand die unternehmerische Denkweise, die nicht mehr die Herstellung eines Produkts um ihres Gebrauchswertes willen (also auf unmittelbare Bestellung hin) zur Grundlage ihres ökonomischen Verstandes machte, sondern vom Tausch- oder Verkaufswert her ihre Kalkulationen ansetzt. Für den Arbeiter, auf der anderen Seite, wird die Entfremdung zum eigenen Produkt bereits in dieser frühen Phase der kapitalistischen Entwicklung nahezu vollständig – er weiß nicht, wozu und warum und für wen er gerade dieses und kein anderes Produkt herstellt. Mag zwar für ihn wenigstens noch erkennbar sein, was er herstellt – ein Faktor, der erst im Fordismus ganz verloren geht – so ist doch einsichtig, wie weit die Abtrennung des Produkts vom Produzenten bereits stattgefunden hat. Als weiterer Aspekt der Entfremdung kommt in jener Zeit noch hinzu, daß die Arbeitenden gezwungen werden, ihre Arbeit außerhalb des eigenen Zuhauses zu verrichten; eine große Veränderung, wenn man bedenkt, daß noch die Meisterbetriebe in der Regel in räumlicher Verbindung mit dem Wohnhaus gestanden hatten. Je weiter das 13. und 14. Jahrhundert fortschreitet, umso mehr geht auch die Heimarbeit zurück zugunsten der Tätigkeit in konzentrierten, zentralisierten Manufakturen, und umso mehr Menschen sind damit gezwungen, ihren vertrauten Wohnbereich zu verlassen, um zur Arbeit zu gehen.

Palazzo der Wollzunft, 13./14. Jahrhundert

Um nun die neue, erfolgreiche – weil umsatzintensive – Produktionsweise sinnvoll nutzen zu können, waren die Firmen genötigt, den engen Rahmen der Zünfte immer mehr zu sprengen. Während der einfache Handwerker selbstverständlich nur in einer einzigen Zunft organisiert war – nämlich der, zu der sein Beruf gezählt wurde – mußte der Unternehmer meist in einer ganzen Anzahl von Zünften organisiert sein, mitunter sogar in einander bekämpfenden. Betrieb er z. B. Ledergroßhandel, war es nützlich, schon beim Rohstoff anzufangen, d. h. sich mit den Schlachtern zu organisieren, des weiteren mit den Rohlederverarbeitern, den Kürschnern, und schließlich mußte er der Großhandelszunft angehören. War der Unternehmer in seinem primären Beruf etwa gar Bankier, so mußte er neben der Zugehörigkeit zum Handel und zu Handwerksorganisationen auch noch die Mitgliedschaft bei der Ars Cambio haben, usw. usf.

So kam es, daß sich neben den Zunftorganisationen im Laufe der Zeit noch weitere Zusammenschluß-Formen bildeten, wie es z. B. im Konvent-Wesen der Ars lana der Fall war (236, IV/2, 61). Ihm gehörten längst nicht mehr alle Selbständigen der Branche an, sondern nur die Manufakturen – womit eine Anzahl eigentlich dem Wollhandwerk fremder Personen mit einbezogen waren, etwa die reinen Verleger oder die Sozien von Wollhandelsunternehmen – und weiterhin war festgelegt, daß nur diejenigen Betriebe dem Konvent angehören durften, die jährlich mehr als hundert Stück Tuch herstellten (236, IV/2, 61).

Die Arbeiter wurden von solchen Umorganisationen mittelbar, aber doch spürbar betroffen. Denn die Auseinandersetzungen, in die die Unternehmer durch die sich entfaltende freie Konkurrenz außerhalb der Zunftstatuten verwickelt wurden, gingen auch die Arbeiter an. Fallierte der Unternehmer, war er den gegenseitigen Querelen, der gegenseitigen Abwerbung der Arbeitskräfte, dem Streitigmachen des Marktes nicht gewachsen, so stand der Arbeiter plötzlich auf der Straße. Die Konvente der Großbetriebe hatten nun verschiedene Aufgaben, deren wichtigste damit zusammenhingen, daß man sich möglichst so schützen wollte, wie es im Interesse eines gesicherten Geschäfts eben sinnvoll war. Der früher durch die Zünfte vertretene Gedanke, wenigstens die Existenz des einzelnen Konventsangehörigen zu schützen, drang hier noch sichtbar durch; aber er war eben nicht mehr auf den Bereich aller in diesem Erwerbszweig Arbeitenden bezogen, sondern nur noch auf die Großbetriebe. Um die Gefahr eines Falliments durch unlauteren Wettbewerb zu verringern, bestellten die Konvente z. B. eigene Makler, die fremde Käufer und Händler in einer genau vorgeschriebenen Route durch die einschlägigen Betriebsviertel führen mußte, auf daß ja kein Unternehmer etwa übergangen werde. Der Makler mußte weiter dafür sorgen, daß der Käufer auch das bestellte Gut bekam (er drückte der Ware, sofern schon besichtigt, ein branchenspezifisches Siegel auf, bei der *Ars lana* z. B. mit dem Bild eines Lammes). Um die Verkäufe der Konventsmitglieder kontrollieren zu können, ließen die Konvente auch die Umsätze durch den vereidigten Makler registrieren (236, IV/2, 61).

So bringt der Übergang von der handwerklich-kleinbetrieblichen zur manufakturellen Phase bereits ein immer komplizierter werdendes System zur Scheidung der Produzenten und Händler nach ihren Einkunfts- und Umsatzhöhen mit sich, darüber hinaus entwickelt sich auch ein hochdifferenziertes Gefüge gegenseitiger Kontrollen und bürokratischer Absicherungen der sich aufbauenden neuen Ordnung, ganz wie sie später auch die voll entwickelte bürgerlich-kapitalistische Gesellschaft ab dem 19. Jahrhundert durchführen mußte, um sich einerseits durchzusetzen, andererseits dann auch aufrechtzuerahlten. Die Konsequenzen für das Bewußtsein der Menschen, die diesen neuen, vorher weitgehend unbekannten Zwängen unterworfen wurden, waren unabsehbar (und sie werden sich in den späteren Kapiteln immer wieder zeigen [vgl. 3.5, 4.8 und 6.]).

2.5 Monopole, Kartelle

Hand in Hand mit der Expansion der Betriebe, der Konzentration der Produktion in immer weniger Großmanufakturen, geht natürlich auch der Trend zur weitgehenden Ausschaltung des Wettbewerbs, die Kartell- und Monopolbildung.

Begünstigt wurden solche Erscheinungen zusätzlich durch die überkommene Vorstellung, die ja gerade zur Bildung der Zünfte grundlegend war: Die ökonomische Sicherheit des einzelnen Gewerbetreibenden sollte dadurch gesichert werden, daß man nur eine beschränkte Anzahl von Betrieben zuließ, so daß die Nachfrage die Produktion stets überstieg. Nun, mit dem Beginn der Großproduktion, nützte dieses Mittel nichts mehr, aber der Gedanke, sich grundsätzlich vor Fallimenten dadurch zu sichern, daß man in den Marktmechanismus eingriff, blieb dennoch. Als dann im Zeichen der Auflösung der Zünfte durch die Großbetriebe der freie Wettbewerb aufkam, stand man ihm in Florenz sehr mißtrauisch gegenüber, und die Unternehmer sannen auf Mittel, sich seiner zu entledigen.

Bereits im 13. Jahrhundert zeigt sich, daß man solche Mittel zu finden imstande war. Große Unternehmen schritten dazu, ihre Preise miteinander abzusprechen (Kartelle zu bilden) oder suchten preisbrechende Unternehmen ganz auszuschalten, um auf diese Weise zu einer Monopolstellung zu kommen und dann die Preise zu diktieren.

Wir wissen von solchen Monopolen und Kartellen natürlich nicht durch Urkunden von Absprachen etc., da die Unternehmer nicht so einfältig waren, solche gemeinwirtschaftsschädigenden Absichten schriftlich zu hinterlassen. Aber eine Reihe von Gesetzen zeigt, daß einzelne Gruppen offenbar reichlich von diesen Möglichkeiten Gebrauch gemacht und die Gesamtgesellschaft auf diese Weise schwer belastet hatten.

1285 begegnet uns der erste erhaltene Beschluß der Volksräte in Florenz, der sich gegen die immer häufigeren Ringbildungen, Kartelle, wendet (236, IV/2, 97 u. II/2, 452). Es ist bedeutsam, daß hier die vom Volk gewählten Räte und nicht die Zunftvorsteher tätig werden. Denn das zeigt, daß die Zünfte in dieser Zeit keineswegs willens waren, in ihren eigenen Reihen gegen solche der Allgemeinheit abträglichen preissteigernden Vorgänge etwas zu unternehmen. Übrigens hätten sie auch nur mäßigen Erfolg gehabt, wenn sie ein Vorgehen versucht hätten – die alle Rahmen der Zunftbindungen sprengenden Manufakturen, die konzernähnlichen Ansammlungen von Betrieben, die von Händlern und Bankiers zusammengekauft worden waren, hätte man kaum mit Aussicht auf Erfolg kontrollieren können.

Die Verordnungen der Kommune gegen Ringbildungen blieben offenbar wirkungslos, jedenfalls mußten wenige Jahre danach neue Gesetze erlassen werden, die diese Verbote verschärften, und wieder wenige Jahre danach wurden sie nochmals erneuert[66].

1322 endlich entschloß sich der Volkskapitan zu allerhärtesten Strafen und zu einer Reihe flankierender Maßnahmen gegen Monopolbildungen und künstliche Preissteigerungen. Er stellte nicht nur die Preisabsprecher und ihre illegalen Verbündeten unter Strafandrohung, sondern auch Notare und Vermittler, die so etwas protokollierten und einschlägige Vorstellungen übermittelten, und schließlich bedrohte er sogar die Zünfte, die solche Erscheinungen zuließen und nicht rechtzeitig unterdrückten, mit dem Verlust der Zunfteigenschaft (236, IV/2, 97). Außerdem wurden bezahlte Spione unterhalten, die jeden Verstoß zu melden hatten, und wer da bei einer Preisabsprache ertappt wurde, mußte auf der Stelle 20 librae Strafe zahlen. Konnte er das nicht, wurde ihm eine Hand abgeschlagen (236, IV/2, 98).

Selbstverständlich war hier bereits wieder das Interesse der Großen durchgekommen, die sich die 20 librae Strafe ja wohl gut leisten konnten, während ein kleiner Handwerker, den man denunziert hatte, verstümmelt wurde, wenn er nicht zahlen konnte. Fing man einen Mittler, der Absprachen mündlich mitteilte, so sollte ihm die Zunge abgeschnitten werden (236, IV/2, 98).

Obwohl solche Gesetze existierten, kam es immer wieder zu kartell- oder monopolbedingten Preisabsprachen. Schon 1300 hatten sich die Zünfte derart außerstande gezeigt, solche Erscheinungen zu bekämpfen, daß alle Zunftstatuten für mehrere Monate außer Kraft gesetzt worden waren. Tatsächlich scheinen auch die kommunalen Gesetze nur bedingte Erfolge erzielt zu haben, aber immerhin ist es doch bemerkenswert, daß die Gesamtgesellschaft hier zu starken Mitteln greift, um die herrschenden Produzenten und Händler in ihrem Profitstreben zu bändigen. Wir haben bereits berichtet, daß die Anti-Kartell-Gesetze mitunter zur Abschreckung drakonisch angewendet wurden (2.3) und daß z. B. ein Bäcker wegen unerlaubter Preisabsprache 1347 gehenkt wurde; aber dies geschah mehr auf Drängen des in Wut geratenen Volks als auf Betreiben der Zünfte oder der Obrigkeit (83, XII, 73).

Wie lächerlich sich dann aber die „Einhaltung" solcher Verordnungen teilweise ausmacht, zeigt ein Beispiel aus der Zunft der Großhändler, der *Calimala*. Irgendwie fühlte man sich auch dort verpflichtet, wenigstens nach außen hin so zu tun, als wäre man gegen Monopole, Kartelle und die damit verbundenen Preisdiktate. Nach einer Weile angestrengten Suchens fand man auch eine Ware, die man einem Preisstopp unterwarf – Luxusstoffe, und zwar insbesondere diejenigen, deren sich die Angehörigen der oberen Zünfte selbst gern bedienten. Und ganz besonders scharf wurde darauf gesehen, daß Scharlachtuch nicht zu teuer wurde – das benötigten nämlich die Richter für ihre Roben; mit denen stellte man sich auf diese Weise auch noch besonders gut, was im Hinblick auf eventuelle Prozesse gar nicht unnütz erschien (236, IV/2, 98).

Das Monopol- und Kartellwesen ist also so alt wie die ersten Anfänge der kapitalistischen Produktionsweise selbst. Übrigens bildete sich dieses Wesen an bestimmten Punkten auch in einer weit über das rein Ökonomische hinausgehenden Weise ohne alle Absprache mitunter blitzschnell und mit hoher Funktionsfähigkeit: dann nämlich, wenn die Unternehmer in ihrer gesellschaftlichen und wirtschaftlich-sozialen Stellung gefährdet waren. Ein Beispiel ist der bereits dargestellte Aufstand der *Ciompi*: ohne große Abreden unterliefen die Unternehmer die Herrschaft der Wollarbeiter auf ein und dieselbe Weise: unter dem Druck der Gesetze öffneten sie ihre Fabriken wieder; aber sie hatten vorher heimlich alle Rohstoffe weggeschafft und außerhalb des Zugriffs der *Ciompi* deponiert. Die Regierung der *Ciompi* rannte gegen dieses stumme Unternehmer-Kartell vergebens an, der Staatsbankrott war abzusehen, die Versorgung wurde knapp, und da die Produktion auf diese Weise durch das kartellartige Zusammenhalten der Unternehmer nicht wieder in Gang kam, fehlten die Geldmittel, um den Widerstand mithilfe einer gut ausgerüsteten und auch bezahlten Miliz zu brechen. Die schnell herbeigeschafften Söldner der Unternehmer und Patrizier hatten leichtes Spiel (818) und die alten Zustände mit einer Herrschaft des Kapitals wurden schnell wiederhergestellt.

2.6 Die Bedeutung einzelner Gewerbe

Wir haben bereits an früherer Stelle (1.2) hervorgehoben, daß uns leider genaue Aufschlüsse über die rein numerische Größenverhältnisse der einzelnen Gewerbe fehlen. Wir wissen nur vereinzelt ungefähr zu sagen, wieviele Personen respektive Firmen zu bestimmten Zeiten bestanden.

Für unsere Belange ist es aber von größerer Bedeutung einzuschätzen, welche ökonomischen und politischen Werte die einzelnen Berufszweige in Florenz damals hatten. Denn wie wir z. B. wissen, daß es zur damaligen Zeit knapp 50 Goldschmiede gab, so sagt das weder über deren ökonomische noch über ihre politische Bedeutung etwas aus, denn die soziale Einschätzung geht ja keineswegs mit der Anzahl der Berufsvertreter einer Sparte konform, und die durch die Hände der Goldschmiede gehenden Reichtümer haben ihnen sicher eine völlig andere und höhere Wertschätzung und höheren Einfluß eingebracht als man sie den zahlenmäßig hundertfach überlegenen, aber armen Wollarbeitern zugestand.

Wir besitzen nun einige Zeugnisse, mit deren Hilfe wir wenigstens mittelbar Aufschlüsse über die Bedeutung und allgemeinen politischen Fundamente einzelner Gewerbe gewinnen können. Da sich diese Dokumente allesamt auf einen relativ engen Zeitrum im ersten Viertel des 14. Jahrhunderts beziehen, müssen wir von vornherein darauf hinweisen, daß für andere Epochen andere Verhältnisse gelten mögen. Das ist besonders wichtig für die Zeiträume vorher – nachher ist die Verteilung der Gewerbe doch relativ stabil, so daß grundlegende Änderungen nicht zu erwarten sind. Andererseits kennen wir aus der Zunftgeschichte einige Daten darüber, wann sich neben den oberen weitere Zünfte installieren, die mittleren zunächst und dann die niederen, und da in den folgenden Dokumenten diese bereits alle – und noch mehr Organisationen – genannt werden, sind wir mit einer gewissen Berechtigung imstande, hier auch Verallgemeinerungen zumindest für die Zeit vom endenden 13. Jahrhundert in die folgende Zeit zu vollziehen.

Die Dokumente, auf die wir uns beziehen, sind Steuerveranlagungen für die einzelnen Gewerbe. Waren bis zum beginnenden 14. Jahrhundert die Gewerbesteuern kollektiv durch die einzelnen Zünfte – 21 an der Zahl – zu entrichten gewesen (die sie wieder als Beitragszahlungen von ihren Mitgliedern erhob), ab und zu durch Zwangsanleihen vermehrt (236, III, 574 u. IV/2, 98), so entschloß sich das Finanzamt um 1315, nunmehr Steuern auf jeden gewerblichen Vorgang zu erheben. D. h. die Veranlagung erfolgte nicht mehr nach irgendwelchen Reichtümern der Zunft, die man vage geschätzt hatte, sondern wurde als ein bestimmter Anteil am Vorgang des Tausches oder Verkaufs festgelegt. Man erwartete mithin von jedem, der Geschäfte betrieb, daß er vom Wert eines getätigten Geschäfts einen bestimmten Satz an die Gemeinde abführte. Der erste Durchführungsversuch dieser neuen Regelung ging schief, da sie einfach zu kompliziert war. Da mußte z. B. jeder Gewerbetreibende bei einem Tauschgeschäft 2 Denare pro libra Wert abführen. Erfolgte aber bei einem Geschäft eine Ausgleichszahlung (wenn also der Wert des einen Gegenstandes niedriger lag als der des getauschten), so mußten für den Geldfluß pro libra 4 Denare abgeführt werden. Bei Ausfuhren aus dem Geltungsbereich der eigenen Zunft mußten zusätzlich 2 Denare Torzoll pro libra Wert entrichtet werden. Weiterhin wurde ein Mindeststeuerbetrag festgelegt, nämlich 3 librae pro Jahr, und nur wer besonders wenig umsetzte, wurde auf eine libra Steuer pro Jahr herabgemindert. Zur Kontrolle wurde in Florenz erstmals für alle Gewerbetreibende Buchführung vorgeschrieben[67].

Da ein solches System natürlich, insbesondere wenn es neu eingeführt wurde, kaum kontrollierbar und für ein noch relativ unentwickeltes Verwaltungssystem auch gar nicht überschaubar war, wurde es noch im November 1315 vereinfacht. Wenn uns dies zwar heute nicht mehr als besonders gravierende Verbesserung erscheint, so zeigte der Erfolg doch, daß die Kommune und auch die Gewerbe nunmehr besser zurechtkamen, da es eine reale Arbeitsentlastung für die Buchführung und die amtliche Erhebung war. Fortan zahlte jeder Kaufmann 2 Denare pro libra vom Wert eines Geschäftsvorganges (was etwa einer Steuerquote von 0,83 % entspricht). Ärzte, Richter, Bäcker, Schneider etc. hatten die dreifache Quote zu bezahlen. Bei Münzverkäufen (Gold und Silber) mußten ebenso wie bei sonstigen Edelmetallen pro libra Wert ¼ Denar, also kanpp 0,21 % entrichtet werden. Bei Schlachtern wurde eine Stücksteuer eingeführt. Z. B. galt für Rinder (einschließlich Kälbern) eine Steuer von 5 Solidi, für Ziegen, Böcke, Hammel 8 Denare, für ein Schwein 18 Denare, für ein Kitz 3, ein Lamm 2 Denare. Gastwirte zahlten für jedes bei ihnen abgestellte Pferd pro Nacht 2 Denare, auch wurde auf Getränke und Essen eine Steuer von 4 Denaren pro libra Wert erhoben[68].

Um die Steuer einzutreiben und nicht gleichzeitig ein neues umfangreiches bürokratisches System aufstellen zu müssen, griffen die Stadtväter auf eine bereits 1301 aufgetauchte Einteilung der Gewerbe nicht mehr nach Zünften, sondern nach Berufszweigen zurück, so daß am Ende 73 Gewerbearten aufgezählt und steuerlich getrennt veranlagt waren. Das hatte gegenüber den relativ heterogen zusammengesetzten Zünften den Vorteil der guten Vergleichsmöglichkeit einzelner Gewerbetreibender – man konnte vom Umsatz des einen auf den wahrscheinlichen eines Kollegen von ähnlicher Betriebsgröße schließen – und somit schnellerer Kontrolle seitens der Stadt, und es erleichterte darüber hinaus das zügige Eintreiben, weil jeder Eintreiber nur eine relativ geringe Anzahl von Berufsgenossen anzugeben hatte. Einige der 73 Gewerbenamen wurden wohl nur zum Zwecke der Steuereintreibung eingeführt, ansonsten kam ihnen keinerlei organisatorischer Wert zu; die Lehrer etwa werden als eigene Gewerkung genannt, ohne daß diese jemals dadurch zu einer berufsständischen Vertretung gekommen wären. Um die Steuerabgaben leichter kontrollieren zu können, wurde weiter vorgeschrieben, daß Geschäfte mit einem Wert von über 20 librae nur in Gegenwart eines vereidigten *Sensals* abgewickelt werden durften, der seinerseits das Geschäft innerhalb von zwei Wochen einem Offizial melden mußte[69].

Nun waren die Handelsleute seinerzeit besondere Spezialisten im Jammern, wenn es an ihr Geld ging, und so setzten sie in der Folgezeit des öfteren durch, daß die einzutreibenden Steuern gestundet oder gar aufgehoben wurden. Aber das System als solches wurde damit zunächst nicht geändert, und wir verdanken ihm wenige Jahre später die für uns jetzt wichtigen Nachrichten über die Umfänge der handwerklichen und händlerischen Geschäfte und damit auch – soweit man hier eben rückschließen darf – Auskünfte über die Bedeutung der wichtigsten Gewerbe.

Aus den Jahren 1321 und 1325 ist uns nämlich jeweils das Bruchstück einer Liste der von den einzelnen Gewerbe erhobenen Gesamtsteuern bzw. der tatsächlich geleisteten Vorauszahlungen erhalten. Bei wenigstens einem Teil der darin aufgeführten Gewerbe können wir damit auf ihre Umsätze schließen, soweit uns die entsprechenden Steuerquoten bekannt sind. Man könnte nun einwenden, daß die tatsächlichen Steuerabgaben insbesondere der oberen Zünfte mit großem Einfluß sicherlich durch „Steuerverkürzungen" nach unten hin verfälscht gewesen sein mögen. Das mag stimmen, aber wir müssen andererseits bedenken, daß umgekehrt der Kleinhandel und das kleine Handwerk wiederum davon profitierte, daß nur Transaktionen im Wert von mehr als 20 librae in Anwesenheit des schon genannten Sensals (236, III, 165) vorgenommen werden mußten, also faktisch nur größere Täusche und Händel. Unter dem Wert von 20 librae lagen aber noch sehr viele Vorgänge; hier zwei Beispiele, um eine Ahnung von den damals bestehenden Kosten und Preisen zu vermitteln, die noch unter der benannten Marke lagen. 1319 z. B. wurde ein Arzt für 15 librae Jahresunterstützung nach San Gimignano verpflichtet[70]; das mag zwar nur ein geringer Teil seiner tatsächlichen Einkünfte gewesen sein, bildeten aber wohl doch einen solchen Anreiz, daß er kam. Eine Amtstunica kostete zur gleichen Zeit zwischen 4 und 8 librae[71]. Solche Geschäfte waren also nicht meldepflichtig und werden oft genug steuerlich auch nicht gemeldet worden sein.

Tatsächlich bestätigen andere Angaben, daß man von den in der angegebenen und von uns auf den nächsten Seiten dargestellten Liste aufgeführten Vorauszahlungen recht gut und präzise auf die tatsächlichen Umsätze schließen kann. Die Ars lana, die Wollzunft, hatte nach der Liste z. B. ca. 2000 Goldflorene vorausbezahlt. Die späteren Angaben zeigen, daß dies etwa die Hälfte des Jahresbetrages war[72]. Bei einem Steuersatz von 0,83 % würde dies bedeuten, daß hier ein Jahresumsatz von knapp einer halben Million vorlag. Villani hatte berichtet, daß 1339 ein Wollzunftumsatz von etwa 1 200 000 Goldflorenen bestand, daß aber vorher nur die Hälfte Umsatz gemacht wurde, also ca. 600 000 (83, XI, 94). Wenn wir weiter bedenken, daß in dem hier zur Debatte stehenden Jahr 1321 schwere Kämpfe mit dem kaisertreuen Generalvikar Castruccio stattfanden, wo bis nahe an die Stadt heran Besetzungen, Verwüstungen und Plünderungen zustandekamen (236,

III, 640), die Handelswege äußerst unsicher waren und der Rohstoffnachschub stockte, so müssen wir gerade für dieses Jahr einen starken Umsatzrückgang annehmen. Die errechnete Zahl von knapp einer halben Million Umsatz wird damit sehr vertrauenswürdig, und man könnte die anderen angegebenen Zahlen auch noch weiter untermauern, z. B. bei den Schlachtern, wo wir gewisse jährliche Richtzahlen an Schlachtungen kennen, die bei Umrechnung in Steuern nach den oben angegebenen Tarifen die Zahlen der Umsätze ziemlich exakt stützen[73].

In der folgenden Tabelle (S. 86) geben wir die Steuervorauszahlungen der Gewerbe wieder, wie sie die genannte Urkunde aufzählt. Eine gewisse Schwierigkeit bei der Darstellung für unsere Zwecke bestand darin, daß ein Teil der Zahlungen in Goldflorenen, der andere in librae und solidi angegeben ist, so daß ein unmittelbarer Vergleich mühsam würde. Wir haben die Einzelbeträge deshalb dort, wo sie in Goldflorenen angegeben waren, gleich in librae umgerechnet und dabei die von Davidsohn (28, III) zusammengestellten Umrechnungswerte zugrundegelegt.

In der letzten Rubrik der Tabelle haben wir dann den auf der Basis dieser Vorauszahlung sich ergebenden Jahresumsatz der betreffenden Berufssparte hochgerechnet. Dabei ist zu beachten:

1. Die Vorauszahlungen machten ungefähr die Hälfte des tatsächlich zu entrichtenden Betrages aus. Das geht, wie schon erwähnt, aus einer der Aufstellung angehängten Liste hervor.
2. Die Steuersätze waren, wie ebenfalls berichtet, unterschiedlich hoch je nach Berufsart[74]. Da es dabei zu Mischformen kam – etwa, weil bei einigen Gütern noch ein zusätzlicher Torzoll zu entrichten war – haben wir, so gut es geht, entsprechende Mischsätze angenommen, die einem Steuerdurchschnittssatz entsprechen.
3. Wo Stückzahlen mit unterschiedlicher Bewertungshöhe dem Steueraufkommen zugrundelagen, war an eine Gesamtumsatzschätzung für uns nicht zu denken. Das gilt z. B. für die Metzger, bei denen die oben angegebenen unterschiedlichen Abstichbesteuerungen vorlagen; wir wissen überdies nicht, wieviel ein Schwein oder Kalb damals kostete. Wir haben die entsprechende Stelle in der letzten Rubrik dann freigelassen.
4. Die Liste in der Urkunde ist nicht voll erhalten; sie umfaßte nur ca. zwei Drittel der 73 Gewerke.

In die erste Rubrik haben wir bei einem Teil der Berufe Ziffern eingetragen, die für die fünfzehn umsatzstärksten Gewerbe eine Rangfolge der Größe nach darstellen. Das wird uns anschließend bei einem Vergleich mit einer späteren Urkunde zur Erhärtung unserer These dienen, wonach bei gesellschaftlichen Gemeinschaftsaufgaben die Gewerbe nach ihrer Umsatzstärke herangezogen wurden. Die Einschätzung der einzelnen Gewerbe ist damit ganz offenbar nach ökonomischen Gesichtspunkten geschehen und wir können unsere Ermittlung der Bedeutung der Berufsarten durchaus ebenfalls auf dieser Basis aufbauen. Die Auswertung der Urkunde sieht nun folgendermaßen aus, wobei wir die Reihenfolge und Schreibart der Berufe wie in der Urkunde beibehalten haben:

Rang	Gewerbeart	Vorauszahl.		in librae	Jahresumsatz ca. (in librae)
3.	Ars mercatorum Kallismale (Großhändler)	320	Goldfl.	1175	282 000
1.	lane (Wollhersteller und -händler)	2000	Gfl.	7340	1 662 600
10.	judicum et notariorum (Richter, Norare)	100	Gfl.	367	29 360
20.	campsorum (Wechsler, Bankiers)	100	Gfl.	367	29 360
2.	mercatorum Porte S. Marie (Detailhandel)	400	Gfl.	1468	352 320
4.	medicorum et spetiatorum (Ärzte, Apotheker)	330	Gfl.	1211	96 880
7.	pellipariorum (Kürschner)	200	Gfl.	734	58 720
	bechariorum (Fleischer)	325	Gfl.	1192	?
8.	calzolariorum (Schuhmacher u. Strumpfwirker)	530	librae	530	42 400
9.	fabrorum (Schmiede)	400	lb.	400	32 000
12.	magistrorum lapidum et lignaminum (Baumeister)	80	Gfl.	293	23 540
6.	rigateriorum (Trödler, Antiquare)	300	lb.	300	72 000
	vinateriorum (Weinhändler)	250	lb.	250	?
	alberghatorum (Gastwirte)	600	lb.	600	?
5.	pizzichagnolorum (Feinkosthändler)	700	lb.	700	84 000
14.	galigariorum (Gerber)	141 13 4	lb. sol. den.	142	17 040
	corrazzariorum et spadariorum (Rüstungs- und Schwertmacher)	35	lb.	35	2 800
13.	chiavaiolorum et feraiolorum (Schlosser)	80	Gfl.	293	23 440
	coregiariorum (Gürtler)	47 10	lb., sol.	48	3 640

Rang	Gewerbeart	Vorauszahl.		in librae	Jahresumsatz ca. (in librae)
15.	legnaiuolorum (Schreiner)	50	Gfl.	183	14 640
	fornariorum (Bäcker)	100	lb.	100	8 000
	basteriorum (Sattler)	6	Gfl.	22	2 640
	sartorum (Schneider)	100	lb.	100	8 000
	tavolacciariorum (Schildmacher)	20	lb.	20	1 600
	schodellariorum tornariorum et sialariorum (Drechsler etc.)	41 13 4	lb., sol. den.	42	5 040
	barberiorum (Barbiere)	50	lb.	50	4 000
	sellariorum (Sesselmacher)	16	lb.	16	1 280
	cerbolatoriorum et orpellariorum (Pelzmacher)	16	lb.	16	1 280
	magistrorum grammatice et abachi (Lehrer)	18	lb.	18	2 160
	guantariorum et borsariorum (Beutler)	25	lb.	25	2 000
	pictorum (Maler)	27 16 10	lb. sol. den.	28	2 360
	sevaiolorum (Talglichtzieher)	22	lb.	22	1 760
	chufiarorum (Küfner)	2	Gfl.	7	570
	quaianiorum et fiaschariorum (Glaser)	16	lb.	16	1 280
	balistrariorum (Wurfgeschoßhersteller)	8	lb.	8	640
	kartolariorum et perghamentorum (Pergamenter)	25	lb.	25	2 000
	botariorum et barletariorum (Böttcher)	33	Gfl.	121	14 520
	ervariorum de Chastello Altafronte (Gärtner des Kastells Altafronte)	20	lb.	20	2 400
	penaiolorum et linaolorum (Bettfedernhänderl)	38	Gfl.	139	11 320
	aurifichum (Goldschmiede)	150	lb.	150	?

Die Aufstellung läßt nun eine Reihe wichtiger Schlüsse zu. Den größten Umsatz bringen – nach der Wollherstellung und -verhandelung – händlerische Berufe. Detailhandel und Großhandel rangieren unmittelbar hintereinander nach der Ars lana, und auch der fünfte (Feinkosthändler) und sechste (Trödler) Platz wird wieder von Handelsberufen eingenommen. Die vierte Stelle wird von den Ärzten und Apothekern eingenommen, die auch zu einem gewissen Teil zum Handel zu rechnen sind.

Es ergibt sich also, daß das große Geld in Florenz über den Handel lief. Andererseits sehen wir auch, daß das Handwerk ebenfalls durchaus gute Umsätze zuwege brachte. Solange wir aber nur die Umsätze der einzelnen Sparten ansehen, bleiben die Handwerker grundsätzlich zurück.

Anders sieht die Sache allerdings aus, wenn wir die Tabelle von einem anderen Gesichtspunkt aus betrachten und das Handwerk im Ganzen dem Handel im Ganzen gegenüberstehen.

Als erstes muß schon festgestellt werden, daß z. B. in dem größten aller damaligen Gewerbe, der Ars lana, Handwerk und Handel zusammengeworfen sind. Ein erheblicher Teil des Umsatzes von mehr als eineinhalb Millionen librae ist dort tatsächlich der Herstellung, also dem Handwerk zuzuordnen. Ziehen wir, zweitens, auch noch die Tatsache heran, daß die Schlächtergilde zweifellos zum Handwerk gehört, in unserer Rangfolgenliste aber nicht auftaucht, weil wir hier von der Steuer nicht auf den Umsatz schließen können, so verschiebt sich in jedem Fall das Bild: die oben ausgerechneten Schlachtungen lassen auch bei ganz grober Schätzung auf einen Platz unter den ersten vier Artes schließen. Drittens, wenn wir die Gesamtumsätze der in der Tabelle aufgeführten handwerklichen Berufe zusammenrechnen und mit den Gesamtumsätzen aller Händlerberufe vergleichen, so sehen wir das Handwerk insgesamt sogar überwiegen; und das umso mehr, je stärker wir beachten, daß in vielen Händlerberufen auch ein guter Teil Handwerk steckt – so etwa bei den Weinhändlern, die oft genug auch Weinbauern gewesen sein mögen, oder den Gastwirten, die auch für Pferdeversorgung zuständig waren etc.

Damit erhalten wir ein Ergebnis, das später für unsere Interpretation der erzieherischen und ausbildungsspezifischen Verhältnisse noch von Bedeutung sein wird. Die florentiner Gesellschaft jener Zeit ist geprägt von einem eigenartigen Zwiespalt: sie wird getragen von der Produktion des Handwerks, ist ein überwiegend durch handwerkliche Warenschöpfung gekennzeichnetes soziales Gebilde. Aber die ökonomische Verwertung dieser Waren lag bei einer relativ kleinen Minderheit von Händlern, die die hergestellten Produkte weiterverwendeten, und bei Verlegern und Bankiers, die die Produktion infolge der bei ihnen angehäuften – durch den Handel gewonnenen oder durch Verleihen vermehrten – Geldmengen finanzierten.

Daß diese reichen Minderheiten ihre ökonomische Vormachtstellung auch in politische Macht umsetzten, haben wir schon gezeigt: die reichen und umsatzträchtigen Gewerbe waren immer dann von größter Bedeutung, wenn die Kommune kurzfristig Gelder brauchte, sei es für

Verteidigung, sei es für Krieg, um den eigenen Handel und die eigenen Interessen zu schützen oder die anderer Städte zu beeinträchtigen. Und so waren die Politiker immer auf die reichen Händler und Bankiers angewiesen, das Handwerk aber stand hintenan. Versuche, die Timokratie zu entmachten, gab es ja schon im 12. und 13. Jahrhundert. Aber die Händler und Bankiers wußten nur zu gut, daß jede ihnen nicht genehme Regierung bald vor dem Staatsbankrott stand, wenn sie ihr die Gelder entzogen. So z. B., als 1293 die Granden politisch kaltgestellt worden waren – zwei Jahre später hatten sie sich wieder durchgesetzt (724, 178–187; 236, II/2, 553). Bei akuten Gefahren war eben stets nur das Geld der Reichen zur Stelle, und wenn z. B. eine Miliz aufgestellt, Nachschub besorgt oder auch im Frieden eine aufwendige diplomatische Offensive vonnöten war, so wäre das Handwerk auch tatsächlich nicht imstande gewesen, schnell und ohne lange Anlaufzeit die nötigen Mittel aufzubringen.

Ein weiteres Dokument soll noch einmal erhärten, wie sehr die florentiner Kommune bei solchen Anlässen auf die reichen Gewerbe zurückgriff, wenn es hart auf hart ging. Vier Jahre nach den oben angeführten Gewerbesteuern – die ja über die regulären Zunftabgaben hinaus bereits eine erhebliche Belastung dargestellt hatten – wurde erneut eine Zwangssteuer eingehoben. Für einen – allerdings nur kleinen – Teil der Gewerbe sind uns wiederum die Sollbeträge erhalten, um die es ging[75]. Allerdings ist die Tabelle diesmal nicht auf Umsatzzahlen und gewerbliche Vorgänge bezogen, sondern so aufgestellt, daß wir den Maßstab, nach dem eingetrieben wurde, daraus nicht entnehmen können. Wir werden aber sogleich sehen, daß auch hier zweifellos ähnlich wie in der vorangegangenen Urkunde schlicht und einfach die allgemeine Einschätzung der wirtschaftlichen Potenz der einzelnen Gewerbe zugrundegelegt wurde – für uns ein weiterer Indikator, daß im Bewußtsein der Gesellschaft die Berufe nach ihrer ökonomischen Stellung eingestuft wurden.

Ars judicum et notarium	621 Gfl.
Ars Kallismale	1391 Gfl.
Ars lane	7452 Gfl.
Ars Porte S. Marie	553 Gfl.
Ars medicorum et spetiariorum	1242 Gfl.
Ars pellipariorum et vagariorum	224 Gfl.
Ars calzolariorum	435 Gfl.
Ars pezariorum	161 Gfl.
Ars galigariorum grossorum	174 Gfl.
Ars fabrorum	448 Gfl.
Ars rigateriorum	311 Gfl.
Ars vinateriorum	721 Gfl.
Ars oliandolorum et cassaiulorum	88 Gfl.
Ars alberghatorum	715 Gfl.
Ars fornariorum et panneteriorum	151 Gfl.
Ars corazariorum	125 Gfl.

Ars lignaiuolorum grossorum	228 Gfl.
Ars feraiuolorum et veterum et novorum chiavaiolorum	311 Gfl.
Ars oraforum	196 Gfl.

Wenn wir wiederum der Größenordnung nach sortieren, sehen wir unmittelbar, daß auch hier im Prinzip dieselben Gewerbe die größten Beträge aufbringen wie es in der vorangegangenen Urkunde der Fall war. Wenn einige der größeren Gewerbe hier fehlen, so hängt dies ganz einfach damit zusammen, daß die eben zitierte Aufstellung nur unvollständig erhalten ist; das Folgeblatt fehlt. Wir wissen aus dem Kopfeintrag der Aufstellung aber, daß noch mindestens 2 500 Gfl. Steuer fehlen, die also von den übrigen Berufen aufgebracht werden mußten.

Die Rangfolge: 1. *Ars lane*, 2. *Ars Kallismale*, 3. *Ars medicorum et spetiatiorum*, 4. *Ars vinateriorum*, 5. *Ars alberghatorum*, zeigt, daß die Kosten für die Kriegsführung ganz analog zu der ersten Tabelle von den umsatzstärksten Gewerben aufgebracht werden mußten. Insgesamt ergibt sich – unter Berücksichtigung der Tatsache, daß die beiden Listen nicht vollständig sind und noch manche größeren Gewerbe auf den nichtvorhandenen Seiten stehen könnten – wiederum eine Verteilung, die bei Bewertung der Einzelgewerbe die händlerischen dominieren läßt, bei Zusammenrechnung der handwerklichen bzw. händlerischen Gesamtanteile aber wiederum eine gewisse Halbierung zwischen beiden erkennen läßt. (Es waren übrigens insgesamt 30 000 Goldflorene aufzubringen, von denen Handel und Gewerbe 18 000, die Parte Guelfa und außerhalb der Zünfte Stehende den Rest zu zahlen hatten).

Der politische Einfluß, der sich aus der sichtbar werdenden Vorrangstellung der händlerischen Einzelgewerbe ergbit, kann überhaupt nicht überschätzt werden. Denn wenn auch die Gesamtumsätze von Handel und Handwerk durchaus ebenbürtig gewesen sein mögen, so sind doch die größten und damit einflußreichsten Gewerbe diejenigen von besonders handelsintensivem oder gar ausschließlich händlerischen Charakter. Die Waren, die der Handel vertrieb, waren Schöpfungen des Handwerks, aber infolge der Arbeitsteilung zwischen Händlern und Handwerkern brachten viele Handwerker durch kleinere Umsätze den Gesamtumsatz des Handwerks zustande, und wenige Händler häuften mit den Produkten des Handwerks den mindestens genauso großen Gesamtumsatz der Händler auf. Das Handwerk wurde so in einer Gesellschaft, wo Kapital die Produktion zu bewegen beginnt, zu einer nur zweitrangigen Potzenz gegenüber den Händlern.

2.7 Handels- und Bankhäuser als Ort des Großbürgertums

In der wissenschaftlichen Literatur insbesondere im ersten Drittel des 20. Jahrhunderts hat sich ein großer Streit darüber zugetragen, ob der Kapitalismus in Florenz wesentlich durch akkumulierte Grundrente entstanden sei oder aber im wesentlichen durch den Handel und – etwas später – den Geldwucher[76]. Ohne diesen Streit, der sich teilweise bis in unsere Jahre fortgesetzt hat, wieder aufwärmen zu wollen, müssen wir für unsere Belange hier doch feststellen, daß in Florenz jedenfalls während des von uns betrachteten Zeitraums das Handels- und Bankkapital zum dominierenden Ort der politischen und ökonomischen Bestimmung der Entwicklung geworden war. Daß viele Händler und Bankiers auch mit Grundstücken spekuliert haben, ist bereits gesagt worden, aber sie taten dies nur in zweiter Linie wegen des dort zu erwartenden Gewinns; vielmehr diente der Grundbesitz im wesentlichen zur Sicherung ihrer Kreditwürdigkeit (vgl. 2.1.3).

Für unsere späteren Erörterungen bezüglich der verschiedenen Grundformen der Ausbildung und Erziehung und ihrer Ziele ist es an dieser Stelle sinnvoll, einmal die ganze Kluft zwischen jenen beiden Schichten der florentiner Bevölkerung aufzuzeigen, dem Großbürgertum einerseits und dem mittleren und kleinen Bürgertum andererseits. Und von besonderer Wichtigkeit ist es, daß eben die Zuordnung zu einer dieser Schichten keineswegs quer durch die möglichen Berufe und Gewerbe hindurch erfolgte, sondern daß tatsächlich prinzipiell die Zugehörigkeit zum Großbürgertum nur über den Handel und über das Bankierswesen führt, die Handwerker aber ebenso prinzipiell im mittleren oder niederen Bürgertum steckenblieben. Aus dieser Schichtung ergibt sich nun zwangsläufig eine Spaltung der gesellschaftlichen Mentalität infolge der ganz anderen Interessen der beiden Gruppen. Um für unsere späteren Ausführungen bezüglich des auf dieser Trennung aufgebauten Überbaus noch konkretere Daten anzuführen, geben wir im folgenden einige der markantesten Zahlen an, die wir sichern können. Damit wird das Ausmaß der Spaltung wenigstens bezüglich des statistisch faßbaren Aspektes sichtbar.

Infolge einiger erhaltener Geheimer Geschäftsbücher von Handels- und Bankhäusern – insbesondere der Strozzi, Bardi und Peruzzi – können wir mit großer Genauigkeit die Höhe und Geschwindigkeit des Reichtumszuwachses wie auch den Umfang der persönlichen Bereicherungen erschließen.

So hatte z. B. Rosso d'Ubertino degli Strozzi, einer der Sozien der Gesellschaft, im Jahr 1318 eine Einlage von 2461 *librae*. Er erhöhte sie 1321 um 200 *librae* – und besaß aufgrund der Zinsen und Gewinne zusammen mit diesen beiden Posten am 1. Januar 1322 4231 *librae*. Es ergbit sich eine Vermehrung um 65 % in weniger als vier Jahren.

Der Buchführer zeigt uns übrigens auch, wie man damals den Gewinn aus Einlagen zu berechnen pflegte: Auf das eingelegte Kapital wurden jährlich sofort 8 % aufgeschlagen; nur was darüber blieb, wurde als Gewinn betrachtet. Dieser Super-Gewinn betrug[77]

1318	6,1 %	, zusammen mit den 8 % Aufschlag also	14,1 %
1319	8 %		16 %
1320	4,4 %		12,4 %
1321	9,35 %		17,35 %
1322	10,33 %		18,33 %
1323	10 %		18 %
1324	1,3 %		9,3 %.

Berechnet man dies auf die eingelegte Summe um, so ergibt sich ein jährlicher Durchschnittsgewinn von 300–600 librae.

Aus den Geheimen Geschäftsbüchern der Bardi – eine Familie, die bereits im letzten Drittel des 13. Jahrhunderts infolge ihrer Geschäfte in die Stadtoligarchie aufgestiegen war – ergibt sich, daß die insgesamt 16 Gesellschafter eine Gesamteinlage von 149 796 librae für das Jahr 1320 aufwiesen. Dort war 1310–1312 der Super-Gewinn einmal sogar fast 50 %, das andere Mal 32 %. 1313 belief er sich auf 35 %, 1317 und 1318 auf 33 %[78].

Aus den Geschäftsbüchern der Peruzzi – eine Sozietät, zu der auch Giovanni Villani, der Chronist, gehörte – ergibt sich für 1308 ein Einlagekapital von 130 000 librae. Die waren so angelegt, daß sich in den folgenden Jahren ein Durchschnitts-Super-Gewinn von ca. 20 % ergab (also zusätzlich zu der genannten 7-8-prozentigen Grundverzinsung).

Aus diesem Buch wissen wir übrigens auch, daß die Bankiers und Händler in aller Welt Filialen unterhielten, die Peruzzi z. B. unter anderem auch in Paris[79].

Aus all den hier aufgeführten Zahlen ergibt sich der ungeheure Gegensatz im Verdienst und Vermögen nicht nur zum mittleren Bürgertum, sondern vor allem auch zu den Arbeitern und anderen Abhängigen; darüber hinaus wird deutlich, welche Dimensionen Handel und Bankgeschäfte zu jener Zeit bereits einnahmen.

Vor allem die Zunft der Großhändler, die *Calimala*, war es, die nun aufgrund ihrer ökonomischen Bedeutung bereits früh den Aufstieg in das Großbürgertum schaffte und immer wieder ihre Mitglieder ins Stadtregiment brachte. Begünstigt war dies vor allem durch die in Florenz zugelassene und sehr beliebte Form der Familiensozietät, also der gemeinschaftlichen Geschäftsunternehmung mehrerer Verwandter, so daß der Besitz faktisch viele Generationen lang im Eigentum einer Familie blieb und so eine kontinuierliche Entwicklung nehmen konnte (724, 135). Angehörige solcher Familien finden wir im letzten Drittel des 13. Jahrhunderts immer wieder unter den Herrschenden, etwa die Namen Mozzi, Spini, Frescobaldi, Bardi, Cerchi, Accaiuoli, Falconieri, Bostichi, die allesamt aus der Zunft der *Calimala* hervorgegangen waren (724, 139). Umgekehrt sahen sich auch die Angehörigen der alten Nobilität mehr oder minder gezwungen, sich zum weiteren Überleben den Tätigkeiten der neu nach oben Drängenden anzupassen, und so finden wir bald z. B. die Abbati, Buondelmonti, Adimari, Tornaquinci, Caponsachi, Tosinghi, Ciandonati und Cavalcanti als Angehörige der Calima-Zunft (724, 159). Erst durch diesen Eintritt in das Großbürgertum wurde es dem Stadtadel ermöglicht, die politischen Vorgänge weiter zu bestimmen oder mindestens zu beeinflussen. Andere Familien, die ganz in der alten Familientradition verharrten und sich den neuen Tendenzen verweigerten, wie etwa die Uberti, gingen dagegen unter.

So erweist sich der Großhandel im Verein mit dem verselbständigten Bankgewerbe als der tragende Pfeiler des Großbürgertums. Auch die „Ordnungen der Gerechtigkeit" haben dies nicht beseitigen können, obwohl sie eindeutig auch gegen die Oberzünfte gerichtet waren: bereits zu Beginn des 14. Jahrhunderts finden wir wieder unzählige Angehörige des Großbürgertums im Rat der Gemeinde und ebenso in den Exekutivorganen. Stahl führt z. B. für das Jahr 1301 allein ein Dutzend Angehörige des früher schon zu Bedeutung gekommenen Großbürgertums als Mitglieder des Rats der Hundert auf; im Rat des *Kapitans* finden sich ebensoviele Personen großbürgerlicher Herkunft, im Rat des *Podestà* gleich 23; sogar in das „engere Kabinett", in den Spezialrat des Kapitans, waren 3 davon vorgedrungen (724,181–183).

Neben den Mitgliedern der Calimala-Zunft sind es vornehmlich Bankiers, die sich ins Großbürgertum eingliedern. Die Gianfigliazzi waren bereits 1227 groß hervorgetreten als Darlehensgeber des hochverschuldeten Bischofs von Fiesole (236, IV/2, 139). 1289, bei der *Enquête von Nimes*, wurden sie ausdrücklich genannt, als die Guigni, Tornaquinci und Incontri – alles hochangesehene Familien – große Geldbeträge ausleihen mußten (236, IV/2, 139).

Die Strozzi haben wir schon erwähnt; ebenso müssen wir die Cerchi anführen, und eine ganze Anzahl von Angehörigen des alten Stadtpatriziats ließ sich als Sozien von Bankiers eintragen. So wird uns etwa ein Mitglied der Familie Baldovinetti genannt, der bei den Gianfigliazzi teilhatte; einige der Abbati und Sachetti betrieben Wucher- und Wechselgeschäfte sogar ganz auf eigene Rechnung (236, IV/2, 139).

Es hatte sich im Laufe des 13. Jahrhunderts schon eine nahezu undurchdringliche Verfilzung von Großhandel und Bankierstum, von Großbetrieb und Großmanufakturen und Darlehensgebern eingeführt. Kaum ein Bankier existierte, der nicht als Händler aktiv wurde, und kaum ein Großhändler, der sich nicht in Bankgeschäfte einkaufte oder jedenfalls mit solchen Instituten eng zusammenarbeitete. Gleichzeitig hat sich auch die unauflösbare Durchdringung der fortschrittlichen Teile des Altadels mit dem neureichen städtischen Bürgertum ergeben, und alles dies zusammen bildete die Oberschicht des 13. und 14. Jahrhunderts in Florenz. Sowohl der reine Großgrundbesitz – ehemals Fundament der feudalen Herrscherschicht – wie auch das nur handwerkliche Element waren damit fast völlig von den wichtigsten ökonomischen Schaltstellen der florentiner Gesellschaft und letztlich auch von den politischen Entscheidungen ausgeschlossen. Die kurzen Perioden, wo sich die eine oder die andere der ausgebooteten Parteien nochmals durchsetzen konnten – etwa die Feudalen um 1260 oder die mittleren Bürger 1293 – ändern nichts daran, daß die Spaltung der Kommune in eine händlerische und eine handwerkliche Schicht gleichzeitig auch die Scheidung in Ober- und Mittelklasse beinhaltete.

2.8 Arbeitsverhältnisse

Die Arbeitsverhältnisse in Florenz in der Zeit vom 12. bis zum 15. Jahrhundert waren – der steigenden Differenzierung einerseits und der zunehmenden Betriebskonzentration andererseits entsprechend – überaus vielgestaltig. Wir werden das Hauptaugenmerk auf das Verhältnis des völlig unselbständigen, in der Regel auch mittellosen Arbeiters zu seinem „Arbeitgeber" richten, zuvor aber noch einige Bemerkungen über sonstige Arbeitsverhältnisse machen.

In der Zeit des sich entwickelnden Handwerks bei gleichzeitigem Erstarken der Zünfte beschränken sich die Arbeitsverhältnisse zunächst vor allem auf die Beziehung des Meisters zum Gesellen bzw. zum Lehrling. Allmählich sinken aber auch viele Meister – nominell zwar immer noch „Arbeitgeber" – in den Rang von Abhängigen ab, sobald sie in die ökonomische Abhängigkeit von Händlern und, später, von Verlegern kommen; ein Teil von ihnen wurde im Laufe der Zeit sogar seiner Produktionsmittel beraubt und wahrte am Schluß allenfalls noch seine *botthega*, seine Werkstätte. Wir haben bereits auf den Fall des Malers Giotto hingewiesen, der solche armen Meister mit seinen Webstühlen zu einem Jahresprofit von mehr als 120 % belieh und dabei glänzend fuhr[80].

Gewisse weitere Abhängigkeiten ergaben sich aus der Zunftverfassung auch zwischen den einzelnen – selbständigen – Mitgliedern dieser Zünfte. Da die Zunft jedem einzelnen Meister Menge, Qualität und Preis seiner Produkte weitgehend oktroyierte, waren natürlich die kleineren und ökonomischen schwachen Genossen von den stärkeren, die in den Zünften das Sagen hatten, in großem Maße abhängig. Wenn auch hier nicht eine eigentliche Abhängigkeit im Sinne eines festen Arbeitsverhältnisses vorliegt, so muß der Tatbestand dennoch erwähnt werden, weil sich aus dieser Art der Abhängigkeit das Wohlergehen, die Expansions- und die Aufstiegsmöglichkeit oder der Verfall eines Handwerksbetriebes – und der damit zusammenhängenden Personen – ergab.

Die für unsere Darstellung eigentlich wichtigen Arbeitsverhältnisse aber sind die insbesondere im 13. und 14. Jahrhundert voll zum Tragen kommenden Beziehungen zwischen den Arbeitern, die nichts außer ihrer Arbeitskraft zu verkaufen hatten, einerseits, und den Unternehmern, die im Besitz der Rohstoffe und Produktionsmittel waren, andererseits, wobei sich der Bereich dieser Gruppe von den voll selbständig gebliebenen Meistern bis hin zu den Besitzern von Großmanufakturen erstreckt und die Handelsgeschäfte wie auch die Banken mit einschließt. Der Betrachtung dieser Verhältnisse wenden wir uns jetzt zu.

Wenn ein Arbeiter mit seinem Arbeitgeber übereinkam, in dessen Firma zu arbeiten, so wurde keineswegs regelmäßig ein ausdrücklicher Arbeitsvertrag abgeschlossen; bei den vielen Ungelernten wissen wir nichts von solchen Fixierungen und es ist anzunehmen, daß sie einfach von Tag zu Tag neu eingestellt und ohne Kündigungsfrist entlassen werden konnten. Sofern Arbeitsverträge existierten, wurden sie in der Regel auf eine Laufzeit von einer Woche abgeschlossen (345, 79). Kündigte ein Arbeitnehmer, so mußte er dies eine Woche vor Ablauf des regulären Verhältnisses anzeigen, und er mußte außerdem sämtliche ihm aufgetragenen Arbeiten erledigt haben, sonst blieb seine Kündigung unwirksam (345, 79).

Hatte ein Arbeiter beim Arbeitgeber Schulden – etwa eine Vorauszahlung auf den Lohn oder eine durch ihm vorgeworfene Minderleistung verursachte Lohnkürzung, die ihn zum Schuldner machte – so konnte er diese keineswegs einfach zurückzahlen, um sich vom Vertrag zu lösen. Vielmehr suchten die Unternehmer die Arbeiter dazu zu zwingen, die Schulden voll und ganz abzuarbeiten. 1371 wurde sogar ein diesbezügliches Gesetz erlassen, das die Abarbeitung von Schulden beim Arbeitgeber ausdrücklich vorschrieb und anderweitige Rückzahlung verbot (246, 231 ff).

Damit wurde der Arbeiter – bei der, wie wir sehen werden, überaus geringen Entlöhnung – faktisch an seinen Betrieb gebunden und konnte auch durch einen anderen Unternehmer nicht ausgelöst werden. Die Unternehmer trachteten danach, auf dem Markt der Arbeitskräfte das Angebot nicht mit der Nachfrage zu koppeln – der Mentalität nach ein Relikt aus dem Zunftdenken, tatsächlich aber natürlich in der Zeit der erst allmählich erwachsenden Manufakturperiode ein wirksamer Schutz vor allzu starker Konkurrenz und vor Lohnerhöhung, die ein freier Arbeitsmarkt mitunter provoziert.

Die Entlohnung ist ein eigenes Kapitel der katstrophalen Ausbeutung jener Zeiten. Der tägliche Durchschnittslohn der Ciompi lag zwischen 4 und 10 solidi, also zwischen 60 und 150 librae pro Jahr. Vergleichen wir das mit den im vorigen Paragraphen angegebenen Einkünften allein aus stillen Kapitalerträgen beim Handel und den Banken, so sieht man die ungeheure Diskrepanz zwischen Arbeitern und Großbürgertum auch in Zahlen sehr deutlich.

Darüber hinaus hatten sich die florentiner Unternehmer noch eine weite Reihe besonderer Mittel einfallen lassen, um den Lohn möglichst niedrig zu halten.

Das erste Mittel war die gespaltene Währung. Während der bekannte Goldfloren das Zahlungsmittel auf dem internationalen Markt war, das in seiner Umwechselquote und damit in seinem Wert sehr stabil blieb und dessen Goldreinheit für damalige Verhältnisse hervorragend war, wurde der Lohn in Silberwährung bezahlt – und diese wurde laufend verschlechtert. Der Umtausch von Goldwährung in Silbermünze hat sich seit Schaffung des Goldflorens 1252 bis ins erste Drittel des 14. Jahrunderts zuungunsten des Silbers bereits von einem Verhältnis 1 : 20 auf 1 : 52 verschlechtert; 1372 war das Wechseln sogar nur 1 : 68 möglich (28, IV, 321). Mit anderen Worten: der Lohn der Arbeiter, in Silber ausgegeben, wurde als Zahlungsmittel für Waren immer weniger wert; ein Silberfloren aus der Mitte des 14. Jahrhunderts hatte nur noch ein Drittel des Wertes aus der Mitte des 13. Jahrhunderts.

Mittel Nummer zwei zur Lohndrückung war die Einbehaltung des Lohnes. Manchmal bezahlten die Unternehmer den Lohn überhaupt nicht aus, und das oft monatelang. Beim Ciompi-Aufstand 1378 wurde von den Arbeitern die lauteste Klage darüber geführt, daß die Unternehmer die Löhne teilweise sogar jahrelang nicht gezahlt hatten, und wenn sie es schon einmal taten, dann nicht nach Vereinbarung, sondern nach Gutdünken (818, 34).

Das dritte wichtige Mittel: die Arbeitszeit. Sie wurde immer länger, ohne daß es deshalb zu Lohnerhöhungen gekommen wäre. Zwar gab es keine einheitliche Arbeitszeit, aber soweit wir nachrechnen können, suchten alle Betriebe den Tag möglichst lange mit Arbeitszeit zu belasten.

Meist begann die Arbeit unmittelbar nach der Frühmesse, die deshalb in der ersten Morgendämmerung gelesen wurde. Für die *Ars lana* läutete in jedem Bezirk zusätzlich eine Glocke, damit auch niemand den Arbeitsbeginn versäumte. Pausen gab es kaum. Arbeitsschluß war bei Sonnenuntergang (236, IV/2, 82 f; 818, 33). Das wurde offiziell insbesondere auswärtigen Käufern mit einem gewissen Stolz als zünftischer Ehrgeiz hingestellt, die bei künstlicher Beleuchtung zu erwartende Verschlechterung der Qualität zu verhindern. Tatsächlich kümmerten sich die Unternehmer nur mäßig um den offiziellen Arbeitsschluß und setzten oft genug durch, daß Nachtarbeit erlaubt wurde. Gegenüber den Kirchen erreichten sie sogar ohne besondere Mühe, daß am Sonntag – nach der Messe – gearbeitet werden durfte (818, 33). Das widerlegt übrigens die These von Davidsohn, es sei so schlimm mit der Arbeitsbelastung in Florenz auch wieder nicht gewesen, da ja in Italien sehr viele Feiertage das Arbeitsjahr unterbrächen und da somit mehr als ein Drittel des Jahres arbeitsfrei gewesen sei. Dem entgegen sind uns sogar Lehrlingsverträge bekannt, bei denen ausdrücklich vereinbart wurde, daß der Lehrling sich auch sonntags zur Arbeit bereit halten müsse[81].

Einige Gewerbe waren aufgrund handwerksspezifischer Begleiterscheinungen zu bestimmter Arbeitszeit gezwungen. So z. B. war es metallbearbeitenden Berufen verboten, nach Sonnenuntergang lärmend zu arbeiten. Bei anderen wieder, z. B. bei den Küraßmachern, war geräuschloses Arbeiten auch nach der Abendglocke erlaubt, nur das Hämmern und Schlagen war untersagt (236, IV/2, 82 f). Bei den Goldschmieden bestand absolutes Nachtarbeitsverbot. Dies aber nicht aus arbeiterfreundlichen Gründen, sondern weil die mißtrauischen Florentiner Grund zur Annahme hatten, daß in der Nacht die Goldschmiede heimlich die Edelmetalle verschlechterten – und man wollte durch Kontrollen am hellichten Tage solches unterbinden. Steinmetze, Tischler, Zimmerer, Schlosser durften von Samstag nachmittag bis Montag früh nicht mehr arbeiten (236, IV/2, 82 f).

Die Verlängerung des Arbeitstages bedeutete eine Erhöhung des absoluten Mehrwerts auf der einen Seite; für die Arbeiter, deren Stundenlohn dadurch gedrückt wurde, erhöhte sie den Grad der Ausbeutung ihrer Arbeitskraft erheblich. Der sommerliche Arbeitstag von 16–18 Stunden verlangte letztlich die Aufbietung aller Reserven, und der Übergang zur Arbeit bei künstlicher Beleuchtung ließ auch den Winter nicht zur Ruhepause werden.

Daß ein solches System sich immer mehr verschärfender Ausbeutung ein Pulverfaß bei möglichen Aufständen bedeutete, ist klar, und die Unternehmer wußten dies. Sie setzen deshalb in ihren Betrieben ein Netz offizieller und heimlichen Aufpasser ein, die einerseits dafür sorgten, daß die Produktion stets auf vollen Touren lief, und die andererseits jede sich regende Opposition im Keim erkennen und damit zur Ausrottung bringen sollten. In der Regel sollten diese Aufseher Leute sein, die sich einerseits durch Fachkenntnisse auf dem Gebiet der Produktion auszeichneten, andererseits durch skrupellose Härte gegenüber den Beaufsichtigten als gnadenlose Büttel benutzen ließen. Man nahm für diesen Posten deshalb gerne arbeitslos gewesene Handwerksgesellen, möglichst aus einer anderen Stadt, um jede Art von Bevorzugung durch Freundschaft auszuschließen[82]. Die Mentalität der Aufseher, sofern sie nicht schon aus führeren Erlebnissen so gebildet war, wurde durch ihren Beruf weiter geprägt: da sie sich den Arbeitern überlegen fühlten, die nach ihrem Kommando zu arbeiten hatten, die Firmenleitung sie auch in jeder Hinsicht gegenüber den Abhängigen aufhetzte, andererseits aber auch jederzeit unter dem Damoklesschwert der Entlassung oder Zurückstufung zum einfachen Handlanger standen, blieb ihnen nur die größtmögliche Härte als dauernder „Beweis" der funktionablen Erledigung ihres Auftrags (598, 35). Dies wirkte sich in ihren Handlungen den Arbeitern gegenüber aus, und wir kennen keinerlei Solidarität zwischen diesen beiden Arten vom Betrieb Abhängigen aus der Geschichte. Der schon genannte Michele di Lando, der sich während des Ciompi-Aufstandes vorübergehend zum Führer der Arbeiter aufgeschwungen hatte, war ein solcher Aufseher; wir haben bereits dargestellt (1.3), wie leicht er zu den Feinden der Arbeiter überwechselte, sie verriet und ihren Aufstand zusammenschlagen half. Seine Mentalität als Aufpasser über die Wollarbeiter ist ihm treu geblieben, obwohl dies allein sicher nicht ausreicht, um seinen Verrat zu begründen (Wir haben an dieser Stelle aber auch kein Psychogramm Michele di Landos aufzustellen).

Ein ausgeklügeltes System von Maßnahmen bedrohte die Arbeiter an ihrem Arbeitsplatz, und zwar meist auch dann, wenn sie sich überhaupt nichts hatten zuschulden kommen lassen. Die wichtigste Vorsichtsmaßregel, damit immer alles zugunsten der Unternehmer entschieden wurde, bestand darin, daß alle Streitigkeiten zwischen Arbeitgeber und Arbeitnehmer nicht vor ein Volks- sondern vor ein Zunftgericht gebracht werden mußten. Denn im Zunftgericht saßen nicht Arbeiter, sondern nur Vollmitglieder der Zünfte, also mindestens Meister, mitunter sogar die Unternehmer selbst. Beim Aufstand der Ciompi 1378 war eine besonders intensive Klage die, daß die Unternehmer alle möglichen Willkürmaßnahmen ergriffen — wenn die Arbeiter dann zur Erstreitung ihres Rechts vor Gericht zögen, säßen da wiederum nur Freunde der Unternehmer (818, 34). Überdies war dieses sogenannte „Recht" auch noch von den Zünften beschlossen — also wiederum nur im Interesse der Selbständigen und zuungunsten der Arbeiter abgefaßt.

Repressalien gegenüber den Arbeitern waren in sehr differenzierter Weise abgestuft. So wurden z. B. Arbeiter — auch Gesellen und Lehrlinge — die sich weigerten, eine genaue Rechenschaft über ihnen aufgetragene Arbeiten und Geschäfte abzugeben, symbolisch an den Pranger gestellt — man malte sie an eine Wand des Zunftgebäudes und machte ihnen somit künftiges Weiterkommen unmöglich[83]. Hatte der Unternehmer auch nur den leisesten Verdacht, der Arbeiter würde heimlich irgendwelche Waren oder Rohstoffe beiseitebringen, so wurde über die Zunftdisziplinierung hinaus auch meist noch die kommunale Gerichtsbarkeit angerufen, die nur zu willig folgte und scharfe Strafen — meist Geldbußen, die die Arbeiter nicht zahlen konnten und die sie dann an den Unternehmer banden — verhängte (236, IV/1, 300 ff). Seitens der Zunftgerichte, aber zum Teil auch ganz offiziell durch die Kommune, wurde als weitere Verschärfung mitunter sogar ein regelrechtes Berufsverbot ausgesprochen, indem es den Zunftgenossen und anderen Arbeitgebern untersagt wurde, den betreffenden Arbeiter zu beschäftigen. Sehr oft wurde der Arbeiter sogar zweifach bestraft, durch das Zunftgericht und durch die Kommune — erstere konnte Geldstrafen bis zu 500 librae verhängen, letztere griff meist zur Körperstrafe[84].

Die *Ars lana,* die größte unter den Zünften, brachte es zu Beginn des 14. Jahrhunderts (1300) sogar so weit, daß sie eigene Gerichte, unabhängig von der Kommune, mit der Vollmacht auch zu Gefängnisstrafen und zur Folter unterhalten konnte; überdies besaß sie sogar ein eigenes Gefängnis (236, IV/1, 302).

Die Richter, die für diese Zunft arbeiteten (wie auch bei der *Ars Cambio*, die sich bald nach der Wollzunft ebenfalls die Gerichtsbarkeit ertrotzt hatte), wurden seit langem von auswärts geholt — 1247 begegnet uns der letzte Einheimische in diesem Beruf[85]. Ihre Machtfülle brachte ihnen den Spitznamen „Notaio dell'Inquisizione" ein, und tatsächlich unterschied sich spätestens seit dem Beginn des 14. Jahrhunderts, als sie auch Folter anwenden und Gefängnis verordnen dürften, diese Art der Jurisdiktion kaum mehr von der kirchlichen. Daß insbesondere das niedrige Volk diese Richter haßte, ist klar. Sinnfällig für das Verhältnis des Volkes zu diesen Richtern wurde dieser Haß täglich – die Herrschenden hatten eingesehen, daß Richter sich nur in Harnisch und von bewaffneten Leibwächtern umgeben auf die Straße wagen konnten und beantragten daher im Rat, ihnen dieses Privileg zuzubilligen, das dem Normalbürger versagt blieb (236, IV/1, 302).

Im ersten Drittel des 14. Jahrhunderts hatten sich die vier größten Zünfte jeweils eigene Offiziale zur Niederhaltung der Arbeiter erkämpft (236, IV/1, 302). Es steht zu vermuten, daß auch die anderen Großzünfte solche Ausnahmerechte beanspruchten; von der *Calimala*, der *Cambio*, der *Ars Por San Maria* und der Zunft der Trödler wissen wir es sicher, bei den anderen können wir diesen Nachweis allerdings nicht bündig führen[86].

Zu den Maßnahmen, die außerhalb der zünftigen Disziplinierungen gegen die Arbeiter ergriffen wurden, gehörte auch eine besonders abgefeimte: Unternehmer setzten gegen aufsässige Arbeiter Kirchenstrafen bis hin zur Exkommunikation durch, und die Kommune unterstützte solches Vorgehen auch noch (238, 238). Für einen Betroffenen bedeutete dies faktisch ein Vogel-frei-Erklärt-Werden. Hier zeigt sich ganz besonders, wie bereits in der Frühzeit des Kapitalismus der Klerus, oder zumindest große Teile davon, mit den neuen Mächtigen zusammenarbeiteten, und zwar gerade gegen die Armen und Abhängigen.

Geriet ein Arbeiter, aus welchen Gründen auch immer, in Schuld beim Unternehmer, und war er nicht imstande, sie voll abzuarbeiten, so kam er ins Gefängnis. Wie er dann auf diese Weise seine Schuld loswerden sollte, bleibt unklar. Wir wissen aber, daß man besonders bei älteren Arbeitern zu einer „Vereinfachung" griff: man hackte ihnen einfach die Hand ab. Damit fielen sie den Gefängnissen nicht mehr zur Last, und es war auch dafür gesorgt, daß sie zu keinem anderen Arbeitgeber gehen konnten und auch nicht mehr imstande waren, in die eigene Tasche zu arbeiten (818, 32).

Das Los solcher Menschen war klar: sie waren verkrüppelt, niemand konnte ihnen Arbeit geben, sie mußten betteln und fielen der Allgemeinheit als Almosenempfänger anheim. Das für unsere heutigen Vorstellungen große Heer der Armen zu jener Zeit, über das wir bereits berichtet haben (1.1.2), mag zu einem erheblichen Teil von solchen Verstümmelungen herrühren.

Die Unternehmer hatten auch eine Reihe nahtlos ineinandergehender Schutzmaßnahmen für den Fall getroffen, daß etwa ein Arbeiter sich sein Recht einfach holen wollte. Es gab strenge Vorschriften, die den Ankauf von Rohmaterial oder Produkten von einem Arbeiter bei hoher Strafe untersagten. Diese Gesetze wurden übrigens nicht durch die Zünfte, sondern von der Kommune erlassen – Zeichen, wie stark diese sich für die rücksichtslose Durchsetzung der Unternehmerinteressen einspannen ließ –; und die anläßlich dieses Beschlusses zum Vorschein kommenden Klagen der Arbeitgeber über diebische Arbeiter mutet für uns heute überaus zynisch an[87], wenn man bedenkt, welche Diskrepanz zwischen der Lebenshaltung der Arbeiter und der der Unternehmer klaffte[88]. In jedem Fall sorgten solche Paragraphen dafür, daß sich kein Arbeiter ihm vorenthaltene Löhne in „Naturalien" holte.

Um den Arbeiter weiter völlig zu unterdrücken, hatten die Gerichte, insbesondere die Zünftigen, eine Faustregel eingeführt: Der Eid des Unternehmers galt in jeder Hinsicht mehr als der des Arbeiters. Stand also Aussage gegen Aussage, so galt die des Unternehmers oder des Meisters, und der Arbeiter wurde verurteilt (345, 93 f). Davidsohn (236, IV/1, 301) wundert sich nun, daß der Meineid grundsätzlich relativ milde bestraft wurde – bei der *Calimala* z. B. nur mit 25 *librae*. Aber wenn wir bedenken, daß 25 librae die Hälfte eines Jahresgehalts eines Wollarbeiters war, aber noch nicht einmal ein Monatsverdienst eines kleinen Sozius bei einer Bank, so sehen wir doch genau, wem diese Meineid-Gesetzes-Milde zugute kam.

Einen erheblichen Teil der Arbeiter stellten die Frauen. Das galt insbesondere für die Seidenspinnerei, aber auch für die Wollweberei. Davidsohn meint, daß die Zahl der Frauen in diesen Gewerben die der Männer übertraf, aber er bietet keine Beweise dafür an. Sicher nachweisen läßt sich allerdings, daß die ältesten der größeren Betriebe in diesen Bereichen tatsächlich von Frauen betrieben wurden, und zwar von Klosterschwestern (236, IV/2, 72 u. 78 sowie I, 91 und IV/1, 300). Ein weiterer Hinweis auf eine überwiegende Frauenbeschäftigung hierbei könnte sein, daß in der Handwerksikonographie zu Florenz die Weberei als einzige mit einem weiblichen Wesen dargestellt wurde[89].

Frauen sind auch in allen möglichen anderen Gewerben nachweisbar, so bei den Bäckern, den Gürtlern, der Schneiderei, als Malerinnen, als Medizinfrauen (wo sie den Ärzten eifrig Konkurrenz machten), als Herbergswirtinnen und auch als Müllerinnen (236, IV/2, 78 f). Mitunter brachten sie es auch zu einer eigenen Meisterwerkstätte und zur Zunftmitgliedschaft; in einigen Gewerben galten sogar die Frauen als die eigentlichen und begehrten Lehrherren, etwa beim Weben und Spinnen[90].

Kinder wurden ebenfalls beschäftigt, und zwar teilweise bis hinab ins Alter von zehn Jahren. Über ihr Ergehen und über ihre Entlohnung – sofern es welche gab – wissen wir aber leider überhaupt nichts. Die Tatsache der Kinderarbeit war aber offenbar mindestens so verbreitet, daß man sie auch in Abbildungen und Illustrationen darstellte[91].

Über die Verhältnisse im Lehrlingswesen wird noch eingehend zu handeln sein (3.3). Hier nur einige vorgreifende Anmerkungen. Der

Abschluß eines Lehrvertrages bedeutete in jener Zeit die Auslieferung des Lehrlings auf viele Jahre zur uneingeschränkten Ausbeutung. Wenn überhaupt ein Lohn gezahlt wurde, war er so gering, daß niemand davon leben konnte[92]. Deshalb wurde die Regelung der unmittelbaren Versorgung in die Verträge meist mit aufgenommen, sei es, daß die Eltern dafür aufkommen mußten oder sei es, daß der Meister sich bereit erklärte, für Kleidung und Nahrung zu sorgen. Wie drückend die Lage der Lehrlinge gewesen sein muß, zeigt uns die Tatsache, daß das Davonlaufen offenbar ganz an der Tagesordnung war und deshalb ausdrücklich verboten werden mußte[93].

Da wir bei unserer Arbeit einen Zeitraum von drei Jahrhunderten zu betrachten haben, müssen wir natürlich differenzieren und auch bezüglich der Arbeitsverhältnisse den Gang der historischen Entwicklung im Auge behalten. Soweit wir ersehen können, läßt sich auf diesem Weg allerdings keine Kontinuität feststellen, etwa dergestalt, daß zu Beginn des 12. Jahrhunderts noch eine relativ geringe Ausbeutung und nur geringe soziale Widersprüche vorhanden gewesen wären und daß sich im Laufe der Zeit kontinuierlich eine immer stärkere Unterdrückung und immer schlimmere Arbeitsverhältnisse zuungunsten der Arbeiter durchgesetzt hätten. Sicher ist dies für die große Linie wohl zutreffend, aber die Entwicklung verlief nach allen uns bekannten Tatsachen eher in Wellen, in einer Weise, die historisch-dialektisch am besten zu beschreiben ist. Zu beklagen ist hier wieder einmal das Fehlen dichter und zuverlässiger Unterlagen für die früheren Zeiträume; erst vom 13. Jahrhundert an und verstärkt seit dessen Ende sind wir mit hinreichend vielen Dokumenten ausgestattet, daß sich eine Beschreibung auch verallgemeinern läßt.

Die Veränderung der Produktionsweisen, das Vordringen der kapitalistischen Produktionsform und der Niedergang des Feudaladels hatten schon im 13. Jahrhundert einen erheblichen Zuzug von Menschen aus dem Lande nach Florenz zustandegebracht, der sich nach Aufhebung der Leibeigenschaft 1289 noch verstärkte; dieser Zustrom an nunmehr „freien" Arbeitskräften wirkte sich in der Stadt lohndrückend aus, weil den Meistern und Unternehmern eine sich immer wieder reproduzierende Reservearmee zur Verfügung stand[94]. Die ökonomische Herrschaft der Unternehmer stabilisierte sich, die Niederdrückung der Arbeiter in Bezug auf die Arbeitsverhältnisse wurde immer schlimmer. Mitte des 14. Jahrhunderts war die Lage bereits so weit gediehen, daß der Herzog von Athen 1342 mit dem Versprechen, Schluß mit den auswärtigen Aufsehern und Inquisitoren zu machen und insbesondere den Wollarbeitern die Koalitionsfreiheit zu gestatten, das niedere Volk und vor allem die Arbeiter sofort auf seine Seite ziehen konnte (238, 238 ff; 818, 34 ff).

Mit dem Sturz des Herzogs 1343 fängt eine neue turbulente Periode in der Entwicklung der Arbeitsverhältnisse an. Zunächst sahen die Unternehmer und der *popolo grasso* die Stunde gekommen, den Arbeitern alle unter dem Herzog errungenen Verbesserungen wieder abzunehmen, und im Verein mit dem mittleren Bürgertum suchten sie als erstes, die gestiegenen Löhne wieder zu drücken (238, 239). Aber zwei Jahre nach der Vertreibung des Herzogs kam es in Florenz zu einer Reihe katastrophaler Bankkräche. Und dabei wurden nicht nur die Großbanken der Bardi, Accaiuoli und Peruzzi bankerott, sondern sie zogen eine lange Reihe anderer Unternehmen mit in den Strudel, und damit waren die dort beschäftigten Arbeiter ebenfalls unmittelbar betroffen. Die daraus entstehende massenhafte Arbeitslosigkeit hätte nun wieder lohndrückend wirken können, und sicher hatten sich die nicht fallierten Unternehmen schon darauf eingestellt – da brach 1348 mit der Pest eine furchtbare Sterbewelle herein, die gerade unter den Proletariern mit ihren unzureichenden Quartieren und der fehlenden Hygiene am stärksten wütete; Arbeiter wurden plötzlich Mangelware und die Löhne stiegen teilweise um hundert Prozent[95].

Nachfolgende Epidemien hatten ähnliche Effekte, und so traurig das klingen mag, auf diese Weise hatte die Seuche einen deutlich lohnregulierenden Aspekt, indem die zwischen diesen Zeiten des Arbeitermangels stets groß angelegten Versuche der Unternehmer, Lohnerhöhungen und Arbeitsplatzverbesserungen wieder zurückzunehmen, ihrerseits aufgehoben wurden.

In ganz ähnlicher Weise griff die zu Beginn der siebziger Jahre ausbrechende Dürreperiode (vgl. 1.3) in die Arbeitsverhältnisse ein; sie steigerte einerseits die Gewinne der mit der Knappheit der Waren spekulierenden Unternehmer, drückte auch vorübergehend die Löhne, aber dies wurde in dem Moment wieder aufgehoben, als viele Arbeiter an Hunger gestorben oder ausgewandert waren. Ebenso wurde durch Kriege das Verhältnis zwischen Arbeitgebern und Arbeitnehmern mitunter sehr verändert, etwa als Florenz Mitte des 14. Jahrhunderts während der Auseinandersetzung mit Pisa zeitweise von den Rohstoffnachschüben fast ganz abgeschnitten war und so die Produktion stoppte; 1361 mußten die Wollwerkstätten deshalb nahezu total geschlossen werden[96]. Ein Umstand, der wieder zu Massenarbeitslosigkeit und Lohndrückung führen mußte.

Außenpolitische Umstände nahmen auch nach den Kriegen der *otto santi* gegen den Papst Einfluß auf die Entwicklung der Arbeitsverhältnisse, und hier kam es nun zum ersten Mal seit dem Sturz des Herzogs zu neuen Initiativen der Arbeiter selbst, die von einigem Erfolg begleitet wurden. Auslöser waren die Friedensschlüsse, bei denen sich die Unterhändler zu großen Zahlungen bereit erklärt hatten, und die Arbeiter mußten mit Recht fürchten, daß die diesenthalben zur Ader gelassenen Oberzünfte und Unternehmer das benötigte Geld wieder durch Lohnkürzungen hereinzubringen versuchen würden (194, 228 ff). So kam es zu Tumulten, die sich ausbreiteten und schließlich in den Aufstand der *Ciompi* einmündeten, den wir bereits dargestellt haben (1.3). Es sei an dieser Stelle besonders darauf hingewiesen, wie zu jener Zeit die innerstädtischen Kämpfe bereits zu fast ausschließlichen Auseinandersetzungen bezüglich der Arbeitsverhältnisse geworden waren, um Beseitigung der groben Ausbeutung und Unterdrückung, um mehr Lohn und gegen Unternehmerwillkür, um die Sicherung einer bestimmten Produktionsquote (man beachte die Forderung nach obligatorischer Herstellung von monatlich 2 000 Stück Tuch) etc. Der Zusammenbruch der Ciompi-Erhebung 1378 war nun aber nicht mehr nur ein weiterer Stein im Mosaik der wellenartig sich abspielenden Auseinandersetzung zwischen Arbeitern und Arbeitgebern um die Veränderung der Arbeitsverhältnisse. An diesem Punkt der Entwicklung nämlich war die kapitalistische Bewegung in Florenz insgesamt an einen Grenzpunkt gestoßen, und dem Höhepunkt der Auseinandersetzung folgte nicht, wie früher, z. B. ein neuer Tiefpunkt der Löhne, der dann durch Arbeitskräftemangel wieder ausgeglichen worden wäre. Vielmehr stagnierte danach die gesamte Wirtschaft in Florenz, und die Wollindustrie hat sich nie mehr ganz erholt; sie pendelt sich für die folgenden Jahrhunderte auf einem Stand ein, der kaum mehr die Hälfte jener Produktion ausmacht, die uns Villani für das beginnende 14. Jahrhundert und sein erstes Drittel berichtet hat. Eine vorher nie gekannte Fluktuation tritt ein, die bodenständigen Arbeiter verlassen scharenweise die Stadt, ihren Platz nehmen ausländische Weber und Spinner ein[99] – flämische und deutsche insbesondere –, und auf diese Weise kommt gerade jene alle Arbeiter umfassende Solidarität, die wir im 14. Jahrhundert beobachten konnte, natürlich nicht mehr zustande. Auf der einen Seite steht somit die zum Stillstand gekommene Entwicklung des florentiner Unternehmertums und damit gleichzeitig die Stagnation ihrer Machtentfaltung, auf der anderen Seite aber auch der Zusammenbruch der zunächst hoffnungsvoll anmutenden Anfänge einer organisierten Durchsetzung von Interessen der Arbeiter und Unterdrückten.

Im Ganzen zeigt die Entwicklung der Arbeitsverhältnisse im 12. bis 15. Jahrhundert in Florenz mithin einerseits dem Kampf der Unternehmer und allgemein der Besitzer von Produktionsmittel um Durchsetzung ihrer frühen kapitalistischen Interessen, und andererseits den Kampf der Arbeiter um eine Sicherung innerhalb der neuen Produktions- und Gesellschaftsform, die mit allen erdenklichen Unterdrückungsmaßnahmen und Arbeitsorganisationsproblemen auf sie zukam und sie vor die Bewältigung völlig neuer Formen des Arbeitens stellte.

Wir müssen ja immer im Auge behalten: Florenz war in jenen Jahrhunderten auf dem Weg vom Feudalismus in den Kapitalismus. Die Menschen jener Zeit hatten nicht, wie etwa im 18. Jahrhundert in Frankreich oder im 19. in Deutschland – bereits durchlebte Exempel dieses Übergangs in anderen Ländern vor sich; vielmehr wurden sie in ein gigantisches, vorher völlig beispielloses historisches Entfalten hineingezwungen, für das das menschliche Verhaltensrepertoire noch keine Antworten hatte. Die Menschen, die im Feudalismus Arbeit verrichtet hatten, waren gewohnt daran, vor allem mit dem Boden und den damit zusammenhängenden Phänomenen zurechtzukommen. Sie mußten sich dem Rhythmus der Natur anpassen, die Jahreszeiten, die Witterung, die Bodenbeschaffenheit beachten und das Zusammenspiel dieser Erscheinungen auszunutzen trachten. Ihre Grundlage war die Anpassung an die Gegebenheiten, sie wurden geleitet durch das, was sich bezüglich des Bodens ereignet. Man kann nicht Heu ernten, wenn es regnet, kann in der Nacht nicht das Feld bestellen, muß geduldig abwarten, bis die Ernte reif ist usw. – bei allem blieb überdies das unmittelbare Verhältnis des Menschen zum Produkt gewahrt: der Landarbeiter sah, wie der Weizen wuchs, die Äpfel reif wurden, das Vieh gedieh, und er konnte in dem, was er an Arbeit verrichten mußte, den Sinn unmittelbar erkennen.

Die neue Produktionsweise hatte völlig andere Gesetze, und zwar gleichermaßen für den Besitzer von Produktionsmitteln wie für den Arbeiter. Dem Feudalherrn von einst war der Ertrag seines Bodens im wesentlichen Lebensunterhalt, dessen eventuellen Überfluß er vergeudete, weil er kaum etwas damit anzufangen wußte. Der Kapitalist mußte stattdessen Tugenden wie persönlichen Fleiß, Sparsamkeit, rationelle Bilanzierung von Gewinn und Verlust in den Vordergrund schieben. Erst nach der einigermaßen festen Installierung früher kapitalistischer Produktionsformen wuchsen Generationen heran, die schon wieder einen entsprechenden Abstand zu der „Gründerzeit" hatten, um Reichtum einfach genießen zu wollen; aber das war im wesentlichen nicht vor der zweiten Hälfte des 14. Jahrhunderts und prägte sich deutlich erst im 15. Jahrhundert aus.

Für den Arbeiter auf der anderen Seite war ebenfalls bisher unbekannte Gewohnheiten gefordert. Er mußte nun nicht mehr nach dem Gang des Jahres und den Launen der Natur arbeiten, sondern nach der Uhr. Schlechtes Wetter hatte die Landarbeiter im Hause gehalten, wo sie sich mit Dingen beschäftigten, die man dort verrichten konnte; nun, in der Stadt mit ihrer neuen Produktionsweise, galt dies nicht mehr. Die Arbeitszeit im Betrieb begann pünktlich und war unabhängig davon, ob es hagelte, ob die Sonne schien. Den Unternehmer interessierte es nicht, ob die geforderte Arbeit im Laufe eines Jahres auch zur Zufriedenheit ausgeführt wurde, und er überließ deshalb auch nicht dem Arbeiter die langfristige Einteilung seiner Arbeitszeit – wie dies der Feudalherr beim Bauern und Landarbeiter getan hatte –, sondern er forderte, daß diese oder jene Arbeit genau an einem bestimmten Tag zu einer bestimmten Stunde in einer gewissen Weise erledigt wurde – und bei alledem hatte der Arbeiter überhaupt kein Mitspracherecht, nicht einmal, wenn er sich krank und elend fühlte. Das Interesse des Unternehmers war die Auslastung aller seiner Produktionsmittel zu möglichst jeder Minute, in der gearbeitet werden konnte. Pünktlichkeit als Grundvoraussetzung für ein „gesundes" Arbeitsverhältnis stand deshalb nahezu gleich neben der Forderung nach Einsatz aller aufbietbaren physischen und intellektuellen Kräfte für den Betrieb, und darum wurde Zuspätkommen, Unpünktlichkeit, zu frühes Verlassen des Betriebs, Weggehen ohne Erlaubnis etc. auch bald unter härteste Strafen gestellt (818, 32) – ein Zeichen, wie schwer es den Menschen damals gefallen sein mag, sich von den überkommenen Arbeitsformen zu lösen und sich dem Rhythmus der Uhr anzupassen. Einen weiteren Aspekt für die neuen Umgangsformen des Menschen mit der Arbeit haben wir schon weiter oben behandelt – die schweren Strafen für Beiseitebringen von Rohstoffen oder Produkten durch die Arbeiter Das ist ein völlig neues Element, denn im Feudalismus war es ja weder notwendig noch möglich, jedes Saatkorn und jede Frucht zu zählen, und der Feudalherr kam allenfalls bei sehr geringem Ertrag auf die Idee, nachzukontrollieren, ob der Bauer da nicht etwa einiges zu viel für sich behielt. Wenn auch die Landherren besonders in der späteren Zeit des Feudalismus die Bauern immer mehr auspreßten, immer höheren Tribut oder Zehnten verlangten, so war dies doch eine völlig andere Form und ein anderes Verhältnis als es nun die Unternehmer einführten: der Feudalherr nahm dem Bauern Dinge weg, die dieser zunächst besessen hatte; der Unternehmer beanspruchte alles, was mit dem Betrieb zusammenhing, von vornherein als sein Eigentum, und er war auch nicht gewillt, in Zeiten des Überschusses etwas „gnädiger" zu sein, wie es in der Regel der Feudalherr gewesen war, der ja, wie betont, mit Überschüssen allenfalls Verschwendung trieb.

Die gleiche Veränderung erfuhr die Einschätzung von Feiertagen und Festen. Im Feudalismus waren sie für alle – den Herrn wie die Arbeiter und Bauern – eingeführt aus Anlaß z. B. des Saatbeginns, der guten Ernte, zum Herbeiführen göttlichen Segens für den Bodenertrag; ja auch noch die frühe Handwerkszeit hatte dies beibehalten mit den Festen der spezifischen Zunftheiligen, und sie waren für alle diese Menschen Tage der Erholung und der Freude, der unmittelbaren Kommunikation mit anderen, die man sonst nicht oder nur selten sah usw. Dem Kapitalisten aber sind solche Tage nichts anderes als unnützer Arbeitsausfall, und, wie schon oben erwähnt, sie suchten auch möglichst diese freien Zeiten noch zu beschneiden, um ihre Betriebe und Produktionsmittel besser auszulasten und höheren Profit einzustreichen.

Den Menschen mußte die kapitalistische Form des Arbeitens erst eingepreßt werden. Und dies war in Anbetracht der für diese Art der Betätigung von Natur überhaupt nicht ausgerüsteten, in jahrtausendelanger Tradition ganz anders verfahrenden Angehörigen jener Zeit niemals auf freiwilliger Basis möglich. Nur durch Zwang wie Hunger und Verlust ihrer angestammten Arbeitsplätze, durch Gesetze und schwere Strafen konnte sie sich selbst soweit vergewaltigen, daß der Aufbau des neuen Systems voranschritt. Wenn wir heute pünktlichen Arbeitsbeginn als selbstverständlich ansehen, Feiertage selbst immer weiter zurückdrängen, das Unternehmereigentum als quasi naturgegeben respektieren, so müssen wir uns doch immer vergegenwärtigen, welch kurze Geschichte dies alles innerhalb der gesamten Menschheitsentwicklung erst besitzt und welch ungeheure Umstellung es war, so wie wir zu werden. Und gleichzeitig muß uns bewußt bleiben, welch unglaubliche Leistung menschlicher Umdressur es war, innerhalb eines guten halben Jahrtausends die Menschen nicht nur wider alle Natur und Gewohnheit umzuändern, sondern ihnen – uns – noch dazu einzuhämmern, daß dies bereits als eine Art Selbstzweck „gut" sei und daß die Menschen früher, die sich der Natur und ihrem Gang angepaßt hatten, in einer „finsteren" Zeit gelebt hätten. Den Weg zu dieser grundlegenden Umstellung werden wir später, bei der Betrachtung der Erziehung, nachzuzeichnen haben.

2.9 Versuche der Selbstorganisation von Arbeitern

Wir haben gezeigt, daß die Handwerker selbst sich bereits im 11. und 12. Jahrhundert zu festen Organisationen zusammengeschlossen hatten, um ihre gemeinsamen Interessen zu wahren und auch untereinander zu gewissen Produktionsformen zu finden, die ihnen individuell Sicherheit und ökonomischen Bestand garantierten.

Aber diese Organisationen bezogen sich ausschließlich auf die Selbständigen oder – in späterer Zeit – wohl auch auf einige Gesellen und Lehrlinge, die bei den Meistern arbeiteten. Waren Lehrlinge oder Gesellen oder andere Abhängige nun Mitglieder in den Zünften, so waren sie dies nicht in ihrer Eigenschaft als abhängig Arbeitende, sondern als Handwerker der betreffenden Sparte. D. h., sie vertraten damit nicht Gesellen- oder Lehrlingsinteressen, und die Zunft hatte auch niemals den Auftrag, diese zu wahren.

Wir haben bereits bei der Behandlung der innenpolitischen Auseinandersetzungen (1.3) gezeigt, wie im 14. Jahrhundert sich deutlich ganz konkrete Formen des Zusammenschlusses der Arbeiter zu Kampforganisationen bilden. Erst die volle Entwicklung der Manufaktur und des Großbetriebes hatte ja ein Proletariat mit solcher Dichte aufgebaut, daß klare Formen der klassenweisen Erkenntnis der eigenen Lage möglich wurden. Aber diese Vorformen gewerkschaftsähnlicher Organisationen waren nun keineswegs die ersten Ansätze der Arbeiter und Abhängigen, sich zu organisieren. Wir dürfen uns dabei nur nicht von der heute vorherrschenden Form des funktionärsbeladenen Arbeitervereins festgelegt fühlen, dann entdecken wir eine Fülle von Zusammenschlüssen, die vorwiegend oder gar ausschließlich der Durchsetzung von Arbeiterinteressen dienen sollten.

Da ist zunächst zu nennen die äußerst wichtige Einrichtung von Fraternitäten, Brüdergenossenschaften. An der Oberfläche betrachtet, handelt es sich hier um religiöse Zusammenschlüsse mit dem Ziel, bestimmte Heilige zu verehren etc. Aber wir haben genügend Berichte, daß eben diese Fraternitäten nahezu ausschließlich zur Wahrung der Rechte von Arbeitern und Abhängigen gegründet wurden, und oft genug entstanden daraus rebellische oder gar schon fast revolutionäre Handlungsgemeinschaften.

Grund für diese Art des Zusammenschlusses war das schon öfter genannte absolute Koalitionsverbot, das in Florenz für alle nichtzünftigen Vereinigungen galt. Gewerkschaften von Arbeitern und Gesellen waren besonders streng verboten; für diese aber wurde der Aufbau von Organisationen von Jahr zu Jahr dringender, da sich der Kapitalismus immer mehr stabilisierte, die Ausbeutung und Entrechtung der Abhängigen immer weiter fortschritt. So suchten die Arbeiter schon im 13. Jahrhundert, vermehrt aber im beginnenden 14. Jahrhundert, andere Formen der Vereinigung zu finden, die nicht oder noch nicht verboten waren. Die Zusammenkunft unter dem Deckmantel der Frömmigkeit schien dabei besonders geeignet, den Nachstellungen der anderen Seite wenigstens zeitweise zu entschlüpfen.

Wir wissen z. B. aus einem Testament des Jahres 1297[98], daß bereits zu dieser Zeit eine Fraternität der Lastträger bestand *(Compagnia dei portatori)*; sie wurde nachmals so beständig, daß sie sogar ein eigenes Hospital unterhalten konnte. Später hat sich aus dieser Fraternität die bekannt „Misericordia" entwickelt. Die Maler unterhielten eine eigene Brüderschaft, ebenfalls die Goldschmiede; und wir können feststellten, daß sich eine ganze Anzahl solcher Brüderschaften so weit durchsetzen konnten, daß sie im 15. Jahrhundert eine Kraft erlangt hatten, die ihr jahrhundertelanges Fortbestehen garantierte (236, IV/2, 105).

Aber das war nun keineswegs die Regel für alle Berufszweige. Die wir bisher genannt haben, beziehen sich ja auf Branchen, die in der damaligen Zeit keine ökonomisch tragende Rolle spielten. Gerade dort aber, wo das Manufakturproletariat sich gebildet hatte, wurden die Brüderschaften von den Herrschenden sehr schnell als Interessensverbände der Unterdrückten erkannt und man suchte sie zu behindern oder gar zu vernichten. Das galt insbesondere für alle Bereiche des Wollgewerbes, der *Ars lana*. Die einzige auf diesem Gebiet bestehende Vereinigung war die der Färber, und diese blickte offenbar auf eine sehr lange Geschichte zurück (236, IV/2, 65) und war mithin nicht mehr zu beseitigen. Aber ansonsten wurde ein Gesetz nach dem anderen erlassen, das die Gründung von Arbeitervereinigungen unter dem Mantel der Frömmigkeit verbot oder entscheidend einschränkte[99].

Daraufhin versuchten es die Arbeiter anders. Man gründete sogenannte Festgesellschaften. Offiziell nur dazu eingerichtet, um bestimmte Feiertage und die dazu nötigen Umzüge, Marktstände, Festlichkeiten etc. zu organisieren (etwa an Weihnachten, Ostern, den Beginn des Mai – *Calendimaggio* –, San Giovanni etc.), wurden diese Gesellschaften sehr schnell jeweils zu Vorformen einer organisierten

Arbeiterschaft. Die Zünfte und die Unternehmer bemerkten dies natürlich auch und ließen auch solche Gesellschaften verbieten[100].

Die uns im Wortlaut bekannten Verbote sprechen eine deutliche Sprache von der Angst der Zünfte und Manufakturbesitzer gegenüber solchen Vereinigungen: Hohe Strafen bedrohten alle, die in solchen Gesellschaften Ämter bekleideten, insbesondere höhergestellte Personen, die durch ihre Titel oder öffentlichen Würden den Gesellschaften gar noch zu Ansehen verholfen hätten – etwa Priester und Beamte, Rektoren, Kapitane usw. Auch durfte keine dieser Gesellschaften eine Fahne führen[101]. Wenn man bedenkt, daß die Fahne im Falle eines der – häufigen – Aufstände oder beim Aufruhr stets das wichtigste Sammlungszeichen war, so erkennt man, wie die Mächtigen von vornherein jede Gefahr für sich auszuschalten versuchten. Festgesellschaften, so bestimmten die zünftigen und staatlichen Gesetze, durften, wenn sie sich schon bildeten, niemals mehr als 12 Mitglieder haben. Die *Ars lana* ließ dabei grundsätzlich noch ein Hintertürchen offen – vermutlich wegen der erwähnten Unfähigkeit, das Verbot radikal auch gegenüber den Färbern durchzusetzen – mit der Maßgabe, daß die Zunftvorsteher die Bildung von Fraternitäten erlauben konnten. Voraussetzung dafür war allerdings, daß ein und derselben Bürderschaft nicht mehr als zehn Mitglieder der gleichen Berufssparte angehörten[102] – womit der Sinn der Fraternität hinreichend unterlaufen schien.

Die Färber kümmerten sich allerdings nicht darum und hielten ihre Fraternität dennoch aufrecht.

Mitte des 14. Jahrhunderts begann dann die nicht mehr verdeckte Organisierung der Arbeiter. Obwohl wir (1.3) bereits vorausgreifend darüber berichtet haben, müssen wir an dieser Stelle die wichtigsten Elemente noch einmal aufscheinen lassen, um den Zusammenhang zu wahren.

Zuerst unter dem Herzog von Athen sammelten sich die Arbeiter zu einer Organisation. Der Herzog gestand ihnen dabei nicht nur Waffen, sondern auch eine eigene Fahne zu (mit dem Zeichen des Lammes, von der *Ars lana* herrührend, und dieses Symbol wurde später zum Sinnbild der Aufstände). Allen voran hatten sich dabei die Färber als organisationsfreudig erwiesen, die übrigen *Ciompi* kamen aber schnell nach. Als ein Jahr später, 1343, der Herzog gestürzt war, suchten zwar die Mächtigen alle Vereinigungen wieder aufzulösen, aber es zeigte sich sofort, daß hier bereits ein Bewußtsein entstanden war, das so leicht nicht auszulöschen war. Die Forderung nach einer eigenen fratellanza blieb, und der Wortführer der Arbeiter, Ciuto Brandini, sammelte in einer großen Menschenmenge auf der Piazza S. Croce öffentlich Geld für diese Brüderschaftsgründung ein (818, 34 f).

Für wie gefährlich die Herrschenden solche Umtriebe hielten, wurde schnell klar: Sie ließen Ciuto Brandini verhaften. Aber nun wurde auch sichtbar, daß die Arbeiter darauf eine Antwort hatten: Sie legten sofort die Arbeit nieder und traten in den ersten uns bekannten proletarischen Streik (818, 35). Sie konnten auf diese Weise zwar den Hinrichtungstod ihres Führers nicht verhindern, aber zum ersten Male hatte sich vor aller Augen eine organisierte Arbeiterschaft der Auseinandersetzung um Macht und Gewalt gestellt.

Voll zum Durchbruch kamen die organisatorischen Vorstellungen der Arbeiter dann während des Ciompi-Aufstandes von 1378. Hier zeigte sich, daß die Erfahrungen seit Mitte des Jahrhunderts bei den Arbeitern einen Bewußtseinsprozeß in Gang gesetzt hatten, der sich nun in schneller und zuverlässiger Organisation materialisierte. Bereits den Beobachtern jener Zeit fiel ihren Berichten zufolge auf, daß die *Ciompi* innerhalb kürzester Zeit aufmarschierten, genau wußten, was sie wollten, ihre in den Gefängnissen befindlichen Genossen befreiten und sich dann das Eigentum des *popolo grasso* vornahmen (85, 141) – allerdings nicht um zu plündern, sondern um es einfach zu vernichten. Die *Ciompi* fühlten sich nicht als eine besondere Klasse, die nun, nach langer Unterdrückung, den Spieß umkehren wollte, sondern als Vertreter des gesamten Volkes. Demgemäß nannten sie sich *popolo di Dio*, Volk Gottes, und die Revolutionierung der bestehenden Verhältnisse war für sie nicht ein Aufstand, sondern die Durchsetzung eines Rechtsgrundsatzes, des Grundsatzes der Gleichheit aller Menschen (85, 130; 818, 40).

Wir haben bereits berichtet, wie sich neben den Wollarbeitern noch zwei weitere, kleinbürgerliche Gruppen zu eigenen gewerkschaftlichen Organisationen zusammenschlossen (1.3), und es wurde ebenfalls dargestellt, wie diese letzteren – die nichtselbständigen Handwerker und die Zulieferer der Wollindustrie – sich schnell von der Gesamtbewegung abspalten ließen.

Es gibt sicher eine Vielzahl von Gründen für das endliche Scheitern des Ciompi-Aufstandes, die wir hier nicht untersuchen müssen, da sie schon von anderer Seite dargelegt wurden[103]. Das auf den Aufstand folgende Darniederliegen der Arbeiterbewegung in Florenz für viele Jahrzehnte kann aber nicht einfach mit der Zerschlagung der Revolution begründet werden. Vielmehr haben wir schon verschiedene Male darauf hingewiesen (2.4, 2.8), daß spätestens zu dieser Zeit die Entwicklung der florentiner Großindustrie an eine Grenze gestoßen war, die auf beiden Seiten – auf der Seite der Kapitalsentfaltung wie auf der der Arbeiterorganisation – zu einem Stagnieren führte.

Wesentlich für uns im Hinblick auf eine Herleitung der Dialektik zwischen dem materiellen und gesellschaftlichen Fundament und dem Überbau zur Ausbildung und Erziehung ist aber, daß sich in dieser Zeit parallel zum Erstarken kapitalistischer Produktionsformen und des kapitalistischen Handels ein Bewußtsein der Arbeiter entwickelt, das sich durchaus als Anfänge eines Klassenbewußtseins interpretieren läßt, und das im 14. Jahrhundert immer drängender die Frage einer Organisation der Arbeitenden aufwarf.

Weiterhin ist wichtig, daß sich in diesem 14. Jahrhundert deutlich abgezeichnet hatte, wie unvernichtbar letztlich die Bewegung der Arbeiter war. Hatten bereits zu Beginn des Jahrhunderts riesige Bankkräche erste Krisenerscheinungen des Kapitalismus angezeigt[104], so kamen dann noch vor der erneuten Zuspitzung der Lage im Bankgeschäft – wo 1346 weitere Großfirmen zusammenbrachen[105] – die ersten konzentrierten Ansätze der Arbeiterorganisation als Grundelement der kapitalistischen Gesellschaftsentwicklung hinzu. Den Herrschenden wurde offenbar erst in dieser Zeit allmählich klar, daß auch in der neuen Produktionsform nicht automatische Zuwächse garantiert waren, daß auch hier Krisen entstehen konnten, die nicht nur mit dem Mittel des physischen Zwanges – also von Verboten oder Geboten, von Strafen und Hinrichtungen, mit Spaltung der Arbeiterschaft und Unterdrückung von Forderungen – zu beseitigen waren. Und so wird, wie wir im Laufe der nächsten Kapitel zeigen werden, erst in diesen Jahren von seiten der regierenden Klassen allmählich ein Management entwickelt, das nicht erst auf Krisen reagiert, sondern vorausschauende und langfristig Strategien erarbeitet, die ein Aufrechterhalten der neu gewonnenen ökonomischen Fundamente der Herrschenden zu ermöglichen scheinen: mithilfe des gesellschaftlichen Überbaus, der Kultur, insbesondere der Erziehung und Ausbildung.

Aber um dieses qualitativ neue Element innerhalb der gesellschaftlichen Auseinandersetzung in die Dialektik der Entwicklung von Basis und Überbau einordnen zu können, muß der gesamte Weg der Ausbildung im betrachteten Zeitraum vom 12. bis 15. Jahrhundert nachgezeichnet werden. Erst das Aufeinanderbeziehen der Entfaltung und Produktivkräfte einerseits und des Aufbaus und der Veränderung von Ausbildung/Bildung und Erziehung andererseits wird eine Interpretation ermöglichen, die die verschiedenen einander hemmenden und befördernden Faktoren der grundlegenden Bereiche gesellschaftlicher Entwicklung den jeweils vorfindbaren historischen Ereignissen zuordnen kann.

Szenen aus einem Bankhaus, möglicherweise Ferrara. Links werden eben eingezahlte Gelder in den Tresor gelegt. Rechts wartende Kunden, darunter viele Frauen. Miniatur in einer Sammelhandschrift (London, British Museum)

Kapitel 3
Berufsbildung in Florenz vom 12. bis 15. Jahrhundert

Die Geschichte der Berufsbildung für die hier zur Erörterung stehenden Zeiträume ist in ganz Europa ein noch weitgehend unerforschtes Gebiet. Auch in jenen historischen Darstellungen, die sich nicht wie die meisten westdeutschen nahezu ausschließlich auf die Wiedergabe der humanistischen Ideologien aus diesen Jahrhunderten beschränken, sondern durchaus Aspekte des Berufslebens mit einbeziehen, trifft man stets einen merkwürdigen Sprung von der mittelalterlichen Ausbildung und Erziehung zur neuzeitlichen. Als Beispiele ziehen wir hier wiederum die beiden schon einmal (Einleitung) zitierten, ansonsten sehr erfreulich sich abhebenden Arbeiten heran, die deshalb ganz besonders die Misere der Forschung auf diesem Gebiet deutlich machen: K. H. Günther (u. a.), *Geschichte der Erziehung* bzw. *Quellen zur Geschichte der Erziehung*, sowie J. A. Kosminski, *Geschichte des Mittelalters*, Band I.

Günther schildert nach einem Kapitel über die Urgesellschaft und einem über Sklavenhaltergesellschaft als drittes „Die Erziehung in der Blütezeit des Feudalismus" (347, 52–62). Hier handelt die Darstellung zunächst über die Erziehung der Ritter, dann über die „Bildungseinrichtungen der Kirche" und schließlich über „Die Erziehung der Volksmassen". Im dazugehörigen Band „Quellen usw." werden dazu Texte angeboten von Wolfram von Eschenbach, Walther von der Vogelweide, Walahfried Strabo, Aelfrink, David von Augsburg und Berthold von Regensburg, Materialien also, die bis in die Mitte des 13. Jahrhunderts reichen. Das Fazit in der *Geschichte der Erziehung* lautet nun:

> „Von der Geburt bis zum Grabe war der mittelalterliche Mensch im Bann der sakramentalen Gaben der Kirche. Von der Taufe bis zur letzten Ölung wurde er durch sie immer von neuem an die Satzungen einer Weltanschauung gebunden, die ihn zum geduldigen Ausharren in den Nöten der feudalen Wirklichkeit, zur unwandelbaren Treue und zum unverbrüchlichen Gehorsam gegen die angeblich von Gott gesetzten Obrigkeiten verpflichtete und die sein berechtigtes Aufbegehren gegen Ausbeutung und Unrecht mit der Hoffnung auf ein besseres Jenseits dämpfte sowie die Widerspenstigen mit der Drohung zu erwartender Höllenquelen schreckte" (347, 61 ff).

Wir haben hier nicht zu untersuchen, inwieweit dieses pauschale Urteil über das Mittelalter stimmt. Wichtig für uns ist, wie die Darstellung an dieser Stelle weitergeht, da sich nun das Kapital mit dem Titel „Pädagogik und Erziehungswesen in der verfallenden Feudalgesellschaft und im Kapitalismus" anschließt (347, 65 ff). Der erste Paragraph widmet sich dem Thema: „Die Herausbildung bürgerlicher Erziehungseinrichtungen und -theorien in der Zeit des Frühkapitalismus" (347, 65–145), und da der vorangegangene Teil über das Mittelalter nichts bezüglich unseres Anliegens der Berufsbildung im 12. bis 15. Jahrhundert gebracht hat, müßte nun hier der entsprechende Ansatz kommen. – Den Quellenband können wir hier sofort außer Acht lassen, denn dort beginnt dieses Kapitel gleich mit der „Ordnung für die deutschen Schulmeister" von 1491 und führt dann nur noch einen Text des Mitte des 15. Jahrhunderts lebenden Konrad Bitschin an; anschließend sind wir schon bei Erasmus von Rotterdam (348, 45 ff).

Die Diskussion über die „Herausbildung bürgerlicher Erziehungseinrichtung ... usw." im Darstellungsband bringt nun nach der kleingedruckten, immer sehr informativen und richtigen Darstellung der Entwicklung von Produktions- und Gesellschaftsverhältnissen folgende allgemeine Einschätzung der erzieherischen und ausbildungsbezogenen Verhältnisse:

> „Diese sozial-ökonomische, politische und kulturelle Veränderung bedingte eine entsprechende pädagogische und schulpolitische Entwicklung. Neben den kirchlich-feudalen Zielen, Inhalten, Methoden und Organisationsformen der Erziehung und des Unterrichts entwickeln sich Keime einer neuen Pädagogik: realistische (d. h. neusprachliche, naturwissenschaftliche und nationale) Bildungsinhalte, entsprechende neue Lehrbücher sowie das Bestreben, im Unterricht von der Anschauung auszugehen und die Schüler zu aktiver Mitarbeit heranzuziehen ..." (347, 66).

Schlagen wir nun einige Seiten weiter und lesen nach, wann tatsächlich die eben genannten Elemente der neuen Pädagogik erstmals aufkommen, so finden wir: Muttersprachliche Schulen werden frühestens im 15. Jahrhundert installiert (347, 69), naturwissenschaftlicher Unterricht kommt ebenfalls nicht vor dieser Zeit zustande[106], und nationale Inhalte werden auch nicht vor dem 14. Jahrhundert manifest[107]. Nationalsprachliche Unterrichtsbücher weist Günther erst für das 16. Jahrhundert nach (347, 70).

Was die handwerkliche und praktische Ausbildung betrifft, so hält sich Günther an die Darstellung des bereits voll ausgeprägten Zunftwesens mit seinen formellen Riten der Aufnahme, des Bürgegeldes etc. und läßt die historische Entwicklung dieser Einrichtung gerade im Hinblick auf das Ausbildungswesen völlig außer Acht, so daß der Eindruck entsteht, als hätte es seit eh und je diese zünftige Ausbildung gegeben und als sei sie in immer gleichbleibender Manier erfolgt (was, wie wir im folgenden nachweisen werden, sicher nicht stimmt). Darüber hinaus führt er Gesellenvereine als Arbeiter-Kampforganisationen an (347, 75) – wobei z. B. Davidsohn schon vor siebzig Jahren nachgewiesen hat, daß diese sich frühestens gegen Ende des 13. Jahrhunderts überhaupt erst, und nicht vor dem 14. dann als Kampforganisationen gebildet haben. Wir haben dies oben bereits berichtet (2.9).

Es geht hier auf keinen Fall darum, die im Ganzen so hervorragende *Geschichte der Erziehung* von Günther herabzusetzen. Es soll lediglich gerade an einer solchen guten Darstellung gezeigt werden, welch großes Loch in der Forschung an dieser Stelle noch klafft: Mindestens drei Jahrhunderte, eben die für uns interessanten, sind bezüglich der tatsächlich vorhandenen Ausbildung in praktischer wie theoretischer Hinsicht – also bezüglich Berufsausbildung und Schule – ausgeklammert oder werden nur verwaschen behandelt. Das trifft noch in besonderem Maße für die unteren Klassen und Schichten zu, über die uns so viel wie nichts berichtet wird (oder eben Falsches); wir werden aber auch zeigen, daß selbst die wirklich stattgehabte Erziehung der oberen Klassen bis heute weitgehend irrig dargestellt wird.

Was uns in den Abhandlungen über die Geschichte der Erziehung ausführlich und gut belegt berichtet wird, ist einerseits die Erziehung des feudalen Menschen (wobei hier das Schwergewicht allerdings allgemein auf den höfischen oder klerikalen Kreis beschränkt bleibt) – und andererseits dann das Schul- und Ausbildungssystem im entwickelten Bürgertum der Städte, insbesondere im 16. und 17. Jahrhundert. Dazwischengesetzt erscheint dann meist noch der Humanismus, der dem frühen und unentwickelten Bürgertum als „die" Ideologie untergeschoben wird, und als Bezugskultur wird dann noch die Renaissance herangeholt (vgl. o. die Einleitung).

Erziehung und Ausbildung werden schließlich daraus abgeleitet, und die Frage, inwieweit hier tatsächlich Basis und Überbau auch historisch miteinander korreliert haben, wird gar nicht mehr gestellt.

Überaus deutlich wird die klaffende Lücke auch in der Darstellung der mittelalterlichen Geschichte von Kosminski, die wir ebenfalls ansonsten als ausgezeichnete und umfassende dialektisch-historisch vorgehende Arbeit schätzen.

In einem Kapitel wird „Die mittelalterliche Kultur der Länder Westeuropas (5.–13. Jahrhundert)" (394, I, 481–515) abgehandelt. Aber es ist bezeichnend, daß innerhalb der Abschnitte über „Die Entstehung der städtischen Kultur in Westeuropa" und „Die Entstehung der städtischen nichtkirchlichen Schulen" (394, I, 491 ff.) nun wiederum nicht ein einziges Wort über die Elementarbereiche und die Ausbildung der unteren Schichten, ja nicht einmal etwas über die handwerkliche Ausbildung gesagt wird. Sondern es kommen einige Passagen über die Vorläufer der weltlichen Universitäten, über außeruniversitäre Lehrer wie etwa P. Abaelard etc. Auch das Vagantentum wird weniger als Übermittler neuer Lehrmethoden und -inhalte begriffen denn als eine die schöngeistige und politische Literatur beeinflussende Erscheinung, die das antikirchliche Schrifttum hervorgebracht hat. Das ist zwar auch unbestreitbar, aber es zeigt gleichzeitig, wie die Verfasser hier oft ganze Epochen und ihre wesentlichsten Elemente zusammenschrumpfen lassen und die tatsächliche, oft Jahrhunderte dauernde, Entwicklung nicht in ihrer Vielschichtigkeit und Dialektik begreifen.

Das nachfolgende Kapitel „Das Aufkommen der bürgerlichen Ideologie. Frührenaissance und Humanismus in Italien (14. und 15. Jahrhundert)“ (394, I, 516–533) setzt wiederum ganz unvermittelt mit Erkenntnissen über das 14., in den meisten Daten aber erst aus dem 15. Jahrhundert, an und bezieht dabei auch das 16. Jahrhundert (z. B. was die Naturwissenschaft angeht) mit ein. Über die vorangegangene Entwicklung in den Städten vom 12. bis 15. Jahrhundert erfahren wir nur sehr Allgmeines und Unbelegtes.

So wird z. B. die Interpretation Dantes, die verhältnismäßig breiten Raum einnimmt und die eine Darstellung der Verhältnisse im damaligen Überbau – von der Ausbildung bis zur Schule als Institution – zugelassen hätte, am Ende nichts weiter als eine ganz in der Luft hängende Deutung ohne Basis in der gesellschaftlichen und materiellen Realität der damaligen Zeit (394, I, 523 f.). Die Mittlerstellung zwischen Neuzeit und Mittelalter, die ihm dabei nachgesagt wird, kann ohne eine Darstellung der Dialektik zwischen dem vorantreibenden Element des frühen Kapitalismus und der hemmenden feudalorientierten Produktionsgestaltung nur ein geisteswissenschaftlicher Topos bleiben; und ohne eine Diskussion der Verhältnisse in Berufsbildung und Allgemeinbildung, in Handwerk und Schule, wächst Dante zu einer isoliert-heroischen Gestalt heran, die aus dem Kontext heraus überhaupt nicht erklärt werden kann.

„An der Grenze zwischen der alten, kirchlich-feudalen Weltanschauung und der neuen humanistischen Weltanschauung steht die einsame und majestätische Gestalt Dantes (1265–1321). ‚Der Abschluß des feudalen Mittelalters, der Anbruch der modernen kapitalistischen Ära sind gekennzeichnet durch eine grandiose Gestalt: Es ist ein Italiener, Dante, zugleich der letzte große Dichter des Mittelalters und der erste Dichter der Neuzeit‘ (Marx und Engels, Manifest), schrieb Engels. Dantes *Göttliche Komödie* ist eine Enzyklopädie der Kenntnisse des Mittelalters. Sie ist in vieler Beziehung mit der Weltanschauung des Katholizismus verbunden und stellt das Bild des ‚Kosmos‘ (des Weltalls) vom Gesichtspunkt eines Katholiken aus dar. Das Gedicht wurde im toskanischen Volksdialekt geschrieben, welcher der Literatursprache des italienischen Volkes zugrunde liegt. Da Dante die Gefühlsfeiheit, den Forschungstrieb des Verstandes und das Streben nach der Erkenntnis der Welt verkündet und den Durst nach persönlicher Berühmtheit und nach persönlichem Ruhm rechtfertigt, überschreitet er den Rahmen der kirchlichen Moral und versetzt der mittelalterlich-katholischen Weltanschauung schwere Schläge (394, I, 523)“.

Man muß hier feststellen, daß solche Aussagen auch durch Verwendung eines Marx-Engels-Zitates nicht besser bewiesen sind, denn beides – die Aussage von Kosminski wie die von Engels – bleiben, in diese Sätze hineingestellt, nichts anderes als nichtfundierte Pauschalierungen. Denn: Es gab auch inmitten jener Zeit, die wir Mittelalter nennen, schon längst Autoren und Philosophen, die den Rahmen des Katholizismus sprengten (denken wir nur an die vielen Häretiker, oder an eigenständige Theologen wie Abaelard), und wir sehen sie trotzdem nicht als „Beginn der Neuzeit" an; und das Streben nach persönlichem Ruhm war ebenso den antiken Autoren etwa des römischen Altertums eigen; dazu finden wir dort wie auch in Griechenland schon längst den Forschungstrieb des Verstandes und das Streben nach Erkenntnis der Welt: Das alles sind keine spezifischen Eigenarten der Neuzeit. Und ebenfalls bleibt unverständlich, warum das Abfassen der Dichtung in Volksdialekt eine besonders fortschrittliche Leistung sein soll, wenn ein Jahrhundert später die Humanisten gerade die lateinische Sprache zum progressiven Element ihrer Ideologie erklären und durchsetzen (vgl. 6.).

Der bisher geübten Art der Darstellung setzen wir deshalb nun die These entgegen, daß erst das Zusammenspiel und die gegenseitige dialektische Durchdringung aller Elemente der sich im 12.–15. Jahrhundert in Florenz entfaltenden Produktion mit den verschiedenen alten und neuen Formen der Erziehung, Ausbildung und Bildung eben jene Entwicklung möglich gemacht haben, die die florentiner Geschichte jener Zeit im historischen Rückblick zu einem Musterbeispiel der frühkapitalistischen und frühbürgerlichen Bewegung machen, die wir in späteren Jahrhunderten dann in entfalteter Form in den anderen europäischen Ländern beobachten können.

Diese These mag angesichts der heute zu beobachtenden Hinwendung zu dialektischer Darstellungsweise in der Historie wie eine Tautologie klingen. Aber erstens haben wir soeben anhand zweier im Ganzen dialektisch vorgehender Arbeiten gezeigt, wie wenig sich in dem von uns betrachteten Zeitraum einerseits an gesicherten Ergebnissen und andererseits an exakter dialektischer Betrachtungsweise vorfindet; und zweitens ist „dialektisch" noch keineswegs identisch mit „materialistisch-dialektisch". Wir haben uns deshalb abzugrenzen gegen jene Abhandlungen, die zwar innerhalb des Überbaus eine Dialektik aufspüren, aber die Wechselwirkung mit der Basis außer Acht lassen[108]; und wir müssen auch gegen eine allzu schematische Basis-Überbau-Darstellung Kritik anbringen, wenn dabei etwa ein lineares Bild zum Vorschein kommt, das die Rückwirkung des Überbaus auf die Basis außer Betracht läßt und nur von einer einseitigen Widerspiegelung der Basis im Überbau ausgeht – so, als würde der materiell-ökonomische Unterbau bereits in eindeutiger Weise den Überbau determinieren[109].

Die oben angeführte These sollte – auch durch die Kompliziertheit des Satzbaus – durchaus deutlich machen, welche Schwierigkeiten sogar heute noch einer Formulierung dialektisch-materieller Sachverhalte mit unserer an nur eindimensionale Darstellung gewohnten Sprache entgegenstehen[110].

3.1 Die Mehrschichtigkeit der Ausbildung

Die vom 17. Jahrhundert ab einsetzende allgemeine Verstaatlichung nationaler Schulwesen hat es bis in unsere Tage zu einer relativen Uniformierung schulischer Bildung gebracht, die einer in allen Bereichen immer enger zugreifenden Ideologie und einer damit erfolgenden auch außerschulischen Vereinheitlichung korrespondiert. Diese Uniformierung ist heute natürlich nicht so zu verstehen, daß alle das Gleiche lernen und denselben Erfolg haben; vielmehr ist die Uniformierung gerade auf eine klassenspezifische Ausrichtung aller Schularten bezogen. Die Differenzierung des heutigen Schulwesens besteht darin, daß bestimmte Schultypen vorwiegend von Angehörigen ganz bestimmter Klassen oder Schichten besucht werden und hierbei nur geringfügige Ausnahmen vorkommen.

Wenn wir aber im folgenden von Mehrschichtigkeit der Ausbildung in Bezug auf Florenz sprechen, so meinen wir nicht nur diese Art der Differenzierung. Was wir vielmehr zeigen wollen, ist die Tatsache, daß das florentiner Bildungswesen jener Zeit noch überhaupt keinerlei einheitliches Gewand trug. Es gab nirgendwo uniforme, etwa vom Staat garantierte Elementarbildung, die ähnlich unserer heutigen Grundschule wenigstens einige Jahre lang allen Kindern eine gemeinsame Basis zu verschaffen sucht. Stattdessen zeigen sich in Florenz mindestens zwei grundverschiedene Strömungen der elementaren Bildung und Ausbildung, die sich aus zwei Interessengruppen herleiten, welche miteinander nur sehr wenig, wenn überhaupt etwas, gemein hatten.

Diese beiden Grundströmungen sind einerseits die Ausbildung für das Handwerk, andererseits die Bildung und Ausbildung für den Handel. Wir haben bei letzterem absichtlich das Wort „Bildung" mit hinzugefügt, was bei ersterem nicht geschah, und wir werden bald erweisen, wieso dies richtig ist.

Wir sind heute gewohnt, Handwerker und Händler und auch alle übrigen Berufe als bedürftig einer durchaus gemeinsamen Elementarbildung anzusehen: etwa das Lesen, Schreiben, Rechnen etc. Aber das ist keineswegs selbstverständlich für die Zeit, die wir hier betrachten. Wir haben in den vorangegangenen Kapiteln gerade deshalb sehr ausführlich die Schichtung der florentiner Gesellschaft dargestellt, um festzuhalten: Die große Masse der Florentiner war handwerklich tätig. Aber obwohl sie den gesellschaftlichen Reichtum produzierte, war sie doch nicht die herrschende Schicht oder Klasse. Die Herrschaft lag vielmehr bei den Händlern, insbesondere bei den Großhändlern.

Was aber hatte der Handwerker zu tun und was mußte er dafür in jener Zeit lernen?

Wir wissen, daß es beim damaligen Stand der Produktionsmittel primär um das Erlernen von manuellen Fertigkeiten ging. Lesen, Schreiben, Rechnen ist dem Handwerker nur insoweit wichtig, als er auch Geschäfte, also Handel betrieb. Wir haben aber festgestellt, daß mit fortschreitender Entwicklung gerade die Zahl der selbständigen Handwerker immer mehr abnahm, daß zunächst die Abhängigkeit vom Händler, dann vom Verleger und schließlich von der Manufaktur in den Vordergrund trat und daß der Handwerker so immer mehr die Fähigkeit zum Handel einbüßte. Wozu also für ihn Lesen, Schreiben, Rechnen?

Auch für die selbständig gebliebenen Meister waren solche Kenntnisse nur dann von besonderem Vorteil, wenn sie noch in eigener Regie Handel betrieben. Wenn Davidsohn (236, IV/2, 82) den Eindruck erweckt, daß zumindest die selbständigen Handwerker wohl alle des Lesens und Schreibens kundig gewesen seien, weil uns Dokumente erhalten sind, aus denen sich Regierungsbeschlüsse zur obligatorischen Einführung der Buchhaltung für die Gewerbetreibenden ergeben, so übersieht er, daß dies nur für alle die galt, die eigenständige Geschäfte machen konnten, und deren Zahl hatte bei den Handwerkern im Laufe des 13. Jahrhunderts bis zum Zeitpunkt dieses Regierungsbeschlusses – um 1315 – schon sehr abgenommen. Man vergleiche dazu unsere obigen Ausführung (2.6.) über die Bedeutung der Gewerbe.

Der Händler stattdessen benötigte eine immer bessere Ausbildung gerade im Lesen, Schreiben, insbesondere aber im Rechnen, in der Buchführung, im kaufmännischen Denken, ja sogar in geografischen und historischen Kenntnissen, um seine Geschäfte auch über den eigenen Stadtkreis hinaus betreiben zu können.

Aber damit ist die Mehrschichtigkeit der Ausbildungsinteressen nicht erschöpft: Auch innerhalb des Handwerks wie des Handels gab es erhebliche Differenzen über das, was man an Wissen und Fertigkeiten beherrschen mußte; es hing von Beruf zu Beruf einfach vom schon erreichten Grad der Differenzierung einerseits und von den üblichen und beabsichtigten Geschäften andererseits ab.

Aus all dem wird klar, daß zu jener Zeit eine einheitliche Ausbildung noch überhaupt nicht vorhanden sein konnte, und wir werden – nach diesen allgemeinen Ableitungen – in den folgenden Paragraphen auch den Nachweis führen, daß dies tatsächlich stimmt. Ebenfalls wird deutlich, daß angesichts des Fehlens einer gemeinsamen Interessensgrundlage aller Berufe der Staat – die Kommune – weder in der Lage war noch es für nötig hielt, hier als Sachwalter der Allgemeinheit etwa „ausgleichend“ zu wirken und eine Durchschnittsinteressenwahrnehmung zu betreiben, z. B. durch Einführung staatlicher Elementarschulen, die allen Kindern einen – in Grenzen – einheitlichen Bildungslevel verschafft hätten.

So bleibt die Ausbildung im wesentlichen eine Angelegenheit derer, die den vom Jüngling oder Mädchen bzw. deren Eltern ausgewählten Beruf bereits ausüben. Bei der handwerklichen Ausbildung ist Ausbildung mithin unmittelbar Berufsbildung, während die Händler zunächst eine elementare, noch nicht direkt auf den künftigen Beruf bezogene Ausbildung benötigten. Die berufliche Bildung bei den Handwerkern liegt damit vor allem bei den Meistern und den Zünften; bei den Händlern tritt dies erst nach einer allgemeinen Vorbereitungszeit ein. In vielen Fällen ist bei beiden Gruppen der Beruf der Eltern schon ein Vorzeichen für Ausrichtung der Kinder; mitunter spielt allerdings die geldliche Betuchtheit der Vorfahren bezüglich der beruflichen Qualifikationen eine noch größere Rolle; wir werden darauf zurückkommen (3.4.), wenn wir das spezifizieren, was wir hier des groben Überblicks halber nur sehr allgemein dargestellt haben.

Die bisher besprochene Ausbildung bezog sich vor allem auf handwerkliche oder händlerrisch-kaufmännische Berufe. Daneben weist die florentiner Gesellschaft auch eine Reihe von Berufsspezifikationen auf, die man weder der einen noch der anderen Gruppe zuordnen kann, und die wiederum von eigenen Ausbildungsinstituten betreut wurden. So finden wir Institute für Rhetoren, Musiker, Fechter, daneben juristische Akademien[112] u. a. Darüber hinaus bildete sich im 14. Jahrhundert eine weitere Einrichtung als schulbildend heraus: die kommunale Kanzlei des Staats-Kanzlers, die zum Zentrum der Erneuerung der lateinischen Schrift und Sprache wurde; wir werden noch darauf kommen (6.4.).

Weiterhin wurde eine spezielle Ausbildung vermittelt an klösterlichen und bischöflichen Hochschulen und Akademien, wo vor allem die Theologie im Vordergrund stand, wo sich aber im Laufe des 13. und 14. Jahrhunderts bereits ein voruniversitäres *studium generale* (236, IV/3, 121–127) herauskristallisierte. Im 14. Jahrhundert schließlich kam Florenz nach vielen Mühen und Beschwernissen zu einer eigenen Universität (236, IV/3, 142–146; 242), die nun auch die hauseigene Heranzüchtung geeigneter Ideologen und Technokraten für die Herrschaftsausübung garantieren sollte. Wieweit sie dazu in der Lage war, werden wir sehen.

Auf all diese Aspekte werden wir in den folgenden Kapiteln und Paragraphen zu sprechen kommen. In diesem ersten Abriß sollte vor allem die Mannigfaltigkeit aufgezeigt werden, die das florentiner Ausbildungswesen der damaligen Zeit aufwies. Auf detaillierte Nachweise unserer Aussagen haben wir an den meisten Stellen verzichtet, da wir diese in den folgenden Absätzen in extenso zu diskutieren haben werden.

Wichtig, um es noch einmal zu sagen, bleibt festzuhalten, daß in der von uns betrachteten Zeit noch nicht der geringste gemeinsame Nenner aufweisbar ist, der allen Ausbildungs- und Bildungswesen zugrundegelegt werden hätte können. Etwas überspitzt formuliert könnte man sagen, daß im Prinzip jeder Beruf ganz spezifisch für seinen eigenen Nachwuchs zu sorgen hatte – vom einfachen Handwerker bis zu den Amtsadeligen. Wir werden natürlich bei der detaillierten Betrachtung der Ausbildung und des Schulwesens immer wieder gewisse Gemeinsamkeiten zwischen verschiedenen Berufen und Gewerben finden, die sich auch in einer gewissen Gemeinsamkeit ganzer oder teilweiser Ausbildungsgänge und -einrichtungen materialisieren; aber das Grundkennzeichen der Situation zu jener Zeit ist doch die hier dargestellte Mehrschichtigkeit der gesamten Ausbildung.

3.2 Die Zweckgerichtetheit der Ausbildung

Wir bleiben noch kurze Zeit bei der begonnenen Darstellung der Generallinie, um den Gesamtzusammenhang bereits vorab so weit anzugeben, daß wir hernach die Fülle des Materials ohne Angst vor dem Verlust einer umfassenden Einordnung ausbreiten können.

Ziehen wir nun die historische Entwicklung der beruflichen Bildung in Betracht, so zeigt sich, daß im Übergang von der feudalen zur städtisch-handwerklichen Produktionsweise die Zweckausrichtung der Ausbildung sehr stark zunimmt. Der Handwerkernachwuchs besucht weder Schulen noch sonstige Einrichtungen, die ihn nur allgemein belehren; für ihn steht das Können im künftigen Beruf im Vordergrund. Auch die Händler trachten soweit möglich danach, ihren Nachwuchs schon bald nach dem Erlernen der nun einmal notwendigen elementaren Fähigkeiten des Lesens und Schreibens in kaufmännisch ausgerichtete Ausbildungsgänge einzuführen, sei es im Kontor, sei es in eigenen Schulen. Und auch in den nichthandwerklichen und nichtkaufmännischen Ausbildungsstätten – sofern sie im 12. und 13. Jahrhundert schon bestanden – stand der künftige Beruf ganz im Mittelpunkt, so etwa bei den klösterlichen und sonstigen klerikalen Schulen, die die Jugend ganz klar auf den künftigen Seelsorgerberuf vorbereiteten.

Erst im Laufe des 14. Jahrhunderts erfolgte hier eine Veränderung. In dieser Zeit trat ein Hang zur Verbreiterung des Wissens und der allgemeinen Bildung ein, und namentlich die Kaufleute begannen damit, auch ihre für den traditionellen Beruf des Händlers vorgesehenen Kinder zum Lesen lateinischer Klassiker anzuhalten. Die Ausbildung begann in bestimmten Kreisen – denen der Ober- und oberen Mittel-Schicht – den Charakter des „Aus-“ zu verlieren und statt dessen den der „-Bildung“ in den Vordergrund zu rücken. Vereinzelt finden wir Produkte dieser allgemeinen Gelehrsamkeit schon gegen Ende des 13. Jahrhunderts, darunter sicher auch Dante, aber voll zum Tragen kam diese Tendenz erst gegen Mitte des 14. Jahrhunderts.

Dieser Wissenserwerb, der teilweise schon Selbstzweck wurde, wurde nun bei zahlreichen Personen zum Ziel der Ausbildung, und gerade das Element des „Nicht-unmittelbar-Verwerten-Könnens“ wurde tragend. Der Dichter und der Literat wird zum Beruf: Während dichterische und literarische Werke im 13. und gar im 12. Jahrhundert nur „nebenamtlich“ von Richtern, Notaren, Kaufleuten etc. hervorgebracht worden waren[113], gab es nun Leute, die vom Schreiben lebten (natürlich noch nicht durch den Verkauf ihrer Bücher – die Buchdruckerkunst war noch nicht erfunden –, sondern von Mäzenen, die sich mit den Künstlern quasi als Höflingen umgaben); und es entstand auch eine eigenständige florentiner Kunst und Dichtung[114]. Daß dies möglich wurde, ist dem sich mehrenden Reichtum der florentiner Gesamtgesellschaft – beileibe nicht jedes einzelnen Bürgers! – zu danken, der so groß wurde, daß eine Anzahl ihrer Mitglieder von der Aufgabe der Mitarbeit zur Befriedigung der täglichen Bedürfnisse freigestellt werden konnte und die sich nun zum eigenen ästhetischen Pläsier oder zu dem ihrer Gönner betätigten. Freilich wurde dieser Typ des zweckfrei Wissen erwerbenden und später in Form des Kunstwerks reproduzierenden Menschen schon bald eingeholt von einer anderen Bildungsvorstellung. Diese bekannte sich ebenfalls zur literarischen, künstlerischen Sprache und Bildung – aber sie sah dies nicht als Selbstzweck an, sondern als Mittel zur Durchsetzung politischer und gesellschaftlicher Ziele. D. h., hier wird der inzwischen ästhetische Ansatz (Wissen ohne sofort sichtbaren Zweck) wieder von einem Wissenserwerb um des Zweckes willen verdrängt. Nehmen wir Petrarca als Vertreter des ästhetisch-dichterischen Denkens, so können wir Salutati als Prototyp des politisch Wissenshungrigen einordnen, der Erkenntnis unmittelbar in gesellschaftlich relevantes Handeln umzusetzen bemüht war (wobei wir freilich später fragen werden, für wen und für welche Ziele er das tut).

Doch dies alles gilt nur für die Angehörigen der oberen Klassen und die von ihnen angestellten und bezahlten Denker. Das mittlere und niedere Volk, und insbesondere die produzierenden Handwerker und Arbeiter, haben nicht Teil an dieser Entwicklung. Und so ist es wichtig gegenwärtig zu halten, daß die Zweckgerichtetheit das bestimmende Element der florentiner beruflichen Bildung jener Zeit war und daß die Auflösung dieses Elements erst im 14. Jahrhundert und auch da nur für eine verschwindend kleine Minderheit zustandekam.

Wir sind durch die bisherige Geschichtsschreibung daran gewöhnt, die Blütezeit der florentiner Kultur sogleich mit den großen Namen des „Humanismus" zu verbinden und vergessen dabei leicht, daß sich das Fundament eben jener Blüte viel früher, im 12. und 13. Jahrhundert, lange vor Petrarca und Salutati, gebildet hat. Über das, was aber in dieser Zeit der Gründung und Fundierung der späteren Entwicklung im Bereich der Ausbildung der Massen wie des Einzelnen geschehen ist, wissen wir nahezu nichts, und doch muß gerade hier der Schlüssel dafür liegen, daß sich später der eben berufene grandiose Überbau des Humanismus bilden konnte.

Wir haben der Erörterung dieser Elemente der florentiner Ausbildung deshalb so breiten Raum gewidmet, weil sich nach unserer Meinung die Gesamtheit des florentiner Überbaus und auch all seine Elemente wie Ausbildung, Schule, Berufsqualifikation – und auch der Erfolg dieses Systems – nur aufgrund der eben beschriebenen Zweckgerichtetheit verstehen läßt[115]. Eine Ausbildung, die dem Menschen ganz im Hinblick auf einen speziellen, in seinen Einzelheiten bereits empirisch vorfindbaren und deshalb sinnlich erfaßbaren Beruf gegeben wird, prägt eine ganz andere Art des Einzelmenschen und gibt der Gesamtheit einen anderen Anstrich als eine zumindest im Primärbereich noch allgemeine, für alle verbindliche und keineswegs eindeutig auf einen Beruf ausgerichtete und zweckgebundene Ausbildung. Und die Gegensätze und Widersprüche, die gegenseitigen Beförderungen und Anreize werden demgemäß völlig andere sein als bei der zuerst genannten Art der Ausbildung. Zudem werden mit einer gewissen Wahrscheinlichkeit auch alle Konflikte und Auseinandersetzungen innerhalb der Gesamtgesellschaft in je anderer Weise ausgetragen, wenn wir eine für alle gemeinsame Grundausbildung vorfinden oder wenn diese nicht stattgehabt hat. Der schier unüberwindbare Gegensatz der Handwerker zu den Händlern – später kommt als Drittes noch hinzu die Gruppe der Beamten und der Dienstleister ohne eigenes Geschäft – wird mit Sicherheit durch die fehlende gemeinsame Grundlage elementarer Denkkategorien nicht vermindert, sondern allenfalls erweitert und zementiert.

Wir werden uns nun der detaillierten Darstellung der hier umrissenen Elemente zuwenden und für die einzelnen Bereiche die Nachweise für unsere Thesen führen.

3.3 Die Ausbildung der Handwerker

Über Art und Inhalt der handwerklichen Ausbildung in den frühesten Zeiten städtischer Produktion in Florenz sind wir nur äußert mangelhaft unterrichtet. Das hängt damit zusammen, daß verläßliche Urkunden und Dokumente in größerer Dichte erst mit dem beginnenden 13. Jahrhundert vorhanden sind (28, I, 143 f.) und daß wir aus den vorangegangenen Epochen nur zu besonders wichtigen Anlässen mit staatspolitischer Tragweite einige verbürgte Nachrichten besitzen, die bis ins 11. Jahrhundert zurückreichen (28, I, 143 f.). Privatrechtliche und zünftige Urkunden sind nur in Einzelfällen aus der Zeit vor dem 13. Jahrhundert überkommen, und aus ihnen haben wir ja schon unsere Kenntnisse über die Differenzierungen des Handwerks (2.1.1.) entnommen. Aber aus ihnen geht noch in keiner Weise hervor, in welcher Weise junge Handwerker auf ihren Beruf vorbereitet worden sind.

Erst im letzten Drittel des 13. Jahrhunderts setzt eine regere Überlieferung infolge erhalten gebliebener Urkunden ein, die sich nun auch auf das Lehrlingswesen beziehen. Das heißt natürlich nicht, daß wir für die Zeit davor kein geregeltes Lehrlingsausbildungsverfahren annehmen können. Aber wie es scheint, haben sich im 13. Jahrhundert und insbesondere in dessen letztem Drittel die Gepflogenheiten zur Annahme eines Lehrlings beim Meister oder im Betrieb in gewisser Weise geändert: Zwischen den Eltern – in manchen Fällen auch von Bruder oder

Vormund – des Lehrlings und dem Meister respektive der Meisterin wurde in Anwesenheit der Zunftrektoren ein Vertrag geschlossen, in der Regel sogar vor einem Notar. Darin wurde im allgemeinen folgendes festgehalten:

1. Der Lehrling wird zu dem Meister in die Lehre gegeben.
2. Der Meister bringt dem Lehrling die Kenntnisse und Fertigkeiten für die betreffende Handwerksart bei und führt ihn in die Bräuche und Gepflogenheiten der Zunft ein.
3. Die Dauer des Lehrverhältnisses.
4. Die Befugnisse des Meisters über die Umfänge der Erziehungs- und Disziplinierungsgewalt (dies wird nur in einem Teil der Urkunden ausdrücklich aufgeführt).
5. Die Bezahlung – ob der Meister von den Eltern etwas erhielt, oder ob die Eltern für bestimmte Dinge wie Kleidung etc. des Lehrlings aufkamen, oder ob der Lehrling Verpflegung durch den Meister bekam oder ob gar Geld an ihn bzw. seine Eltern für seine Leistungen ausgezahlt wurde.
6. Sondervereinbarungen, z. B. über die Erlaubnis, sich von der Werkstatt des Meisters ohne Ankündigung zu entfernen, oder über besondere Arbeitszeit usw.

Welche Erfahrungen dazu geführt haben, solch formelle Lehrverträge abzuschließen und noch dazu in derart juristisch untermauerter Form, können wir heute nicht exakt beantworten. Es lassen sich spekulativ einige Gründe finden: z. B. schlechte Erfahrungen der Meister mit den Eltern; es können aber auch umgekehrt ungute Erlebnisse der Eltern mit den Meistern vorhanden gewesen sein, so z. B. daß die Meister eventuell die Lehrlinge nicht zum Anschluß ihrer Lehrzeit kommen ließen, ihnen die Aufnahme als Geselle verweigerten oder die Lehrzeit endlos ausdehnten, um damit die Ausbeutung zu verlängern. In manchen Fällen mögen auch zahlreiche Lehrlinge während der Zeit davongelaufen sein, und die Meister hatten niemanden, den sie regreßpflichtig machen konnten.

Darauf könnte auch die Tatsache hinweisen, daß offenbar die Lösung eines Lehrvertrages eine hochoffizielle Angelegenheit war: sie war nur möglich, wenn die Zunftkonsuln dies genehmigten und wenn beide Seiten einig waren[116]; lief ein Lehrling ohne solche Voraussetzungen davon, verfiel er einem harten Berufsverbot, und strenge Strafen erwarteten jeden, der ihn bei sich aufnahm und nicht sofort wieder entließ, wenn der frühere Lehrherr dies verlangte[117].

Der Meister selbst durfte nicht unbeschränkt Lehrlinge bei sich aufnehmen. In den meisten Zünften gab es genaue Anweisungen, wie viele Lehrlinge pro Werkstatt zugelassen waren (236, IV/2, 81). Das war aber keineswegs eine Maßnahme zugunsten einer effektiven Lehrlingsausbildung, wie man vorschnell meinen konnte; es entsprang schlicht der Sorge, der Meister könnte zu viel der Arbeit durch Lehrlinge erledigen lassen und damit die Qualität der angesehenen florentiner Produkte vermindern.

Bei einigen Zünften, so bei den Malern, war sogar pro Meister nur ein einziger Lehrling gestattet. Ob das allerdings den Schülern zugute kam, wie Davidsohn meint, scheint uns keineswegs ausgemacht. In späterer Zeit wurden in diesem Gewerbe erstmals eine Art Begabungstest vorausgesetzt, wobei der Meister vierzehn Tage Zeit hatte, das Ingenium des Kandidaten zu prüfen. In der zweiten Hälfte des 14. Jahrhunderts schaltete man vor das Erlernen der eigentlichen Kunst noch ein Jahr obligatorischen Zeichenunterrichts (236, IV/2, 80). Die Dauer der Lehrzeit ist ein für uns heute völlig unbegreifliches Phänomen. Sie dauerte keineswegs nur von Handwerk zu Handwerk verschieden lang – was ja verständlich wäre –, sondern war auch innerhalb ein und desselben Handwerks ganz verschieden. So wissen wir z. B. innerhalb der Tuchweberei von zweijährigen, dreijährigen Lehrverträgen, ja sogar bis zu neun Jahren Dauer (236, IV/2, 80). Das Rätsel löst sich wohl zum großen Teil so, daß der Meister die Zahl der Lehrjahre schon so bei Beginn der Lehrzeit ausrechnete, daß ihm der Nachwuchs in jedem Falle reichliche Ausbeute zubrachte. D. h., wenn die Eltern dreinzahlten oder zumindest keine Entlohnung verlangten, dann konnte die Lehrzeit sehr schnell vorbei sein. Wurde aber ein Lohn, wohl gar noch ein beträchtlicher, gefordert, so wuchs die Lehrzeit erheblich an.

Wir zitieren nun eine Anzahl uns erhaltener Lehrverträge, die uns entweder als ziemlich genaue Durchschnittsvereinbarungen oder durch ihre Sonderklauseln und -bemerkungen interessant erschienen sind. (Die jeweils angebrachten Numerierungen sollen lediglich für die vorliegende Arbeit mitunter den späteren Querverweis erläutern und haben ansonsten keine andere Bedeutung, insbesondere handelt es sich hier nicht um Regestennummern.)

1. Aus dem Gerbergewerbe vom 30. Juni 1272. Es ist dies der älteste mir bekannte notarielle Lehrvertrag. Der Meister wird hier *mercator* und *artifex* genannt, handelt also selbst mit seinen Produkten. Das von ihm betriebene Handwerk wird ars galigare minute genannt, Hinweis auf die Zugehörigkeit zu den unteren Zünften. Der Lehrling gibt sich selbst in die Lehre, ist also volljährig. Das Lehrverhältnis dauert acht Jahre. Eine Bezahlung erfolgt nicht, aber der Lehrling erhält Kleidung und Lebensunterhalt[119].
2. Bereits aus dem Jahr davor ist ein anderer Vertrag erhalten, der fast noch wichtiger ist, obwohl es sich nicht um einen Lehrvertrag, sondern um die schon oben zitierte Lösung eines Lehrverhältnisses handelt: Daraus können wir entnehmen, daß bereits vor diesem Zeitpunkt Lehrverträge bestanden. Die Formel für die Lösung lautete: „Unde volens dictus discipulus magistro suo departire et separare cum licentia sui magistri et consulum dicte artis . . .“[120]. Es handelte sich hier ebenfalls um das Gerbergewerbe.
3. Aus dem Sattlergewerbe vom 3. September 1273. Der Meister verpflichtet sich, dem Lehrling die *ars bastorum* beizubringen. Der Lehrling verspricht, sich nicht heimlich davonzumachen – Zeichen dafür, daß das Davonlaufen wohl sehr beliebt war. Die Eltern geben für das erste Lehrjahr Kleidung und Verpflegung für den

Sprößling, für weitere vier Jahre wird dann der Meister dafür aufkommen. Dies ist einer der wenigen Verträge mit gemischten Bedingungen, die uns erhalten sind[121]. Einen weiteren dieser Art besitzen wir aus dem Seidenwirkergewerbe, und aus dem Bauhandwerk wissen wir sogar von einem Vertrag, in dem der – allerdings bereits erwachsene – Lehrling sogar Gewinnanteile erhält[122].

Sehr schön lassen sich die unterschiedlichen Bedingungen der Lehrlingsausbildung innerhalb ein und desselben Gewerbes bei den Gürtlern studieren, da wir aus dieser Ars innerhalb des Jahres 1294 fünf Lehrverträge besitzen:

4. Am 11. Mai gibt einer seinen Enkel in die Lehre (Darüber später noch). Die Lehrzeit wird auf siebeneinhalb Jahre festgelegt; dafür bietet der Meister Kleidung und Lebensunterhalt[123].

5. Am selben Tag wird – zur Protokollierung bei demselben Notar – ein anderer Jüngling in dieselbe Ars zur Lehre gebracht: Die Lehrzeit dauert, bei gleichen Bedingungen wie vor, nur fünf Jahre; der Meister ist aber ein anderer[124].

6. Am 14. Mai – Protokoll desselben Notars – kommt ein anderer Jüngling in die Lehre desselben Gewerbes[125]. Die Lehrzeit dauert diesmal nur drei Jahre, aber der Meister gibt nicht einmal Essen und Trinken. Dasselbe vom 31. Mai desselben Jahres zu den gleichen Bedingungen, wieder beim selben Notar protokolliert[126].

7. Am 15. November wieder bei diesem Notar ein anderer Vertrag, bei dem nichts an Entlohnung und Verpflegung geboten wird; die Lehrzeit dauert aber vier Jahre[127] Dieselben Beobachtungen lassen sich im Jahr 1301 gewinnen, wo uns mehr als ein Dutzend Verträge in vergleichbarer Form erhalten sind.

Wir wenden uns jetzt einigen Besonderheiten zu.

Die Verantwortung von zuhause her für den Lehrling wurde offenbar keineswegs nur durch die Eltern getragen. Wir haben viele Beispiele, daß andere Angehörigen den Jüngling in die Lehre geben. Im vorerwähnten Fall 4 war es der Großvater, weiter besitzen wir

8. eine Urkunde, wo einer seinen Bruder in die Kürschnerlehre gibt (17. Februar 1300)[128]; davon gibt es weitere und ähnliche Fälle[129]; ebenfalls lassen sich die Beispiele, wo die Großeltern verantwortlich zeichnen, vermehren[130].

Auch weiter entfernte Verwandte treten auf:

9. Am 3. Septemer 1276 wurde ein Vertrag geschlossen, bei dem ein Onkel seine Nichte ins Seidenhandwerk zur Lehre gibt[131]. Aus diesem Vertrag wird auch klar, daß die Lehrlingsverträge nicht nur für Jünglinge, sondern ebenso für Mädchen abgeschlossen wurden. In der Wollweberei besitzen wir übrigens fast nur Urkunden, die sich auf Mädchen beziehen, z. B.

10. Am 22. April 1320 gibt einer seine Tochter auf sieben Jahre in die Lehre. Sie bekommt vom Meister nichts[132].

11. Am 23. Januar 1321 wird ein Mädchen zum Lehrling auf vier Jahre und erhält dafür sogar Kleidung und Verpflegung[133]. Bei solcher Gelegenheit finden wir auch Nachweise, daß weibliche Lehrherren durchaus keine Ausnahmen darstellten, z. B.

12. Am 5. April 1322 wird ein Mädchen zu einer Johanna domina mit dem Beruf texitrix für die Dauer von sechseinhalb Jahren gegeben. Es erhält Kleider, Schuhe, Wohnung und Verpflegung[134].

13. Am 10. November 1326 wird ein Mädchen zu einem Meister und – ausdrücklich – dessen Frau in die Lehre gegeben auf zweieinhalb Jahre, bei Verpflegung und gestellter Kleidung[135].

14. Am 19. November 1328 wird ein Mädchen ausdrücklich zur Ehefrau eines in der Urkunde Genannten in die Lehre gegeben, auf zwei Jahre. Kleidung erhält sie von der Mutter, Verpflegung von der Frau Meisterin[136].

Über das Alter, in dem die Schüler zum Meister gebracht wurden, ist in den Urkunden nur selten ein genauer Nachweis geboten. Einige Anhaltspunkte haben wir aber dennoch. In einer Urkunde

15. aus dem Jahre 1295 (2. März) wird ein Lehrling nicht nur als filius des Auftraggebers, sondern als „puer" bezeichnet, was sonst nicht üblich ist[137]. Davidsohn meint daraus entnehmen zu können, daß es sich hier um ein besonders junges Bürschen gehandelt haben muß[138]. Aber es könnte auch eine stilistische Eigenheit des betreffenden Protokollanten gewesen sein; allerdings finden wir in anderen Urkunden derselben Feder keine Analogien[139].

Tatsächlich scheint im 14. Jahrhundert mitunter eine allzu frühe Einstellung von Lehrlingen überhand genommen zu haben. Schon 1283 wurden in Bologna Vorschriften erlassen, die die Einstellung von Kindern unter 8 Jahren etwa bei den Schwertmachern verboten (236, IV/2, 81). Aus Florenz haben wir derartige Gesetze nicht, aber es gibt keinen Grund zur Annahme, warum Florenz bei dieser Ausbeutung der Jugend nicht mitgemacht haben sollte. Belege für Kinderarbeit haben wir auch für den Bereich von Florenz bereits angeführt (2.8.).

Auf der anderen Seite finden wir auch eine Anzahl von Urkunden, wo bereits volljährige Männer in die Lehre treten; man erkennt dies daran, daß niemand für den Lehrling verantwortlich angeführt wird; sie geben sich selbst in die Lehre. Der oben angeführte Fall 1 ist ein solcher, ebenso der in Anmerkung 122 zum Fall 3 zitierte. Weitere Beispiele der Gerberzunft:

16. Am 6. Oktober 1272 ein Mann aus Monteficalli[140];
17. Am 6. November 1272[141] und
18. am 9. Dezember 1272[142] jeweils noch einer.

Die Männer müssen damit mindestens 18 Jahre alt gewesen sein, da sie nach damaligem Brauch mit diesem Alter in der Regel als volljährig angesehen wurden.

Daß es sich hier nicht um eine Spezialität der Gerber gehandelt hat, zeigen andere Urkunden, wo sich ebenfalls Volljährige in die Lehre geben, etwa

19. am 2. April 1274 einer bei einem Goldschmied[143]
20. am 10. März 1306 einer bei einem Bäcker[144]
21. am 8. Mai 1328 einer bei einem Schuster[145].

Von besonderer Wichtigkeit ist eine andere Urkunde für uns. Sie stammt aus der Sailerzunft

22. vom 28. Februar 1328 und enthält das ausdrücklich vom Vater erteilte Recht für den Meister, den in die Lehre gegebenen Sohn zu züchtigen, allerdings ohne daß Blut fließt[146].

Davidsohn interpretiert dies nun so, daß das Züchtigungsrecht vom Meister extra ausbedungen worden sei (236, IV/2, 79). Aber das ist keineswegs ausgemacht. Wenn wir an späterer Stelle den Katalog schul- und ausbildungsüblicher Strafen anführen werden (4.1) und sich dabei die damals überaus leichtfertig angewendete Prügelstrafe zeigt, so ist die Ansicht nicht abwegig, daß hier nicht eine Erlaubnis erteilt, sondern eine Einschränkung geltend gemacht worden ist. Ein um das Heil seines Sohnes besorgter Vater könnte hier den allerärgsten Züchtigungen einen Riegel vorgeschoben haben. Darauf würde auch hinweisen, daß uns solche Vereinbarungen in anderen Urkunden nicht begegnen, und daß der Vater gerade in diesem Fall auch sonst für seinen Sohn einiges herauszuschlagen verstanden hat: für die Lehrzeit werden jährlich 16 librae bezahlt, und der Vater nimmt gleich bei Vertragsabschluß einen Vorschuß von 10 librae mit nach Hause.

Über den genauen Inhalt dessen, was die einzelnen Meister ihren Lehrlingen beizubringen hatten, wissen wir kaum etwas. Immerhin mußten sie die Lehrlinge soweit ausbilden, daß sie nach Abschluß der Lehre als Gesellen in die Zunft aufgenommen werden konnten. Die jungen Menschen werden also wohl im Laufe der Lehrjahre die für die Ausübung des betreffenden Handwerks nötigen Griffe und Fingerfertigkeiten, die Techniken und den Umgang mit den notwendigen

Rohstoffen gelernt haben und sich mit den Grundlagen des Vertriebs der Produkte und den Regeln der Zunft, der sie angehörten, vertraut gemacht haben. Wie und in welchem Umfang das alles geschehen ist, welche Didaktik hier angewendet wurde, darüber tappen wir im Dunkeln.

Wir wissen auch nicht, ob für den Eintritt in die Lehre – bei allen oder einzelnen Zünften – gewisse Grundkenntnisse vorausgesetzt waren, etwa Lesen und Schreiben. Aber wenn wir bedenken, daß man Kinder von acht Jahren schon als Lehrlinge beschäftigt hat, der Elementarunterricht aber frühestens mit dem siebten Lebensjahr begann, so ist klar, daß zumindest kein großer Wert auf elementare Schulkenntnisse gelegt wurde. Die Technik und das manuelle Können standen im Vordergrund, und Lesen, Schreiben, und – wo nicht viel gehandelt wurde – auch Rechnen waren dafür kaum vonnöten. Erst dem Meister, und auch ihm nur, insofern er selbständig blieb und auf eigene Rechnung seine Produkte verhandeln konnte, waren solche Kenntnisse nützlich. Aber wir wissen nicht einmal, ob alle von diesen das Lesen und Schreiben beherrschten.

Andererseits: Aufgrund der durchschnittlich langen Lehrzeit und des in der Regel relativ späten Eintritts in die Lehre war der Lehrling nach Beendigung seiner Ausbildungszeit ein erwachsener Mensch; für weitere Schulbildung war da wohl nicht mehr viel Raum. Da es im Handwerksstand auch zumeist keine allzu begüterten Familien gab, deren Mitglieder auch in erwachsenem Alter noch die Schulbank drücken konnten, blieb der durchschnittliche Bildungsstand dieser Gruppen auch entsprechend bescheiden. Das erklärt wohl auch, warum in der späteren florentiner Intelligenz nur sehr wenige Mitglieder von Handwerksfamilien auftauchen und sich hier vor allem der Kaufmannsstand und die Beamtenschaft hervortun wird.

3.4 Die Ausbildung der Kaufleute, Händler und Bankiers

In recht markanter Weise unterscheidet sich nun die Ausbildung der Händler, Kaufleute und Bankiers von der der Handwerker.

Zunächst fällt auf, daß sich schon die Lehrzeit im Durchschnitt auf wesentlich kürzere Fristen beläuft als es im allgemeinen bei den Handwerkern der Fall ist. Wir wissen zwar auch von einigen Handelszweigen, wo eine fünfjährige Lehrzeit – bei einem Eintrittsalter von 13 Jahren – die Regel war (236, IV/2, 813), etwa bei den Seidenhändlern und bei den Wechslern. Bei einer größeren Anzahl anderer Gewerbe aber reichten schon zwei oder drei Jahre, etwa bei den Kleinhändlern der verschiedensten Arten[147]. Auch war die Bezahlung eines Lohnes für die Lehrlinge nahezu immer an der Tagesordnung[148].

Der Kornmarkt. Miniatur, 14. Jahrhundert (aus Codex Il biadajolo, Laurenziana)

Eine weitere Besonderheit gegenüber den Handwerkern: während bei diesen sehr viele Lehrlinge vom Lande kamen und die Lehrlinge auch nur selten mit dem Lehrherrn verwandt waren, ist bei den Kaufleuten und Händlern wie auch bei den Bankiers genau das Gegenteil üblich: kaum einer kam vom Lande, und in einer großen Anzahl von Urkunden wird angezeigt, daß die Söhne der Handelsherren etc. in das elterliche Geschäft als Lehrling eintraten (236, IV/2, 81). Die Oberschicht bemühte sich offenbar damals bereits kräftig darum, eine Abschließung der eigenen Klasse herbeizuführen und möglichst wenig Emporkömmlinge in die eigenen Reihen verstoßen zu lassen. Um die schon einmal in der vorliegenden Arbeit hervorgehobene besonders erfolgreiche Form der Familiensozietäten (2.7) immer mehr zu erweitern, wurden in den Handelszunftrollen häufig schon die Söhne der Geschäftsleute mit eingetragen, noch während sie im Status eines Lehrlings standen (236, IV/2, 81).

Interessante Besonderheiten weist auch die Ausbildung der Bankierslehrlinge auf. Der Umgang mit dem vielen Geld macht argwöhnisch, und wahrscheinlich hat auch tatsächlich mancher Lehrling einmal kräftig zugegriffen. Also wurde zunächst einmal von jedem eintretenden Lehrling ein Eid gefordert, die aufgetragenen Arbeiten genau nach Anweisung und ohne Eigenmächtigkeit zu verrichten (236, IV/2, 81). In diesem Gewerbe wurde auch als Sonderheit eine fünfjährige Gehilfenzeit obligatorisch eingeführt[149], und erst nach ihrem Verstreichen war es dem nun zum Selbständigen Avancierten erlaubt, auf eigene Rechnung Wechselgeschäfte zu betrieben oder als Sozius in andere Banken einzutreten[150].

In den Handelshäusern war es auch üblich, die Lehrlinge ins Ausland zu senden, und zwar offenbar schon recht bald nach dem Eintritt ins Lehrverhältnis. Jedenfalls finden wir schon 13-jährige Lehrlinge ins Ausland verschickt (238, VI/2, 81). Und: Solchen Lehrlingen wurde dabei offenbar auch noch ein kräftiges Gehalt gezahlt, damit sie sich am fremden Ort gut halten konnten.

Mitunter wurden Lehrlinge auch gleichzeitig als *fattore* eingesetzt und hatten in dieser Eigenschaft gewisse Sondervollmachten und ein gar nicht schlechtes Gehalt[151].

Eine erhebliche Selbständigkeit war den Lehrlingen im Handel und in den Banken allemal gegeben. Vergleichen wir dies alles mit den oben angeführten Zuständen bei den Handwerkern, so sehen wir unmittelbar, welch anderes Klima hier herrschte.

Mitunter scheinen die gewährten Freiheiten zu Vorgängen geführt zu haben, die den etablierten Herren nun doch zu weit gingen, und so schränkten sie nach einiger Zeit zunftspezifisch die Freizügigkeiten wieder ein, besonders deutlich bei der *Calimala* und der *Ars Cambio*[152]. So wurde den Lehrlingen das nächtliche Würfelspiel verboten — wohl weil nach einer verlustreichen Nacht der Griff in die Ladenkasse doch sehr nahelag[153]. Die *Ars Por S. Maria* untersagte ihren Zöglingen auch die üblichen Budenfeste[154].

Händler und Bankiers hatten überhaupt alle Hände voll zu tun, um den Lehrlingen klarzumachen, daß das Übervorteilen nur bei anderen Leuten, nicht aber beim eigenen Meister gerechtfertigt war. Wir kennen einige Blüten aus der damaligen Zeit, die uns zeigen, mit welchen Mitteln allgemein gerafft und das Zusammengeschobene verteidigt wurde – und man kann sich gut vorstellen, daß die Lehrlinge auch auf diesem Gebiet sehr lernfähig waren und es gern einmal da probierten, wo es nahelag: im eigenen Betrieb und in der eigenen Betriebskasse. So war es damals üblich, daß man die niederen Weiehen nahm, ehe man Kaufmann wurde[155] – denn damit war man der weltlichen Gerichtsbarkeit weitgehend entzogen und konnte seine Geschäfte viel freier und skrupelloser tätigen; kam man doch in Schwierigkeiten, hatte man gute Hoffnung, mit einem kräftigen Obolus in den Klingelbeutel die geistlichen Richter milde zu stimmen. Ein weiterer Winkelzug war es, Geld anderer Leute zu veruntreuen und damit in ein Kloster zu verschwinden, wo man vor weltlichen Nachstellungen sicher war und Gras über die Sache wachsen lassen konnte. Solches Verhalten, das recht üblich war, stachelte offenbar Lehrlinge fortgeschrittenen Alters zur Nachahmung auf und die Meister erließen allerhand Verordnungen, um ihr Geld zu schützen[156].

Wir finden noch weitere Unterschiede in der Behandlung der Handels-Lehrlinge gegenüber der bei den Handwerkern üblichen. So ist uns z. B. keine einzige Urkunde bekannt, die analog zu der in Nr. 22 zitierten handwerklichen bei einem Handelslehrling Bezug auf Körperstrafen nimmt und auch keine, bei der der Lehrling am Sonntag hätte arbeiten müssen, wie wir es bei einem Handwerkslehrling gefunden hatten (2.8). Die im Durchschnitt kürzere Ausbildungszeit und die anderen Besserstellungen interpretiert Davidsohn (236, IV/2, 81) in der Weise, daß eben bei den Händlern nicht sehr viel zu lernen gewesen sei und daß man vor allem geschäftliche Gerissenheit und Schlitzohrigkeit als Talente mitbringen mußte. Das ist sicher richtig, aber nur zum Teil ausreichend zur Begründung dieser Tatsache. Unserem Dafürhalten nach spielt auch das Faktum eine große Rolle, daß die Handels- und Banklehrlinge zu einem großen Teil aus einschlägigen Familien kamen, und daß die Eltern dieser Zöglinge sehr wohl wußten, wieviel Zeit ein durchschnittlich begabter junger Mann brauchte, um mit den nötigen Taktiken und Handelsgepflogenheiten bekannt zu werden. Darüber hinaus waren sie auch sehr daran interessiert, ihren Sprößling so bald wie möglich als Vollkaufmann in ihrem eigenen Geschäft zu beschäftigen – womit sie sich ja eine angestellte Kraft sparten bzw. die dafür nötige Entlohnung in der Familie hielten.

Das alles sind Aspekte, die bei den Handwerkern wegfielen – die Lehrlinge kamen dort vor allem aus Familien, die nicht im entsprechenden Gewerbe Tradition hatten, und man konnte den Eltern sehr leicht ein X für ein U vormachen. Darüber hinaus hatten natürlich die Handwerksmeister meist das auf den ersten Blick einleuchtende Argument, daß man die Fingerfertigkeit des Lehrlings lange Zeit schulen müsse, ehe er die Kunst erlernt habe.

Die Ausbildung der Kaufleute und Bankiers wird damit zu einem völlig anderen Vorgang als die der Handwerker. Letztere mußten tatsächlich vor allem auf manuelle Fertigkeiten achten, also eine Ausbildung bestimmter körperlicher Eigenschaften (der Hand- und Beinmuskel, -nerven, -beweglichkeit etc.) und physiologische Verbesserungen in den Vordergrund stellen; bezüglich des Wissens konnten sie sich vorwiegend auf Kenntnisse über Art und Beschaffenheit der Rohstoffe und auf ein Umgehenkönnen mit den Werkzeugen beschränken. Im Gegensatz dazu hatten die Kaufleute es zunächst mit einer Ausbildung des Intellekts zu tun. Und diese Ausbildung hatte nur Sinn, wenn der Lehrling auch noch einige andere Tugenden mitbrachte (wobei die Frage beiseitegelassen sei, woher er diese bekam, von Zuhause oder durch andere Einflüsse): Brutalität im Übervorteilen anderer, Spitzfindigkeit im Vertragschließen, Waghalsigkeit im Kalkulieren und nicht zuletzt Sparsamkeit und Fleiß. Wie unsicher diese Gewerbe waren, zeigten ja die schon zitierten (2.9) Konkurse großer und größter Firmen der Handels- und Bankiersbranche.

Mußte sich nun der Handwerker – und damit natürlich auch sein Nachwuchs – im Zuge der kapitalistischen Entwicklung immer mehr auf einen Kampf um seine Selbständigkeit gegenüber den Händlern und Bankiers einstellen, so hat umgekehrt der Kaufmann und sein Nachwuchs immer raffiniertere Methoden des Konkurrenzkampfes und der Ausbeutung Abhängiger zu seinem Ziel zu machen; die Akkulumation von Geld, die Steigerung der Profite, das Aus-dem-Feld-Schlagen der Konkurrenten, die Beitreibung ausgeliehener Gelder etc. sind die Ziele, auf die er hinarbeitet: und sie bestimmen auch den Gegenstand der Ausbildung.

Bedenken wir zu alledem noch, daß zwischen den beiden Gruppen – jedenfalls in der Regel – kein gemeinsam vermitteltes Grundwissen steht, so müssen wir klar erkennen, daß hier zwei völlig verschiedene Formen des sozialen und intellektuellen Habitus geprägt werden: der rechnerisch-logisch, alles ihm Begegnende notwendigerweise in Quantität umdenkende Kaufmann und Bankier auf der einen Seite, und der die Qualität – der Rohstoffe und Materialien, der Werkzeuge, der Produkte – und ihre Gewinnung in den Vordergrund rückende Handwerker. Ein unmittelbar-sinnlich-inhaltliches Denken also beim Handwerker und ein formal-logisch-rechnerisches beim Kaufmann sind die formenden Elemente der Ausbildung dieser Gruppen.

3.5 Die Ausbildung der Ideologen

Es ist eine in der wissenschaftlichen Literatur bisher nicht gewürdigte Tatsache, daß Florenz erst sehr spät angefangen hat, sich systematisch um die Ausbildung der eigenen Ideologen und Klassendenker des Bürgertums zu kümmern. Sicher, es gab eine Anzahl von kirchlichen, klösterlichen, beschöflichen Anstalten, an denen eine Art Generalstudium durchgeführt werden konnte. Aber es ist fast eine Faustregel, daß alle diejenigen, die in Florenz zu hoher wissenschaftlicher Ausbildung gekommen waren, später nicht in Florenz selber wirkten, und umgekehrt, daß all jene, die tatsächlich innerhalb von Florenz ideologiebildend wirkten, nicht in Florenz ausgebildet waren. Eine Reihe von Beispielen soll das verdeutlichen. Die ältesten uns bekannten Zeugnisse florentiner Einrichtungen zur Ausbildung von Ideologen betrifft das Studium der Rechte. Ganz offenbar war dieses bereits im 11. Jahrhundert zumindest rudimentär vorhanden. Wir besitzen aus dem Jahr 1076 ein Zeugnis. Bezeichnenderweise benennt es hier einen gewissen Pepo, der einmal für einige Zeit gerichtlicher Beiseitzer in Florenz war – aber was ihn berühmt machte, war nicht seine florentiner Wirkstätte, sondern die Tatsache, daß er der älteste uns mit Namen bekannte Rechtsgelehrte in Bologna war[157].

Juristen, die wir aus dem 11. Jahrhundert verbürgt in Florenz wissen, zeigen übrigens schon mitunter ein erhebliches Selbstbewußtsein. Einer bezeichnet sich in seinen Urkunden etwa als „Ubertus judex doctus, sapiens quoque prorsus . . .“ etc.[158]. Die Bürgerschaft von Florenz schätzte die Juristen mitunter sehr, jedenfalls wird z. B. einer davon 1131 mit den Worten „qui unus erat de potioribus Fiorentiae" erwähnt (236, III, 804).

Leider ist uns unbekannt, wo und innerhalb welcher Institutionen die Florentiner ihre Juristen ausgebildet haben. Soviel ist aber immerhin sicher, daß eine Anzahl der bodenständig ausgebildeten Rechtskundigen später in anderen Städten wirkten und da recht bekannt waren. Wir haben z. B. die Namen Obaldus und Billincione, die für die gesamte Mark um Florenz im Auftrag der Gräfin Mathilde Recht sprachen (236, III, 803). Später ist Dino del Mugello in der Stadt Pistoia berühmt geworden (207, 18). Weitere Namen sind Lotto degli Agli[159], Buonaccorso degli Elisei dall'Arco della Pietà (236, IV/3, 129), Ottavante d'Riganletti (236, IV/3, 129), Lapo Saltarelli[160] und Buoninsegna d'Becchenugi[161] schließlich, im beginnenden 14. Jahrhundert, Bartolomeo Benvenuti degli Accaiuoli (28, III, 179) – alle mit großen Namen, aber alle mit Meriten von außerhalb der Heimatstadt Florenz berühmt geworden.

Eine systematische Ausbildung bezüglich der wesentlichen Gebiete der bürgerlichen Ideologie – Recht, Philosophie, Pädagogik usw. – fand in Florenz bis ins 14. Jahrhundert hinein nicht statt, und wenn wir uns später mit den Querelen um die Gründung der Universität befassen, werden wir sehen, wie sehr der florentiner Zeitgeist solches als reine Geldverschwendung ohne unmittelbar quantifizierbaren Nutzen angesehen hat.

Suchen wir beharrlich weiter, um doch wenigstens einige Einrichtungen zu finden, die ideologiebildend im Sinne des sich etablierenden Bürgertums hätten wirken können, so stoßen wir allenfalls auf Einzelerscheinungen wie z. B. gewisse „magistri", die höheren Unterricht erteilten und sich auch sonst kulturell betätigten, wie etwa der Meister Boncompagno (236, 810 und IV/3, 155 ff) und der Meister Bene (236, I, 812 und IV/3, 156 f), die sich auch durch Dichtungen einen Namen machten, oder auf den Philosophen Henricus de Settemello, der durch Traktate im Anschluß an Boethius hervortrat (236, I, 813 ff). Aber auch bei diesen ist der berühmte Name nicht in Florenz, sondern außerhalb entstanden.

So ergibt sich die für die Forschung recht überraschende Tatsache, daß gerade in der Wiege der bürgerlichen Kultur und gerade während ihrer Etablierung in Florenz bis weit ins 13., ja teilweise 14. Jahrhundert hinein, bis zu Dantes Lehrer Brunetto Latini und eigentlich bis zu Dante selbst, die hausgemachten Ideologen, die auch zuhause wirkten, weitgehend fehlten.

Stattdessen entwickelte sich eine naturwüchsiche Ideologie ohne Ideologen, wenn wir es einmal so ausdrücken dürfen: Eine Weltanschauuung und Eigensicht der bestehenden Verhältnisse, die aus dem Volk kam und nicht von den Köpfen der im Dienste der Herrschenden stehenden Intellektuellen – und dies gilt bis nahezu zur Mitte des 14. Jahrhunderts.

Ein Beispiel für die bodenständige Ideologie ist z. B. die volkstümliche Herleitung der Stadt Florenz und ihrer Gründung. Sie spielt bereits im 11. Jahrhundert eine große Rolle, und wenn wir Dante glauben wollen, wurde sie vor allem von Spinnerinnen und Wäscherinnen ausgestaltet und mündlich überliefert – Jahrhunderte, ehe Salutati diese Fabel aufgriff und in sein ideologisches Konzept zur Behauptung der florentiner Vorherrschaft in Italien ausnutzte. Nach dieser Überlieferung soll Florenz von trojanischen Flüchtlingen gegründet worden sein (in der Nähe von Fiesole), und da somit Florenz älter sei als alle konkurrierenden Orte, gebühre dieser Stadt die Führungsrolle auf dem gesamten Kontinent (236, I, 815 f). Eine Fälschung der Vita des heiligen Romulus aus diesen Jahrhunderten nimmt diese Sage auf und verklärt den Romulus – dessen historisches Original in die ottonische Zeit fällt – zu einem der ersten städtischen Helden[162].

Da mithin Florenz keine eigenen Institutionen zur systematischen Ausbildung der Ideologen hatte, waren bis ins 14. Jahrhundert alle, die sich derartige Grundlagen zu verschaffen trachteten, auf auswärtige Städte angewiesen. Arezzo, Pistoia, besonders aber Bologna und Siena waren der Anziehungspunkt für alle, die sich das Wissen und die Weltdeutung der Zeit aneignen wollten (236, IV/3, 129–140). Florentiner

Geistlichen wurde sogar die ausdrückliche Erlaubnis erteilt, mangels heimischer Gelegenheiten in andere Städte zu übersiedeln (236, IV/3, 130). Wir wissen auch von einer starken florentiner Kolonie an der Universität Bologna, die sich derart als eigene Gruppe fühlte, daß es mitunter große Streitigkeiten mit anderen Studenten gab (242, 138 f). Den Studenten schrieben Zeitgenossen auch schon ganz ähnliche Gewohnheiten zu wie sie ihnen bis heute nachgesagt werden: nur mäßiges Interesse fürs Studieren und viel Zeit für andere Dinge, worüber sich die Altgelehrten natürlich mächtig aufregen mußten[163].

Über Details des Studiums werden wir im nächsten Kapitel berichten; hier ist nur anzumerken, daß für das Erringen einer akademischen Würde ein gewisser Regelstudiengang vorgeschrieben war und daß in den meisten Fächern die lateinische Sprache ausschließlich Kommunikationsgrundlage war[164]. Das war keineswegs nebensächlich, prägte doch diese Sprache auch ihre Denkschemata und – wie wir (6.) noch sehen werden – auch ihre Inhalte den künftigen Vor-Denkern des Bürgertums auf; und zudem wurde mithilfe dieser Sprache das Wissen um die wichtigsten Gegenstände des Lebens und der gesellschaftlichen Führung zu einem Exklusivbesitz derer, die sich solche Studien leisten können. Wir sehen hier die Vorreiter der späteren Abschließung des Bürgertums zu anderen Klassen mithilfe des Privilegs einer Bildung, die Voraussetzung für die Ausübung der Herrschaft in der Gesellschaft wurde. Ein weiterer wichtiger Aspekt im Hinblick auf den Zugang zu den Bildungsstätten der Ideologie und der Herrschaftsqualifikation war, daß es damals weder Buchdruck noch Billigbücher gab. Der Scholast war gezwungen, die notwendigen Wissensunterlagen auf eigene Kosten abschreiben zu lassen oder Ausgaben für teures Geld zu erwerben[165] – beides Dinge, die sich nur Begüterte leisten konnten, und wiederum war dadurch weitgehend gewährleistet, daß Wissen nur den Angehörigen der reicheren Klassen zugute kam.

Wir haben durch eine Reihe von Urkunden Nachrichten, wer aufgrund dieser Tatsachen nun wirklich an den Hochschulen der damaligen Zeit eine Ausbildung bekam. Dabei zeigt sich, daß keineswegs nur Bürgerliche sich dieser Tätigkeit widmeten, sondern daß durchaus auch ein Teil des alten Adels begriffen hatte, wie wichtig wissenschaftliche Kenntnisse waren und wie wesentlich die neue Ideologie dazu beitrug, die Zeitläufte zu bestimmen und wie sehr man darauf angewiesen war, wenn man die eigenen Interessen wahren wollte. So finden wir z. B. Studiker aus den Häusern Ubaldini (236, IV/3, 133) und Alberti, welch letztere sogar einen erlesenen Zirkel bürgerlicher Intellektueller um sich versammelten[166]. In starkem Maß finden wir auch Angehörige des Patriziats unter den Studierenden, und einige von ihnen traten später sogar als glänzende Gelehrte hervor, so etwa Federigo d'Bardi aus dem bekannten Bankhaus, der es zum Prior von Santa Maria sopra Porta brachte und der zeitweise in Paris Rektor der italienischen Studenten war[167].

Wenn wir die um Florenz liegenden Universitätsorte untersuchen, sehen wir, daß einige von ihnen ein bestimmtes Publikum anzogen. Dante z. B. vervollkommnete seine Studien in Bologna, da er in Florenz das Gesuchte nicht fand (236, IV/3, 133). Bankierssöhne wie die Frescobaldi – einer davon, Fresco, wurde verschiedentlich Kapitan und Podestà, sein Bruder in Florenz Prior von San Lorenzo und später bekannter Rechtsanwalt[168] – studierten in Padua; Arezzo, meist ghibellinisch, zog stattdessen vorwiegend Angehörige des alten Feudaladels und der kaisertreuen Familien an[169].

Die wichtigste Nachbaruniversität für Florenz war Siena, das immerhin schon 1176 ein geregeltes juristisches Vollstudium nachweisen kann (828, 14 ff), darüber hinaus aber auch nahezu alle anderen denkbaren Fächer bereithielt, Grammatik, Medizin usw. Einer der dortigen Schüler wurde nachmals sogar Papst, Johannes XXXI.[170].

Auch Neapel machte seit dem beginnenden Jahrhundert – die Universität wurde 1224 durch Friedrich II. gegründet – Anstrengungen, Gelehrte anzulocken, konnte aber offenbar nur wenige Leute aus dem Norden gewinnen; ein Meister Tommaso (588, 194) gehört zu den wenigen uns dort bekannten Florentinern.

Besonders anziehend wirkte aber zu damaliger Zeit überall und auch in Florenz die Universität von Paris, und hier ist in der Tat auch eine Reihe sehr bekannter Größen mit florentiner Geburtsort ausgebildet worden. Davidsohn zählt mehr als ein Dutzend uns heute noch geläufiger Gelehrter auf, die in Paris ihre wissenschaftliche Vervollkommnung erhalten haben. Aber es waren zumeist Geistliche, die dorthin zogen, Angehörige von Orden – bzw., wenn sie vorher noch nicht dabei waren, nahmen sie nach dem Studium meist die Weihen (236, IV/3, 138–141). Auch Weltgeistliche, zumal solche aus adeligem Hause, finden wir in Paris, etwa zwei Grafen Guidi[171]. Einer der Bardi (236, IV/3, 139 f) war Schüler der Sorbonne und freundete sich dort mit dem bekannten Marsilius von Padua an, ehe dieser wegen seines Rationalismus geächtet wurde (236, IV/3, 139). Auch dieser Bardi nahm übrigens später seinen Eintritt in die Geistlichkeit vor. Selbstverständlich dürfen wir wiederum Dante nicht vergessen, der sich dem damaligen Trend anschloß und ebenfalls einige Zeit in Paris studierte (236, IV/3, 140).

Halten wir also fest, daß die zwei Jahrhunderte, in denen Florenz die bürgerlich-städtische Produktion und die neue Gesellschaftsordnung schuf, keineswegs auch ein dem Neuen korresponierendes neues System für die Denker der herrschenden Klassen hervorbrachte, weder als theoretischen Gedankenverbund noch als Ausbildungswesen. Während alle anderen umliegenden Städte von einiger Bedeutung, die weit weniger in ihrer ökonomischen Entwicklung hervorragen, sich kontinuierlich Institutionen für die Entwicklung eines neuen Überbaus schufen, blieb Florenz bis ins 14. Jahrhundert hinein auf den Zufluß auswärtig Ausgebildeter oder zumindest doch dorthin entsandter eigener Scholaren angewiesen. Die im 14. Jahrhundert errichtete Universität wurde deshalb auch lange Zeit nicht zum Mittelpunkt intellektueller Ausbildung und schon gar nicht zu einem ideologischen Zentrum des Bürgertums; vielmehr haben sich stattdessen gelehrte Zirkel außerhalb der Institutionen im 14. Jahrhundert und ganz besonders in der Zeit danach zu den Aufbaustätten und Trägern neuer ideologischer Vorstellungen entwickelt. Man denke hierbei nur an das berühmte *Paradigio degli Alberti,* dem Salutati eng verbunden war, oder, später, an die maßgeblich von den Medici bestimmte platonische Akademie.

Wir werden später die Frage zu stellen haben, warum eine ökonomisch und gesellschaftlich so weit entwickelte Stadt wie Florenz so lange ohne konsequent ausgebildete und der eigenen Gesellschaftsform spezifisch verpflichtete Ideologen auskommen konnte, und wir werden zeigen, daß eben gerade dieses nichtideologische Element in Florenz die dortige hervorragende Entwicklung möglich machte und sogar beschleunigte (4.1, 4.3 und 6.5) – aber am Ende wiederum behinderte, so daß eine eilig in der 2. Hälfte des 14. Jahrhunderts aufgebaute Ideologie den schon eingetretenen Zusammenbruch des Systems schließlich nicht mehr aufhalten konnte.

Kleidermarkt mit Schneiderarbeitsplätzen. Miniatur aus Bologna (Museo Civico)

Kapitel 4
Die Organisation des florentiner Bildungswesens

Giovanni Villani gibt uns in seiner Chronik bezüglich des Bildungswesens erstaunliche Zahlen an. Nämlich: daß zu seiner Zeit – also in der ersten Hälfte des 14. Jahrhunderts – etwa zehntausend Jungen und Mädchen das Lesen (vermutlich dann wohl auch das Schreiben) erlernt hätten. Ca. 1000 bis 1200 Knaben seien in insgesamt sechs Rechenschulen (*Abacco* und *Algorismo* zu lernen) gegangen, 550 bis 600 hätten höhere Schulen besucht, wo man Grammatik, Logik, Latein und Philosophie gelehrt hat. Solcherart Schulen habe es vier gegeben[172].

Wir werden auf die einzelnen Schultypen noch zurückkommen. Hier geht es zunächst um die Zahlrelationen.

Die zehntausend Elementarschüler müssen ganz offenbar weit übertrieben sein. Wir haben anläßlich der demografischen Entwicklung (1.1.) schon gezeigt, daß in jener Zeit bestimmt nicht viel mehr als 50 000 Menschen in Florenz gelebt haben. Die Elementarschüler hätten danach, glaubt man Villani, fast ein Fünftel der Bevölkerung ausmachen müssen, was völlig unmöglich ist. Näher kommen wir der Wahrheit wahrscheinlich schon, wenn wir Villanis Angaben relativ nehmen: in der gleichen Schrift hatte er ja die Einwohnerzahl auf 90 000 bis 100 000 angesetzt. Dann wären die angegebenen Elementarschüler ca. ein Zehntel der Bevölkerung, und wenn wir die Einwohnerzahl realistisch auf ca. 51 000 annehmen, so hätten wir etwa 5000 Elementarschüler. Wir haben oben die Anzahl der Kinder und Jugendlichen im Alter von 7–15 Jahren zu ca. 6 700 errechnet (1.1.3); die Elementarschüler nähmen dabei den Bereich vom 7.–12. Lebensjahr ein. Natürlich können wir aber nicht annehmen, daß alle Angehörigen der Elementarjahrgänge tatsächlich die Schule besucht haben, und so kommt auch diese Zahl noch zu hoch; aber immerhin ist hier bereits eine gewisse Annäherung an die geschichtliche Wahrscheinlichkeit gegeben. Vergegenwärtigen wir uns, daß zur Zeit Villanis die Zahl der völlig Mittellosen bei einigen Tausend, die derjenigen, die nur das Existenzminimum verdienten, bei sicher 20–30 000 lag und daß der Elementarunterricht nur gegen Entgelt erteilt wurde, so müssen wir die Zahlen noch einmal heruntersetzen.

Da wir aber auch keine gesicherten Angaben aus anderen Quellen haben, sind wir auf bloße Spekulation angewiesen, wenn wir noch genauer sein wollten, und so lassen wir diese Fragen lieber offen, halten nur fest, daß es bestimmt nicht weit mehr als wenige tausend Elementarschüler gewesen sein können.

Etwas vertrauenswürdiger klingen die anderen Angaben bezüglich der weiterführenden Schulen, die wir bei Villani gefunden haben, denn es sollte ja auch Villani möglich gewesen sein, bei – nach seinen Angaben – nur sechs Rechenschulen und vier Gymnasien auch die Schülerzahl einigermaßen korrekt anzugeben. Auf die Anzahl der Elementarschüler lassen sich aber auch daraus keine konkreten Schlüsse ziehen. Wir müssen uns die Unsicherheit unseres Wissens bezüglich der Schulen immer vor Augen halten, wenn wir an die Darstellung des institutionalisierten Bildungswesens herangehen. Da wir noch dazu umsomher im Dunkeln tappen, je weiter wir zurückgehen, werden die Angaben für die früheren Zeiträume auch immer ungenauer. Wir können uns hier Davidsohn überhaupt nicht anschließen, der aus nur sehr vereinzelten Äußerungen, die er findet, schon die Bildungssituation eines ganzen Zeitalters ermitteln zu können glaubt. So z. B., wenn er aus einem Zitat eines gewissen Herrn Rudolf von der Jahrtausendwende, Augenschwäche hindere ihn, seinen Namen zu schreiben, bereits herausinterpretiert, in gutbürgerlichen Kreisen habe man etwas auf Elementarunterricht gehalten (236, I, 805), und wir sehen auch nicht ein, daß man von den relativ häufigen eigenhändigen Unterschriften auf Verträgen des 11. und 12. Jahrhunderts schon auf einen allgemein hohen Bildungsstand der Florentiner jener Zeit schließen könnte: es mag sich durchaus so verhalten haben, daß eben vor allem die Gebildeten ihre Abmachungen auch schriftlich fixierten, die anderen aber darauf verzichteten. Andererseits liest Davidsohn dann aus der Tatsache, daß eine gewichtige Matrone aus dem Hause Firidolfi leseunkundig war, heraus, daß zu jener Zeit die Frauen im allgemeinen nicht lesen konnten, und dieselbe unzulässige Verallgemeinerung nimmt er bezüglich des Adels vor, nur weil der Graf Guido Guerra zufällig nicht lesen und schreiben konnte (236, I, 805). An solcher Stelle konkretisieren sich die in unserer Einleitung gemachten Vorbehalte bezüglich der bisherigen Sekundärliteratur besonders drastisch, und dies gibt auch die Begründung noch einmal ab, warum wir von solcher Art der Geschichtsschreibung nicht viel halten, da bei ihr die Spekulation über der Tatsachensicherung steht und eine sehr verwaschene Historiographie zustandekommen muß.

Wir wollen uns stattdessen so ausschließlich wie möglich auch in diesem Kapitel an gesicherte Tatbestände halten, selbst wenn dadurch – zumindest vorläufig, bis zu erhoffende Glücksfälle weitere Dokumente ans Licht bringen – noch eine große Zahl von Lücken bleibt. Nur dort, wo diese mit einer überaus großen Wahrscheinlichkeit durch Sekundärberichte und -fakten aufgefüllt werden können, werden wir über eine enge Auslegung der zur Verfügung stehenden belegten Tatsachen und Urkunden hinausgehen. Wir werden auch nicht die gern geübte Praxis der kritiklosen Übertragung von Zuständen in anderen Ländern derselben Zeit auf florentiner Zustände üben, denn wir haben schon an früherer Stelle – etwa bei den Arbeitsverhältnissen – gezeigt, daß die Lage in der Toskana zu jener Zeit eine solche Anzahl von Eigenarten aufweist und die Gesellschaft dort eine derart spezifische Entwicklung mitmacht, daß Übertragungen aus anderen Gegenden reiner Unfug wären. Florenz hat im 12. und 13., ja auch in den folgenden Jahrhunderten einen eigenen Weg durchlaufen; es waren besondere Verhältnisse und historische Umstände, daß dieser genau so und nicht anders verlaufen ist. Und gerade wenn wir die Dialektik von Basis und Überbau und darüberhinaus die in diesen beiden Bereichen wiederum verlaufenden Bewegungen nicht als ein spekulatives Prinzip, sondern als historisch-empirische Konkretion ansehen wollen, dürfen wir die nichtallgemeinen Umstände auf keinen Fall vernachlässigen, müssen sie sogar besonders deutlich herausstellen und klären – damit wir bei einer allgemeinen Auswertung der frühkapitalistischen Entwicklung nicht gerade die Besonderheiten als allgemeine Grundlagen mißverstanden und umgekehrt.

Gehen wir die vorliegenden Dokumente bezüglich der Bildungsinstitutionen in älterer Zeit durch, so sehen wir in den ersten Anfängen noch sehr wenig Differenzierung, die eine genaue Zuordnung zu bestimmten Ausbildungs- und Bildungsstufen erlauben würden.

So wissen wir aus der Zeit vor dem Jahr 1021 nicht mehr, als daß bis dahin das Schulwesen wohl überwiegend oder vielleicht sogar ausschließlich in den Händen der Kirche gelegen haben muß. Erst 1021, in dem genannten Jahr, finden wir ein Dokument, wo ein Nichtgeistlicher mit dem Titel „magister" versehen wird[173], und es spricht alles dafür, daß es sich dabei um einen Lehrer gehandelt hat[174]. Der Titel „magister" hat sich im folgenden Jahrhundert erheblich ausgeweitet und wurde auch auf Maler, Bildhauer etc. angewandt; vorrangig bleibt er aber doch ein pädagogischer Begriff, und er wird für Geistliche wie Laien gleichermaßen verwendet, wenn sie irgendwo eine Lehrtätigkeit ausüben.

Wir wissen auch über jenen ersten erwähnten Petrus magister filius Johannis nichts weiter, insbesondere bleibt unbekannt, ob er als Elementarlehrer oder an einer höheren Schule oder gar an einer Hochschule tätig war.

Im 12. Jahrhundert trifft man dann häufiger *magistri,* und zwar interessanterweise auch außerhalb der eigentlichen Stadt in der Provinz. Das könnte ein Hinweis darauf sein, daß in jener Zeit sich die Erkenntnis der Notwendigkeit einer gewissen Ausbildung und Bildung in weiteren Kreisen durchgesetzt hat. Wir haben verbürgte Nachrichten aus den um Florenz gelegenen kleineren Orten wie Decimo[175], Poggibonsi (236, I, 807), Mugello[176] und, besonders früh, aus Montegrossoli

(236, I, 807). Ein kleiner Ort wie Figline besaß 1198 sogar schon vier urkundlich nachweisbare *magistri*[177].

Von eigentlichen Schulen und ihrer Gründung wissen wir nur bezüglich der klerikalen einiges. Nun handelte es sich dabei aber gerade nicht um die für uns interessanten neu entstehenden Schulen von und für das sich etablierende Bürgertum und seine Bedürfnisse, sondern um mittelalterlich-feudalistisch ausgerichtete Nachwuchsanstalten (für die Rekrutierung neuer Kleriker[178]), die mehr oder minder zufällig in Florenz ansässig waren, aber in keinerlei Zusammenhang mit der dortigen Entwicklung des 12. bis 15. Jahrhunderts standen[178]. Einigermaßen von Bedeutung ist, daß diese für die Ideologie des Mittelalters ausgebildeten und streitenden Kleriker infolge des kirchlichen Bildungsmonopols für den Adel eine ausgesprochene bestimmende Stellung einnahmen, da sie oft die Schreibaufgaben und den diplomatischen Briefverkehr der Herrscher wahrnahmen und sich auf diese Weise immer mehr auch in die politischen Entscheidungen einschalteten. Bezüglich Florenz' äußert sich das z. B. darin, daß die mächtigen Grafen Guidi mehrere Kleriker hielten, die die Brief-Abteilung des Hauses allmählich zu einer regelrechten Kanzlei auszubauen verstanden. Solches Beispiel machte Schule. Erst im 12. Jahrhundert scheinen die Adelshäuser damit begonnen zu haben, sich dieser Bevormundung zu entledigen und selber Schreiben und Lesen als Tugenden zu erachten; sie erlernten dies vorwiegend mittels am Hof gehaltener *magistri* (236, I, 806).

Santorre Debenedetti meint in seiner akribischen Untersuchung über die allerersten Zeugnisse florentiner Lehrer, daß der höhere Unterricht, der in Latein, Grammatik etc., wesentlich früher laiziert worden sei als der Elementarunterricht (29, 338). Aber er bleibt den Beweis dafür schuldig – er beruft sich zwar auf Davidsohn, jedoch an der angegebenen Stelle der „Geschichte von Florenz" findet sich nicht die geringste Spur von Hinweis auf eine entsprechende Behauptung Davidsohns. Das schließt natürlich nicht aus, daß es sich so verhalten hat, wie Debenedetti meint, aber es gibt offenbar keine Beweise dafür; wir haben auch keine gefunden.

Unsere Zeugnisse für das Auftreten der *doctores puerorum* reichen zurück bis 1275[180]; für die *magistri grammatice* bis 1270[181], und erst zu dieser Zeit sind wir dann auch imstande, mit Sicherheit Laien von Geistlichen zu scheiden und zugleich den Bildungstyp zu bestimmen, für den sie gearbeitet haben. Die vor dieser Zeit bekannten Lehrer sind stets entweder bezüglich des einen oder des anderen Aspektes nicht einzuordnen: entweder sie sind mit Sicherheit Kleriker, wie etwa ein gewisser Theuzo grammaticus, der in einer Urkunde von 1019 erwähnt wird (236, I 807), von dem wir wissen, daß er in der Kirche von Fiesole Primicerius war, für den wir aber nicht den magister-Titel nachweisen können; ebenso im Fall eines „Martinus clericus grematicum es jurnis divinus" von 1156 (236, I, 807 f.) (Schreibweise nach der Urkunde im verderbten Latein); oder aber wir wissen von der Zugehörigkeit zum Laienstand, können aber wiederum das Fach nicht erkennen, etwa bei einem *Petrus magister*, den wir schon oben erwähnt haben, oder beim *Pepo magister*, der 1065 erwähnt wird[182], oder bei einem *Actio figlius magistri*, den wir 1971 nachweisen können[183], ebenfalls beim *Bonittus magister* 1073[184] oder beim *Johannes qui vocatur magistro*[185]. Der zuletzt genannte verdient weitere Beachtung: das „qui vocatur magistro" kann verschiedenes bedeuten. Es könnte sein, daß zu dieser Zeit *magister* bereits zu einem beigelegten Titel geworden war, der sich über die enge Berufsbezeichnung als Lehrer hinaus entwickelt hatte und nunmehr einen Menschen meinte, der auf einem Gebiet besonders beschlagen war. Es könnte aber auch sein, daß hier von einem vorsichtigen Notar ein Mann als sogenannter Magister geführt wurde, von dem ein qualifizierender Nachweis aber fehlte: in diesem Fall müßte man annehmen, daß es erstens schon gewisse Zertifikate über einen Ausbildungsnachweis für Lehrer gegeben hat, und daß es zweitens Leute gab, die sich ohne einen solchen Nachweis als Lehrer betätigten. Es könnte weiterhin auch sein, daß einer, der eigentlich kein Magister mit Ausbildung war, von Zeitgenossen wegen irgendwelcher Eigenschaften so genannt wurde, quasi als magister ehrenhalber.

In jedem Fall wird sichtbar, daß der Begriff des Magisters bereits vielschichtig wurde, ohne daß wir der Differenzierung im einzelnen schon Konturen abgewinnen können.

Erst im 13. Jahrhundert können wir so genaue Aufschlüsse über das Bildungswesen in Florenz geben, daß eine wissenschaftlich exaktere Bearbeitung möglich scheint, auch wenn mitunter noch gewisse Unsicherheiten auftreten. Zunächst halten wir jedoch als Ergebnis fest: Das 12. und das beginnende 13. Jahrhundert zeigen uns in Florenz zwar ein zweifellos deutlich vorhandenes System institutionalisierter Bildungseinrichtungen, aber wir können die Trennung zwischen den ja schon jahrhundertelang nachweisbaren mittelalterlich-klerikalen und den sich in dieser Zeit sicher bereits ansatzweise entwickelnden bürgerlich-städtischen Schulen nicht vornehmen. Da unsere Nachrichten vor allem in der Mitte des 13. Jahrhunderts und danach massiert einsetzen und wir dort dann bereits ein relativ klares Bild bekommen, müssen wir natürlich annehmen, daß die Grundsteine hierzu schon früher gelegt worden sind; soviel ist klar. Aber inwieweit z. B. die klerikalen Schulen von den bürgerlichen bedrängt wurden, ob sich Machtkämpfe zwischen den dahinter stehenden Interessenten auch auf diesem Gebiet abgespielt haben (wie K. H. Günther es für Deutschland in der analogen Situation in der „Geschichte der Erziehung" behauptet hatte, s. o.) – darüber können wir für das ökonomisch bereits zum Abbau des Feudalismus übergegangenen Florenz des 12. und das die Vorformen des Kapitalismus einführende toskanische Gebiet des 13. Jahrhunderts nichts Gesichertes aussagen. Das bedeutet nicht, daß solche Kämpfe etwa nicht ausgetragen worden sein können – aber wir haben keine

Zeugnisse dafür, und es wäre doch sehr merkwürdig, wenn wir zwar über viele Kleinigkeiten genaue Urkunden besitzen, aber über einen so bedeutenden Kulturkampf wäre nichts vorhanden.

Aus der Tatsache, daß uns konkrete Hinweise über die Entwicklung des Schul- und Unterrichtswesens erst im 13. Jahrhundert bekannt werden, läßt sich überhaupt einiges folgern. Setzen wir dies nämlich in Beziehung zu den oben abgehandelten politischen, insbesondere innenpolitischen Entwicklungen, so zeigt sich, daß uns just in derjenigen Epoche Genaueres über Unterricht und Lehre bekannt wird, als sich der popolo durchzusetzen begonnen hat. Die genannte erste Verfassung des Volkes, der primo popolo in der ersten Hälfte des 13. Jahrhunderts, zeigt ja recht ursprünglich, daß sich in der Stadt der Kampf zwischen den alten Feudaladeligen und den Städtern zu entscheiden beginnt, und zwar zugunsten des popolo, wobei hier allerdings das städtische Patrizität noch weitgehend führt, auch wenn der Mittelstand sich schon so zu regen beginnt, daß er 1250 eine neue Verfassung durchsetzt.

Und wenn auch danach noch ein Jahrzehnt Ghibellinenherrschaft auftritt, so scheint in der zweiten Hälfte des 13. Jahrhunderts das Volk, insbesondere das mittelständische, seine eigenen Interessen immer mehr erkannt zu haben und zu ihrer Durchsetzung entschlossen gewesen zu sein – anders wären die Gesetze von 1289 und die *ordinamenti di giustizia* von 1293 nicht zu erklären.

Daß uns genau aus dieser Zeit – im letzten Drittel des 13. Jahrhunderts – die Nachrichten in besonderer Dichte erhalten sind, muß durchaus kein Zufall sein, sondern ein wichtiger Hinweis darauf, daß die Bürger in dieser Zeit sich immer stärker zu der Einsicht durchgerungen hatten, daß ihre künftige Macht besonders darin lag, ihren Nachwuchs so auszubilden, daß er die Gesetze der modernen Ökonomie und Gesellschaft besser und schneller in den Griff bekommen konnte als die Adeligen (und wahrscheinlich auch besser als das sich bildende Proletariat). Das muß selbstverständlich nicht mit solcher Klarheit bewußt gewesen sein wie wir es heute ausdrücken können – aber es wäre sicher anzusetzen als zunächst nur tastendes, dann immer forscheres Weiterschreiten in Richtung auf eine systematische Ausbildung der Jugend im Interesse des Bürgertums.

Wir haben schon weiter oben (3.3. und 3.4.) berichtet, daß nun dieses Bürgertum keineswegs homogen war und daß die Differenz von handwerklichem und händlerischem Interesse sich auch auf dem Gebiet der Bildung manifestieren mußte. Aber die Tatsache, daß das Handwerk noch einige Zeit auf Lesen und Schreiben verzichten konnte, hindert nicht, daß die herrschende Händlerschicht großes Interesse an einer elementaren Bildung und auch an einer weiterführenden Institutionalisierung von Wissensvermittlung haben mußte. Und es ist durchaus vorstellbar, daß die Handwerker in gar nicht allzulanger Distanz nachzogen, ganz einfach weil sie bemerkten, daß ein Teil der händlerischen Überlegenheit in den erworbenen Fähigkeiten der schnellen Übersicht, der schriftlichen Übermittlung von Nachrichten und Anordnungen und der rechnerischen Kalkulation lag – alles Fertigkeiten, die man in der Schule erlernen konnte.

Solche Überlegungen liegen nahe, wir wollen allerdings ausdrücklich vermerken, daß es sich hier um logische Schlußfolgerungen handelt, an denen sich die Wirklichkeit jener Zeit nicht unbedingt orientiert haben muß. Unsere Zeugnisse reichen zwar aus, einige Konturen des Schulsystems zu präzisieren, aber sie sind nicht hinreichend dicht, um etwa auch noch den genauen Ablauf der Entwicklung zu differenzieren. Erst im 14. Jahrhundert, und auch da erst in der Mitte, lassen sich einzelne Phasen etwa des Kampfes konservativ-klerikaler mit bürgerlich-liberaler Bildungsidee verfolgen, da wir von da an auch umfangreichere literarische Zeugnisse des Streits erhalten haben. Man denke etwa an die Polemiken zwischen Giovanni Dominici und Coluccio Salutati über die Frage von Inhalt und Form der Erziehung[186].

Den allgemein festeren Boden, den wir bezüglich der Nachrichten über das Schulsystem und die Bildungsinstitutionen seit dem 13. Jahrhundert betreten, werden wir nun in den folgenden Paragraphen nach besten Kräften auszuwerten suchen.

4.1 Die Elementarschulen (Lesen und Schreiben)

Leider wissen wir nichts über die Anzahl der Schulen, in denen Lesen und Schreiben gelehrt wurde. Merkwürdigerweise gibt Villani die Anzahl der Rechenschulen wie auch der Gymnasien minutiös an, aber über die Elementarschulen schweigt er sich hinsichtlich ihrer Menge aus. Wir haben oben auch schon darauf hingewiesen, daß er selbst bezüglich der Anzahl der Elementarschüler nicht mehr wußte, als daß es viele waren, und so kam wohl die übertriebene Schätzung von acht bis zehntausend zustande.

Der Grund für solche Unsicherheit kann nur vermutet werden. Es spricht alles dafür, daß der Elementarunterricht in der Regel von Einzelpersonen erteilt wurde, es also kaum formelle Schulen gab, während die weiterführenden Institute festeingerichtet waren. Der Magister des Elementaren holte seine Schüler ins Haus oder kam zu ihnen, und auf diese Weise ist die genaue Anzahl der *magistri* für Villani natürlich nicht exakt auszumachen. Da er noch dazu in der Oberschicht zuhause ist, wo sicherlich die Dichte von Lehrern in der Umgebung größer ist als in Armenvierteln, mag eine Schätzung aus diesem Blickwinkel tatsächlich leicht in die Irre gehen.

Wir besitzen eine Reihe von Urkunden, die sich mit der Vermietung von Häusern an Magister beschäftigen. Der für ein solches Haus verwendete Begriff *apotecha* (29, 331) ist identisch mit dem Terminus, der die Werkstätte von Handwerkern bezeichnete; die Schule wurde hier also derart betrieben, daß die Assoziation zum Handwerklichen nahelag; noch heute sind in Florenz solche Räume erhalten.

Neben dieser laizierten Unterweisung lief selbstverständlich auch im Elementarbereich die Belehrung durch Geistliche weiter, d. h. ein Teil des Lese- und Schreibunterrichts wurde von diesen betrieben. Wo und wie sie unterrichteten, ist nicht dokumentiert, aber da wir nie etwas von einer Anmietung einer *apotecha* durch einen Kleriker hören, darf man wohl annehmen, daß dieser Unterricht im Pfarrhaus oder im Kloster stattfand. Wieweit sie sich dabei ausschließlich auf den priesterlichen Nachwuchs konzentrierten, also Unterricht nur im Hinblick auf die Ausbildung zum Pfarrer etc. erteilten, ist nicht auszumachen, aber jedenfalls stellen die Kleriker noch in der zweiten Hälfte des 14. Jahrhunderts gewichtige Vertreter des Lehrerstandes, die wir allerorten finden können[187].

Im Elementarbereich stehen sich damit grundsätzlich zwei Schultypen gegenüber: der kirchlich getragene und der private, von einzelnen Magistern betreute.

Der von Privatpersonen betreute Sektor des Elementarunterrichts ist es nun, der für uns besonders interessant sein wird, da der andere Typ mit Sicherheit überwiegend, mit Wahrscheinlichkeit sogar ausschließlich der Heranbildung von Klerikern und nicht den bürgerlichen Handwerker und Händlern gedient hat.

Wenn der Unterricht von Privatpersonen erteilt wurde, so ist klar, daß diese dafür Geld nehmen müßten. (Wogegen die Kleriker ja von der Kirche bezahlt wurden und deshalb zumindest theoretisch in der Lage waren, unentgeltlich zu unterrichten. Wie weit sie das taten, ist unbekannt). Mitunter wurde sogar ein formeller Kontrakt zwischen den Eltern des Schülers – manchmal, wenn der Schüler schon volljährig war, auch zwischen diesem selbst – und dem Lehrer geschlossen (29, 333; 236, IV/3, 115), wobei es übrigens durchaus die Regel war, daß man das Schulgeld erst bezahlte, wenn der vereinbarte Lernerfolg auch tatsächlich eingetreten war (29, 333).

Mit dieser privatwirtschaftlichen Ausrichtung des nichtklerikalen Unterrichtens im Elementarbereich wurden selbstverständlich praktisch alle Armen vom Zugang zur Bildung ausgeschlossen. Man möchte allerdings auch fragen, ob ihnen in jener Zeit Lesen und Schreiben recht viel genutzt hätte, da ihnen sowieso die Mittel fehlten, sich weiterzuentfalten und etwa Produktionsmittel in ihren Besitz zu bekommen; und weiterhin war die Abwicklung der Arbeitsabläufe und der Arbeitsorganisation doch noch in keiner Weise auf schriftliche Befehls- und Auftragsübermittlung abgestellt.

In Deutschland bildeten sich zu Beginn des bürgerlichen Zeitalters sogenannte Klipp- oder Winkelschulen[188], wo auch und besonders Arme unterrichtet wurden. In Florenz haben wir keine Zeugnisse für das Bestehen solcher Schulen. Allerdings ist uns ein Faktum bekannt, das gewisse Rückschlüsse nahelegt. Als nämlich die Ciompi-Erhebung ihrem Höhepunkt entgegenstrebte, im August 1378, hörte man von einem gewissen Guasparre de Riccio, der maßgeblich an der Abfassung der proletarischen Resolutionen und Petitionen beteiligt war (818, 43 u. 47; 236 IV/3, 115; 620). Dieser Guasparre de Riccio hatte – wir wissen sogar genau, wo[189] – eine Lese- und Schreibschule, und es wird berichtet, daß er seinen Freunden Lesen und Schreiben beibrachte. Diese Freunde waren eben die *Ciompi*, und da wir deren Mittellosigkeit kennen, kann solches nicht eben ein ökonomisch lukratives Geschäft gewesen sein.

Guasparre de Riccio war den Behörden schon früher unangenehm aufgefallen, da er offenbar zu Theorien neigte, die ansonsten vor allem die Patarener, eine damals im oberen Mittelstand unter den Ärzten, Juristen und mitunter auch Bankiers beliebte Sekte, vertraten (818, 46). Man verurteilte ihn deshalb 1353 zum Tragen des Ketzerkreuzes (236, IV/3, 115). Beim Ciompi-Aufstand wurde er nun wohl besonders wegen seiner Kenntnisse im Briefeschreiben zur rechten Hand des Volksnotars und verfaßte dessen wichtigste Schriftstücke (236, IV/3, 115).

Werner legte in seiner Darstellung des Ciompi-Aufstandes (818) großen Wert darauf festzustellen, daß trotz dieser zweifellos aufklärenden und helfenden Funktion Guasparres dessen Patarenter-Ideen nicht Einzug in das Denken der *Ciompi* gefunden haben und letztlich eben auf die genannten bürgerlich-herrschaftlichen Kreise beschränkt blieben (818, 46). Darüber haben wir nun nicht zu streiten, aber es bleibt die für uns wichtige Tatsache, daß hier mit Sicherheit ohne Entgelt oder jedenfalls für nur sehr wenig, Lesen und Schreiben an die Arbeitenden vermittelt wurde.

Aber: Diese eine Nachricht läßt sich natürlich nicht im geringsten verallgemeinern, und die Tatsache, daß sie auch noch aus einer besonderen Krisenzeit stammt, macht eine Generalisierung noch schwieriger. Außerdem geht aus unseren Dokumenten nur hervor, daß Guasparre seine Freunde und Genossen lehrte – wir wissen aber nicht, ob das systematisch und während längerer Zeit geschehen ist oder nur ad hoc während des Aufstandes, und unklar ist weiterhin insbesondere, ob der Unterricht sich auch auf Kinder der Ciompi erstreckte.

Über die genaue Abwicklung des Elementarunterrichts haben wir nur sehr wenige zuverlässige Zeugnisse: dasselbe gibt für die verwendeten Hilfsmittel im Unterricht. Novati hat in einer Untersuchung über Alphabethletterchen und -brettchen berichtet, die die Lehrer zur Verfügung hatten, um den Kindern die Buchstaben sinnfällig zu machen (515, 337). Möglicherweise hatte nicht nur der Lehrer diese Brettchen, sondern die Kinder arbeiteten selbst auch mit solchen –Vorläufer unserer Setzkästen in Deutschland (347, 70). Im wesentlichen kam imitierendes Lernen zur Anwendung: die Kinder mußten zuerst rein mechanisch Buchstaben nachmalen und dann aus dem Gedächtnis zu

Wörtern zusammenfügen, später wurden dann auch kurze Sätze gebildet (29, 343), und zwar zuerst wohl rhythmisch gegliederte, um das Auswendiglernen zu erleichtern (29, 343 f.).

Interessant sind nun die Nachrichten – so spärlich sie sind – über den Inhalt, der gelehrt wurde. Und hier zeigt sich, daß die laizierte Schule damals noch keineswegs von den traditionellen Inhalten weggekommen war, auch wenn sie nun von Bürgern für Bürger betrieben wurde. In einem Vertrag zwischen einer Lehrerin namens Clementia und den Eltern eines Kindes wird 1304 vereinbart, daß die Kinder sich nach dem (oder schon bei dem) Lesen- und Schreibenlernen mit dem Psalterium zu befassen hätten (wonach dann die Grammatik des Donat folgen sollte)[190]. Auch aus anderen Quellen wissen wir, daß die Psalter die Grundlage dessen bildeten, was zu erlernen war (29, 343). Das heißt mithin: der Elementarunterricht sollte zwar der Ausbildung von Fertigkeiten dienen, die das Bürgertum, jedenfalls der eine Teil davon, benötigte. Aber er gab unverdrossen religiöse Einstellungen weiter, suchte sie – insbesondere durch die schnell als leichte Merksprüche zu verinnerlichenden Psalter – den Schülern als Lebens- und Verhaltensregeln aufzuoktroyieren.

Um zu gewährleisten, daß nichts anderes als die Psalter zur Lerngrundlage genommen wurden, stellte man derartige Lernmaterialien für sehr geringe Preise zur Verfügung. Psalterheftchen wurden in solcher Masse produziert, daß sie nicht mehr als zwei bis fünf Solidi kosteten. Auch kurze Auszüge aus den Evangelien waren als Schulübungsbücher üblich; sie wurden vorwiegend in Klöstern hergestellt und vertrieben (29, 343). Wir müssen diese Tatsache interpretieren, denn auf den ersten Blick klingt es ja widersinnig, wenn eine Stadt einerseits nahezu dauernd im Kampf mit den Klerikern, den Bischöfen und auch dem Papst steht und andererseits dann genau die kirchlichen Inhalte unter ihren Nachwuchs ausstreuen läßt; und es klingt ebenfalls paradox, wenn die bürgerliche Gesellschaft sich von den mittelalterlichen Verhältnissen auf dem Sektor der Produktion und auch der Verfassung und Politik zu lösen versucht und andererseits sich zu genau den in der Vergangenheit geltenden Vorstellungen hinziehen läßt.

Der Grund hierfür ist sicher nicht einfach, sondern vielschichtig. Zunächst ist es einmal eine Sache, die mittelalterliche durch die Kapitalistische Produktionsweise abzulösen, die andere aber, auch auf dem Gebiet des Überbaus sich aus jahrhundertealten Traditionen zu lösen. Zur Umstellung der Produktion zwingt meist die unmittelbare Not – zur Überwindung der Tradition ist meist zusätzlich noch das Überwältigen derer nötig, die aus der alten Denkweise nicht herauskommen und sie deshalb besonders heftig verteidigen, auch wenn die Grundlage in der Basis längst geschwunden ist.

Zu bedenken ist auch, daß zu jener Zeit keine eingewurzelte Tradition für ein nichtchristliches Erziehungsprogramm existierte und daß jahrhundertelang nur die christliche Religion definiert hatte, was für den Menschen gut, richtig und nützlich ist. Es fehlte also noch jedwede Alternative zum hergebrachten Denken bezüglich der Erziehungs- und Bildungsinhalte.

Aber es kommt ein weiterer wichtiger Aspekt dazu. Die Städter des 12., 13. und zum Teil auch noch des 14. Jahrhunderts, und zumal diejenigen, die sich zur Herrschaft hochgeschoben hatten, sahen zunächst überhaupt keinen Grund, prinzipiell alle Autorität und alle überkommene Hierarchie abzubauen. Einerseits haben wir bereits gesehen (2.8.), wie sich die Meister und Unternehmer der Mithilfe der Kirche bei der Unterdrückung der Arbeiter bedienten, indem sie aufsässige Leute ihrer Unternehmen zusätzlich zu den weltlichen Strafen auch noch mit Exkommunikation bedrohten. Andererseits war die Aufrechterhaltung eines strikten Oben und Unten den neuen Machthabern ganz recht – vorausgesetzt, man konnte das bisher dem Adel und dem Klerus vorbehaltene „Oben" nun auf die mittlerweile emporgestiegenen Regierenden übertragen. Solange das Volk grundsätzlich – nach mittelalterlicher Lehre – denjenigen als von Gott begnadet ansah, der die Insignien der Macht hatte, war es den städtischen Patriziern und den bald herrschenden Händlern und Bankiers sehr recht, wenn solches beibehalten wurde. Antiautoritär waren sie nur gegen die Feudalherren und auch gegen die kirchlichen Herrscher und Großgrundbesitzer; wir haben ja die Kämpfe gegen sie geschildert (1.2. und 1.3.).

Das Kind nun, das aus den frommen Bibelsprüchen Untertänigkeit und Ergebung in sein Schicksal lernte und Furcht vor jenseitigen Strafen bekam, dem Demut und Gehorsam als oberste Tugenden eingeprägt wurden, war ja für die Herrschenden in besten Händen, und wenn die eigenen Kinder solches gelehrt bekamen, konnte man ja wohl guten Mutes sein, daß man ihnen, wenn es soweit war, den Umgang mit der Macht schon noch rechtzeitig beibringen würde; bis dahin aber war selbstverständlich auch innerhalb der Familie Ruhe und Gehorsam äußerst erwünscht.

Vielleicht – man könnte es mit aller Vorsicht sagen – ist gerade deshalb bei den *Ciompi* das einzige wirklich revolutionäre Denken jener Zeit zustandegekommen, weil sie im wahrsten Sinne des Wortes „ungebildet" waren, also nicht durch die institutionalisierte Unterwerfungsmaschinerie der Schulen gelaufen. Und vielleicht hat sich die – ja keineswegs nur bei den *Ciompi*, sondern auch oft genug im Kleinbürgertum vorhandene – materielle Not nur bei ihnen auch in politisches Handeln umgesetzt, weil ihr Denken viel unmittelbarer von ihrer ökonomischen Lage her bestimmt und nicht durch die systematische Eintrichterung verheißener jenseitiger Seligkeiten als Ausgleich für diesseitiges Darben verbildet war. Die durch Prediger und Kirchenleute außerhalb der Schule versuchte Indoktrination werden wir noch zu behandeln haben (5.3.), aber sie hat niemals einen solchen Einfluß gewonnen, daß die Armen sich ihnen unterworfen hätten – es sei denn, es handelte sich bei den Predigern um Ketzer: diese bekamen in der Regel auch aus den Reihen der Armen sehr schnell großen und meist auch begründeten Zulauf. Darüber ebenfalls später (5.5.). Die Elementarunterrichtungen beschränkten sich offenbar tatsächlich auf Lesen und Schreiben, wobei letzteres nicht einmal unbedingt dazugehört haben muß (Villani z. B. spricht an der oben zitierten Stelle nur vom Lesen, nicht vom Schreiben). Im Rahmen dessen kann wohl auch ein wenig Grammatik betrieben worden sein, um den rechten Satzbau vermitteln zu können. Mehr war nicht Gegenstand der Elementarbildung. Rechnen wurde an anderen Schulen gelehrt und gehörte bereits zur Weiterbildung. Die wird der Gegenstand des nächsten Paragraphen sein (4.2.).

In der Regel begann der Elementarunterricht mit dem siebten Lebensjahr[191]. Erst Matteo Palmieri im 15. Jahrhundert kam zu der Erkenntnis, daß eine altermäßige Nivellierung unsinnig sei, und daß man nach der Begabung vorgehen müsse[192].

Im allgemeinen dauerte der Elementarunterricht dann bis zum 11. oder 12. Lebensjahr, doch gab es dabei auch viele Ausnahmen[193].

Das Schuljahr begann meist zu Michaelis, jedenfalls in der Regel bei den Grammatikern, und es gibt keinen Grund zu der Annahme, warum die vorangehenden Schulen nicht denselben Turnus gehabt haben sollten.

Über die Anzahl von Schülern, die ein Lehrer hatte, wie über die Anzahl der Schulstunden, die täglich bzw. wöchentlich abgehalten wurden, haben wir keine genauen Angaben. Für eine höhere Schule, nämlich für Grammatik, haben wir einen Beleg, wonach ein bestimmter Lehrer zu gleicher Zeit fünfzehn Schüler gehabt habe, aber wir wissen nicht, ob er sie alle zur gleichen Zeit unterrichtet hat, und überdies läßt dieses keinen Rückschluß auf den Elementarbereich zu.

Aus einem Dokument aus dem Jahre 1300[194] geht hervor, daß ein Elementarlehrer ein Haus nebst Garten als „apothecha" mietete, und das könnte darauf schließen lassen, daß der Unterricht ab und zu auch im Freien abgehalten wurde – der Sinn dieser Maßnahme könnte aber nur Zerstreuung oder Aufbau der Lernfreude gewesen sein, denn Anschauungsunterricht gab es zu jener Zeit noch nicht, sodaß z. B. botanische Experimente in didaktischer Hinsicht nicht zu erwarten sind. Immerhin würde eine Ausstattung der Schule mit einem eigenen Garten wohl als Hinweis dienen können, daß die Unterweisung halb- oder gar ganztätig vorgenommen wurde, denn für nur ein- oder zweistündigen Unterricht wäre wohl ein Gärtchen völlig überflüssig. Aber all diese Mutmaßungen sind natürlich nur Spekulation und wir wollen dies auch ausdrücklich vermerken.

Über ein anderes Gebiet sind wir allerdings vorzüglich unterrichtet: über die Sanktionen und Strafen, mit denen man den Schülern die geforderten Gegenstände beizubringen trachtete. Ruten und Stöcke scheinen das wichtigste Erziehungsmittel gewesen zu sein (236, IV/3, 116) und solches wurde, wie sich aus der Polemik zwischen Dominici und Salutati ergibt, auch durchaus im 14. Jahrhundert in gewissen Kreisen noch für sehr richtig gehalten. In manchen – vor allem klerikalen – Schulen war die symbolisch-entehrende Züchtigung durch den Stock auf die ausgestreckte Hand üblich, allerdings mußte bei sehr schweren körperlichen Strafen dort der Vorsteher gefragt werden[195]. In den nichtklerikalen Schulen nahm das Prügeln mit der Zeit wohl auch überhand; jedenfalls sah sich z. B. die Kommune von Siena nahe Florenz schon zu Beginn des 14. Jahrhunderts genötigt, einmal eine besonders prügelwütige Lehrerin zu bestrafen[196].

Über die allgemeinen Maßregeln der Erziehung gibt uns ein Sonett des Antonio Pucci aus der Mitte des 14. Jahrhunderts Kenntnis[197] – und da diese Weisheiten bis ins 16. Jahrhundert dann in allen Lehrbüchern zitiert wurden (236, IV/3, 114), hat sich die Schule solchen Gedanken wohl weitgehend angeschlossen: Wenn ein Kind aufsässig ist oder sich dumm verhält, soll man es schimpfen und schlagen, möglichst mit der Rute. Sollte es nach dem siebten Lebensjahr immer noch zu Torheiten neigen, muß man den Riemen und die Geißel zuhilfe nehmen. Ab dem 15. Lebensjahr benutze man den Stock, um dem Jüngling Vernunft einzubleuen. Tut er aber auch als Volljähriger noch nicht gut, so gebe man ihn unter verschärften Bedingungen ins Gefängnis. Komme er da auch noch ungeläutert heraus, dann verstoße man ihn.

Nun kann man aber aus den erhaltenen Dokumenten natürlich nicht mehr als nur eine Art Trend herauslesen und wir sind nicht sicher, ob alle Elementarlehrer solchen Anordnungen, wie die eben zitierten es darstellen, gefolgt sind. Es läßt sich wohl leicht ausrechnen, daß etwa Eltern der Oberschicht schon einiges dagegen gehabt hätten, wenn der Lehrer ihrem Sprößling Zähne ausgeschlagen oder ihn mit Riemen- oder Stockhieben entstellt hätte, und sie hätten sicherlich auch die Macht gehabt, solches zu unterbinden[198]. Aber die Oberschicht soll uns hier nicht sonderlich beschäftigen, zumal es durchaus üblich war, sich in diesen Familien Hauslehrer zu halten, die die Kinder der Reihe nach unterrichteten (236, IV/3, 115 und 29, 345). Wenn es also Prügel gab, dann sicherlich eher für die Kinder von Eltern, die sich dagegen nicht wehren konnten oder wollten, mithin des unteren Mittelstandes, der sich grundsätzlich von der Schule Aufstiegschancen für die Kinder oder Hilfe im eigenen Geschäft erwartete.

Das Elementarschulwesen stellt sich somit folgendermaßen dar: es entwächst im 13. Jahrhundert allmählich der vorher geübten klerikalen Monopolisierung, behält aber im wesentlichen die Inhalte bei und trägt zur weiteren Verinnerlichung kirchlich-mittelalterlichen Denkformen bei, wobei insbesondere die Aufrechterhaltung einer prinzipiellen Autorität und Hierarchie sichtbar wird. Grundsätzlich neue Inhalte werden dabei noch nirgends erkennbar.

Aber es gibt Orte, wo sich neue Inhalte durchaus durchsetzen, und das sind die weiterführenden Schulen, deren Besuch spezifischen Schichten der florentiner Bevölkerung vorbehalten blieb.

4.2 Die Rechenschulen

Nach Villani gab es 1338 sechs Rechenschulen, besucht von ca. 1000 bis 1200 Schülern, wonach auf eine Schule ca. 200 Schüler kämen. Das würde eine recht beachtliche Anzahl von Lehrern bedeuten und tatsächlich besitzen wir eine Vielfalt von Nachrichten über Rechenlehrer. Das Überraschende dabei ist, daß Rechenlehrer zu einem guten Teil nicht als voller Beruf galt – die ihn ausübten, gingen sehr oft noch einer anderen Tätigkeit nach. Das könnte ein Zeichen für schlechte Entlohnung sein; aber das ist unwahrscheinlich, da wir sehen werden, wie sehr man sich in Kommunen um solche Lehrer bemühte. Wahrscheinlicher ist, daß es noch keine spezifische Ausbildung für diese Lehrer gab und daß man für diesen Unterricht zunächst Leute heranzog, die mit Rechnen viel zu tun hatten, die das Rechnen grundlegend benötigten.

So wissen wir von einigen Rechenlehrern, die gleichzeitig kommunale Landmesser waren[199]; andere kamen direkt aus dem Kaufmannskontor[200]. Man sieht aus diesen Tatsachen, daß sich neue – oder bisher anders gehandhabte – Fächer unter den Umständen einer neuen materiellen Basis unmittelbar und ganz pragmatisch von jenen Menschen her organisieren, die das mitzuteilende Wissen selbst täglich benötigten und anwenden. Unterricht in Arithmetik und Geometrie hatte es seit dem Altertum schon gegeben, da diese Fächer ja dem Quadrivium angehörten – aber im Mittelalter waren dies spekulative und theoretische Disziplinen geblieben, während die nunmehr enorme praktische Bedeutung erhielten. Und deshalb ist gerade die Ablösung der „klassischen" Rechenlehrer der septem artes liberales durch die Praktiker von besonderer Bedeutung und zeigt am eindringlichsten das Neue, daß sich hier konstituiert und durchsetzt.

Ganz obenan stand nun im Rechenunterricht nach dem Erlernen der Grundrechenarten das kaufmännische Rechnen. Hier finden wir auch schon sehr früh neue Rechenbücher (während z. B. im Lese- und Schreibunterricht auf dem Sektor der Unterrichtsmaterialien, wie schon geschildert (4.1.), nichts Neues zustandekam). Diese neuen Rechenbücher widmeten sich nun in vorzüglicher Weise ganz den damals modernen Anforderungen. Schon 1307 hatte Jacopo von Montpellier einen Leitfaden verfaßt (32, 240), 1327 veröffentlichte Paolo Gherardi ein Rechenbuch[201], das faktisch alle seine Angaben und Aufgaben auf das Umgehen mit den händlerischen Gepflogenheiten aller bekannten Kaufmannsstände des Abendlandes abstellt, aus Mallorca und Barcelona, aus der Champagne und deren Messestädten usw. In diesem Lehr- und Lehnbuch wurden auch konsequent die seit dem 13. Jahrhundert sich immer mehr durchzusetzenden arabischen Ziffern verwendet[202], was eine Voraussetzung für die Vereinfachung des Rechnens bildete, da die herkömmlichen römischen durch ihre komplizierte Schreibweise für schnelles Addieren und Multiplizieren usw. nicht recht geeignet waren (wiewohl auch diese noch einige Zeit nebeneinander verwendet wurden)[203]. Ein weiterer Codex der florentiner Nationalbibliothek enthält ein drittes Lehrbuch aus dieser Zeit[204], und obwohl es noch die römischen Ziffern verwendet, ist es doch in seiner Grundanlage umfassender als die bisher genannten: Preisberechnungen in verschiedenen Währungen werden darin ebenso behandelt wie die Umrechnung in verschiedene Maße; die unterschiedlichen Münzen werden dargestellt, Gewichte verschiedener Handelsstädte miteinander verglichen, etwa die von Messina, Alexandria, aus Syrien usw. – immer mit Bezug zu den florentiner Einheiten. Dazu kam – im Zeichen sich ausweitender Handelswege – noch ein kurzer Abriß der Himmelskunde. Überhaupt war es ein Kennzeichen der neuen Lehrbücher, den Gegenstand der Mathematik auszuweiten; in dem Lehrbuch von Gherardi werden z. B. auch die Erkenntnisse der Geometrie für die praktische Mathematik fruchtbar gemacht.

An Hilfsmitteln wurde der schon im Mittelalter gebräuchliche Abacus benutzt[205], ein Rechenbrett mit verschiebbaren Leisten; daneben verwendete man sehr gerne die sogenannten „ferlini“, die Rechenpfennige[206], mit denen man leicht und schnell kaufmännische Aufgaben kalkulieren konnte.

Meist kamen die Schüler mit elf Jahren – nach Abschluß des Elementarunterrichts – zum *abbachista* (29, 336 u. 345; 236, IV/3, 116). Die Dauer des Schulbesuchs war unterschiedlich, manchmal nur eineinhalb Jahre, meist aber doch zweieinhalb bis drei Jahre. Im Anschluß daran traten die Schüler oft in ein Handelsgeschäft ein, und wir wissen auch einigermaßen zuverlässig, daß sich tatsächlich die Rechenschüler vorwiegend aus Söhnen der Kaufmannschaft rekrutierten[207].

Offenbar bildete sich neben der eigentlichen Rechenschule im Zuge weiterer Differenzierung auch noch ein weiterer neuer Typ heraus, den man schon fast als durchgehende Handels- oder Realschule ansehen kann. Jedenfalls finden sich im 14. Jahrhundert Hinweise darauf, daß man an bestimmten Schulen zunächst mit dem Lese- und Schreibunterricht begann, dann ohne Schulwechsel das Rechnen erlernte und schließlich sich Grundelemente und den Könnensfundus bestimmter Berufe aneignete, ehe man dann als Lehrling in einen bestimmten Gewerbezweig eintrat (29, 345).

Was die Methoden angeht, so weisen bestimmte Quellen in die Richtung, daß sich auch im Rechenunterricht der Lehrer allzu gern der körperlichen Züchtigung zum Aufbau der Lern„motivation“ bediente, und zwar offenbar auch noch in der Zeit, als die Humanisten längst den Übergang zu einer liberalen Behandlungsart propagierten[208]. Aber das darf nicht weiter wundernehmen: Wenn sich alle Dinge so im Wandel befinden wie im Florenz jener Zeit, und wenn Unterdrückung, Verfolgung und Mord zum gesellschaftlichen Tagesgeschäft gehören, wie wir (1.3. und 1.4.) gezeigt haben, wie sollte da die Schule ausgenommen sein von der brutalen Behandlung der Menschen. Die Erziehung mithilfe von Rute, Riemen und Stock ist hier eine einfache Konsequenz einerseits und ein wahrscheinlich notwendig vorhergehendes Instrument andererseits, um die Menschen schon früh an die im Erwachsenenalter auf sie zukommenden Demütigungen zu gewöhnen. Die Schule ist in dieser Hinsicht, auch wenn sie in jener Zeit vorwiegend eine Einrichtung für die mittleren und oberen Klassen darstellt, nicht viel anderes als ein Spiegelbild der gesellschaftlichen Verhältnisse.

Was die Rechenlehrer anging und ihre fachliche Qualifikation, so hatte Florenz seinerzeit übrigens einen sehr guten Ruf. Wir kennen viele Beispiele, wo aus der Arnostadt kommende Rechenmeister in anderen Städten mit großen Freuden aufgenommen wurden – Florenz wurde zu einer Art Exportland für Rechenlehrer, die deshalb auch recht weit herumkamen. Wir finden florentiner Rechenmagister in Verona (212, 194), Venedig (201, 355; 142, 125) in Lucca (125, 238 ff.) ebenso wie in Siena[209] und anderen Orten. Dieses Faktum zeigt mehr als viele andere Daten, welch unmittelbare Konsequenzen die Stellung von Florenz als ökonomisch fortgeschrittenste Kommune jener Zeit hervorbrachte: die Stadt sorgte mit der Zeit nicht nur für neue Produktionsmethoden und Verkaufsformen, für Buchhaltung und Statistik, es bildeten sich in ihr auch im Rahmen der institutionalisierten Unterweisung neue Methoden und Ansätze für inhaltliche Reformen heraus, die dafür sorgten, daß ein fähiger Nachwuchs entstand, der die begonnenen Geschäfte auch wirkungsvoll ausgestalten und fortführen konnte.

Über den Status der Rechenschulen wissen wir wenig. Es steht aber offenbar fest, daß sie im Ganzen privat organisiert waren, zumindest bis weit ins 13. Jahrhundert hinein. In der zweiten Hälfte des 13. Jahrhunderts können wir zwar noch immer in keiner Weise von einer Verstaatlichung sprechen; aber immerhin begannen sich zu dieser Zeit die Kommunen und ihre Verwaltungen offenbar selbst um die Garantie der Einführung oder Aufrechterhaltung des Rechenunterrichts zu kümmern. So hielt z. B. eine so kleine Gemeinde wie das Florenz benachbarte San Gimignano die Anwesenheit von Rechenlehrern in ihrem Bereich für so wichtig, daß sie schon 1279 im Gemeinderat beschloß, einem *magister abbachi* die Miete für eine Schule aus der Gemeindekasse zu bezahlen[210]. Davon konnte er natürlich noch nicht leben, und von Zuschüssen für seinen sonstigen Unterhalt – wie wir dies bei Grammatiklehrern folgend zeigen werden – wissen wir nichts. Die Rechenschule blieb wohl weiterhin privatwirtschaftlich organisiert, aber immerhin sehen wir aus diesem Beispiel doch, daß Schulen dieser Art bereits als Gemeinschaftsaufgaben begriffen zu werden beginnen.

Im Gegensatz dazu erfahren wir von einer Förderung von Elementarlehrern in derselben Gemeinde erst mehr als ein halbes Jahrhundert später etwas, 1338, als dort zwei Elementarlehrer mit einem Jahresgehalt von 20 librae angestellt wurden[211] – wovon sie natürlich auch noch nicht leben konnten, was aber immerhin doch das gewachsene Bedürfnis nach einer Grundausbildung dokumentiert.

In Florenz ist die einzige Förderung der Elementarlehrer, von der wir wissen, das Erlassen der Steuer im Jahre 1315[212] was aber, wie Davidsohn wohl richtig interpretiert (236, IV/3, 113), weniger eine tatsächliche und bewußte Hilfe gewesen sein mag als vielmehr aus der Einsicht kam, daß man einem Mittellosen nicht in die Tasche greifen kann – die Elementarlehrer verdienten offenbar wirklich so wenig, daß nicht auch noch etwas abgeben konnten. Die Rechenlehrer stattdessen mußten in Florenz die Steuer genau wie die Grammatiker entrichten; die der vereinigten Gewerkschaft von Abbachisten und Grammatikern lag 1321 immerhin bei 36 librae im Jahr[213], und das ist mehr als z. B. die Glaserinnung zu zahlen hatte (32 librae), mehr als die Sesselmacher (32 librae) und auch mehr als die Pelzkleinverarbeiter (ebenfalls 32 librae) abzuliefern hatten. Ein Zeichen also, daß es eine ganze Reihe von Lehrern dieser Sparten gegeben haben muß und daß sie ganz ordentlich verdient haben müssen. Die in der oben (2.6.) angegebenen Tabelle hochgerechneten Umsätze der Grammatik- und Rechenlehrer belaufen sich auf jährlich immerhin 2000 librae, mußten also mindestens 40 bis 50 Lehrer dieses Typs gut ernährt haben, wenn wir die Sondereinnahmen in Naturalien von den Eltern der Kinder, die in der Regel nicht versteuert wurden, noch hinzurechnen.

Die Rechenschulen wurden, nach allem was wir wissen, zu einem der Kernpunkte eines im Sinne des sich etablierenden Kapitalismus reformierten Schulwesens. Die Tatsache, daß diese erfreuliche Entwicklung im 15. Jahrhundert abbrach und sich die Zentren neuer, reformerischer Schultypen woanders hin verlagerten, widerspricht dem nicht: als Florenz seine Kraft zu wirklich revolutionären Neuerungen am Ende des 14. Jahrhunderts verbraucht hatte, brach ja auch zunehmend das einst wirtschaftlich fortschrittliche Handels- und Handwerkssystem zusammen.

Florenz war in alledem ein Anfang: die Fortsetzung der Geschichte wurde woanders geschrieben. Das mindert aber in keiner Weise die Leistung, die in der Stadt damals erbracht wurde.

4.3 Die Latein- und Grammatikschulen

Eine eigenartige Mittelstellung zwischen althergebrachtem, traditionellem Denken und Tun und einer neuen, bürgerlichen, sich abschließenden Klassenbildung nimmt der Unterricht in Grammatik und Latein ein.

Wir sind durch die bisherige Geschichtsschreibung gewohnt, den Humanismus der Renaissancezeit als den großen Erneuerer des Lateinischen anzusehen, der einerseits das verderbte Latein des späten

Mittelalters reinigte, andererseits von der Volkssprache, dem Italienischen, wieder zurückfand zur eigentlichen, zur zeitlosen Hochsprache der Klassik.

Aber das Latein war auch in Florenz niemals ausgestorben, im Gegenteil. Klassische Bildung ist in allen Jahrhunderten gut nachweisbar[214]. Bekannte Universitätslehrer wie auch andere Theoretiker und Schriftsteller, die aus Florenz stammten und sich meist nur wegen der mangelnden Entfaltungsmöglichkeiten in der eigenen Stadt baldigst ins Ausland verfügt hatten, zeugen von einer nicht abreißenden Tradition, angefangen vom Kardinal Laborans[215] über Boncompagno (236, I, 810 ff.) und Bene (236, I, 812 ff.) bis Henricus di Settemello (236, I, 813 ff.) im 12. und beginnenden 13. Jahrhundert und weiter über Brunetto Latini[216], dem Lehrer Dantes, bis zu Dante selbst, der ja eine Anzahl wichtiger Arbeiten in Latein verfaßt hat.

Wir haben an dieser Stelle nicht den literarischen Wert des von diesen Leuten geübten Lateins zu untersuchen; wichtig ist für uns in diesem Zusammenhang, daß diese profilierten Lateiner die Sprache ja irgendwo hatten lernen müssen, da das Italienische schon längst zur Volkssprache geworden war. Es müssen also hinreichend viele Lateinschulen vorhanden gewesen sein, mögen diese auch klerikalen Charakter getragen haben wie im ganzen Mittelalter.

Im beginnenden 14. Jahrhundert haben wir Kenntnis von vier großen Schulen, in denen Latein gelehrt wurde und dabei besonders Grammatik und Logik[217]. Zum Teil wurden diese Schulen von regelrechten Sozietäten – wie bei Handelsunternehmen – geführt, indem sich z. B. mehrere Lehrer miteinander verbanden, um ein solches Institut zu führen[218]. Eine Betätigung als Lateiner scheint in jener Zeit als gesellschaftlich sehr interessant gegolten zu haben, denn wir finden schon im 13. Jahrhundert viele Grammatiker aus vornehmem Hause (236, IV/3, 118). Und es war durchaus üblich, daß man Jünglinge auch dann mit den lateinischen Studien ausstattete, wenn sie später nichts anderes als Kaufleute werden sollten (236, IV/3, 118 ff.).

Mitunter finden wir sogar bei Handwerksmeistern Spuren lateinischer Bildung, wenn man dies auch nicht so wie Davidsohn derart verallgemeinern darf, daß die Handwerker in der Regel so weit gebildet gewesen seien.

Wie sehr die Städte schon sehr früh an einer geregelten lateinischen Unterweisung interessiert waren, zeigt die Tatsache, daß die frühesten uns erhaltenen Dokumente über eine kommunale Förderung von Lehrern ausschließlich Grammatiker betreffen. Insbesondere die Carte San Gimignano, des kleinen Städtchens nahe Florenz, abgeschlossen auf einem Berg gelegen, zeigen uns, mit welcher Fürsorge man sich der Grammatiker annahm: bereits 1270 vernehmen wir, daß ein magister Johannes di Arezzo einen Antrag auf Stellung von Schulräumen einbringt, und wenig später beschließt der Rat tatsächlich, ihm einen Mietzuschuß von 10 librae zu bezahlen[219]. 1271 wird ihm erneut ein

Haus zwecks Grammatikunterrichtens gewährt, und er bekommt wiederum 10 librae[220]. 1274 erhält ein anderer, Bartolomeo, ebenfalls 10 librae Mietzuschuß, und anläßlich dieses Beschlusses erhalten wir erstmals Kenntnis davon, daß solche Gewährung auch mit Auflagen verbunden war: Der Magister muß alle annehmen, die bei ihm Grammatik und Dialektik hören wollen, und er muß seine Lehren „secundum formam capituli constituti comunis" vornehmen[221]. Eine ähnliche Formulierung findet sich auch 1276 gegenüber einem anderen doctor grammatice Strene, der 10 librae erhält[222].

Der Rat hat spätestens in den neunziger Jahren des 13. Jahrhunderts einen festen Zuschuß für Lateinlehrer in das Gemeindebudget eingeplant. Jedenfalls finden wir in San Gimignano 1293 den Nachweis, daß sich für den festen Zuschuß gleich zwei magistri grammatice bewerben. Erhalten hat ihn dann übrigens derjenige von beiden, der schon drei Jahre Grammatikunterricht am Ort erteilt hat[223]. Erstaunlicherweise hat die Kommune kaum zwei Monate später für einen anderen Grammatiker sogar 15 librae zur Verfügung gestellt, um ihn überhaupt erst einmal nach San Gimignano zu holen[224].

1328 sind die Dinge schon so weit gediehen, daß man einem gewissen Nicholaus de Bononia jährlich 50 librae gewähren mußte, weil er für weniger Geld nicht kommen wollte[225].

Um die Mitte des 14. Jahrhunderts schrieben offenbar manche Kommunen in Mittel- und Oberitalien die zu besetzenden Stellen von Lateinlehrern richtiggehend aus. Aus Pistoia ist uns eine Liste von Grammatikern erhalten, die der für die Berufung zuständige Fachmann angefertigt hatte[226]. Aus dieser Liste wird auch deutlich, daß die Besoldung der Lateinlehrer bereits kommunal geregelt war, daß sie also zumindest einen Teil ihres Gehaltes direkt von der Gemeinde erhielten. Und dieses Gehalt war nicht gering – es belief sich zwischen 60 und 100 Goldflorenen, also ca. 200 bis 300 librae (Man vergleiche die oben (2.8.) gemachten Angaben über die Jahresverdienste von Ciompi – zwischen 60 und 150 librae pro Jahr). Die weite Verbreitung von Lateinschulen, die sich aus den in der Liste angeführten Namen nebst ihrem gerade eingenommenen Wirkungsort ergibt, ist ein weiteres Indiz dafür, wie wichtig in der bei den Historikern noch als „finster" geltenden Zeit vor den Humanisten das Latein bereits genommen wurde. Wir finden Lateinschulen in Montevarchi (236, IV/3, 118), Laterina (236, IV/3, 119) Colle di Val d'Elsa, Lucca, Pisa, Siena[227], Poppi[228], Prato[229], und, wie schon genannt, San Gimignano und Pistoia – also keineswegs nur in der Großstadt Florenz, sondern verstreut über die gesamte Toskana.

Über den in den Schulen gelehrten Kanon der Autoren wissen wir, daß man sich vor allem auf Vergil und Boethius sowie auf Seneca konzentrierte (236, IV/3, 118). Allerdings waren diese Lateinschulen auch ganz bewußt als Einführung in die Sprache gehalten und überließen das eigentliche Studium den Hochschulen und Universitäten.

Deshalb war die Dauer des Lateinunterrichts auch mitunter recht kurz – wir wissen von manchmal nur eineinhalb Jahren; die Regel mögen 3–4 Jahre gewesen sein[230].

Es fragt sich nun, welchen Zweck eigentlich diese Aufrechterhaltung der lateinischen Schulen und ihre Ausgestaltung im Rahmen der mehr und mehr auf bürgerlich-kapitalistische Verhältnisse hinlaufenden gesellschaftlichen Veränderungen verfolgten. Sicher war die Vorbereitung auf die Hochschule – deren Sprache ja Latein geblieben war – einer der Gründe für den Lateinunterricht. Aber das reicht bei weitem nicht aus, die doch große Zahl der Schulen und der Schüler – immerhin 550 bis 600 pro Jahr – zu erklären. Die Frage läßt sich mit ziemlicher Bestimmtheit wie folgt beantworten: Es war das zunehmende Bedürfnis der sich entwickelnden Warengesellschaft, Handel und Geschäfte auch juristisch zu fixieren; dazu trug auch wesentlich der sich immer weiter ausbreitende und in weitere Fernen vorstoßende Export bei, da man insbesondere bei Kaufleuten aus anderen Städten und Ländern eine Rechtsgrundlage benötigte, um nicht am Ende wegen irgendwelcher Unklarheiten hereingelegt zu werden. Die lateinische Sprache war nun das einzige universelle Verständigungsmittel des Abend- und zum Teil auch des Morgenlandes, und so erstellte man juristische Urkunden und internationale Verträge am sinnvollsten in dieser Sprache. Dies gibt die zwangloseste Erklärung für die Tatsache, daß auch Kaufleute sich um das Erlernen des Lateins bemühten: sie hatten allen Grund, Verträge und Urkunden, auch wenn sie von Notaren abgefaßt waren, lesen und verstehen zu können (64, 274). Daß sich, wie oben (4.) schon angeführt, mit der Zeit über dieses unmittelbar geschäftliche Bedürfnis hinaus die Kenntnis des Lateinischen und seine Verwendung dann wieder zu einem ästhetischen Bedürfnis gewisser Schichten entwickelt hat, ist eine Folge dieser notwendigen Erhaltung der lateinischen Sprache – ob es eine notwendige Konsequenz ist, mag dahingestellt sein. Aber immerhin können wir feststellen, daß die Aufrechterhaltung der klassischen Sprache zum Zweck der neuen ökonomischen und distributorischen Bedürfnisse das Wiedereinsetzen der großen klassischen Studien im 14. Jahrhundert erst so richtig ermöglicht hat.

So können wir unsere eingangs zu diesem Paragraphen aufgestellte These, daß die lateinischen Schulen ein Mittelding darstellen, nun bekräftigen: Einerseits befassen sich die Lateininstitute mit einer Sprache und einem Denken, das für die Bedürfnisse der florentiner Gegenwart zunächst kaum etwas bedeutete, andererseits aber wird die Eigenschaft dieser Sprache, universal bei den wichtigsten Handelspartnern verstanden zu werden, zum Mittel für den Ausbau und die Sicherung gerade des Handels und damit auch der Produktion.

In Florenz haben sich die Lateinschulen offenbar bereits sehr früh in einer solchen Weise entwickelt, denn – wie bei den Rechenlehrern – finden wir auch hier einen schwunghaften Export von Grammatikern in andere Städte. Sogar die ersten uns bekannten Lateinprofessoren der Universität Bologna kamen aus Florenz, und auch das noch weiter entfernte Venedig forderte florentiner Grammatiker an (236, IV/3, 118).

Für unsere Interpretation ist wieder festzuhalten, wie sich in Florenz mehr oder minder zufällig aus früheren Zeiten erhaltene Gegebenheiten mit Veränderungen, die bewußt und in großem Kampf gegen das Althergebrachte durchgesetzt werden, in einer so glücklichen Weise mischen, daß jene große Revolutionierung von Basis wie Überbau überhaupt erst stattfinden konnte, die wir vom 12. zum 14. Jahrhundert beobachten können. Der Rückstand anderer Kommunen gegenüber Florenz leitet sich keineswegs nur aus einer weniger geeigneten geographischen Lage, schlechteren Rohstoff- und Rohmaterialbeziehungen etc. her, sondern zu einem guten Teil auch aus den gegenüber Florenz relativ wenig günstigen Verhältnissen bezüglich neuer oder den neuen Bedürfnissen angepaßter Institute des Überbaus.

So wird das, was wir oben gesagt haben: daß nämlich Florenz sich um eine systematische Ausbildung seiner Ideologen und Systemrechtfertiger erst später gekümmert hat, nun zu einem die Entwicklung geradezu fördernden Moment: Die große Anzahl mittlerer Schuleinrichtungen, die sich in ihrer genauen Zielrichtung und inhaltlichen Ausrichtung erst allmählich festlegten und lange Zeit für Veränderungen sehr offen waren, ergab den unschätzbaren Vorteil, die Unterrichtsinhalte mehr und mehr den zeitgenössischen Bedürfnissen anpassen zu können.

Bedenken wir, daß nahezu alle anderen benachbarten Städte von Florenz im engeren und weiteren Umkreis ihre Ideologie-Anstalten durch Einrichtung einer obersten institutionalisierten Instanz, der Universität, schon sehr früh festgelegt hatten: Die Universität von Bologna datiert aus dem Jahre 1158, die von Reggio ebenfalls aus dieser Zeit; Vicenza von 1204, Arezzo von 1215, Padua 1222, Siena 1246 usw. (826, 136; 242).

Sie alle hatten zur Voraussetzung die Existenz von Lateinschulen, ebenso wie in Florenz solche bestanden. Aber nun prägten umgekehrt die Universitäten wiederum die Lateinschulen, indem sie diesen vorwiegend den Charakter einer prodädeutischen Anstalt für den Besuch der Hochschule aufoktroyierten und sie so relativ unzugänglich für die profanen Bedürfnisse der Gesellschaft machten. Florenz blieb bis in die Mitte des 14. Jahrhunderts von solcher Entwicklung verschont, und so war es im 13. und beginnenden 14. Jahrhundert imstande, seine Lateinschulen aus dem Charakter der konservierend-rückständigen Haltung herauszulösen und auf jene oben angegebenen Ziele wenn nicht zu spezialisieren, so doch für diese zu öffnen. Die Entwicklung nimmt damit in Florenz einen ungleich dynamischeren und zugleich organischeren Fluß als in den anderen Städten.

4.4 Besondere Schultypen

Neben diesen allgemeinen und doch für breitere Schichten angelegten Instituten wies Florenz noch eine Anzahl weiterer Einrichtungen auf, in denen Jünglingen wie Mädchen Sonderkenntnisse vermittelt werden sollten.

Als erstes sind da zu nennen die sogenannten Rhetorenschulen. Die älteste uns verbürgte wird einem gewissen Bruno Casini[231] zugeschrieben und stammt aus der ersten Hälfte des 14. Jahrhunderts. Casini hat auch ein Lehrbuch über Rhetorik geschrieben, von dem wir nur noch den Titel wissen (*Über die bilderreiche Rede und die Arten des Vortrags*). Dieses Lehrbuch war aber nicht das erste bezüglich der Rhetorik, ein anonymes *Libro delle Arringhe*[232] versucht Leute auszubilden, die später in der Politik zu tun haben. Es enthält Reden und Kunstfloskeln für Kapitane und Podestas, Klagesermonen für den Papst, den Kaiser usw.

Ein wichtiger Aspekt dieser Rhetorenschulen war die Ausbildung für den diplomatischen Dienst. Im Laufe der Zeit hat diese Funktion dann offenbar die kommunale Kanzlei übernommen. Erste Ansätze haben wir im vorigen Paragraphen ja schon bei Brunetto Latini aufgezeigt; später, unter Salutati, wird diese Beredsamkeit durch die Schule des Kanzlers zu einem solchen Instrument der Politik, daß der Herzog von Mailand einmal voller Wut ausgerufen hat: „Dieser Salutati schadet mir mehr als tausend Ritter!“[233] – Salutati hatte eben wieder einmal eine seiner gefürchteten Invektiven gegen die Visconti losgelasen.

Die Herausbildung von Rhetorenschulen hatte den Zweck, allmählich die von Florenz auf ökonomischem Gebiet errungene Vorherrschaft auch politisch und diplomatisch zu festigen. Für die Angehörigen der herrschenden Kreise mag es darüberhinaus auch von größerer Bedeutung gewesen sein, die Kunst der Demagogie zu erlernen, um innenpolitisch ihre Interessen durchzusetzen; und ganz allgemein mögen auch alle an der Aufrechterhaltung des Systems Interessierten diese Kunst als wichtig betrachtet haben, mit deren Hilfe sie – wir befinden uns im wortfreudigen Italien – die Massen beherrschen zu können glaubten.

Aus dem 14. und dem beginnenden 15. Jahrhundert ist uns auch eine Reihe weiterer Einrichtungen bekannt, die vom steigenden Bedürfnis der Bürger nach ästhetischer Betätigung zeugen. So wird uns von Tanz- und Musikschulen berichtet (64, 274); diese sind natürlich noch nicht mit unseren Ballett- oder Musikakademien zu vergleichen. Der Unterricht fand, unserem Chronisten zufolge, auch keineswegs als Ganztagsunterweisung statt, sondern am Abend oder in der freien Zeit, am Wochenende etwa. Wollten Mädchen tanzen lernen, mußten sie sich allerdings einen Lehrer nach Hause kommen lassen (64, 274 f.). Ein anderer Schultyp, in dem auch gewisse Kenntnisse vermittelt wurden, waren die Brüderschaftsschulen, z. B. die der Laudesi von Santa Maria

Novella, die wir schon aus dem 13. Jahrhundert kennen (236, IV/3, 120 f.). Wissen wurde dabei allerdings nicht in den Vordergrund gerückt, wichtiger war die religiöse Indoktrination und die Ausbildung zum geistlichen Sänger. Allerdings werden wir sehen, daß solche Institutionen auf anderen Gebieten auch außerhalb der Schule in erheblichem Maße ideologiebildend gewirkt haben (5.3.).

Über die Zustände an den Klosterschulen und die dort aufrechterhaltene mittelalterliche Zucht haben wir schon gehandelt (3.5.); von der Domschule wissen wir nur, daß sie wohl seit ihrer Gründung durch Lothar bestand, aber sie war offenbar so unbedeutend, daß wir erst 1186 erfahren, daß es sie noch immer gibt. Aus einigen Sekundärzeugnissen – Davidsohn meint z. B., aus einem Fresco der Fassade des Bischofpalastes das Bestehen einiger Fächer der septem artes entnehmen zu können (236, IV/3, 121 f.) – könnte man schließen, daß sich die Domschule bis zur Mitte des 14. Jahrhunderts so weit über das Theologiestudium hinaus entwickelt hatte, daß eine Art Generalstudium durchgeführt werden konnte (236, IV/3, 122). Ihr Dasein wurde offenbar mit Gründung der Universität Florenz Mitte des 14. Jahrhunderts ganz ausgelöscht, jedenfalls fehlen von da an sämtliche Nachrichten.

Mit dieser Domschule haben wir nun schon den Bereich der Hochschulen erreicht, der sich über die allgemeinbildenden und die pragmatisch-handwerklich-händlerischen Anstalten erhebt.

4.5 Die Hochschulen und die Universität

Wir haben schon verschiedene Male darauf hingewiesen, daß die Universität Florenz eine erst sehr späte Schöpfung ist. Ihr vorangegangenen war eine Reihe von Hochschulen, die ein sogenanntes „Generalstudium" durchführten, wo ein Student also Philosophie und Theologie neben einigen anderen Kenntnissen erlernen konnte.

Eines der wichtigsten Institute dieser Art war das Kloster Santa Maria Novella. Berühmt ist es der Nachwelt dadurch geworden, daß Dante darin sein Latein – das er in einer Grammatikschule nur mühsam und mit wenig Erfolg erlernt hatte[234] – zu einer gewissen Vervollkommung führte. Santa Maria Novella war im 13. Jahrhundert das toskanische Zentrum für die scholastische Philosophie; Dantes Werke sind ja noch voll dieser Denkart.

1221 waren die Dominikaner in das Kloster eingezogen, und mit der ihnen eigenen Rührigkeit hatten sie bald ein umfangreiches Lehrprogramm entwickelt und zur Durchführung gebracht[235]. Daß solches Unterfangen mit besonderen finanziellen Schwierigkeiten verbunden war, zeigte sich z. B. 1318, als der Prior in einer großen Rede bewegte Klage erhob, man habe einen Teil der schönen Bibliothek veräußern müssen, um den Lehrbetrieb aufrechterhalten zu können[236]. Die Stadt ließ sich rühren und half mit Geld aus, allerdings recht zögernd – eine Einstellung, die, wie wir sehen werden, sich noch wiederholen wird, denn die Florentiner waren zu jener Zeit recht praktisch eingestellt und hielten nur sehr wenig von Theorien, die über den Köpfen schwebten und sich nicht unmittelbar in klingender Münze herauszahlten.

Die Scholastik zog in Santa Maria Novella insbesondere ein, als Remigio de'Girolamo, ein Schüler des Thomas von Aquin, Rektor der Generalstudien wurde[237]. Er kam aus Paris, wo er den Thomismus auch bereits vorgeführt hatte, und seine Art des Lehrens war überaus durchschlagend. Die von ihm begründete Tradition zog eine Anzahl bekannter Persönlichkeiten an die Hochschule[238]. Auf diese Weise wurde hier, ganz ohne große offizielle Förderung durch die Kommune, bereits der Aufbau einer Akademie zustandegebracht, die natürlich später die Gründung der Universität schon aus Motiven der Weiterentwicklung notwendig erscheinen ließ.

Die Dominikaner hatten im damaligen Wissenschaftsbetrieb bald einen so hohen Stand erreicht, daß sie es sich leisten konnten, ihre Gelehrten ins Ausland zu exportieren[239].

Das Generalstudium wurde meist mit dem Bakkalaureat abgeschlossen (236, IV/3, 125); der Rang eines magister theologiae konnte noch nicht erworben werden. Ihn gab es zunächst nur in Paris, und auch da war er selten. Erst die Universität von Florenz erteilte ganz selbstverständlich ihren Schülern auch diesen Titel (276, 367 ff.).

Innerhalb des Ordens herrschte eine relativ strenge Trennung nach Funktionen. Der *magister studentium* war eine Art Beschaffungs- und Organisationsbeamter, der von den Büchern bis zu den Hörsälen alles kontrollierte. Die *lectores* waren die eigentlichen Lehrer, die ihre Vorträge hielten und Disputationen veranstalteten (276, 367 ff.).

Wir erfahren aus dem 14. Jahrhundert nur weniges über den Gegenstandsbereich der Studien. Ein gewisser Fra Uberto Guidi beschäftigte sich z. B. in besonderem Maße mit Naturkunde und mit Logik. Dabei geriet er in Widerspruch zum Thomismus, und als er solches auch noch öffentlich kundtat, wurde er belangt und 1315 verurteilt. Er mußte widerrufen, bekam zehn Tage nur Wasser und Brot und wurde strafversetzt. Danach hatte er wohl genug und wir hören nichts mehr von ihm, was auf Weiterverfolg seiner Lehren schließen lassen würde (236, IV/3, 126 f.). Sein Auftreten allerdings ist sicher ein Zeichen dafür, wie sich die profanen Wissenschaften – er vertrat ja Naturkunde – allmählich auch in den klerikal bestimmten Institutionen einnisteten und dort im Sinne eines Abbaus traditioneller Autoritäten wirkten.

Auch bezüglich anderer Orden haben wir Nachrichten über eingerichtete Generalstudien, auch wenn diese niemals den Rang von Santa Maria Novella erreichten.

Die Minoriten von Santa Croce hatten sich schon im 13. Jahrhundert ebenfalls Studienmöglichkeiten erarbeitet; aber die diesem Orden eigene Scheu vor einem Studium außerhalb der engeren christlichen Heilslehre ließ das Generalstudium dort nie zu einer größeren Bedeutung kommen (236, IV/3, 126); es behielt allenfalls lokale Anerkennung. Dasselbe gilt von den Augustinern und den Serviten (236, IV/3, 127 f.), von denen wir einige Nachrichten bezüglich allgemeiner Studien besitzen. Die Kartäuser hatten solches ebenfalls geplant, es kam aber nie zur Durchführung (236, IV/3, 128).

Die Gründungsgeschichte der Universität ist nun eng verknüpft, mit einigen merkwürdigen, uns heute kaum verständlichen Ereignissen in Florenz selbst, vor allem aber in Städten der weiteren und näheren Umgebung.

Daß in Florenz immer mehr Nichtkleriker auf die Gründung einer weltlichen Universität hinarbeiteten, zeigte sich schon in den ersten Jahrzehnten des 14. Jahrhunderts, als man einige hervorragende und weithin bekannte Professoren für Sonderkurse oder an die Generalstudien berief. 1320 wurde dem Magister Guicciardo aus Bologna ein großzügiger Wohnungszuschuß überwiesen (25, 107–110), um den mit ausgezeichneten Verbindungen unter anderem zu Albertino Mussato (679, 231) ausgestatteten Grammatiker weiter in Florenz zu halten, nachdem man ihn kurz zuvor schon mit einigem Aufwand berufen hatte. Wenig danach holte man den bekannten Mediziner Bartolomeo da Margnano (25, 277 f.) und beschloß weiterhin, noch einige doctores zum Erteilen von gelehrtem Jurisprudenz-Unterricht anzuwerben[240].

Im Statut des Volkskapitans 1322 kamen nun folgende denkwürdige Sätze zum Vorschein: „Da die Rechte in königlichen Städten gelehrt werden müssen und Florenz als eine solche zu gelten hat und sich hier überdies viele mit Begabung vorfinden, die wegen zu geringer Finanzmittel oder aus anderen Gründen kein studium generale finden können, sind Gelehrte zu verpflichten, um solchen Unterricht zu geben“[241]. Das gestiegene Selbstbewußtsein der Florentiner drückt sich hier besonders deutlich aus – die Stadt hielt sich nun für wichtig und stark genug, sich als vollständige Kommune mit allem auszustatten, was einem bedeutenden Staat gebührt.

1321 war in Bologna ein Vorfall geschehen, der heute wie eine Bagatelle anmutet, der aber eine solche Bedeutung erhielt, daß sich daraufhin die Ereignisse in Florenz und Umgebung überstürzten. Der Vorfall änderte bezüglich der angestammten Vorrangstellung Bolognas unter den italienischen Universitäten auf viele Jahre hinaus Beträchtliches. Ein spanischer Student der Universität hatte mit Freunden ein Mädchen zu entführen versucht. Der Plan scheiterte, man inhaftierte den Studenten und einige Freunde des Entführers. An sich wäre das nun eine Angelegenheit der universitären Selbstverwaltung gewesen, aber der Podestà stellte die Beteiligten vor ein kommunales Gericht. Die Universität sah in dieser Tatsache ihre Privilegien verletzt und protestierte. Aber der Podesta ließ sich nicht beirren und vollzog den staatlichen Eingriff weiter: die Hauptschuldigen wurden hingerichtet.

Daraufhin solidarisierten sich die Studenten und Professoren in einzigartiger Weise – und verließen Bologna (58, 34 ff.). Kaum wurde dieser Exodus bekannt, begann unter den anderen Städten Italiens ein eifriges Wettrennen, um die geistige Elite des Landes in die eigene Universität zu holen. Besonders erfolgreich waren die Anwerber aus Siena, die nicht nur die Weggezogenen agitierten, sondern sogar bis nach Bologna selbst vorstießen, um die noch Zögernden auch noch zum Weggang zu veranlassen und sie nach Siena zu lotsen[242]. Tatsächlich hatten die Abwerber solchen Erfolg, daß Siena schon wenige Monate später prahlte, das Bologneser Generalstudium sei nach Siena verlegt worden (236, IV/3, 136).

Siena liegt nur wenige dutzend Kilometer von Florenz entfernt, und die Stadt am Arno sah alle Chancen, in absehbarer Zeit auch kulturell die Bedeutung zu bekommen wie sie sie in wirtschaftlicher Hinsicht schon hatte, davonschwimmen. So bekamen die weitsichtigeren der Ratsherren, die schon lange für die Eröffnung einer eigenen Universität plädiert hatten, endlich die Oberhand und der Rat beschloß die Gründung einer eigenen Universität; der Beschluß wurde mit großen Worten feierlich am 14. Mai 1321 bekanntgegeben[243]. Die erhabenen Worte von Florenz, der königlichen Stadt, die wir eben aus dem Jahr danach vom Statut des Volkskapitans zitiert haben, erklingen hier amtlich zum ersten Male: eine solche Stadt, die in jeder Hinsicht blühe, müsse eine Universität besitzen, und man wünsche, daß Studenten und Professoren aus allen Ländern der Erde geholt würden, um in der gesamten Wissenschaft, vor allem aber in Jurisprudenz und Medizin, ihre Weisheit zu lehren. Auch wolle man Pedelle und Beamte etc. anstellen. Den kommenden Scholaren und Professoren wolle man alle nur denkbaren Privilegien garantieren, etwa die Verschonung vor Folter, die Freiheit des Aufenthalts etc. Ein eigenes Universitätsrecht sollte den Rektoren der Studenten besondere Rechte einräumen, es würde auch ein eigenes Disziplinarrecht geben, kurz: es solle eine Stätte mit Sonderstatus geschaffen werden, die allen Studierwilligen ein Paradies sein könnte (236, IV/3, 143).

Vorsichtshalter verbot man aber auch gleichzeitig allen Bürgern von Florenz, außerhalb der eigenen Stadt zu studieren, damit die Universität bald stark bevölkert sei (25, 227; 236, IV/3, 143 f.).

Da man schnell anfangen wollte, sollten noch im August desselben Jahres die ersten Lehrer mit ihrer Arbeit beginnen (25, 110). Aber das hatten sich die Stadtväter zu einfach vorgestellt. Nicht nur, daß die Sieneser schon weitgehend die besten Lehrer zu sich geholt hatten: auch in Florenz selbst regte sich beträchtlicher Widerstand gegen die Universitätsgründung: immerhin ein Viertel der Abgeordneten stimmte gegen den Gründungsbeschluß. Und auch die außenpolitischen Verwicklungen kamen gerade zu einem Höhepunkt, sodaß Florenz sogar um seine Existenz bangen mußte (236, IV/3, 143).

So begann die Universität als ein Improvisionsstück: Ohne eigenes Gebäude, in verstreuten, dezentralisierten Räumen, man bekam weder genug Professoren noch ausreichend Studenten (236, IV/3, 144). Die benachbarten Universitätsstädte kamen deshalb sehr bald zu dem Ergebnis, daß dies alles eine Seifenblase sei, und so schickten z. B. die Perugianer Abwerber nach Florenz, um die wenigen dort angekommenen Professoren und Studenten wegzuholen (236, IV/3, 143 ff.).

Nun kam in Florenz noch dazu, daß die vielversprochene Lehrfreiheit und Großzügigkeit so ernst nun doch wieder nicht gemeint war. Schon kurz nach seiner Berufung nach Florenz wurde z. B. der Professor Cecco von Ascoli, ein Astrologe, vom Inquisitor wegen eines angeblich ketzerischen Werkes (das tatsächlich schon drei Jahre vorher in Bologna zur Verfolgung des Cecco geführt hatte, was man in Florenz schon vor seiner Berufung wußte) belangt, schließlich verurteilt und am Ende samt seinen Büchern verbrannt[244].

Es ging also keineswegs erfreulich voran, und 1332 mußte man einen neuen Anlauf nehmen, als die Auseinandersetzungen mit dem päpstlichen Beauftragten Castruccio beendet waren. Diesmal versuchte man es nochmal mit berühmten Namen, und so verpflichtete man den Giovanni degli Accaiuoli und den noch bekannteren Cino de Pistoia nach Florenz. Aber wie wenig die florentiner Universität auch jetzt noch bedeutete, zeigte die Tatsache, daß letzterer nach kaum zwei Jahren nach Perugia verschwand (236, IV/3, 144).

Dann hören wir mehr als ein Jahrzehnt überhaupt nichts mehr von der Universität und erst 1348 machte man Wiederbelebungsversuche. Das Bewußtsein, daß da früher schon einmal etwas bestanden hätte, war allerdings sehr gering; in den meisten Chroniken aus wenig späterer Zeit wird dieser 48-er-Beginn als der erste angegeben[245].

Wie dilettantisch auch dieser dritte Anlauf war, zeigt eine fast erheiternde Geschichte: Irgendwie hatte man bemerkt, daß man doch am besten ein eigenes Universitätsgebäude errichten sollte, so daß alles zentral an einem Ort abgewickelt werden kann. Man baute ein großes Haus, aber da man mit allen Mitteln überaus geizig war, gab es weder vernünftige Pläne noch gute Baumeister und auch nur recht schäbiges Material. Auch versäumte man es, die Baustelle zu bewachen – und nächtens trugen diebische Florentiner die tagsüber aufgebauten Teile flugs wieder ab; die Universitätsgebäude dienten mitunter als lohnender Steinbruch. Kurz und gut: kaum stand das stolze Gebäude, da neigte es sich – und fiel in sich zusammen (25, 126 ff.; 292, 560). Kein Wunder also, daß man sich vergeblich mühte, anerkannte Leute zu holen. Auch der berühmteste Sohn (eigentlich Halb-Sohn, da er auswärts geboren war) der Stadt, Francesco Petrarca, war allenfalls zu schwülstigen Lobeshymnen auf die gute Idee bereit, als ihn Boccaccio wortreich aufforderte, die Universität durch seine Anwesenheit zu ehren – mehr ging nicht, Petrarca blieb aus (25, 283 App.).

Im Rat der Stadt kam es immer wieder zu hitzigen Debatten über Wert und Unwert der Universität, und eine starke Minderheit erklärte schließlich die ganze Sache für reine Geldverschwendung – man solle die schönen Goldflorene, die man da hinauswarf, doch lieber in sinnvollere Projekte stecken (236, IV/3, 145).

Erst 1357 kam es dann endlich zu einer bestandhaften Gründung. Man baute ein neues Haus, das diesmal nicht einstürzte, und schon zwei Jahre später wurde die erste Erteilung einer Magisterwürde in großer Feierlichkeit vollzogen (84, IX, 58) – wie überhaupt das Feiern und das pomphafte Umherziehen sich zu einem dauerhaften Zeremoniell entwickelte, das die angebliche Kraft der Universität (übrigens nicht nur in Florenz) nach außen demonstrieren sollte. Freilich hat Florenz in Bezug auf seine Universität erst viel später, und auch da nur kurzzeitig, eine bedeutendere Rolle in Italien gespielt – als Salutati den ersten Griechischlehrer nach Florenz holte und damit den humanistischen Studien den entscheidenden Anstoß zur Hinwendung auf die griechische Antike gab (der sich aber dann wiederum außerhalb und nicht innerhalb der Universität fortpflanzte – etwa in der platonischen Akademie der Medici).

So hatte nun Florenz in der zweiten Hälfte des 14. Jahrhunderts zwar seine mittlerweile notwendig erschienene hauseigene Pflanzstätte zur höchsten Ausformung der neuen Ideologie geschaffen. Aber um noch in die Reihe der traditionellen Institute gleicher Art einzutreten, war es zu spät: die bürgerliche Umgestaltung der Gesellschaft war schon viel zu weit forgeschritten, als daß eine Universität dem noch entscheidende Impulse hätte geben können (sofern eine Universität dazu überhaupt jemals in der Lage dazu ist, was dahingestellt bleiben mag). Aber da nun die florentiner Universität wiederum auch nur sehr gering in der Gesellschaft und im Volk, nicht einmal in den führenden Schichten, verankert war, hatte sie immerhin den Vorteil, durch ihr Dasein auch die allgemeine Entwicklung nicht sonderlich zu behindern. Die Ideologie, die das Bürgertum insbesondere im ausgehenden 14. Jahrhundert benötigte, wurde deshalb von Leuten außerhalb der Universität und an ganz anderen Stellen entwickelt. Darauf werden wir eingehend zu kommen haben (6.).

4.6 Der Lehrerstand

Mehr der Vollständigkeit halber als weil es sehr viel zu berichten gäbe, wollen wir hier exkursartig noch auf den Lehrerstand eingehen, denn wir haben bei der Behandlung der verschiedenen Schultypen ja bereits die wichtigsten Fakten genannt.

Wie wir gesehen haben, gab es große Unterschiede sowohl in der Behandlung der verschiedenen Gattungen von Lehrern wie auch in ihrem Einkommen, in der sozialen Stellung etc. Die Elementarlehrer wurden erst sehr spät gefördert, die Grammatiker und Rechenlehrer hingegen schon sehr früh. Das Einkommen der Lehrer an höheren Schulen war ordentlich, das der Elementarlehrer sehr dürftig; sie wurden, wie schon berichtet, in Florenz sogar von der Steuerabgabe ausgenommen. Allerdings haben es offenbar auch ab und zu sogar Elementarlehrer zu gewissem Ansehen gebracht; 1278 begegnet uns einer, der im Rat der Kommune saß (29, 331). Bei den Lehrern an höheren Schulen haben wir schon Angehörige großbürgerlicher Häuser nachgewiesen.

Frauen waren nicht nur in Elementarschulen tätig – die schon öfter zitierte Clementia in der Urkunde von 1304 lehrte laut Vertrag ausdrücklich die lateinische Grammatik, den Donat[247]. Auch waren weibliche Hauslehrerinnen sehr verbreitet, da insbesondere die großbürgerlichen Häuser von einer manischen Angst beseelt waren, unrechte Lehrer könnten ihren Töchtern Verführerisches vermitteln (39, 45).

Wir haben ebenfalls schon über Lehrerassoziationen berichtet. Eine besondere Art gilt es noch zu erwähnen: den Unterlehrervertrag. Es kam vor, daß ein Lehrer mit besonders vielen Schülern sich einen Repetitor anstellte, etwa um die Aufgabenfertigung zu überwachen. Ein Vertrag von 1299 verrät uns, daß bei solcher Gelegenheit der Unterlehrer mit einem Drittel der regulären Einnahmen abgefunden wurde, während der Ober-Lehrer neben den anderen zwei Dritteln auch noch das obligatorische Weihnachtsgeld und alle Sondereinnahmen und Prämien kassierte (64, 340 f.).

Die Entlohnung der Lehrer war – der privaten Organisierung gemäß – zunächst Sache der Eltern, jedenfalls in den niedrigen Lehrerständen. Wir haben gesehen, daß die Kommunen erst dann eingriffen, wenn bezüglich eines Schul- oder Lehrertyps besonderes Bedürfnis bestand. Eine richtiggehende kommunale Besoldung von Lehrern finden wir frühestens im 14. Jahrhundert und auch da nur für höhere Schulen. Dann ist sie aber so reichlich, daß die Lehrer gut davon leben können; wir haben das schon behandelt (5.3.). Ob bei den Elementarlehrern zu irgendeiner Zeit ebensolches geschehen ist und ob sie sich irgendwann aus der Abhängigkeit von privatem Schulgeld befreien konnten, ist uns bis ins 15. Jahrhundert nicht bekannt; ebenso ist nicht geklärt, ab wann die auch noch zu den niedrigen Lehrern zählenden Rechenlehrer auf die angeführten Nebentätigkeiten verzichten konnten.

Die faktisch allen Lehrern beigelegte Anrede „Ser", die eine gewisse Hochachtung ausdrückt, hat den Lehrern bezüglich ihres Lebensunterhaltes wahrscheinlich nur wenig geholfen (236, IV/3, 114; 29). Wie die Lehrer politisch standen, ist uns ebenfalls unbekannt. Von dem einen, der schon im 13. Jahrhundert im Rat der Stadt saß (den wir erwähnt haben), wissen wir nicht, wer ihn gewählt hat und welche Ansichten er hatte; ansonsten ist uns nur noch der bekannte Guasparre de Riccio beurkundet, der beim Ciompi-Aufstand die Wollweber beraten hat und der dann gleich ihnen dem Bann verfiel (236, IV/3, 114). Mehr wissen wir nicht. Bei den Hochschullehrern allerdings haben wir schon einige Beispiele genannt, wie intellektuelle Tätigkeit sehr nahe an Opposition an das bestehende System grenzen kann. Bücher-, ja auch Menschenverbrennungen und Verbannungen aufgrund politischer Verfolgung geistig Tätiger sind in jener Zeit durchaus gang und gäbe. Auch wenn hier meist der Glaubensrichter und Inquisitor in den Vordergrund trat, waren es doch meist Delikte, die eindeutig auf den Abbau der traditionellen Autoritäten hinarbeiteten – und an deren Beseitigung konnte auch das Patriziat und der popolo grasso aus den schon genannten Gründen kein Interesse haben.

Aber dennoch läßt sich keinesfalls behaupten, daß die Hochschullehrer der damaligen Zeit etwa ein revolutionäres Element der Gesellschaft gebildet hätten. Der Auszug der Scholaren und Professoren aus Bologna, der der Entführung jenes Mädchens und der Hinrichtung ihrer Entführer folgte, mochte wohl nicht ausschließlich aus dem vordergründig sichtbaren Anlaß geschehen sein, sicher sind dem allem andere Querelen vorangegangen. Und die Tatsache, daß es sich bei dem Mädchen um die Nichte eines bekannten Kanonikers der Stadt gehandelt hatte (236, IV/3, 136), mag auch ein politisches Element enthalten. Aber von einem revolutionären Aufstand kann hier nicht die Rede sein: Die Studenten und Professoren sahen ganz einfach ihre errungenen Privilegien als eine Art Staat im Staate in Gefahr, und da reagierten diese Gruppen damals wie heute empfindlich und sind schnell bereit, sich zu engagieren.

4.7 Mädchenbildung

Unsere Dokumente geben uns auch einigen Aufschluß über die Bildung der Mädchen.

Bereits früh zeigt sich dabei ein auch der späteren bürgerlichen Gesellschaft eigenes Moment: die oberen Klassen und die gehobene Mittelschicht sehen es als durchaus legitim und selbstverständlich an, daß man den Mädchen zumindest elementare Bildung zukommen läßt und sie auch danach in allerhand Fertigkeiten einweist; aber man schimpft besonders in diesen Kreisen gern und ausdrücklich auf einfache Leute, die ihren Töchtern dasselbe angedeihen lassen wollten.

So wissen wir z. B., daß sich die Angehörigen der Ober- und oberen Mittel-Schicht stets eigene Lehrerinnen – *maestre* – hielten, die den Mädchen Lesen und Schreiben beibrachten (39, I/44, II/59). Andererseits aber urteilten dieselben Leute, es sei eine Schande, wenn sich Töchter von Handwerkern und Bauern um die gleiche Kunst bemühten (39, I, 52) – es käme ihnen vielmehr zu, Hausarbeit, Spinnen, Kochen usw. zu lernen, nicht aber sich mit intellektuellen Dingen zu befassen.

Allerdings legte man mit fortschreitender Zeit in den gehobenen Kreisen mehr und mehr Wert auf eine Art musischer Bildung für Mädchen – Tanzen, geschicktes Handarbeiten etc. (39, I, 48) –, was durchaus ein Zeichen dafür sein kann, wie sich hier bereits die Festlegung der Mädchen auf jene später in der bürgerlichen Gesellschaft als quasi naturgesetzlich „weiblich" bestimmte Tätigkeiten ankündigt. Anders, mehr auf nützliche Tätigkeiten abzielend ist wohl die Ausbildung in Klöstern verlaufen (236, IV/3, 116). Alle uns überkommenen Nachrichten bezüglich der Mädchenbildung stammen übrigens aus dem 13. und 14. Jahrhundert; aus der Zeit davor haben wir nicht die mindesten Nachweise. – G. Villani spricht in seiner *Chronica* an der schon öfter zitierten Stelle ausdrücklich von *fanciulli e fanciulle* also von beiden Geschlechtern, und dies offenbar mit einer gewissen Selbstverständlichkeit zumindest im Hinblick auf die Elementarbildung. Das war 1338, und im Laufe der Zeit ist die Bildung der Mädchen und Frauen sukzessive auch bis zu den höheren Stufen fortgeschritten. Ein berühmter Brief des Leonardo Bruni, Kanzler von Florenz und einer der Nachfolger des Salutati, aus dem beginnenden 15. Jahrhundert, den er an die Gräfin Malatesta gerichtet hat, machte dies deutlich, und deutlich werden dabei auch nahezu alle späteren bürgerlichen Einstellungen zur Frau. Er schreibt:

„Eine Frau, die beim Lesen ihr Heil im Auge hat, wird besondere Freude an den theologischen Büchern haben; sie nehme daher Augustinus zur Hand und Hieronymus, aber auch andere Autoren, wie zum Beispiel Ambrosius und Cyprianus von Karthago. Alle jedoch, die jemals über christliche Religion geschrieben haben, überragt Lactantius Firmianus ... Außerdem solltest du, wenn die Möglichkeit besteht, Übersetzungen der Griechen Gregorius von Nazianz, Johannes Chrysostomus und des großen Basilius lesen ... Innerhalb der weltlichen Literatur rate ich dir, zu Cicero zu greifen ... Ganz besonders liegt mir daran, daß du die Dichter lesen und verstehen mögest ... Homer ... Vergil".

Dies ist das Grundstudium, wie es sich ein Humanist zu jener Zeit ausdrücklich für eine Frau vorstellt. Aber dann grenzt er sogleich den Lehrkatalog entscheidend ein auf ästhetisch-musisch-literarische Bereiche, klammert z. B. ausdrücklich die Naturwissenschaften aus:

„Bei einigen Disziplinen geht es zwar nicht an, überhaupt nichts von ihnen zu verstehen, doch wird man sich ebensowenig Ruhm erwerben, wenn man sie bis zu den letzten Fragen verfolgt; dazu gehören Geometrie und Arithmetik ... Ebenso mache ich es mit der Astrologie, vielleicht auch mit der Kunst der Rhetorik".

Die letzte Bemerkung zielt noch auf ein weiteres: die Frau soll aus der Politik ferngehalten werden:

„Denn was sollen die Feinheiten der Statuslehre und die Sorgen um die Beweisführung und das, was man die Festlegung einer Streitsache nennt, und tausend weitere Schwierigkeiten in dieser Kunst eine Frau belasten, die niemals öffentlich auftreten wird. Der kunstvolle Vortrag ... kann niemals von einer Frau erlernt werden ... Wie Kriege und Kämpfe, so sind auch Auseinandersetzungen und Streitgespräche auf dem Forum Sache der Männer. Daher muß auch die Frau nicht lernen, für und gegen Zeugen, für und gegen die öffentliche Meinung zu sprechen"[247].

Solches Denken über Frauen wirkt sich übrigens nicht nur bei Bruni und nicht nur in den höheren Ebenen der Bildung aus; wir erfahren z. B. auch, daß man schon im 13. und 14. Jahrhundert grundsätzlich kaum Mädchen auf eine Rechenschule schickte[248].

Anläßlich der Berufsbildung haben wir bereits davon gesprochen, daß es durchaus üblich war, Mädchen in eine ordentliche und systematische Lehre zu geben. Aber die vorhandenen Dokumente beziehen sich niemals auf Großhandels- oder Banklehre, sondern nahezu ausschließlich auf handwerkliche Ausbildung. Und ganz entsprechend ist dann wohl auch die schulische Bildung vor allem auf diese Gegenstände gerichtet, und da man Rechnen im Handwerk, wie schon gezeigt, damals kaum benötigte, fiel dieser Unterricht auch ganz von selber weg. Das darf aber nicht darüber hinwegtäuschen, daß jenes Vorurteil, Mädchen sollten von exakten und naturwissenschaftlichen Disziplinen ferngehalten werden, weil sie es weder benötigten noch begreifen würden, seinerzeit mit Sicherheit bestand. Ein weiteres typisch bürgerliches Verhalten haben wir schon erwähnt: Die Angst der höheren Klassen, ein Lehrer könne ihre Töchter „verderben". Davidsohn folgert aus einer uns erhaltenen Anweisung, man möge in jedem Falle nur solche Menschen als Mädchenlehrer einstellen, die über jeden Verdacht erhaben seien (39, I, 45), die Leute müßten trübe Erfahrungen mit Lehrern gemacht haben (236, IV/3, 115). Aber wir sollten bedenken, daß die Quelle, die wir da haben, ein gewisser Francesco di Barberino ist, der im ersten Drittel des 14. Jahrhunderts zu den Inquisitoren (bzw. deren Beisitzern) gehörte (151, 261), mithin also eine ausgesprochen puristische Erscheinung war. Das Verderben, das man befürchtete, könnte durchaus politischer Natur gewesen sein – man hatte vielleicht Angst, die Kinder könnten durch die Elementarlehrer, die ja in der Regel nicht aus den höheren Schichten kamen, mit Ideen versehen werden, die man in der eigenen Klasse nicht vertragen konnte oder sogar fürchtete. Das ist natürlich nur Vermutung; aber die Tatsache, daß wir keine einzige Urkunde über die Ermittlung gegen einen Lehrer wegen sittlicher Verfehlungen Kindern gegenüber besitzen (wohl aber Urteile gegen einen wegen Aufruhrs, siehe oben), scheint doch unsere Vermutung zu bestätigen.

Daß die Mädchenbildung aber im Laufe der Zeit noch eine gewisse Stufe erreichte, zeigt wohl die Tatsache, daß wir eine Anzahl von Elementarlehrerinnen schon zu Ende des 13. Jahrhunderts vorfinden, von denen zumindest einige auch des Lateinischen mächtig waren[249]. Im Vergleich zu der Bildung der männlichen Jugend ist die der weiblichen allerdings offenbar im allgemeinen nur gering geblieben.

4.8 Die psychische Struktur der Schüler

Die bis jetzt geschilderte Art der Schulbildung und der Behandlung der Kinder in Institutionen hatte eine furchtbare Kehrseite, der wir uns zum Abschluß dieses Kapitels zuwenden müssen.

Wir haben bereits anläßlich der Schilderung der verschiedenen Schultypen auf die verbreitete Prügelerziehung hingewiesen (4.1. und 4.2.). Wir werden auch bei der häuslichen Erziehung noch darauf zurückkommen (5.2.). Prügel, mit Rute, Riemen, Stock usw., Strafen bis hin zum Gefängnis für unbotsmäßige Söhne, waren an der Tagesordnung und auch gesetzlich erlaubt und von der Kommune gefördert (236, IV/1, 338). Andererseits regierte auch in der Politik, in der gesellschaftlichen Auseinandersetzung Brutalität und das Handwerk des Tötens vor aller Augen. Wir haben schon dargestellt (1.3.), wie im sich entwickelnden Stadtpatriziat die Familienfehden wüteten, wie der Kampf der Ghibellinen gegen die Guelfen und später dann der weißen gegen die schwarzen Guelfen mit Meuchelmord und Totschlag ausgetragen wurde. Ebenso viehisch war die Vergeltung der Gesellschaft an Menschen, die sich angeblich oder tatsächlich gegen ihre Gesetzte vergangen hatten. Tortur und Folter waren die üblichen Mittel zur angeblichen Wahrheitsfindung, Bestrafung durch Verstümmelung wie Handabhacken, Zungeausschneiden, Augenausstechen usw. waren als „normale“ und noch nicht einmal schlimmste Körperstrafen verbreitet. Wir haben auch schon berichtet, welche Anlässe zu solchen Quälereien führten: ein Arbeiter konnte seine Schuld beim Arbeitgeber nicht bezahlen (2.8.), oder ein armer Teufel hatte den Boten zwischen zwei Preisabsprechern gemacht (2.5.) usw. Allein die schon oft zitierten Carte San Gimignano, mit den Beschlüssen des dortigen Rates, weisen dutzende von Nachrichten über solche Vorgänge auf[250].

In einer solchen Welt wurden die Schüler großgezogen, und die ihnen selbst sinnlich fühlbaren Methoden der Lehrer waren eben dieselben wie die, welche sie auch auf der Straße täglich miterlebten. Was Wunder also, wenn die florentiner Schulkinder sich zu ganz derselben Mentalität entwickelten. Wenn Stadtrichter wie der nachmals gern zu einem der allerersten Humanisten erhobene Albertino Mussato es z. B. fertigbrachten, sieben Menschen, die gehenkt werden sollten, überdies noch dazu zu verurteilen, daß ihnen auf dem Weg zur Richtstätte das Fleisch mit glühenden Zangen vom Leib gerissen werden sollte, wie sollten die jungen Menschen da anders werden? Wir wissen, daß Hinrichtungen in Florenz noch im 16. Jahrhundert auf riesige Begeisterung der Menschenmenge stießen und daß man 1501 z. B. einen Henker beinahe gelyncht hätte, weil er aus Versehen das Kohlebecken zerbrochen hatte, das unter dem Aufgehängten stand und das seine Todeszuckungen verstärken sollte (61, 219).

Wie sich das alles auf die Jugend auswirkte, wissen wir durch eine Reihe betrüblicher Zeugnisse. So war es eine florentiner Spezialität, politisch Geächtete, manchmal auch nur mißliebige Gegner, den Schuljungen auszuliefern – im sicheren Bewußtsein, daß die den Gejagten so lange bearbeiten würden, bis er qualvoll verendet war. Wenn der Blutrausch der Jugend auch dann noch nicht verebbt war, rollte man die Leiche durch die Straßen, ehe man sie in den Arno warf (236, IV/1, 333 ff.). Es gibt hunderte von Zeugnissen dieser Art, und wir greifen nur einige besonders plastische heraus, die sich jederzeit beliebig vermehren lassen würden. Nach dem Sturz des Herzogs von Athen, Mitte des 14. Jahrhunderts, wurde z. B. einer seiner Beamten, der verkleidet zu entkommen trachtete, von Schuljungen erkannt, durch die Straßen gejagt, seiner Kleider beraubt und mit dem Kopf nach unten aufgehängt (81, Rubr. 583). 1369 überließ man den Leichnam eines Gefangenen den Kindern, damit sie ihn durch die Straßen schleifen konnten (81, Rubr. 717). 1382 versuchte ein Verurteilter zu fliehen. Seine Wächter machten nicht einmal den Versuch, ihn wieder einzufangen – man ließ einfach die Schuljungen auf ihn los, die ihn fingen und steinigten (81, Rubr. 902). Auch im 15. Jahrhundert, also inmitten der Ära des Humanismus, haben wir Beispiele, wie Kinder schon verweste Leichen politisch Geächteter – wie etwa des Jacopo de Pazzi – ausgruben, durch die Straßen zerrten und dann in den Arno warfen (61, 21). Wir haben diese Beispiele gerade in solcher zeitlichen Streuung gewählt, um zu zeigen, daß all dies nicht eine Einzelerscheinung etwa irgendeines besonders brutal ausgefallenen Jahres gewesen sind.

Insgesamt haben wir diese Dinge nicht ausgebreitet, um hier sensationelle Darstellungen zu geben. Es kam uns nur darauf an, den Kreislauf zu zeigen: die brutale Einstellung der Gesellschaft, die sich bis in die Schulstube hinein auswirkte, und umgekehrt wiederum die Zucht zu Grausamkeiten in der Schule durch die am eigenen Leibe erfahrenen Züchtigungen. Wie sehr die damalige Mentalität dies alles billigte, zeigt die Tatsache, daß die Eltern dieser Schuljungen stolz auf ihre Sprößlinge waren, wenn sie solche Taten verübt hatten; und Chronisten brachten es sogar fertig, solche Grausamkeiten als „Gottesurteile“ hinzustellen, weil sie durch Kinder verübt worden waren (81, Rubr. 717).

Nun waren es natürlich keineswegs nur die Patrizier und Granden, die sich in jener Zeit der Brutalität befleißigten und wir können auch nicht behaupten, daß unter den Jungen, die da lynchten und steinigten, nur Schüler und nicht auch solche Kinder, die nicht zur Schule gingen, gewesen sind. Es ist sicher so, daß das gesamte Volk in diese Mentalität geraten war. Die Gründe – nicht Entschuldigungen, sondern nur Ursachen – sind sicher in dem radikalen Umbruchsprozeß zu suchen, der damals über die Menschen hereinflutete, wo sie alle ihre bisherigen Gewohnheiten ablegen und sich an derart widernatürliche neue Gepflogenheiten gewöhnen müßten, die nur unter härtester Disziplin aufoktroyierbar waren (vgl. 2.8.). Ohne die geübte Brutalität wäre das rasche Fortschreiten der Entfaltung aller Produktivkräfte sicher nicht durchzuführen gewesen; aber es ist fraglich, ob sie dadurch auch schon zu rechtfertigen ist. Auf keinen Fall aber werden diejenigen dadurch entlastet, die damals die Macht zu urteilen und Gesetze zu erlassen hatten und die dies alles akzeptierten und sogar förderten. Jedenfalls wird durch all dies klar, mit welch unglaublichen Opfern – meist der Unterdrückten – der gesellschaftliche und wirtschaftliche Fortschritt erkauft werden mußte.

Der Einwand, auch das Mittelalter sei grausam gewesen, ist sicher richtig. Aber wir wissen z. B. gerade von Florenz, daß die geschilderten Grausamkeiten mit fortschreitender Einführung der neuen Produktionsformen und der neuen gesellschaftlichen Ordnungen nicht ab- sondern zunahmen. Zeichen dafür ist z. B. die im 14. Jahrhundert immer mehr zunehmende Zahl von Folterungen und Hinrichtungen (51, 360; 236, IV/1, 332) sowie die Tatsache, daß solche Vorgänge immer näher an der Stadt, später dann in dieser und am Ende auf den Hauptplätzen in Florenz vorgenommen wurden: von einem im Mittelalter nahezu geheimgehaltenen Akt weit außerhalb der Stadtmauer wird die Hinrichtung zu einem Schauspiel mit dem Charakter einer Volksbelustigung auf öffentlichen Plätzen[252]. Wir können das sicher als einen Versuch der Überwindung eigener Ängste der Volksmassen deuten, die sich in der Hinrichtung rituell von denen befreiten, die ihnen vermeintlich Leid angetan hatten – übertragen war es dann ein Symbol für die Befreiung von den Aufsehern und Schergen, die täglich am Arbeitsplatz die Rute schwangen. Daß die Person der Opfer dabei relativ gleichgültig war, ist klar; es kam darauf an, die eigenen Aggressionen, die sich jeden Tag anstauten, in dieser gigantischen Vernichtungssymbolik abzuladen, die Ohnmacht und die angestaute blinde Wut fand hierin das Ventil.

Dies ist die eine Konsequenz der geschilderten Erziehung. Die andere ist die sichere, bloße Anpassung, das Duckmäusertum. Wer nicht die Möglichkeit hatte, aufzubegehren oder sich über die geschilderten Ableitungsmechanismen aus der psychisch so angespannten Situation zu befreien, mußte den Weg gehen, sich dem Ganzen so unterzuordnen, daß er möglichst wenig Schwierigkeiten bekam. Die Chronik des Morelli, wohl schon zu Ende des 14. Jahrhunderts entstanden (64, 274 ff.), zeigt an einer Stelle sehr deutlich, wie weit es der damals bereits in erster Blüte stehende Bildungshumanismus gebracht hatte: Man verlangte von einem „gebildeten“ Menschen, daß er sich aus politischen Dingen heraushalte, daß er dem zustimme, was die jeweilige Regierung sagt und daß man sich immer zu denen bekennen sollen, die gerade an der Macht sind. Untertänigkeit gegenüber Autoritäten, Zurückhaltung jeder Kritik gegenüber Machthabern war die oberste Prämisse. Frei stand dagegen der Rückzug ins Private, ins Individuelle, ins Ästhetische, das Sicherfreuen am Wissen, das man nicht preisgab und mit dem man vor allem nichts Politisches anfing (64, 274). Das Ideal der höfischen Bildung wird zum positiv Erstrebenswerten, sie sollte sich von der Übung des Leibes bis zur Lektüre des

Cicero und der Griechen erstrecken, die *Göttliche Komödie* zum Standardwissen erheben, über das man charmant plaudern konnte, und dazu die Kirchenväter nicht vergessen, mit denen man bei anderer Gelegenheit seine Integrität beweisen konnte (64, 274 ff.).

Daß es diese totale Anpassung in jener Zeit gegeben hat, dafür ist Morelli ein hinreichend zuverlässiger Zeuge. Und diese Anpassung ist zweifellos der andere Weg neben dem der Grausamkeit und Brutalität, den die Menschen gehen konnten und mußten, um wenigstens einigermaßen in dieser Zeit des Umbruchs bestehen zu können.

Und nur an wenigen Stellen wird dann ein dritter Weg sichtbar: der des politischen Aufbegehrens der Unterdrückten, wie wir ihn im Ciompi-Aufstand gesehen haben. Aber dazu waren ungeheure Anstrengungen und sicher auch eine Reihe nur selten zusammentreffender historischer Umstände nötig; und wie wir gesehen haben, hat auch das nur kurzzeitige Erleichterung zu bringen vermocht.

Folterungsszene aus dem 14./15. Jahrhundert. Aus einem mailänder Fresco (Mailand, S. Pietro in Gessate)

Kapitel 5
Die außerschulische Erziehung

Selbstverständlich erschöpft sich die Erziehung im von uns behandelten Zeitraum nicht in der schulischen und beruflichen Bildung und Ausbildung. Mindestens denselben Einfluß hatten natürlich auch die anderen Faktoren der Umwelt, in denen die Kinder und Jugendlichen lebten: die häusliche Erziehung, das Milieu, die Sozialbedingungen der Familie, die Kommunikation mit den anderen Mitgliedern der Gesellschaft usw.

Allerdings ist es für eine wissenschaftliche Arbeit ungleich schwerer, hier Anhaltspunkt für eine exakte Darstellung und für fundierte Analysen zu finden: Haben wir bezüglich der Berufsbildung und der schulischen Verhältnisse immerhin noch die zitierten urkundlichen Zeugnisse vorliegen, so sind wir bezüglich der außerschulischen und außerberuflichen Erziehung auf allerhand keineswegs zuverlässige Quellen angewiesen: auf Berichte von Chronisten und Schriftstellern, bei denen in der Regel das eigene Interesse stark die Berichte färbt. Wir haben schon früher (2. und 2.8.) darauf hingewiesen, wie schwierig es ist, aus den zeitgenössischen Darstellungen das herauszufiltern, was stimmt und das zu eliminieren, was entweder durch den zu engen klassenspezifischen Standpunkt oder auch ganz einfach durch einen mangelnden Erfahrungshorizont der Chronisten entstellt oder einseitig dargebracht wird. Wenn wir bei Villani immer wieder auf Behauptungen stoßen, die Masse sei damals nichts anderes als plünderungssüchtig, neidisch und habgierig gewesen, so müssen wir hier seinen eigenen Interessenstandpunkt – des Kaufmanns und Bank-Sozius – abziehen; und wenn uns Francesco di Barberino pausenlos von den schrecklichen sittlichen Verhältnissen berichtet, so müssen wir bedenken, daß er Inquisitor war, also von Amts wegen zu Prüdheit und unnachsichtiger Sittenstrenge verpflichtet.

Nun hatten wir im Vorangegangenen zu den eben zitierten Beispielen erfreulicherweise genügend korrigierende Dokumente. Aber gerade bei der Frage der außerschulischen und außerberuflichen Erziehung haben wir nichts, was uns als Gegengewicht gegen einseitige Darstellungen helfen würde. Sicher, wir können die Lebensläufe der meisten Chronisten und Literaten erforschen und möchten etwa versuchen, daraus ihre erkenntnisleitenden Interessen zu ermitteln, um auf diese

Weise dann die „Färbung" der Berichte zu erkennen. Aber für eine wissenschaftliche Arbeit sind einerseits die Berichte über die Lebensumstände der Chronisten doch zu dünn, um hier eine so gewagte Spekulation fundieren zu können, und andererseits ist es ja gerade Ziel dieser Arbeit, die damaligen Verhältnisse aufzuhellen und die bisherige Geschichtsschreibung auf diesem Gebiet zu korrigieren – wir können also nicht das, was wir eigentlich erkennen wollen, schon voraussetzend anwenden.

Aber auch diese Erkenntnis macht die Lage der Forschung nicht leichter, und wir werden im folgenden oft genug einfach nur referieren müssen, was uns da berichtet wird, ohne eine umfangreiche Kritik anbringen zu können. Sofern wir Dokumente haben, die uns zu einer Korrektur leiten können, werden wir diese selbstverständlich nach allen Seiten hin benutzen. Aber obwohl diese korrigierenden Fakten uns nur äußerst dünn erhalten sind, also die Darstellung insgesamt mit sehr großen Vorbehalten erfolgen muß, wäre es dennoch unsinnig, auf die Wiedergabe der unsicheren Berichte ganz zu verzichten – der Rahmen unserer Arbeit umfaßt die Bereiche Arbeit, Beruf, Ausbildung, Bildung und Erziehung als zentrale Faktoren der den Menschen prägenden Einflüsse, und wir müssen mithin auch den Bereich des Außerinstitutionellen vorstellen. Wenn es allerdings in diesem Kapitel gelingen sollte, wenigstens die festgesetzten und keineswegs sicheren Überlieferungsgrundlagen ein wenig zu relativieren, so wäre das schon viel.

Um die außerschulische und außerberufliche Sozialisation entsprechend deutlich werden zu lassen, müssen wir teilweise recht weit ausholen: Nicht nur das, was in den häuslichen vier Wänden geschieht, ist zu behandeln, sondern auch das, was wir über die allgemeinen Beziehungen der Menschen jener Zeit zueinander wissen, über ihren Umgang, die Form ihrer Begegnung und wie und wo sie miteinander verkehren, ihre Kommunikation; auch die Ergebnisse sind zu behandeln, die sie zusammenführten oder auseinanderbrachten. In den Städten jener Zeit wurde ja zum ersten Mal seit dem Ausgang des Altertums das Zusammenleben auf engsten Raum notwendig – eine Berührung aller mit allen. Zwar konnten sich die Mitglieder der Oligarchie im allgemeinen durch den Bau hoher, festungsartiger Häuser und Türme in gewisser Weise absondern – aber die Masse der Menschen lebte doch auf sehr engen Raum zusammengedrängt, wenn man es einmal in Beziehung zu den vorangegangenen mittelalterlichen Ansiedlungen setzt, wo ein Dorf allenfalls hundert oder einige hundert Personen umfaßte und rundherum nur gründes Land oder Wald zu sehen war, keine Einfassungsmauer, kein Tor, das beengte.

Nun war die mittelalterliche Stadt natürlich noch mit keiner großen Ähnlichkeit zu den Metropolen unserer Zeit ausgestattet. Schon Städte mit 20 000, 30 000 Einwohnern galten als Großstädte, und die Expansion auf 50 000 innerhalb von eineinhalb Jahrhunderten ließ Florenz zu Beginn der neuen ökonomischen Produktionsformen schon aus allen Nähten platzen, machte zweimal die riesige Erweiterung des Mauernringes notwendig.

Innerhalb der Stadt gab es ursprünglich noch viel Grünfläche, Weideplätze, Äcker usw. Die ersten Handwerker, die sich hier niedergelassen hatten, konnten ja vom Handwerk noch nicht leben und waren darauf angewiesen, nebenher bäuerlich tätig zu sein; und auch später war ein gewisser Prozentsatz agrarisch nutzbarer Fläche lebenswichtig für den Fall von Belagerungen, Kriegen etc. Aber mit der Zeit wuchsen die Häuser immer näher zusammen, das Grünland verschwand mehr und mehr, die Straßen, die man ja brauchte, wurden zunehmend überbaut. Da man nur innerhalb der starken Stadtmauern einigermaßen sicher war, gab es eben zunächst nur die Möglichkeit einer Expansion nach innen.

Dadurch wurden aber im Laufe der Zeit die Verhältnisse innerhalb der Stadt unerträglich. Nicht nur, daß das wichtige Grünland mehr und mehr verwand, auch die Zustände ansonsten wurden immer katastrophaler. Da es keine Kanalisation und auch keine geregelte Müllabfuhr gab, kippte man die Abfälle einfach aus dem Fenster – an feuchten Tagen entwickelte sich ein furchtbarer Gestank, aus dem sich nur die einigermaßen befreien konnten, deren Häuser hohe Türme besaßen, zu deren oberen Stockwerken die Gerüche nicht durchdrangen. Die Straßen waren nicht gepflastert oder gar geteert – an Regentagen verwandelten sie sich in tiefe schmutzige Wasserläufe.

Wenn die Ausweitung des Wohnraums nach innen nicht mehr möglich war, siedelten sich die Menschen außerhalb der Mauer an; aber das ging natürlich auf die Dauer nicht, da sie allen Feinden der Stadt schutzlos preisgegeben waren. So mußte dann ein neuer Mauerring gebaut werden, von dem man hoffte, er werde auf viele Jahre hinaus reichen – wir haben gesehen, daß dies in Florenz nicht der Fall war.

Die Menschen hatten sich also auf engem Raum einzurichten, und es wurde stets noch enger als es vorher war. Auch die Pestepidemien im 14. Jahrhundert brachten nur kurzzeitig Entlastung – drei, vier Jahre danach war die Stadt einwohnerreicher als zuvor. Der Kern der Stadt war bald ein Stein- und Straßenmeer, und wer das Haus verließ, traf sofort auf andere Menschen. Alleinsein war völlig unmöglich, immer waren die anderen da: durch die Geräusche, die von der Straße ins Haus tönten, durch ihre Stimmen, durch ihre Anwesenheit nebenan oder im gleichen Raum. Der Mensch im Feudalismus dagegen hatte, wenn er wollte, Ruhe, solange er sie brauchte (auch wenn er auf dem Feld arbeitete, konnte er das so tun, daß er den anderen nicht begegnete): er war nicht ununterbrochen gezwungen, sich mit den anderen Menschen auseinanderzusetzen.

Die Reibungsflächen der Menschen in der Stadt wurden damit immer größer, und bei der rapiden Entwicklung im 12. und 13. Jahrhundert war eine organische Anpassung an diese neuen Verhältnisse natürlich nicht einmal ansatzweise zu bewältigen. Dazu kam, daß jährlich tausende, täglich dutzende und manchmal sicher sogar hunderte ehemaliger Landbewohner in die Stadt strömten, Menschen also, die solches Leben schon überhaupt nicht gewohnt waren, die sich nicht nur in ihrer Arbeit umstellen mußten, sondern die auch inmitten eine Welt dauernder menschlicher Begegnung geworfen wurden, der sie nicht gewachsen sein konnten. All das mag auch einen Beitrag zu jener Bereitschaft zur Verrohung und Brutalität geleistet haben, die im vorigen Paragraphen dargestellt wurde.

Die in dieser Zeit sich entwickelnde neue Form des Zusammenlebens hatte nun ihre spezifischen Auswirkungen auf die Sozialisation. Selbstverständlich leben wir Städter auch heute auf engstem Raum zusammen; aber für die damalige Zeit ergeben sich gewaltige Unterschiede: erstens vollzog sich diese Entwicklung, ohne daß es zu diesem Zeitpunkt irgendwelche Vorbilder gegeben hätte, die als Orientierung für neue Verhaltensweisen hätten gelten können. Das Deutschland des 18. und 19. Jahrhunderts konnte immerhin schon die Erfahrungen verwerten, die die Franzosen und Engländer gemacht hatten, und auch diese betraten kein absolutes Neuland, sondern hatten eben die damalige Entwicklung der italienischen Städte des 12. bis 15. Jahrhunderts vor sich. Und zweitens ist gerade die innerhalb weniger Jahrzehnte sich überstürzende Entwicklung das für die Menschen besonders Belastende gewesen. Schließlich, drittens, gab es für die damaligen Menschen auch nicht diese Vielfalt des wenigstens zeitweisen Entrinnens durch Ausfahrt aufs Land, Wegkommen vom Gewohnten, wie sie heute besteht (auch wenn man da wiederum nicht allein ist – aber man kann andere als die gewohnten Menschen treffen, sich wenigstens kurzzeitig mit anderen Dingen umgeben etc.).

Wir versuchen also im folgenden zusammenzutragen, was wir über die nach unserer Kenntnis wichtigsten Sozialisationsfaktoren außerhalb der Schule und der Berufsausbildung an Wichtigem und einigermaßen Gesichertem finden.

5.1. Die Masse der Nichtschulgänger

Um eine Relation zwischen dem Einfluß der nichtschulischen und der schulischen Sozialisation herzustellen, müssen wir uns zunächst nur einmal das Verhältnis der Kinder und Jugendlichen, die eine Schule besuchten, zu denen, die dies nicht taten, vergegenwärtigen. Dann haben wir zumindest gewisse Größenordnungen, die uns sagen, ob der eine oder der andere Faktor bezüglich der Gesamtsozialisation der damaligen Jugend höher anzusetzen ist.

Innerhalb der demografischen Darstellung haben wir errechnet, daß es im 14. Jahrhundert – vor der Pest – ca. 6 700 Kinder und Jugendliche im Schulalter von 7–15 Jahren gegeben haben wird. Andererseits hat die Stadt sehr viel Arme und Almosenempfänger aufzuweisen, und auch die Arbeiter leben am Existenzminimum, können also ihre Kinder nicht zur Schule schicken. Im vorigen Kapitel haben wir deshalb errechnet, daß rein vom Finanziellen her gesehen maximal die Hälfte der florentiner Kinder zu jener Zeit eine schulische Ausbildung erhalten haben kann. Rechnen wir auch noch jene Familien hinzu, die aus gleich welchen Gründen eine schulische Ausbildung ihrer Kinder für überflüssig hielten, so kommt ein noch höherer Prozentsatz von Nichtschulgängern heraus, und ziehen wir zumindest für das 13. und die vorangehenden Jahrhunderte übliche Denken in Betracht, daß Mädchen überhaupt keine besondere Schulbildung haben sollten, so fällt noch ein weiterer Teil weg.

Mithin: die außerschulische Sozialisation wird, bezogen auf die Gesamtheit der Kinder, insgesamt eine größere Rolle gespielt haben als die schulische. Allerdings ist zu vermuten, daß diejenigen, die dann in die Schule kamen, von dieser wiederum stärker geprägt wurden als die dann noch vorhandene außerschulische Sozialisation zu prägen vermochte; wir haben auch in der Behandlung der psychischen Struktur der Schüler darauf hingewiesen, daß unsere Zeugnisse über jene Gewalttaten fast immer Bezug auf Schulkinder nahmen, nur selten auf Kinder allgemein. Solcher Einfluß muß nun natürlich nicht nur in der angegebenen negativen Weise angenommen werden, sicher haben sich infolge des Schulbesuchs auch andere Denk- und Handlungskategorien durchgesetzt.

Bezogen auf Schichten und Klassen ist weiter anzunehmen, daß sich in den unteren Klassen natürlich relativ sehr viel mehr Jugendliche befanden, die keine Schulbildung genossen, als es in den Familien der Begüterten der Fall war. Das wird auch durch die Tatsache gestützt, daß die Ciompi sich während des Aufstandes jenes Lehrers Guasparre de Riccio bedienen mußten, um ihre Gedanken zu Papier zu bringen – offenbar waren selbst ihre Führer nicht imstande, zu lesen oder zu schreiben.

Wir können damit davon ausgehen, daß in den unteren Schichten grundsätzlich die außerschulische, in den mittleren und oberen die schulische Sozialisation für die Kinder und Jugendlichen im Alter von 7–15 Jahren im Vordergrund standen.

Bei den Kindern im Alter von weniger als 7 Jahren fand noch keinerlei schulische Bearbeitung statt; es gab keinen Kindergarten, keine Vorschule. Allerdings wissen wir – worauf wir gleich noch zurückkommen – daß die Begüterten gern ihre Kinder zu Ammen aufs Land gaben, die dann wohl auch erheblichen erzieherischen Einfluß übten.

Bei den Schulgängern läßt sich ein genaues Verhältnis zwischen dem Einfluß an schulischer und an außerschulischer Prägung natürlich nirgends ermitteln; das können wir ja nicht einmal für die heute lebenden Kinder feststellen. Wir haben eben gemutmaßt, daß die intensiven Er-

Mittelalterliche und humanistische Vorlesungen. Oben der Augustiner-Mönch Henricus de Allemannia. Die Darstellung zeigt scharfe Beobachtung: in den ersten Reihen der Hörer Aufmerksamkeit, in den hinteren Reihen Unterhaltung; ein Hörer schläft gar. Der Vorlesende sitzt weit erhöht. Unten ein Kollege des Landino, ein Jahrhundert später (1492). Die Hörer gruppieren sich im unmittelbaren Gespräch um den auf gleicher Höhe sitzenden Proffessor. (Oben: Miniatur aus dem 14. Jahrhundert, Berlin, Staatl. Museum; unten: Holzschnitt aus der Inkunabel-Ausgabe der Rhetorik des Landino)

fahrungen, die die Kinder in der Schule machten, wohl äußerst starke Wirkungen zeitigten; andererseits müssen wir aber auch dagegenhalten, daß – nach Davidsohns Berechnungen (236, IV/2, 83) – fast ein Drittel des Jahres in der damaligen Zeit Sonn- oder Feiertage aufwies, und so fand Schule allenfalls an den restlichen zwei Dritteln statt, sodaß ein erheblicher Freizeitraum entstand, der wiederum außerschulisch erlebt wurde. Völlig undurchschaubar wird dies alles dort, wo sich häusliche Erziehung mit schulischer Ausbildung mischte bei den in der Oberschicht üblichen Hauslehrsystemen. Aber da unsere Untersuchung sich vorwiegend mit denjenigen Menschen beschäftigt, die tatsächlich gearbeitet haben und sich weniger auf die Häuser der Oligarchie konzentriert, können wir dieses Problem wohl weitgehend ausklammern.

Festzuhalten ist in jedem Fall, daß durch die Masse der Nichtschulgänger die außerschulische und außerberufliche Erziehung zu einem besonders wichtigen und bedeutsamen Faktor werden muß.

5.2 Die häusliche Erziehung

Um die wenigen uns überkommenen Zeugnisse häuslicher Erziehung der damaligen Zeit ganz würdigen zu können, müssen wir zunächst die völlig andere Form der Familie vorstellen, die seinerzeit die Regel war: Die noch aus dem Mittelalter kommende Großfamilie hatte sich weitgehend in die bürgerliche Stadt hineinübertragen. Das hing weniger mit einer bewußten Aufrechterhaltung von Traditionen zusammen als vielmehr erstens mit dem äußerst begrenzten Wohnraum in der Stadt, wo nicht jeder heiratende Sohn sich eine neue Wohnung nehmen konnte; zweitens kam besonders in den unteren Schichten das materielle Moment der rationelleren und preiswerteren Versorgung hinzu, die bei der Verpflegung mehrerer Personen eintritt; und drittens war es faktisch nur einer Gemeinschaft von relativ vielen Angehörigen möglich, auch bei Unfällen oder Notzeiten einzelner Mitglieder für diese zu sorgen und sich gegenseitig auszuhelfen. Es gab ja noch keinerlei Sozialsystem staatlicher Versorgung (mit Ausnahme der minimalen Almosen- und Getreideabgaben an die ganz Armen) für Krankheit und Alter.

So lebten also in der Regel auf engstem Raum mindestens drei Generationen nebst vielen sonstigen Anverwandten zusammen: die Großeltern, die Eltern und die Kinder, oft aber – als Eltern – mehrere verheiratete Paare; dazu kamen noch lediggebliebene Töchter und Söhne und anderswo nicht aufgenommene Kusinen und Vettern (236, IV/3, 363 f.). Ein Ereignis, das nur einen betraf, konnte es da kaum geben – alles ging alle an, jeder nahm an allem teil. Für die Oberschicht ist uns nun zudem noch verbürgt, daß zu den ehelich Anverwandten auch noch uneheliche Kinder in größerer Zahl dazu kamen, die auch im Haus aufgenommen wurden (236, IV/3, 366 f.) (meist sogar mit einem großen Stolz, denn bezüglich unehelicher Kinder waren die Florentiner keineswegs prüde)[253] – diese vermehrten die häusliche Einwohnerzahl also auch noch; mitunter mögen sie aber zudem auch noch die Spannungen in der Hausgemeinschaft verstärkt haben. Ob in der Mittel- und Unterschicht dasselbe üblich war, wissen wir allerdings nicht.

So drängte und schob sich alles in den Häusern der damaligen Zeit, und die gegenseitige Beeinflussung war schon ohne eigentliche Intention der Erziehung außerordentlich stark. Von den Formen, die die Erziehung annahm und von ihren Inhalten wissen wir wiederum nur Fragmentarisches, jedenfalls soweit es eine absichts- und planvolle Erziehung betrifft. Eine gewisse „Arbeitsteilung" scheint von vornherein darin bestanden zu haben, daß sich die Frauen vorwiegend der Mädchen und die Männer der Jungen angenommen haben.

Von den Frauen wissen wir, daß wohl ein erheblicher Teil ihres erzieherischen Denkens darin bestanden hat, den Mädchen frühzeitig den Umgang mit Männern so beizubringen, daß möglichst viel Profit dabei herauskam[254]. Es gibt im 14. Jahrhundert bewegte Klagen darüber, daß die Frauen den Mädchen allerhand Unseliges beibrächten (selbstverständlich stammen die Klagen von Männern): wie man Männer ausnutze, sich gefügig mache, wie man ihnen unerkannt Hörner aufsetze und wie man sich ihnen körperlich entziehe[255]. Die Töchter haben solches offenbar sehr schnell gelernt und wir kennen einige bezeichnende Fälle, wie z. B. Töchter ihren Vätern ganze Güter abschwatzen[256] oder die Männer dazu brachten, sie wie selbständige Geschäftsleute auszustatten[257].

Den Jungen bescheinigte man vom vierzehnten Lebensjahr an eine gewisse Erwachsenheit: Zum Zeichen dafür durften sie „die Hosen anlegen", ein offenbar feierlich vollzogener Akt der Einführung in die Männlichkeit[258]. Die Stellung des Vaters gegenüber dem Sohn kommt darin zum Ausdruck, daß er diesen mit achtzehn für volljährig erklären lassen konnte – wenn er wollte (297, 193); war der Vater verstorben, wurde der Sohn automatisch mit diesem Lebensjahr als mündig betrachtet (297, 193 f.). Der Vater konnte sich der Volljährigkeitserklärung bis zum 25. Lebensjahr widersetzen; danach war der Sohn allerdings in jedem Falle volljährig (297, 193 f.). Mit dieser Erklärung bzw. dem Beginn der Volljährigkeit erlosch auch die Pflicht der Eltern, dieses ihr Kind zu ernähren.

In bürgerlichen Häusern gab es offenbar nur wenig Kontakt zwischen Eltern und Kindern in den ersten Lebensjahren. Zumeist wurden die Kinder aufs Land zu einer Amme gegeben (64, 235), die für diese Zeit auch die Erziehungsgewalt ausübte – Ammen bekamen dabei ein recht negatives Bild bei den Florentinern und so manche spätere Dichtung ist voll von Haß gegen diese ersten Sozialisationsinstanzen (64, 235 f.). Allerdings sind die Zeugnisse hierfür nicht repräsentativ genug und nicht hinreichend umfangreich, um daraus etwa psychoanalytisch oder auch massenpsychologisch z. B. die spätere Brutalität der gesamten Gesellschaft abzuleiten.

Einen erheblichen Teil der sogenannten Erziehung nahmen die Sanktionen gegenüber unerwünschtes Verhalten und Tun der Kinder ein. Wir haben oben bereits das Sonett des Pucci (4.1.) zitiert, wo zum Thema Erziehung im wesentlichen nur Prügel angeführt werden; eine Differenzierung fällt ihm diesbezüglich nur in den zur Züchtigung zu verwendenden Instrumenten je nach Altersstufe ein.

Um die gröbsten dieser Sanktionen durchführen zu können, benötigte man offenbar vorwiegend Männer; jedenfalls kennen wir den Fall einer Witwe, die ihren älteren Sohn eilig für volljährig erklären ließ, damit dieser dann den jüngeren ins Gefängnis werfen lassen konnte, angeblich, um ihn in den Verband der Familie zurückzuführen[259]. Daß es angesichts solcher feinen Erziehung mitunter vorkam, daß die jungen Menschen einfach ausrissen und aus der Stadt davonliefen, nimmt nicht wunder (236, IV/3, 365).

Einen erheblichen Teil der Erziehung nahm insbesondere in Häusern der Mittel- und Oberschicht die Vorbereitung auf die Ehe ein. Bei den Begüterten war mit dem Heiraten ja die Möglichkeit eines Zuwachses an ökonomischer Potenz verbunden und wir haben deutliche Zeugnisse, wie Bankiers sich Vermögen zusammenheirateten[260]. In der Mittelschicht und offenbar auch in einem Teil der aufstrebenden unteren Schichten – dem Kleinbürgertum – war eine Heirat die Chance des Aufsteigens in höhere Klassen. Aus diesem Grund suchten die Eltern ihre Töchter möglichst jungfräulich zu halten, denn solches war beim Eheeintritt hochangesehen (39, 98). Andererseits aber gab es dabei des öfteren Pannen und die zum Zwecke der Aufrechterhaltung von Unschuld und Unberührtheit angewandten Mittel der Erzieher versagten recht häufig – um dies verbürgt zu bekommen, brauchen wir gar nicht den Spott des Decamerone nachzulesen[261], es gibt auch andere Chronisten, die solches mit tiefer Trauer beklagen (39, 98). Deshalb stellten sich die recht praktisch veranlagten Florentiner in der Erziehung der Mädchen auch gleich auf eine Doppelstrategie ein: einerseits, die Entjungferung zu verhindern, andererseits, wenn dies dann doch geschehen war, dieses Manko zu verbergen. Dazu wurde ein listiger Katalog von Verhaltensweisen einstudiert, wie man z. B. den Mann in der Hochzeitsnacht so lange reizt und hinhält, bis er so wild ist, daß ihm die Feinheiten der ersten Nacht entgehen (39, 98 f.).

Ansonsten galt in Florenz die bürgerliche Faustregel: die Frau hat dem Manne untertan zu sein; und so wurde die Erziehung im wesentlichen auch darauf abgestellt, den Jungen das Herrschen, den Mädchen das Unterordnen beizubringen[262]. Daß es die Frauen selbstverständlich mit der tatsächlichen Unterordnung nicht ganz so genau nahmen, ist klar, und wir finden zumindest in der Mittel- und Oberschicht (leider haben wir nur für diese Zeugnisse) immer Frauen, die sich zu kraftvollen Persönlichkeiten entwickelt haben und den Gang der häuslichen und sogar außerhäuslichen Dinge entscheidend mitbestimmten, auch wenn sie sich in der Öffentlichkeit zurückhielten[263].

Da man die Jungen und Mädchen oft schon als Kinder miteinander verlobte und manchmal sogar verheiratete, war von ehelicher Liebe natürlich meist nicht die Rede; wahrscheinlich war die Entwicklung der Frauen zum Hausdrachen für viele die einzige psychische Überlebenschance – da für die Männer alles Außereheliche nicht nur erlaubt war, sondern sogar als besonders männliche Tugend angesehen wurde (236, IV/3, 362–365).

Über die Erziehung in proletarischen Familien wissen wir faktisch nichts. Sicher werden sie ihre Kinder nicht aufs Land zu Ammen gegeben haben können; andererseits wissen wir aus der Wollzunft, wie viele Frauen damals berufstätig gewesen sein mußten, und darunter waren sicher auch viele Mütter (einen Schwangerschafts- oder Wochenbetturlaub gab es ja bis ins endende 19. Jahrhundert nirgends). Der Arbeitstag dauerte vom Morgengrauen bis zum Sonnenuntergang, also kann eine intensive Beziehung zwischen den leiblichen Eltern und den Kindern kaum stattgefunden haben. Da aber auch die Proletarier in Großfamilien lebten, wird die Erziehung der Kinder, sofern sie häuslich überhaupt stattfand, durch andere Famlienmitglieder übernommen worden sein, etwa durch nichtberufstätigen Tanten oder durch die Großeltern etc.

Ob und inwieweit sich solche Verhältnisse auf die psychische Struktur in später sichtbarer und nachkontrollierbarer Weise ausgewirkt haben, läßt sich aus heutiger Sicht nicht darstellen. Mögen auch die oben zitierten Grausamkeiten besonders häufig von Schuljungen verübt worden sein[264], so heißt das doch nicht, daß nicht auch proletarische Kinder zu solchen Taten fähig gewesen wären oder daß sie diese nicht verübt haben.

Ein bezeichnender Vorfall scheint aber doch zu existieren, aus dem gewisse Rückschlüsse möglich sind. Als die *Ciompi* 1378 sich daran machten, die Reichen zu bekämpfen, kam es zu keinerlei Plünderungen – vielmehr wurden die Schätze des popolo grasso einfach verbrannt (818, 40). D. h. wesentlich mehr als bei dem auf persönliche Bereicherung und Besserstellung bedachten Kleinbürgertum – das sich deshalb auch bald von den *Ciompi* lossagte, wie berichtet (1.3., 1.4.) – und bei der Mittel- und Oberschicht mischte sich in die proletarische Handgreiflichkeit jener Zeit ein gesellschaftlich-zielhaftes Element, das dem eigenen Handeln eine solidarische Richtung gab und den Eigennutz zurückdrängte. Die niederen Zünfte machten genauso lange mit, wie es gegen den popolo grasso ging (818, 37 ff.), und während des Höhepunkts der Revolte 1378 schoben sie die Arbeiter derart an, daß diese ohne irgendein persönliches Motiv einige fremde Tuchhändler aufhängten – was nur den einheimischen Tuchhändlern nützte, aber nicht den *Ciompi* selbst (818, 37 f.). Sobald aber das Motiv der persönlichen

Bereicherung und das Aus-dem-Feld-Schlagen der Konkurrenz entfiel, stellten sich die Kleinbürger gegen die *Ciompi*, die aber ihrerseits den begonnenen Weg unbeirrt fortsetzten.

Dieses völlig von den Mittel- und Oberschichten verschiedene Verhalten der mittellosen Arbeiter kann durchaus auch als eine Folge der anderen Erziehung in den unteren Klassen gedeutet werden. Da es in diesen Klassen nichts gab, was man verteidigen mußte außer dem nackten Leben, war auch das Gefühl für Eigentum wohl niemals so festgewachsen wie in den anderen Schichten, und wenn die einfache Existenzsicherung im Vordergrund steht, die Aussicht auf Höherstellung aber sowieso niemals gegeben ist, so entwickeln sich leichter Solidarität und Bewußtsein der identischen Lage mit dem Arbeitsgenossen und Nachbarn; und wenn das Gefühl für Eigentum nicht zum Zielpunkt des Lebens wird, ist durchaus vorstellbar, daß nicht die gleiche Ausstattung aller mit Eigentum, sondern die Vernichtung des Reichtums der Begüterten das revolutionäre Handeln bestimmt. Die völlig andere Beziehung zu den Dingen des Lebens, die sich beim mittellosen Proletarier jener Zeit gebildet hat, hat sicherlich notwendig ein anderes psychisches Gefüge zur Folge und bedingt andere Erziehungsinhalte als es beim Bürger der Fall ist, bei dem der Schutz des Eigentums und die Bereicherung des Persönlichen – sei es materiell oder ideell – zum zentralen Denkmoment werden muß. Wir wollen diese Spekulation nicht weiter treiben, aber es scheint doch wichtig zu sein, darauf hinzuweisen, daß sich die Handlungen der Erwachsenen klassenspezifisch in einer Weise unterschieden haben, die nicht aus zufälligen Situationen heraus erklärt und die auch nicht nur vom Platz des Einzelnen im Produktionsprozeß hergeleitet werden können; um die Deutung dieser Tatsache nicht zu sehr zu verkürzen, war es notwendig, hier auf die möglichen anderen Faktoren, wie eben die Sozialisation und Erziehung in der Familie, hinzuweisen.

5.3 Die Erziehung durch Prediger und Laienbrüderschaften

Eine der wichtigsten außerschulischen Instanzen zur Erziehung der Massen war die insbesondere seit Mitte des 13. Jahrhunderts immer häufiger und umfangreicher aufkommende Einrichtung der Laienbrüderschaften – *Compagnie* – und der öffentlichen Prediger.

Gegen Ende des 13. Jahrhunderts hatte nahezu jede Kirche von Florenz und auch jedes Kloster eine eigene ihm angeschlossene Laiengenossenschaft. Diese „Kompagnien" waren zumeist sehr systematisch organisiert, hatten, ähnlich wie der Gesamtstaat, Kapitane, einen beigeordneten Rat, Schatzmeister etc.[265]. Manche Kirchensprengel hatten sogar zwei Brüderschaften angeschlossen[266]. Der Zwang zum Beitritt war dabei offenbar so stark, daß sich kaum jemand ausschließen konnte, ohne den Zeitgenossen suspekt zu erscheinen[267]. Das galt natürlich insbesondere für die mittleren und unteren Schichten, die Proletarier und Handwerker – die Oligarchen haben immer die Möglichkeit gehabt, sich solchen Vereinigungen zu entziehen; allerdings war dies ihnen meist gar nicht sinnvoll erschienen, da ja, wie wir sehen werden, die Genossenschaften durchaus im Sinne der Herrschenden arbeiteten.

Welch enorm erzieherische Aufgabe diese Kompagnien erfüllten, wird klar, wenn wir uns ein wenig mit dem Tagewerk der Genossenschaftsmitglieder befassen, mit dem, was man von ihnen erwartete und mit welchen Mitteln man das durchsetzte. Da war zunächst einmal strengstens für jedes Mitglied festgesetzt, wie oft es zur Beichte kommen mußte. Das gab den Geistlichen die Möglichkeit, Unruheherde in der Bevölkerung schnellstens zu orten und den Herrschenden Gegenmaßnahmen zu empfehlen. Der Kirchenbesuch war obligatorisch, möglichst täglich (die Frühmesse vor der Arbeit). Eigens dafür ausgebildete und dazu angestellte Mönche und Kleriker wachten darüber, daß Mitglieder, denen man Schlimmes zutraute, öffentlich bezeichnet und zu Besserung angehalten wurden[268] – womit eine unglaubliche Denunziationswelle um sich zu greifen begann.

Um die Unterwerfung der Mitglieder nach außen hin sichtbar zu machen, mußte jeder Genosse sich öffentlich zu seiner Fraternität bekennen; insbesondere hatte er zu bestimmten Anlässen bei öffentlichen Umzügen mitzumarschieren, Kerzen zu tragen, Gesänge anzustimmen und sich in jeder Hinsicht als eifriger Bruder darzustellen (28, IV/431 f.).

Um nun die Genossen noch wirkungsvoller kontrollieren zu können und gleichzeitig den Nachwuchs schon frühzeitig an die geforderte Unterordnung und die jederzeitige Denunzierbarkeit zu gewöhnen, wurden die Kinder der Genossen von den Klerikern und den Brüderschaftsfunktionären dazu abgerichtet, die eigenen Eltern zu überwachen: über die Regelmäßigkeit des Kirchenbesuches, häusliche Redensarten gegenüber dem Glauben und der Kirche etc. All das sollten sie der Kirche berichten, und die Geistlichen erteilten Ratschläge, wie die Kinder den Eltern zusetzen konnten, um diese zum „rechtmäßigen“ Glauben und Verhalten zurückzuführen; insbesondere sollten die Kinder die Eltern anstacheln, auch regelmäßig zur Heiligen Messe und zum Anhören der Predigten zu kommen (29, IV, 430).

Besonders eifrige Kinder versprach man sich davon, daß man ihnen früh die Mitgliedschaft in der Brüderschaft verhieß (29, IV, 430 f.) und die sichtbar verliehene Machtfülle der Aufsichtspersonen wird dies zu einer begehrten Eigenschaft gemacht haben. Um auch noch alle weiteren Bereiche abzudecken, die man zur Erziehung der Massen nutzen konnte, unterhielten einige Brüderschaften auch eigene Lese- und

Schreibschulen (236, IV/3, 97 ff.) und am Ende sogar Knaben-Brüderschaften; Varchi zählte 1530 immerhin schon 6 voll ausgebildete Fraternitäten für Knaben (236, II/2, 290). Auch Frauen band man in Genossenschaften gerne ein (236, IV/3, 97) – die Kirche wußte um die multiplikatorische Wirkung kirchlich beeinflußter Mütter.

Die Kompagnien versuchten die Menschen keineswegs nur mit den negativen Mitteln der Strafandrohungen zu beeinflussen. Damit wäre der durchschlagende Erfolg ihrer Indoktrinationsversuche auch nicht zu erklären. Vielmehr nutzen sie geschickt möglichst viele und alteingeführte Neigungen der Italiener wie etwa die Sangesfreude, den Spaß an farbenprächtigen Umzügen, Uniformen etc. So wurde viel mit aufwendiger Dekoration, klingenden Titeln, Umwandlung alter heidnischer Bräuche (die auf die Heiligen und Hl. Maria umgeleitet wurden) gearbeitet (236, II/2, 288 ff.): alles Dinge, die dem einfachen Handwerker und Arbeiter durch seine Mitgliedschaft das Gefühl der Wichtigkeit und der Bevorzugung, das Heraustreten aus der Masse vermittelten (236, II/2, 290 f.).

Überdies standen einige Einrichtungen der Genossenschaften, z. B. Bildsäulen, Wandgemälde etc. im Ruf, Wunder zu wirken, so daß weiterer Zulauf zustandekam[269]. Allerdings gab es auf diese Weise auch regelrechte Genossenschaftskriege, wenn die eine Kompagnie der anderen den Besitz wundertätiger Dinge neidete oder gar abzusprechen suchte[270].

Wir sind heute kaum mehr imstande, die pädagogische Wirkung dieser Genossenschaften richtig einzuschätzen. Dies insbesondere, da wir andererseits von einer starken Abneigung der Florentiner gegen alles Klerikale hören[271]. Aber wir müssen bedenken, daß es gerade die Absicht der seit dem ausgehenden Mittelalter besonders unbeliebten Kirche war, sich hier an der Oberfläche zurückzuziehen und die angestammten Formen ihrer Beeinflussung – per Soutane und schwarzem Rock – aufzugeben und stattdessen zu viel subtileren Arten der Meinungs- und Mentalitätsdressur überzugehen. Die Aversionen gegen sich nahm die Kirche „geduldig" auf sich und ließ den Fraternitäten auch willig einen antiklerikalen Stachel – im vollen Bewußtsein, daß die Laienbrüderschaften die Inhalte der kirchlichen Lehren wirksamer, weil volksnäher verbreiten würden als die offizielle Kirche dies vermochte. Dazu kommt der unschätzbare Vorteil, daß die Volksgenossen sich nunmehr willig den Brüderschafts-Oberen anvertrauten, die Überwachung total wurde und so mancher Plan zum Aufbegehren frühzeitig verraten wurde – auch beim Ciompi-Aufstand 1378 wurde das für die Herrschenden Schlimmste dadurch verhütet, daß die Pläne der Aufständischen gemeldet wurden (818, 38).

Die Genossenschaften erfüllten so mitunter die Funktion der heutigen Geheimdienste, einerseits, hatten andererseits die Aufgabe der Disziplinierung der unteren und eines Teils der mittleren Schichten (mit einem Katalog von Disziplinarmaßnahmen von der einfachen –

meist noch geheimen – Maßregelung bis zum Ausschluß mit der Konsequenz, daß auch kein anderer Genosse mehr mit diesem Geächteten verkehren durfte (236, IV/3, 97)) und leiteten überdies noch eine Menge von Bedürfnissen des damaligen Menschen durch ihr vorgespieltes – und sich manchmal auch tatsächlich ereignendes – Solidarischsein und die mit den Genossenschaftsfeiern verbundenen Geselligkeiten ab. Wie sehr sich die Kirche über die Wichtigkeit dieser Genossenschaften klar gewesen sein muß, zeigt die Tatsache, in wie schneller Folge – nach dem ersten Großversuch – die Brüderschaften gegründet wurden.

Die erste uns bekannte Brüderschaft ist die von Santa Maria Novella, dort also, wo, wie wir gesehen haben, die Dominikaner seit ihrem Einzug im ersten Drittel des 13. Jahrhunderts die thomistische Philosophie zur Blüte gebracht hatten. Die Fraternität stammt schon aus dem Jahre 1244[272]; aber trotz eifrigen Bemühens der Patres wurde ihr Gedeihen zunächst noch durch die innen- und außenpolitischen Wirren jener Zeit gehemmt. Kaum hatte sich die Lage aber in den siebziger Jahren einigermaßen beruhigt, gründete man 1273 (29, IV, 430) die zweite uns bekannte Brüderschaft, und zwar für den Servitenorden (29, IV, 430 ff.). Schon vier Jahre später schuf man in San Silvestro (29, IV, 430 ff.) eine Genossenschaft, und noch im gleichen Jahr 1277 legte sich auch die Kirche von Santi Apostoli[273] die ihre zu. 1278 hob Santa Croce eine Fraternität mit der Bezeichnung „societa mediocre“ aus der Taufe, wobei dieser Name wohl ausdrücklich auf die unteren Klassen zielte[274]. Ebenfalls 1278 bekam *Sant'Egidio* (29, IV, 431) eine Genossenschaft, 1280 folgten *Santa Maria del Carmine* und 1282 die von *Santa Reparata* (29, IV, 452). 1291 wurde diejenige gegründet, die nachmals die größte Mitgliederzahl umfaßte und sich insbesondere durch die oben erwähnten wundertätigen Heiligenbilder auszeichnete, die Gesellschaft von *Or San Michele* (29, IV, 435).

Das Netz der Laienbrüderschaften umspannte die gesamte Stadt und insbesondere die unteren Schichten praktisch nahtlos, die Indoktrination kam über diesen Kanal in jedes Haus, zu jedem Menschen. Daß allerdings auch solch massive Bearbeitung der Gemüter nicht ausreicht, den ungeheuren ökonomischen Druck besonders auf die unteren Klassen erträglich zu machen, zeigen die Aufstände im 14. Jahrhundert.

Wir dürfen aber nicht vergessen, daß durch die Fraternitäten auch ein neues und keineswegs reaktionäres Element ins Volk kam: die Heiligenverehrung wirkte sich in einer Unzahl von Motiv- und anderen Bildern, volkstümlichen Gesängen usw. aus – Kunst aus dem Volk und für das Volk[275]. Dies wird nicht dadurch gemindert, daß nur wenige Zeugnisse davon erhalten sind – die von den mittleren und oberen Schichten diktierte Vorstellung, was „Kunst“ und deshalb überlebenswert sei, hat hier ohne Zweifel nicht die Erhaltung gefördert. Ebenso ist das Zugehörigkeitsgefühl zu einer Organisation, die über die engen Berufsgrenzen hinaus geht, ein guter Ausgangspunkt für solidarisches

Denken und später auch Handeln, sobald entsprechende Situationen eintreten: Allerdings müssen wir hier wieder gerade in Betracht ziehen, daß ein wichtiger Aspekt der Fraternitäten seitens der Kirche ja gerade die Zerstörung von Solidarität durch Denunziation war. Trotzdem: völlig kontrollierbar sind solche Gemeinschaften eben letzten Endes wieder nicht, derart, daß nicht eine neue Qualität auftreten kann, die den beabsichtigten Rahmen derer, die sich Herrschaftssicherung wünschen, sprengt. Und leicht konnte die gezüchtete Mentalität der Anpassung – wenn man sich „brav" verhielt, stand die gesamte Brüderschaft ja bis einschließlich zur Ausrichtung der Trauerfeier in allem bei (29, IV, 425 ff.) – umschlagen in ein Miteinanderkämpfen gegen das, was alle gemeinsam bedrückte.

Eine weitere Form der Indoktrination waren die Predigten im Freien und auf öffentlichen Plätzen. Da die Kirche zurecht davon ausging, daß die meisten Zeitgenossen alles, was sich innerhalb der Kirche abspielte, für Täuschung und Beeinflussungsmanöver hielten, schickten sie mitunter besonders redegewandte Kleriker ins Freie, um dort die Heilslehre in den Worten des Volkes zu verkündigen. Dabei kam es zur Heranbildung von Rednern, die quasi im Sauseschritt von Platz zu Platz eilten und ihre Sermonen anbrachten; bei einem gewissen Fra Giordano di Rivalto war das Gedränge dort, wo er sprach, mitunter so groß, daß er abbrechen mußte, weil ihm die Luft zu stickig wurde[276].

Nun waren in der Regel diejenigen, die mit der offiziellen Doktrin übereinstimmen, nicht auf Reden im Freien angewiesen und so scheint die Lust zu Ansprachen außerhalb der Kirche bei den Kirchentreuen nicht besonders groß gewesen zu sein. Anders verhielt es sich mit den Leuten, die in Widerspruch mit den Lehren der römischen Kirche geraten waren. Sie waren ausschließlich auf das Forum angewiesen. Die Apostelbrüder des Fra Dolcino im beginnenden 14. Jahrhundert oder die Geißlerbrüder (751, 62 ff.; 236 IV/3, 76 ff.) im ersten Drittel des selben Jahrhunderts zählen dazu, und die Inquisition suchte dieser Dissidenten immer möglichst schnell habhaft zu werden, denn der Zulauf zu ihnen war stets sehr groß. Meist hielten diese Prediger nicht viel von kirchlichem Schacher um Güter und Macht, um politischen Einfluß und Ländereien; sie predigten oft die Ankunft eines neuen Zeitalters mit besseren Menschen, wo die Kirche und auch die weltliche Herrschaft ihre Macht verloren; und sie riefen alle Menschen – auch die in den höheren Ämtern – zur Buße auf. Die Regierenden bemerkten bald, daß solche Gedanken sehr gefährlich für sie waren, und der ungeheure Zulauf bestätigte das; so sandten die Herren der Stadt z. B. 1262 gleich beim ersten Auftauchen der Geißlerbrüder ihre Miliz und bewaffnete Ritter los, um die Brüder fernzuhalten. 1315 sperrte man ihnen die Tore vor der Nase zu, aber 1335 waren sie wieder da, angeführt von einem gewissen Fra Venturio di Bergamo. Man ließ den Zug passieren, wahrscheinlich, weil sich innerhalb der Stadt eine ähnliche Brüderschaft gebildet hatte; vielleicht auch, weil er in der Lombardei überall verfolgt worden war und man in Florenz schon aus Rivalitätsgründen hier anders sein wollte. Die Geißler zogen, sich kasteiend und peitschend und Lieder singend, nach Rom weiter, wo man sie ebenfalls einließ. Als aber die Römer verwundert feststellten, daß die neuen Gäste kein Geld mitbrachten und stattdessen Enthaltsamkeit etc. predigten, warfen sie sie eilends wieder hinaus. Die Geißler vermuteten dabei nicht zuunrecht auch politische Motive, denn es waren viele ehemalige Ghibellinen unter ihnen. In Florenz selbst hatte sich der bodenständige Geißlerorden der „scopatori" recht gut etabliert und konnte sich lange halten; 1376 zogen mehr als fünftausend durch die Stadt. Fra Venturio di Bergamo war der Bewegung allerdings schon bei Rom abhanden gekommen – er fürchtete nicht ohne Grund peinliche Verhöre und floh deshalb vorsichtshalber in die Berge (751, 62 ff.; 236, IV/3, 76 ff.).

Auch die Apostelbrüder waren der Verfolgung durch die Inquisition ausgesetzt; anders als die Geißler allerdings wurden sie nie bodenständig geduldet und waren eigentlich immer auf der Flucht. Trotzdem konnte ihr wichtigster Führer, Fra Dolcino, 1305 mehrere tausend streitbare Anhänger um sich scharen und sogar längere Zeit einem Belagerungsheer standhalten[277]. Dies ist umso erstaunlicher, da Dolcinos Vorgänger samt einer Reihe von Genossen von der Inquisition verbrannt worden war; es zeigt, welche Gefahren die Menschen damals auf sich nahmen, um für eine Veränderung der Gesellschaft zu kämpfen.

Wir sehen an diesen beiden Beispielen – die sich durchaus vermehren ließen – wie aufgeschlossen die Florentiner trotz all der Indoktrinationen und der Pressionen durch die Geistlichkeit und ihre Organisationen jeder Art von Aufbegehren gegen die angestammte Autorität waren. Sie zeigen gleichzeitig, daß die städtischen Herrscher grundsätzlich nicht am Abbau von Autorität und Hierarchie interessiert waren; selbst wenn die Bewegungen sich vor allem gegen den Papst richteten – den doch auch die Städter um diese Zeit schon bekämpften – wurden sie in der Stadt verfolgt.

Die militante Spitze, die aus den Ketzern gegen den Papst, insbesondere aber gegen die Macht des Reichtums allgemein, sprach, hat die Herzen der Armen und der mittellosen Arbeiter und abhängigen Bauern wohl immer sehr schnell aufgeschlossen. Wir dürfen heute den Einfluß dieser Oppsition natürlich nicht überschätzen – Sekten und Ketzergesellschaften sprossen jeden Tag aus dem Boden und verschwanden wieder, man hatte sich in Florenz längst daran gewöhnt –: aber immerhin zeigen die immer wieder neuen Zuläufe zu jeder Neugründung doch, wie sich bei den Florentinern schnell neue Qualitäten des Bewußtseins formen konnten, und zu vernachlässigen ist generell der Einfluß der Wanderprediger auf keinen Fall, seien sie nun römisch orthodox oder dissidentischer Natur gewesen.

5.4 Kommunikation

In einer Zeit, wo Massenkommunikationsmittel, wie wir sie heute kennen, noch völlig fehlen, ist der Austausch von Informationen auf andere Wege angewiesen. Die umherziehenden Prediger, wandernde Scholaren, weitgereiste Kaufleute waren die Zuträger von Neuigkeiten, die die Menschen jener Zeit interessieren mußten. Selbstverständlich waren die so weitergegebenen Nachrichten immer nach der Person des Trägers gefärbt; und sicher war der Phantasie Tür und Tor geöffnet, wo eine wirksame und schnelle Überprüfung unmöglich war.

Kaufleute und Großhändler waren sicher nicht geneigt, Dinge zu verbreiten, von denen sie Angst haben mußten, daß sie auch in Florenz Schule machten und den Interessen der Händler schadeten, etwa von Streiks, Aufständen etc. Und wenn sie es erzählt haben, dann vermutlich ihresgleichen insgeheim und nicht den Arbeitern und Unterdrückten. Prediger, die von fernen Ländern erzählten, werden kein Interesse gehabt haben, über Erfahrungen zu berichten, die ihren Lehren widersprachen.

Aber es gab eben auch andere Informanten, zugezogene Handwerker, von anderen Städten ausgerissene oder abgeschobene Gesellen und Lehrlinge, Arbeiter, Bauern – so bekam jede Schicht ihre eigenen Informanten. Wir haben schon über den regen Zu- und Abfluß von Handwerkern berichtet und vom Auszug von Gelehrten wie von Arbeitern (1.2., 2.4. und 4.5.) – alle diese Gruppen brachten Neuigkeiten mit und es gab nicht viel, was lange verborgen bleiben konnte. Sicher dauerte es lange, bis z. B. Kunde aus dem Orient nach Florenz kam, aber von Stadt zu Stadt über den gesamten europäischen Kontinent war die Übermittlung gut gesichert.

Nun hatten die neuen ökonomischen Verhältnisse aber eine solche Menge an Arbeitszeit zustandegebracht, daß man sich fragen muß, wann denn die Arbeiter tatsächlich ihre Informationen austauschen konnten, insbesondere solche, die über die unmittelbaren täglichen Probleme hinausgingen. Aber es gab dafür überraschend viele Gelegenheiten.

Vor allem sind hier die vielen Feste zu nennen, die es zu jener Zeit gab. Es wäre sicher zu kurz gegriffen, wollte man diese nur als Kompensationsveranstaltungen deuten, die man als Ausgleich für den täglichen Streß zuließ. Mit Sicherheit war für die Menschen dieser Zeit jedes Fest einer der wesentlichsten Fixpunkte zum Austausch von Informationen, Meinungen, Wünschen, und deshalb, wie wir gleich sehen werden, ließen sie sich dies auch nicht nehmen; umgekehrt waren sich die Herrschenden von Anfang an bewußt, welchen Zündstoff solche Gelegenheiten darstellten und suchten deshalb so viel wie möglich einzuschränken oder gar zu verbieten; wir haben schon oben (2.9.) gezeigt, wie man gerade die Bildung von sogenannten Festgesellschaften verbot, weil sie allzugern sich in Vereine zur Durchsetzung politischer und gesellschaftlicher Ziele verwandelten. Eine ganze Anzahl – offiziell genehmigter – Feste durften nur unter großer polizeilicher Überwachung abgehalten werden und wurden mitunter dann, wenn diese Überwachung nicht ausreichte, verboten.

Ein Musterbeispiel hierfür bietet der „Giocho del Vechio della Montana", das Spiel vom Alten aus den Bergen. Da zogen Vermummte und Maskierte durch die Stadt und stellten dabei die Bande eines antiautoritären alten Helden dar, der die Mächtigen und Reichen bedrängte – angeblich soll er 1231 in Kelheim den Herzog Ludwig von Bayern ermordet haben[278]. Die Florentiner waren nun durch die Darstellung des unerschrockenen Helden so animiert, daß sie im Schutz der Masken tatsächlich einige Bluttaten gegen mißliebige Leute verübten; darauf wurden die Spiele von der Kommune verboten (236, IV/3, 290 f.). Ebenso waren die Regierenden sehr skeptisch gegenüber dem Fastnachtstreiben (damals an Heiligdreikönig) – man stellte starke Polizeikräfte für diesen Tag ab (236, IV/3, 389 f.).

Ein weiteres sehr wichtiges Fest war der Anfang des Mai, Calendimaggio. Da kamen alle Nachbarn zusammen und nahmen gemeinsame Mähler ein – die Reichen in ihren Palästen, für die Armen gab es Buden auf den öffentlichen Plätzen (83, VII, 132). Das Fest kam 1300 in besonderen Verruf, weil sich da die Schwarzen und die Weißen Guelfen in die Haare gerieten und es viele Verletzte und sogar Tote gab (236, III, 100 ff.); ein Zeichen, wie aggressivgeladen solche Feste mitunter waren.

Auch das Johannesfest war mehr Volksfest als kirchlicher Gedenktag (236, IV/3, 299 f.); faktisch war nur Weihnachten ein reiner Familientag (236, IV/3, 288 ff.).

Wir können hier unmöglich alle zunftspezifischen Festtage aufzählen, die das Jahr noch weiter anreicherten – an solchen Tagen hatten alle, die in dem einschlägigen Gewerbe arbeiteten, frei und kamen zu Versammlungen und Feierlichkeiten zusammen, wo man auch Kollegen aus anderen Vierteln und gar Städten treffen konnte.

Aber auch außerhalb dieser Festlichkeiten war für den Austausch von Nachrichten gesorgt. Die Männer trafen sich zum abendlichen Stammtisch, die Jugend kam zu Tanzveranstaltungen an freien Nachmittagen oder bei Musik und sportlichen Wettkämpfen zusammen (236, IV/3, 282).

Ein weiteres wichtiges Element überregionaler Kommunikation bildeten die fahrenden Sänger. Viele von ihnen zogen von Hof zu Hof und von Stadt zu Stadt[279]. In ihren Liedern – und natürlich auch ohne diese – erzählten sie die Neuigkeiten, die sie unterwegs erfahren hatten. Mitunter brachten auch wandernde Studenten und reisende ehemalige Geistliche wichtige Mitteilungen – allesamt überwiegend auf der Flucht vor der Obrigkeit und nur kurze Zeit an einem festen Ort (236, IV/3, 306).

Es hatte sich vom 12. zum 14. Jahrhundert ein umfangreiches System der Kommunikation gebildet, das der neuen ökonomischen Situation entsprach. War im Mittelalter der Einzelne auf Neuigkeiten nur im geringen Maße angewiesen, so setzte der Konkurrenzkampf der Geschäfte und der Produktionsmethoden, der Handelsgepflogenheiten und auch der Menschen untereinander die Notwendigkeit in die Welt, immer auf dem Laufenden zu sein. Jede Klasse suchte dies auf ihre Weise und mit den ihr möglichen Kontakten zu bewerkstelligen. Daß der Wert der Kommunikation klar erkannt wurde, zeigte sich allenthalben dort, wo die Herrschenden zwar stets auf das Gewinnen neuer Berichte aus waren, den unteren Schichten aber den Austausch von Neuigkeiten, die Weitergabe von Informationen so schwer wie möglich machen wollten. Insbesondere z. B. die Verbote, Gesellschaften zu bilden, die sich vorwiegend aus Angehörigen ein und desselben Berufs zusammensetzten (2.9.) und die unter der Absicht der Vorbereitung von Festen u. ä. gegründet waren, zeugen vom Bewußtsein der Herrschenden von der Gefahr, die ihnen durch einen ständigen Informationsfluß bei den Unterdrückten drohte.

5.5 Die erzieherischen Elemente der Volkserhebungen

1244 waren die ersten Versuche der Popolanen zu verzeichnen, die alte Gesellschaftsordnung zugunsten einer bürgerlich-demokratischen abzuschaffen; 1250 hatte der primo popolo seine erste Konstitution durchgesetzt. Aber sie hielt nur wenig Jahre – bis 1260 – dann hatten die Ghibellinen, die Kaisertreuen und Feudalisten, wieder die Oberhand. Sie hatten sie mithilfe ihrer Heere und der reichen ländlichen Pfründe wiedererlangt (vgl. 1.3.).

1289 zeigte sich, daß die Bürger von Florenz nunmehr gewillt waren, die Sache endgültig zu beenden. Sie nahmen den Feudalheeren einen wichtigen Teil der Machtbasis weg – das Recht, Leibeigene als zum Grund und Boden gehörig zu betrachten. Und 1293 hatten die Popolanen bei der Schaffung der „Ordnungen der Gerechtigkeit" die politischen Verhältnisse vollends im Griff: zu diesem Zeitpunkt waren sie bereits soweit, daß sie nicht nur die ländlichen Herrscher, sondern auch die neuaufgeschwungenen städtischen Herren entmachten konnten. Auch wenn die „ordinamenti" zwei Jahre später wieder zugunsten der Granden entschärft wurden, blieb doch der Verfassungskern erhalten (vgl. 1.3. und 1.4.).

Ist hier also ein gesellschaftlicher Lernprozeß zu beobachten? Wenn wir sehen, wie die Florentiner tatsächlich gewisse Fehler, die man früher gemacht hatte, nun bewußt vermieden, möchte man dies annehmen. Freilich müssen wir hier aber auch einige Differenzierungen anbringen.

So hatte sich in den dreißig Jahren seit Zusammenbruch des primo popolo die ökonomische Lage entscheidend zuungunsten der Adeligen und zugunsten der städtischen Händler und Handwerker verschoben. Es gab also ganz reale Machtzuwächse, die sich auch in mehr Geld, mehr Reserven, mehr Proviant für den Kriegsfall, besser gerüsteten städtischen Milizen ausdrückten. Umgekehrt hatte die Reichsgewalt größte Schwierigkeiten, da zusätzlich in den aufsässigen Kommunen Italiens auch der Papst immer häufiger eingriff und die Kaiser schwächte. Das Selbstbewußtsein der Städter wuchs also ganz zurecht und sie konnten ihre Forderungen getrost höher schrauben als in der Mitte des Jahrhunderts.

Aber trotzdem zeigt sich, daß es sich hier nicht nur um einen größer gewordenen Appetit handelte, als die Bürger ihre Verfassung von 1293 und auch schon vorher die Gesetze gegen den Feudalismus verkündeten. Es war tatsächlich vor allem ein sehr bewußt ausgefeiltes und von langer Hand vorbereitetes Programm zur Niederhaltung des Adels und der Magnaten. Die einseitige Ausdehnung harter Bestrafung auf die Granden im Falle eines Konfliktes mit den Popolanen zeigt, daß sich die Angehörigen des popolo als eigene Schicht begriffen und daß sie die Absicht hatten, in der künftigen Verfassung sich selbst alle nur greifbaren Privilegien zuzugestehen. Sie sprachen nicht, wie gut achtzig Jahre später die *Ciompi*, im Bewußtsein, die Gesamtgesellschaft zu vertreten, sondern sie sprachen für sich. Sie hatten die Macht errungen und sahen keinen Grund, sie mit irgendjemandem zu teilen.

Die Granden sollten ausgeschlossen werden von aller Macht – da sich aber die Räte ausschließlich aus Vertretern der Handwerker und Händler zusammensetzten, schloß man bei dieser Gelegenheit auch die Arbeiter und Abhängigen mit von der Politik und den Entscheidungen aus.

Die mittleren Bürgerschichten hatten also seit dem primo popolo noch einen zweiten Lernprozeß durchgemacht: Sie erkannten, daß es nicht ausreichte, nur die Granden zu entmachten. Der Kampf mußte an zwei Fronten geführt werden: gegen die früheren Machthaber einerseits und gegen das von unten nachdrängende Volk andererseits.

Nun kann aber dieser Lernprozeß nicht einfach verkürzt als Umdenkungsvorgang der Menschen gesehen werden. Wir müssen ja bedenken, daß zwischen dem *primo popolo* und den *ordinamenti* mehr als vierzig Jahre liegen. Ziehen wir die Kurzlebigkeit der damaligen Zeit in Betracht (236, IV/3, 335 f. u. 365), wo man schon mit 45 als alt galt, so müssen wir annehmen, daß kaum einer, der bewußt in die Schaffung des *primo popolo* eingegriffen hatte, auch noch zur Zeit der *ordinamenti* politisch aktiv war. Und hier ist das eigentlich Erzieherische zu sehen, das wir meinen: das, was 1289 und 1293 geschah, führten die Kinder und teilweise schon Enkel derer durch, die den *primo popolo* geschaffen hatten. Sicher darf man die Wirkung der kontinuierlichen Entwicklung im Bewußtsein der Kaufmanns- und Handwerkerschaft, das Weitergeben neuer Gedanken und Erfahrungen während der vierzig Jahre nicht unberücksichtigt lassen. Aber andererseits scheint sich doch die Qualität der Auseinandersetzung von 1289 bzw. 1293 von dem Kämpfen der fünfziger Jahre derart zu unterscheiden, nach allem was wir wissen, daß sie durch ein kontinuierliches Weiterdenken einfach nicht erklärbar ist. Vielmehr zeigt sich ein dialektischer Sprung erheblicher Größenordnung.

Dies wird leicht belegt durch einen Vergleich der beiden Verfassungen – von 1250 und von 1293.

1250 war es den Popolanen – im Verbund mit dem gesamten nichtfeudalen Volk – vor allem darum gegangen, die Willkürherrschaft der Adeligen, die sich auch innerhalb der Stadt zeigte, zu brechen. Sie erkämpften deshalb vor allem eine neue städtische Organisation, die mehr den neuen Bedürfnissen entsprach als die herkömmliche Nachbarschaftsgemeinden (236, II, 1, 368; 724, 88 f.). Die sogenannten Volkskompagnien bildeten rechtlich und meist auch örtlich genau umgrenzte Zelleneinheiten für das gesamte Volk (724, 88). Die Herrschaft sollte deshalb auch von einem aus dem gesamten Volk gewählten Rat der Anzianen kontrolliert und teilweise sogar ausgeübt werden; wahlberechtigt waren eben die Volkskompagnien (236, II/1, 368 ff.). Hier zeigt sich, daß das nichtadelige Volk sich noch weitgehend als Einheit begriff; die Auflösung der Rittersozietät in jenen Jahren weist in dieselbe Richtung (236, II/1, 368 ff.).

1293 hatten sich die Popolanen bereits nach beiden Seiten hin abgegrenzt. Es ging nicht mehr um eine Regierung, die aus dem Volk kam und die Interessen aller vertrat, sondern um eine Herrschaft der organisierten Bürger, der Zünfte – zu den alten, oberen, kamen zwar einige neue, mittlere (insgesamt waren es 21), aber keine davon vertrat z. B. die Interessen der Arbeiter. Regierungsfähig waren nur die Zünftigen, und unter diesen war wieder Sorge dafür getragen, daß die Macht faktisch vor allem von einigen bestimmten Großzünften ausgeübt oder kontrolliert wurde (236, II/2, 466 ff.; 724, 141 ff.).

Eine weitere Tatsache zeigt, wie gründlich sich die Popolanen im letzten Drittel des 13. Jahrhunderts auf die völlige Machtübernahme vorbereitet hatten. Während wir 1250 – trotz bereits 1244 vorangegangener erster Anfänge – nur ein tastendes, wirres Vorschreiten zu gefestigten Verfassungsgrundsätzen beobachten (236, II/1, 296–375), war die Verfassung der Ordnungen der Gerechtigkeit das Werk von 5 Tagen: Am 10. Januar erteilten die Vertreter der Zünfte drei Juristen den Auftrag zur Ausarbeitung einer Verfassung, am 15. Januar lag sie fertig vor[280]. Die Mittelschicht wußte, was sie wollte.

Das qualitativ neue Element der neuen Verfassung, nämlich die Abschließung der eigenen Klassen nach oben wie nach unten, war das Werk einer neuen Generation, die mit der des *primo popolo* nicht mehr viel gemein hatte: aber der Zusammenhang beider besteht darin, daß die Jungen aus den Fehlern der Alten enorm viel gelernt hatten. Die politische Entwicklung jener Zeit, und gerade die Spitzen dieser Entwicklung, die Aufstände und Erhebungen, hatten eine tiefe gesellschaftlich-erzieherische Wirkung.

Aber wir können diese Beobachtungen keineswegs nur bei den Bürgern zeigen. Auch die Lernfähigkeit der Arbeiter anläßlich ihres gesellschaftlichen Kampfes ist hervorragend sichtbar zu machen.

1342, bei der Machtergreifung des Herzogs von Athen, lassen sich zum ersten Mal deutliche Organisationsversuche auch gegen den Willen der etablierten Zünfte erkennen. Diese Ansätze der Arbeiter brachen auch nach der Vertreibung des Herzogs 1343 erst langsam zusammen, als man die Anführer des Aufstandes umgebracht hatte (818, 35). Auch hier zeigte sich, wie tastend und unbeholfen die Forderungen der Arbeiter damals noch waren. Zunächst hörte man nur Klagen, aber keine konstruktiven Vorschläge, und erst nach der Vertreibung des Herzogs, als es schon zu spät war, kamen die Führer der Bewegung mit dem Wunsch nach Gleichheit von arm und reich heraus (818, 35 f.) Ciuto Brandini trat 1345 mit der Forderung nach Koalitionsfreiheit auf; als er hingerichtet wurde, kam die Bewegung an der Oberfläche zum Stillstand, es folgten die Jahre der Pestepidemien, der Dürre, der Überschwemmungen, Bankkräche erschütterten die neue Produktionsweise etc.

1379 tritt ein völlig anderes Proletariat auf: es hat bereits viel genauer umrissene Vorstellungen als die Arbeiter von 1343. Das Programm von Ronco forderte politische Gleichheit, bürgerliche Existenz der Arbeiter, Lohnerhöhung um 50 % und Amnestie für die Aufständischen (818, 39; 620, 157 ff.). Die ruhige Oberfläche, die man in den dazwischenliegenden Jahren sieht, hatte nicht den Fortgang des Denkens und der Erfahrungen gehemmt, den die Arbeiter mitmachten.

Auch hier zeigt sich wieder ein enormer Lernzprozeß, und auch hier ist es die Generation der Kinder und Enkel derer, die 1343 gekämpft hatten: Fünfunddreißig Jahre nach ihnen haben die jungen Menschen ein qualitativ ganz anderes Bewußtsein entwickelt: Sie fühlen sich als „Volk Gottes", als Gesamtgesellschaft bzw. deren Vorkämpfer, sehen sich nicht als bloße Klasse, die nun die Verhältnisse umkehren will und ihrerseits die bisher Herrschenden unterdrücken wird. Die schnelle Organisation, die die Aufstände kennzeichnet, die präzisen Forderungen und die weitsichtige Konsequenz, mit der z. B. nicht nach Plünderung und persönlicher Bereicherung gerufen wurde, sondern schlechthin nach Abbau der Privilegien und des persönlichen Reichtums der Mächtigen – alles dies zeigt, daß hier eine Vorhut von Arbeitern kämpft, die nur noch wenig von den bewußtesten Elementen des 19. Jahrhunderts entfernt ist, zumindest wenn wir ihr Verhalten in Relation zu dem noch keineswegs allzu weit entwickelten Kapitalismus jener Zeit setzen.

So zeigen auch in der Arbeiterschicht die geschilderten Erhebungen und revolutionären Ereignisse einen tiefgehenden pädagogischen Einfluß. Nicht nur die Stellung am Arbeitsplatz und die häuslichen Verhältnisse, nicht nur die Verfassung und die soziale Schichtung haben Bewußtsein und Handlungsformen und -inhalte erzeugt, sondern ebenso in großem Maße jene Auseinandersetzungen innerhalb der Gesellschaft, auch – und vielleicht sogar gerade dann – wenn sie immer wieder zusammengeschlagen und vereitelt wurden, wenn die Konsequenzen daraus für viele Tod oder Verbannung bedeuteten und wenn die Aufständischen am Ende des Aufstandes, sofern noch lebend, mitunter vor schlimmeren Verhältnissen standen als vorher. Auch diese Aspekte gilt es gegenwärtig zu halten, wenn man die Wertigkeit der Faktoren Arbeit, Beruf, Ausbildung, Bildung und politische Entwicklung in ihrer Dialektik und Wechselbeziehung zu der Entfaltung der Produktivkräfte verstehen will.

Geißler-Zug 1352. Französische Miniatur (Brüssel, Bibliothek)

Kapitel 6
Das Aufkommen humanistischer Ideologie und Bildungsvorstellung

Wir haben bereits zu Beginn dieser Arbeit darauf hingewiesen, daß uns der italienische Humanismus in unserem Rahmen nicht als das zentrale Problem beschäftigen wird, und zwar aus mehreren Gründen:

– Wir haben uns zur Aufgabe gestellt, den Zusammenhang zwischen Arbeit, Beruf und Ausbildung/Bildung vom 12. bis zum beginnenden 15. Jahrhundert abzuhandeln und dabei die zwischen Basis und Überbau und innerhalb dieser Bereiche herrschende Dialektik aufzuweisen. Der Humanismus als eine Erscheinung des ausgehenden 14. Jahrhunderts, die sich voll erst im 15. Jahrhundert entfaltet, kann uns daher schon bezüglich des zeitlichen Rahmens nur insoweit interessieren, als eben ihre Grundlegung schon im 14. Jahrhundert zu beobachten ist. Die volle Entfaltung im 15. Jahrhundert aber basiert bereits auf Tatsachen insbesondere der ökonomischen Entwicklung und auf weltpolitischen Veränderungen, die sich so gravierend von den Zuständen des 12. bis einschließlich 14. Jahrhunderts unterscheiden, daß eine Darstellung des Humanismus von der Basis der uns in den genannten Jahrhunderten aufweisbaren Ökonomie nicht möglich ist.

– Wir haben weiterhin bereits darauf aufmerksam gemacht, daß der Humanismus eine Zielvorstellung war, die nur einem ganz geringen Teil der florentiner Bevölkerung zukam, während die übergroße Masse der Menschen von ganz anderen Dingen besetzt war als von Nachsinnen über große Taten der Antike und vom Rückgang zu den Quellen der lateinischen und griechischen Tradition. In einer Abhandlung, die sich vorwiegend der Arbeit und den Dingen des tätigen Berufes widmen will, spielt solche Bildungsvorstellung eine geringe Rolle.

– Dazu kommt, daß gerade die Phänomene des humanistischen Überbaus bereits in einer solchen Fülle von Darstellungen untersucht worden sind, daß jeder Versuch einer Neuinterpretation des Humanismus dazu verurteilt wäre, eben als die tausendundwievielste Deutung immer derselben Fakten zu erscheinen. Das heißt nicht, daß wir uns irgendeiner der bisherigen Darstellungen vorbehaltlos anschließen könnten oder wollten, sondern nur, daß wir nicht gewillt sind und es auch nicht für sinnvoll halten, hier aufs Neu in eine Diskussion mit dem Titel „Was ist Humanismus?“ einzusteigen.

Andererseits aber könnten wir das Problem des Humanismus im Rahmen unserer Arbeit auch nicht völlig vernachlässigen. Denn: Immerhin ist dies die Ideologie, die sich das Bürgertum noch in der Zeit zulegt, die wir behandelt haben, und ein derart profilierter Vertreter des Humanismus wie Coluccio Salutati ist immerhin zur Zeit des Ciompi-Aufstandes Kanzler von Florenz gewesen. Da überdies, wie schon in der Einleitung beschrieben, ein erheblicher Teil der bisherigen Forschung – auch der für uns wichtigen, auf ökonomisch-dialektischer Betrachtung beruhenden – den Humanismus stets im Zusammenhang mit dem Entstehen des ersten Kapitalismus bringt, müssen wir schon aus Gründen wissenschaftlicher Kritik auf dieses Problem eingehen – vollzieht sich doch eben dieser Übergang zum Kapitalismus, wie eingehend nachgewiesen, bereits im 12. und 13. Jahrhundert, wogegen der Humanismus sich frühestens in der Mitte des 14. Jahrhunderts zu zeigen beginnt.

Nun hat sich die Überbauforschung lange Zeit vor allem mit den Problemen des entwickelten Humanismus – des im 15. und teilweise erst im 16. Jahrhundert sichtbaren – beschäftigt, und erst in den letzten Jahrzehnten ist sie dazu übergegangen, auch die früheren Phasen einmal zu durchleuchten; aber da sie auch da noch immer das Leitbild des Humanismus im Cinquecento im Sinn hatte, lag die Tendenz nahe, auch das, was im 14. Jahrhundert vorlag, immer unter dem Blickwinkel der späteren Zeiten zu betrachten[281]. Für uns ist diese Forschung damit leider nahezu wertlos.

Ein Teil der Münchner Schule der Humanismus-Interpretation hat in den letzten Jahren nun versucht, gerade die Schwellen-Problematik anzugehen und die Kontinuität und Diskontinuität des Übergangs von Mittelalter zu Neuzeit in den Griff zu bekommen[282]. Aber da bei diesen Arbeiten stets eine fundierte Untersuchung der ökonomischen und gesellschaftlichen Basis jener Zeit fehlt, sind auch diese Ansätze dazu verurteilt, in der Luft hängenzubleiben und stellen für uns letztlich nicht mehr dar als eine – allerdings wertvolle – Fundgrube für die verschiedenartigen Äußerungen der Humanisten.

Für uns kommt es darauf an, die gerade im nichtentwickelten Humanismus des 14. Jahrhunderts vorhandenen Strukturelemente herauszuschälen, gleichgültig ob sie später zum Tragen gekommen sind oder nicht. Der zweite, fast noch wichtigere Schritt ist dann, zu erkennen, mit welchen Interessen diese neuen ideologischen Gehversuche verbunden sind – wer sie veranstaltet, wer dahintersteht, wem sie nützen. Anders ausgedrückt: wichtig ist für unsere Untersuchung nicht die kategorische Einteilung der damaligen Schriftsteller, Dichter, Politiker und anderen Überbau-Fachleute danach, ob man sie zu den Humanisten zählen darf oder nicht. Wichtig ist vielmehr die Frage: welche Elemente der Weltsicht sind für einen, der das Wort „humanitas“ und die damit in Korrelation gebrachten Begriffe benutzt, zentral, warum sind sie gerade für ihn wichtig – und warum eben in dieser Zeit; und:

wer hat außer ihm noch Interesse an der Durchsetzung solcher Vorstellungen, also: wer steht dahinter, und warum.

6.1 Die Grundlegung des Humanismus als Erscheinung einer Zeit bereits entwickelter neuer Ökonomie in Florenz

Das von uns bereits genannte Faktum, daß Humanismus sich erst wesentlich später als die neue, städtische Produktion und ebenso erst viel später als die Konstitution der bürgerlichen Gesellschaft in Florenz entwickelt, muß näher umrissen werden.

Die Forschung hat sich seit Georg Voigts *Wiederbelebung des classischen Alterthums* 1859 angewöhnt, den Humanismus mit dem Auftreten bestimmter historischer Gestalten grundlegen zu lassen. Voigt selber beginnt mit Albertino Mussato, der von 1261 bis 1329 gelebt hat, geht dann aber sehr schnell zu Francesco Petrarca, 1304–1374, über, der ihm dann erst eigentlich als Humanis gilt (791, I, 4 ff.). E. Keßler stützt seine Interpretation *Das Problem des frühen Humanismus* vor allem auf eine Darstellung von Salutati, 1331–1406, wobei er gelegentlich Petrarca heranzieht, ansonsten aber die antiken Quellen, auf die Salutati sich stützt, zugrundelegt (379). Garin, in *Der italienische Humanismus*, beginnt mit Petrarca und weist nur mit einem Halbsatz auf die Nennung Mussatos bei Salutati hin (299, 11); in *Geschichte und Dokumente abendländischer Pädagogik (Erziehung-Anspruch-Wirklichkeit)* nimmt er allerdings Mussato zentraler auf – ohne ihn jedoch in die Schar der eigentlichen Humanisten einzureihen (270). Grassi wiederum setzt den Hauptakzent auf den sehr spät lebenden Gianbattista Vico, und deutet von dessen Sicht her die humanistischen Aspekte, wobei er dann bis zu Petrarca zurückgeht (340; 335; 336; 339).

So ließen sich seitenweise verschiedene Anfangstheorien anführen. Die Frage, ob man den Humanismus nun bei Petrarca oder bei Mussato beginnen lassen soll oder noch bei anderen, hat Keßler sehr knapp so beantwortet:

> „Die Grundlagen zu solchen Studien (humanistischen Studien, W. R.) wurde zum Teil schon am Übergang vom Ducento zum Trecento gelegt; die ersten Anzeichen eines neuen Denkens durch eine neue Wendung zur Antike scheinen sich zeigen zu lassen bei Albertino Mussato und Lovato Lovati in Padua sowie bei Geri d'Arezzo. Aber wie sehr sie nur vorbereiteten, was andere später schufen, zeigt die Tatsache, daß sie über den engen Kreis ihrer Stadt, ihre unmittelbaren Mitmenschen, nicht herauswirkten. Der erste, dem es gelang, sich in ganz Italien und darüber hinaus Gehör zu verschaffen, und dem sich damit ein weites Feld der Einflußnahme und des Einwirkens auf seine Zeit eröffnete, war Francesco Petrarca ..." (379, 39 f.)

Das ist in der Tat ein gutes Argument: denn wollten wir unter Humanismus – wie es ein Teil der Forschung tut[283] – nur eine Strömung sehen, deren wesentlichstes Kennzeichen lateinische Bildung und Rückgang auf klassische Schriftsteller und Redner ist, so müßten wir faktisch eine seit Karl dem Großen ununterbrochen wirkende humanistische Tradition annehmen, denn vor Mussato gab es schon Boncompagno und Bene, und vor deren Wirken gab es schon Lateinlehrer in größerer Anzahl und auch vor diesen ... wir haben das bereits im Einzelnen ausführlich dargestellt (4.3.).

Andererseits: setzen wir den Beginn humanistischen Denkens erst bei Petrarca an, so wird der Abstand zwischen sich entwickelnder kapitalistischer Ökonomie (im 12. Jahrhundert) und bürgerlicher Gesellschaft einerseits und dem entstehenden Humanismus noch weiter, das mögliche Band endgültig zerrissen.

Was Keßler für seine These zurecht anführen kann, ist die Tatsache, daß das Repertoire derjenigen Begriffe, die später, im beginnenden 15. Jahrhundert, die Terminologien der wichtigsten städtischen bürgerlichen Ideologien ausmachen werden, daß dieses Repertoire in der Mitte des 14. Jahrhunderts und insbesondere bei Petrarca einen gegenüber dem Mittelalter neuen Inhalt bekommt[284], einen Inhalt, der sich dann gegen Ende dieses Jahrhunderts bereits so verfestigt hat, daß eine überregionale und sogar internationale Verständigung darüber möglich schien[285].

So bleibt für uns zunächst die Tatsache bestehen, daß sich einerseits die ökonomische und gesellschaftliche Basis im 12. und 13. Jahrhundert im Hinblick auf ein etabliertes frühkapitalistisches Produktionssystem und einen bürgerlichen Staat praktisch abschließend verändert – aber eine spezifische über das Mittelalter hinausgehende Ideologie und damit zusammenhängend eine neue Kultur und auch neue Bildungsvorstellung erst Mitte des 14. Jahrhunderts auftaucht. Diese neue Ideologie aber – und das ist das wiederum Erstaunliche – scheint doch gerade auf die sich entwickelnde bürgerliche Gesellschaft besonders gut zu passen, ihr angemessen zu sein[286].

Läuft also die Ideologie der Ökonomie um ein Jahrhundert hinterher? Wenn dies so sein sollte, handelt es sich dann um eine florentiner Spezialität oder um eine allgemeine Gesetzmäßigkeit? Und wenn nicht: ist dann etwa der Humanismus nicht die Ideologie des aufkommenden Bürgertums? Wozu dient er aber dann? Wem nützt die in ihm enthaltene Bildungsvorstellung denn sonst? Und was müssen wir dann als die Ideologie jenes 12. und 13. Jahrhunderts ansehen, wo von Humanismus noch nichts zu merken ist?

6.2 Die Gespaltenheit der humanisitischen Ideologie und Bildungsvorstellung

Wir kommen der Lösung unserer Fragen im Hinblick auf unsere Arbeit näher, wenn wir einen in der bisherigen Forschung viel zu wenig beachteten Aspekt des Humanismus in Betracht ziehen: Der Humanismus, wie immer wir ihn bestimmen, ist keineswegs eine homogene Erscheinung; vielmehr zerfällt er zumindest in zwei sehr verschiedene und an Stellen sogar einander strikt widersprechenden Entwicklungslinien. Das eine ist der individualistisch-ästhetische Ansatz, das andere der politisch-gesellschaftliche. Wir werden dies, ehe in den beiden folgenden Paragraphen die Einzelnachweise geführt werden, zunächst in groben Zügen klarlegen, um einen allgemeinen Eindruck hervorzubringen.

Wenn die Humanisforschung sich in weiten Bereichen gern der Illusion hingibt, der Humanismus zeige eine kontinuierliche Entwicklung, die vom frühen Humanismus bis zu Giordano Bruno oder Gianbattista Vico hinführe, so muß dies in ganz einschneidendem Maß relativiert werden: Wir können z. B. durchaus eine Linie von Petrarca über Polizian zu Castiglione verfolgen (was hier aber nicht unsere Aufgabe ist), und auch von Salutati über Bruni und Machiavelli bis zu Giordano Bruno. Aber es ist bereits sehr schwer, Petrarca und Salutati – deren Lebenszeitraum sich noch weit überschnitten hat – gemeinsam zu interpretieren, und wenn letzterer gern als Schüler des Petrarca geschildert wird (379, 12), so täuscht dies leicht über die Tatsache hinweg, daß hier zwei völlig verschiedene Grundansätze von Humanismus vorliegen, die kaum unter einen Hut zu bringen sind; man muß schon eine andere als die bisher geübte Interpretationslinie verfolgen, um auf den – tatsächlich vorhandenen – gemeinsamen Nenner zu kommen; wir werden das zu zeigen versuchen.

Gerade diese Zwieschichtigkeit, auf die wir hier abzielen, wird später, nach unserer Interpretation, die Lösung der Fragen nach dem Zusammenhang zwischen der bestehenden Ökonomie und Gesellschaftsverfassung und dem Überbau möglich machen.

Die verschiedenen Schulen der Humanismus-Interpretation haben seit geraumer Zeit und sehr gern immer wieder neu ihre Klassifizierung auf bestimmte Momente gegründet: Humanismus sei eine literarische Bewegung, hervorgerufen durch ein gewisses Interesse an lateinischen Texten, die man als ästhetisch wertvoll empfand, behauptet Paul Oskar Kristeller (400; 405). Hier wird der Aspekt der individuell-ästhetischen Bildung als Grundelement des Humanismus gesehen; Saitta (629), Buck (173), Rüdiger (618) und Gentile (314) haben diesen Aspekt auch schon vor Kristeller hervorgehoben; im Laufe ihrer Forschung ist der Humanismus dann schließlich ganz in einem Ästhetizismus gelandet.

Nein, das sei der Humanismus ganz und gar nicht, er sei vielmehr praktische, politische Philosophie, erklärt dagegen Garin; der Humanismus trage zutiefst bürgerlich-sozialen Charakter (302). Grassi, in seinen späteren Werken, unterstreicht dies (340), und auch Anagnine (93), Rossi (611) und Durant (256) haben sich schon früher in diesem Sinn geäußert.

Einzig Hans Baron hat einmal versucht, die Humanisten in mehrere Kategorien einzuteilen, insbesondere in den literarisch-individualistischen und den bürgerlich-politischen (122; 123). Aber diese Einteilung, so eifrig sie Baron auch begründet hat, wurde in seiner Nachfolge wieder zunichte gemacht, weil seine Adepten im Überschwang der Polemik gegen die gerade aufkommende ästhetisch-individualistische Alleinherrschaft nun das politisch-soziale Moment derart in den Vordergrund schoben, daß der andere Aspekt wieder unterging und die Zwieschichtigkeit nicht mehr sichtbar bleiben konnte[287].

Nun scheinen uns aber die Gründe für eine Zwei-Humanismen-Theorie durchaus zwingend, und zwar auch, wenn wir die bei Baron im wesentlichen nur vom Überbau herkommenden Gründe beiseitelassen. Wir werden dies im einzelnen noch darlegen. Zunächst muß noch ein mögliches Gegenargument entkräftet werden. Man könnte nämlich einwenden, daß wohl die Diskrepanz zwischen zwei so verschiedenen Typen des Humanismus so groß nicht gewesen sein kann, da wir explizite Auseinandersetzungen zwischen diesen beiden Linien in der Literatur nicht vorfinden. Aber diese Behauptung stimmt nur an der Oberfläche. In der Sache gab es durchaus große Auseinandersetzungen. Salutatis Werk „De nobilitate legum et medicine“ ist der Frage gewidmet, ob das bürgerlich-soziale oder das individualistisch-spekulative Leben vorzuziehen sei (77); wie wir sehen werden, stellt er sich ausdrücklich und kategorisch auf die Seite des ersteren. Und in Cristoforo Landinos *Quaestiones Camaldolenses* macht sich Leon Battista Alberti zum engagierten Fürsprecher für die zweite Form und hält eine begeisterte Lobrede auf das kontemplative Leben (60). Diese Auseinandersetzungen halten das ganze 15. Jahrhundert durch, und wir werden sehen, daß auch ohne ausdrückliche Polemik gegeneinander gerade Petrarca und Salutati, die nahezu zur selben Zeit lebten, grundsätzliche Unterschiede bewußt aufrechterhalten. Wird die Zwei-Humanismen-Theorie nun akzeptiert, so wird sich gerade das oben formulierte Problem von Basis und Überbau ganz zwanglos lösen lassen: dann ist nämlich eben die Zeit des 14. Jahrhunderts und der nachfolgenden Epochen in Florenz besonders geeignet für eine solche Spaltung, die das 12. und das 13. Jahrhundert noch nicht im mindesten kannte. Denn während es im 12. und 13. Jahrhundert um das Erringen der Herrschaft ging, um den Aufbau einer neuen Art der Produktion und der Gesellschaft, ist das 14. Jahrhundert, sind die folgenden Zeiten bereits vom Zerfall und ungeheuren Krisen der eben erst etablierten neuen Formen und Inhalte gekennzeichnet – und der Humanismus ist die Antwort darauf, seine Spaltung in mindestens zwei Hauptlinien die naturgemäße Folge der unterschiedlichen Reaktionsmöglichkeiten, die die Bürger auf das Schwinden ihrer Basis finden konnten. Im Einzelnen wird sich dies in den folgenden Paragraphen zeigen, wenn wir die Belege für die Spaltung beigebracht und interpretiert haben werden.

Wir haben schon oben angemerkt, daß für uns eine Betrachtungsart nicht in Frage kommt, die den Humanismus von seiner späteren, entwickelten Form her begreift und die damit das 14. Jahrhundert nur selektiv und einseitig interpretiert (was ja eben zu der leichten Verdrängung der verschiedenen Linien des Humanismus geführt hat). Wir haben im Rahmen unserer Arbeit die wichtigsten der Aspekte aufzufächern, die sich bei den Humanisten des 14. Jahrhunderts zeigen, ohne Rücksicht darauf, ob, was und wieviel davon im 15. und 16. Jahrhundert zum Tragen kommt. Gerade dann werden wir die Elemente hervorholen können, die für die Zeit des Umbruchs und der Krisen im 14. Jahrhundert ausschlaggebend und typisch sind: Für die Zeit der Bankkräche im ersten Drittel, die Machtergreifung des Herzogs von Athen und die erste Organisation der Arbeiter im zweiten Drittel und den Ciompi-Aufstand im letzten Drittel des 14. Jahrhunderts – für die Zeit also, wo das Bürgertum zwar den Feudaladel und die städtischen Ritter besiegt, eine neue Produktionsweise entfaltet und eine neue Gesellschaftsordnung festgeschrieben hatte, und wo trotzdem nun schwere und schwerste Erschütterungen die Kommune durcheinanderbrachten. Die Herrschaft der Bürger, von den mittleren Ständen bis zu den Oligarchen und der Timokratie sah sich im 14. Jahrhundert nun von neuem bedroht – und zwar von der Unkontrollierbarkeit ihres eigenen Systems her, einerseits, und von den unteren Schichten andererseits, vom sich entwickelnden Proletariat, der Kehrseite der neuen Ökonomie.

Anhand von zwei bezeichnenden Beispielen, deren Zuordnung zu den führenden Humanisten in der Literatur bisher nirgends bestritten wurde, werden wir nun Differenz und – wo noch aufweisbar – Gemeinsamkeit der beiden Hauptlinien des Humanismus darstellen und dabei Ideologie, Bildungsvorstellung und leitende Interessen aufzuzeigen versuchen, soweit dies möglich ist. Und zwar haben wir die beiden hervorragendsten Repräsentanten des Humanismus im 14. Jahrhundert vorgenommen, Petrarca und Salutati. Gerade bei ihnen, die ja auch in Kontakt miteinander gestanden haben, deren letzterer sogar manchmal als Fortsetzer der Ideen Petrarcas gilt, lassen sich besonders klar die beiden Linien feststellen – und die Ausgangsposition für die von uns beabsichtigte Herausarbeitung der beiden gemeinsam zugrundeliegenden Voraussetzungen in den gesellschaftlichen und politischen Verhältnissen schaffen.

Auf eines müssen wir allerdings noch hinweisen, um eventuelle Mißverständnisse zu vermeiden: Wenn wir gerade die Unterschiede der beiden Grundauffassungen hervorheben, soll das nicht heißen, daß der jeweils andere Aspekt nicht auch bei dem Autor der anderen Linie gefunden werden kann. Auch bei Petrarca zeigen sich mitunter bürgerlich-politische Vorstellungen und umgekehrt entwickelt auch Salutati manchmal Thesen, die eine abgelöst ästhetisierende Tendenz zeigen. Um die beiden Hauptlinien völlig getrennt und unüberbrückbar zu entwickeln, waren die florentiner und überhaupt italienischen Verhältnisse der damaligen Zeit doch zu eng, zu kommunikativ – der eine Aspekt wurde immer auch vom anderen durchdrungen und umgekehrt. Aber hier geht es um die deutlichen Prioritäten, die bei den beiden Humanisten, wie wir jetzt zeigen werden, diametral auseinanderliegen.

6.3 Der individuell-ästhetische Humanismus bei Petrarca

Petrarca war, im Gegensatz zu Salutati, ein Dichter. Das klingt natürlich banal und wie eine unnötige Feststellung, aber wir müssen sie hier trotzdem machen, weil bereits an dieser Stelle ein wesentlicher Unterschied sichtbar wird. Während wir für die Interpretation der humanistischen Ansätze bei Salutati faktisch das gesamte Werk hernehmen müssen (oder können), ist bei Petrarca eine Deutung schon aufgrund des oftmals dichterisch-allgorischen Gewandes und der poetischen Form mitunter sehr schwierig. Um hier nicht in den Dschungel der italienischen und lateinischen Philologie zu versinken, ist es deshalb für uns ratsam, nur den Boden zu betreten, wo wir uns in der Auslegung sicher fühlen – das ist bei Petrarca der Bereich, wo er in nichtdichterischer Sprache schreibt, in seinen Traktaten, seiner Autobiographie, seinen philosophischen Werken, seinen Briefen.

Selbstverständlich werden wir Petrarca nicht aufgrund der Tatsache, daß er Dichter war, von vornherein einen Hang zur Ästhetisierung aller Dinge und damit auch des Lebens anhängen wollen; darin ist es aber auch begründet, daß wir uns vor allem auf die nichtgebundenen Werke stützen und die Gedichte und Dichtungen so weit wie möglich außer Betracht lassen: Gerade außerhalb ihres Bereichs, dort, wo Petrarca nicht dichtet, sondern räsonniert, ist dann der Kontrast wesentlich einsichtiger zu machen als in vielleicht aus Gründen der Metrik gesetzten Zeilen und Sätzen.

Bei der Betrachtung der Äußerungen Petrarcas über seine Zielvorstellungen und besonders bei der damit verbundenen Kritik gegenüber seiner Zeit fällt zunächst ein diffuses Suchen nach etwas Neuem auf, eines Neuen, das er noch nicht richtig bezeichnen kann, das aber aus dem Unbehagen an dem Vorhandenen ins Licht trägt. Petrarca entwickelt ein sehr feines Gefühl für die Brüchigkeit der überkommenen Welt und ihren Wertmaßstäben und setzt an deren wundestem Punkt an: an der hierarchischen Ordnung, an der traditionellen Autorität. Sie ist ihm symbolisch konzentriert im Aristotelismus der Scholastik, in deren Art, Aussprüche gewisser Autoritäten über alles, auch über die eigene sinnliche Erfahrung, zu stellen und die Vernunft meist gar nicht erst zu befragen.

So polemisiert er in dem Buch *Von seiner und vieler Leute Unwissenheit* über die Wertigkeit der damaligen wissenschaftlichen Erkenntnisse:

„In all diesen Fragen ist vor allem Aristoteles zu meiden, weil er eben im allgemeinen bei seinen Anhängern so großes Ansehen genießt . . . Du bist also, wird man einwenden, doch gegen Aristoteles aufgetreten? Gegen Aristoteles nicht, wohl aber für die Wahrheit und gegen die törichten Aristoteliker, die tagtäglich fast in jedem ihrer Worte bis zu ihrem und ihrer Hörer Überdruß den Aristoteles zitieren . . ." (71, 175 ff.).

Dann wird die hier sichtbare Anti-Scholastik auch inhaltlich ausgefüllt, allerdings noch mit sehr allgemeinen Wendungen und ohne genauere Präzisierung. Dem Wissen über die himmlichen Dinge und ihr irdisches Abbild setzt Petrarca ein anderes Erkenntnisziel entgegen: den Menschen. Wenn die Aristoteliker sich anmaßen, über alles Dies- und Jenseitige Bescheid zu wissen, so hält ihnen Petrarca entgegen: Na und? Das ist doch völlig uninteressant – es kommt darauf an, mich selber, als Menschen, zu erkennen:

„Da wissen sie nun viele Dinge über Tiere, Vögel und Fische: wieviel Haare der Löwe im Scheitel trägt und wieviel Federn der Falke im Schwanze, und mit wieviel Windungen die Meerschlange den Schiffbrüchigen umschlingt. Sie wissen, wie die Elefanten sich begatten, und daß sie zwei Jahre im Mutterschoße bleiben . . ., daß das Krokodil allein von allen Tieren die obere Kinnlade zu bewegen vermag – was alles gewiß zu einem großen Teile falsch ist, wie es sich schon oft erwiesen hat in ähnlichen Fällen, wo es sich um Dinge handelte, die auch in unserer Gegend vorkommen . . . Und wenn es auch schließlich wahr wäre, so würde es doch nichts zu einem seligen Leben beitragen. Denn ich bitte dich, was nützt es, die Natur der Tiere, Vögel, Fische und Schlangen zu kennen und dafür die Natur des Menschen, seinen Zweck, seine Herkunft und sein Endziel nicht zu kennen oder gar zu mißachten? " (71, 175 ff.).

Diese Bestimmungen hören sich zunächst noch sehr religiös, mittelalterlich, aufs Jenseitige gerichtet an: seliges Leben, Endziel usw. Und sicher spielt hier auch noch ein gutes Stück alter Tradition mit. Aber wir müssen beachten, daß Petrarca es hier dem einzelnen Menschen und nicht mehr den auserwählten und autorisierten Autoritäten der Kirche aufträgt, nach seiner Natur zu suchen. Die Erkenntnis der menschlichen Natur wird hier zu einem Akt des Individuums gemacht, der traditionellen Autorität ist der Kampf angesagt, im Namen des Einzelnen, des autonomen Menschen: die Vergottung der Autorität wird gebrochen.

„Nie werde ich zugeben, daß irgendein Mensch durch menschliche Geistesarbeit sich je ein vollkommenes Wissen bezüglich der irdischen Dinge erworben habe" (71, 175 ff.).

Noch deutlicher wird der Auftraggeber, für den Petrarca kämpft, wenn wir die Gründe hören, die ihn nicht nur zu Kritik an den Aristotelikern, sondern sogar zu einer gewissen Ablehnung des Aristoteles selbst führen:

„Ich für meinen Teil muß gestehen, daß mit der Stil des Aristoteles, so wie er in der Übersetzung vorliegt, nicht allzusehr gefällt, obwohl ich aus griechischen Schriftstellern und aus den Worten des Cicero wußte, lange bevor mich das Urteil der Unwissenheit traf (das die Aristoteliker gegen ihn gefällt hatten, W. R.), daß die Sprache im Original süß, gewandt und zierlich sein muß. Aber die mangelhafte Übersetzung hat seinen Stil so hart und ungeschlacht wiedergegeben, daß er nicht imstande ist, dem Ohr wirklich zu schmeicheln und im Gedächtnis haften zu bleiben" (71, 175 ff.).

Hier zeigt sich der Ästhetizismus schon sehr klar: Petrarcas Unbehagen trifft wenn auch nicht den sprachlichen Banausen Aristoteles – so doch seine Übersetzer. Aufgrund der holprigen Übertragung lehnt er ihn ab: einerseits ist dies ein Zeichen für ein erhebliches Selbstbewußtsein gegenüber einer Autorität von der Größe des Aristoteles, andererseits ist es ein Zeugnis dafür, daß Kritik an der Autorität bei Petrarca keineswegs ausschließlich auf die Frage nach Wahrheit und Irrtum bezogen ist, sondern zum erheblichen Teil auf individuelles Wohlgefallen an der Sprache.

In einem früheren Brief hat Petrarca seine Vorstellung von der Bildung des Individuums dargelegt – ein Appell, die Eigentümlichkeit des Einzelnen hervorzuholen, jede Identität mit anderen zu meiden, sich ganz als autonome Person zu entwickeln:

„Wiederum sollen wir nicht den Stil von diesem oder jenem haben, sondern einen eigenen, der aus mehreren verschmolzen ist". Und kurz zuvor: „Wir müssen die Bienen beim Erfinden nachahmen, die die Blumen nicht so, wie sie sie erhalten, mit sich bringen, sondern Wachs und Honig in wunderbarer Mischung hervorbringen"[288].

Und so wird die *humanitas* – sooft er diesen Terminus anwendet, was erst sehr tastend geschieht – zu einer Leistung des Individuums: Ganz anders als im Mittelalter, wo diese *humanitas* vorwiegend den Charakter von Zerbrechlichkeit, Hinfälligkeit, Unvollkommenheit besitzt. Zunächst:

„Wenn humanitas vorhanden ist, handelt es sich nicht um eine Tugend des Menschen, sondern um seine Natur; fehlt sie, so sprechen wir eher von etwas Ungeheuerlichen als von einem Laster" .

Humanitas ist also etwas, was da ist oder nicht da ist – die menschliche Natur ist nicht von vornherein ausgeformt, ist nicht selbstverständlich einfach da. Fehlt die *humanitas,* so ist der Betreffende entmenscht. Aber wie bekommt er seine *humanitas?* Durch – Lernen:

„Ein gefährliches, unbeständiges, untreues Tier ist der Mensch, wenn er nicht – was ein Geschenk Gottes ist – gelernt hat, die humanitas anzulegen und die Tierheit abzulegen, wenn er nicht, kurz gesagt, gelernt hat, von einem Menschen zum Mann zu werden"[289].

Die scheinbare Widersprüchlichkeit – zunächst ist ihm derjenige, der ohne *humanitas* bleibt, ein Tier; dann wird derjenige, der *humanitas* hat, vom Menschen zum Mann – zeigt übrigens deutlich jenes nur tastende Vorgehen zu einem neuen, positiven Betgriff, die Unsicherheit der Deutung dessen, was in ihm arbeitet und gärt.

Was ausgesagt wird, ist: Der Einzelne hat für Petrarca die Aufgabe, sich mit *humanitas* auszustatten, sie zu lernen. Bezeichnenderweise aber ist dieses Lernen wiederum eine Gnade Gottes, der die Kraft zu Erwerb der Leistung *humanitas* gibt. Deutlicher kann sich die Abgewandtheit Petrarcas von gesellschaftlicher Betrachtungsweise nicht dokumentieren: Er bleibt lieber in der mittelalterlichen Vorstellung der Gnade Gottes haften, als daß er das Zusammenwirken der Menschen in der Gesellschaft als Grundelement der Entwicklung zur humanitas erkennen oder fordern würde.

Auch das Ziel der Erkenntnis, das Petrarca nennt, hat inhaltlich nur den Namen – bonum – mit dem gemein, was Salutati sagen wird. Petrarca bestimmt es so:

„Das also sind die wahren Philosophen und die besten Tugendlehrer, deren erste und letzte Absicht es ist, den Hörer und Leser gut zu machen, die nicht nur lehren, was das Wesen von Tugend und Laster ist, und unser Ohr mit der ewigen Versicherung quälen, daß die erstere schön und die andere häßlich ist, sondern die uns Liebe und Sehnsucht nach diesem höchsten Gut einflößen und Haß gegen Schlechtigkeit und Flucht vor der Sünde predigen" (71, 175).

Dieses höchste Gut wird also dem Einzelnen eingeflößt, soll ihn zu einem individuell tugendsamen Menschen machen – Liebe und Sehnsucht werden dem Einzelmenschen eingepflanzt – und dieses Gute wird lediglich bestimmt als Gegensatz zur Sünde, also den Regeln des göttlichen Gesetzes widersprechend. Wir werden sehen, wie völlig anders dieses *bonum* bei Salutati bestimmt wird, nämlich als das *bonum commune*, das allgemeine Gute, das, was allen gut bekommt, als das gesellschaftlich Gute.

Um die Abgrenzung gegenüber Salutati noch genauer vollziehen zu können, werfen wir einen Blick auf Aussagen Petrarcas, bei denen man auch politische Anliegen heraushören möchte.

Wir bemerken bei ihm eine kräftige Sehnsucht nach Wiedererweckung der klassischen Stärke Roms, nach einem neuen Reich, das aus Italien kommt. Auch Salutati wird dafür kämpfen, und beide wenden sich z. B. ausdrücklich gegen die vorhandene Überfremdung des einheimischen Heeres durch auswärtige Söldner (127, 187–197). Kommt hier etwa ein Nationalismus – der in der Zeit der Zerrissenheit und der städtischen Kämpfe sicher fortschrittlich ist – als gemeinsames politisches Anliegen zum Vorschein? Bei Petrarca sieht dieses Eintreten für das Ziel der nationalen Einigung folgendermaßen aus: 1347, als Cola di Rienzi in Rom die Macht ergriff, schrieb Petrarca sofort einen enthusiastischen Brief an Cola.

„Brutus hat die Stadt von einem einzigen Tyrannen befreit, Du von vielen. Camillus ließ die Stadt aus noch vorhandenen, ja noch rauchenden Ruinen wieder neu entstehen, Du aus längst verfallenen Ruinen. Sei gegrüßt, Gründer der Freiheit, des Friedens, der Ruhe Roms!"[291]

Kurze Zeit später, als Cola di Rienzi neben seiner Befreiungstätigkeit offenbar auch Sinn für die traditionelle aufwendige und teure Hofhaltung entwickelte, schrieb Petrarca wieder, und auch die nunmehr fällige Kritik wird wieder in jener dramatischen Tonart vorgebracht.

„Du hast bewirkt, ich gestehe es, daß ich in dieser Zeit oft jene Worte des Africanus bei Cicero mit großem Vergnügen wiederholte: ‚Was ist das für ein starker und süßer Klang, der meine Ohren erfüllt?' Was träfe denn besser den Glanz Deines Namens und Deine weithin berühmten Taten? Wie leidenschaftlich ich das tat, zeigen meine ‚Erinnerungen' an Dich, in denen ich Dich anspornte und lobte. Laß bitte nicht zu, daß ich sagen muß: ‚Was ist das für ein lauter und trauriger Lärm, der meine Ohren verwundet?' . . . Was aber quäle ich mich? Die Dinge werden ihren Lauf nehmen, wie es ein ewiges Gesetz festgelegt hat; daran kann ich nichts ändern, aber ich kann fliehen. Daher hast Du mich von einer ziemlich großen Mühe befreit: Zu Dir eilte ich im Geiste, jetzt richte ich den Weg anderswohin, wenigstens werde ich Dich dann in guter Erinnerung behalten"[292]

Die Revolution als ästhetisches Erlebnis, so stellt es sich bei Petrarca dar. Und er enthüllt des weiteren: Wenn die Sache nicht so läuft, wie er sie sich vorstellt, nun, dann ist eben ein ewiges Gesetz am Werk, gegen das man nichts machen kann. Der Dichter zieht von hinnen, verdrängt den Mißerfolg und versinkt in die Illusion, wie schön alles gewesen wäre.

In einem anderen Falle hatte er einen langen Brief an König Karl – der später in Rom zum Kaiser gekrönt wurde – geschrieben; auf ihn setzte er nun alle Hoffnung und suchte ihn zum Zug nach Italien zu bewegen, auf daß so die Einigung des Landes zustandekäme. Dabei berichtet er wieder vom Aufstand des Cola di Rienzi, der nach nunmehriger Meinung des Petrarca allerdings alles falsch angestellt hatte. Als Karl dann zwar kam, aber auch wieder recht schnell verschwand, schickte ihm Petrarca erneut einen Brief nach – im gekränktesten Ton, dessen er fähig war, mit Verhöhnungen für einen Kaiser, der nicht so wollte, wie Petrarca es für richtig hielt[293].

Ein eigenes Mitkämpfen, ein Sicheinsetzen für Veränderungen hielt Petrarca nicht für tunlich. Stattdessen fand er Zurückgezogenheit und Ruhe vor der Masse als sich selbst angemessen. Er berichtet selbst von einem langen nächtlichen Gespräch mit König Karl, im Rahmen dessen er nach der seiner Ansicht nach wünschenswertesten Lebensführung für einen Menschen gefragt wurde. Darauf seine Antwort:

„Das Leben in der Einsamkeit. Denn keines ist so sicher, so ruhig, schließlich ist auch keines so glücklich. Es übersteigt nach meinem Urteil sogar Ruhm und Gipfelhöhe deines Kaiserthrons. Dieses Leben will ich an seinem Sitze aufsuchen, das heißt in den Wäldern und Bergen, wenn es mir beschieden sein sollte, so wie ich es ja oft getan habe, sonst will ich selbst in den Städten nach ihm trachten, so wie ich es jetzt tue"[294].

Der Humanist als Einsiedler, selbst in der belebten Großstadt: Das Ideal des Bürgers in seiner persönlichen Autonomie wird hier zum erstenmal in der Neuzeit ins Zentrum des Wollens und Denkens geschoben. Die Bildung des Einzelnen als ästhetischer Genuß – auch wenn noch durchweht von mittelalterlichen Geist der Religion –, fernab von jeder gesellschaftlichen Aufgabe und Pflicht. Das ist die eine Linie des Humanismus im 14. Jahrhundert, und mit gewissen Modifikationen – z. B. durch sukzessiven Abbau der im Sinne des Mittelalters getönten Religiosität – setzt sich diese Linie auch die gesamte Renaissance-Zeit fort und bleibt lebendig.

Aber neben ihr entsteht gleichzeitig und nicht minder lebendig die andere Linie, deren wichtigster Frühvertreter Cluccio Salutati ist.

6.4 Der bürgerlich-politische Humanismus bei Salutati

Wenn wir Salutatis Lobpreis der Sprache Ciceros lesen, die an einigen Stellen zum Ausdruck kommt, könnten wir versucht sein, auch hier einen reinen Ästehten zu vermuten. Aber wir werden sofort bemerken, daß es hier um andere Ziele geht. In einem Brief bedankt er sich für die Übersendung einiger Handschriften ciceronianischer Werke.

> „O ich Glücklicher, der ich ein so schönes und großes Geschenk erhalten habe, Pasquino! Denn wenn ich auch meinen Cicero aus seinen Abhandlungen und Reden als einen mir nicht ganz unbekannten verehrte, hast doch erst du ihn mir ganz gegeben mit diesem deinen Geschenk. Ich sah, wie er im Staat, wie sehr er unter den Freunden und Führern Roms hervorragte, ich sehe, wie kühn er im Krieg, wie begierig nach Ruhm er war und mit welchem Geschenk er selber wie auch die anderen Römer dem Glanz der Berühmtheit und der Ausbreitung der Beliebtheit nachjagte. Ich sah dank Deiner Gabe die Gründe der Bürgerkriege: was jenes Haupt des Erdkreises von der bürgerlichen Freiheit (*libertas publica*) zur Knechtschaft der Monarchie hinabstieß“[295].

An dieser Stelle wird bereits sichtbar, wozu die Antike hier dient: nicht zum ästhetischen Genuß, sondern als Leitbild für die republikanische Verfassung, für die Wiederherstellung eines geeinten Italiens. Auch der Ruhm, die Gier nach Anerkennung, wird hier nicht zum eitlen Selbstbefriedigungsvehikel, sondern zum wichtigen Anreiz für das Individuum, Leistungen für die Gesellschaft zu erbringen.

Salutati hat diesen Brief an einen anderen Kanzler geschrieben, an einen politischen Amtskollegen – man verstand sich auf der Basis klassischer Studien zu dieser Zeit (1392) bereits politisch.

Nun könnte eben dieser Zeitpunkt – mehr als eineinhalb Jahrzehnte nach Petrarcas Tod – zum Angriffspunkt für Gegenargumente werden, etwa in dem Sinn, daß in dieser Zeit die Entwicklung eben weiter fortgeschritten sei und daß Salutati nun zu anderen Problemen gekommen sei als es Petrarca damals möglich war. Aber wir können solche

Differenzen zwischen den Grundauffassungen auch ohne weiteres zu einer Zeit nachweisen, wo beide lebten. Etwa bezüglich des Vaterlandes und des Patriotismus. Die einschlägigen Äußerungen Petrarcas haben wir schon zitiert. Salutati dagegen formuliert folgendes:

„Weißt du nicht, Andrea, wieviel du der Republik schuldest? Wir schulden den Eltern Ehrerbietung, den Söhnen Zuneigung . . . dem Vaterland aber schulden wir dies alles zusammen und mehr . . . Von ihm, das zuallererst ist, leiten wir unseren Ursprung her“[296].

Das Vaterland ist hier nicht, wie bei Petrarca, eine ästhetische Größe. *Patria* und *republica* sind bei Salutati ein und dasselbe: gemeint ist nicht ein bloßes Zusammenleben von Menschen in einem Land, mit dem einzigen Ziel der Weltmachtstellung. Gemeint ist hier gleichzeitig diese Staats- und Gesellschaftsform, die die Bürger errichtet haben. Die Gesellschaft wird als das Ursprüngliche gesetzt, und der Einzelne leitet sich daraus ab.

Salutati ist ganz der politische Mensch, dem diese Denkweise nun zur Ideologie wird: zur Rechtfertigung der Herrschaft, der er dient, und die er – wenige Jahre später – auch selbst mit ausübt, und zur Sicherung dieser Herrschaft soll sie ausgebildet werden. Der Humanismus ist die für Salutatis Absichten taugliche Ideologie; das soll nun im Einzelnen erwiesen werden.

Zuvor aber ist noch ein weniges über Salutatis persönliche Stellung im damaligen System zu sagen, um seine Interessen auch besser aufzeigen zu können. Daß er Kanzler von Florenz war – von 1375 bis 1406, seinem Tod – ist hinreichend bekannt. Vorher war er in Todi (ab 1367) und Lucca (ab 1370) auch schon Kanzler gewesen; er ist also durchaus ein Berufsdiplomat, wozu ihn seine frühere Ausbildung als Notar natürlich besonders befähigte. Nun wird seine Tätigkeit als Kanzler auch gern als hinreichender Ausweis für seine politische Arbeit genommen. Aber hierin müssen wir einige Einschränkungen geltend machen, denn wir dürfen das Amt des Kanzlers zu damaliger Zeit nicht überschätzen; auf gar keinen Fall darf man es mit der Stellung eines Bundeskanzlers etc. von heute verwechseln. Eher schon könnte man von einem Vorsteher der Regierungskanzlei sprechen: der Kanzler (im 13. und 14. Jahrhundert auch oft als Kanzler-Diktator bezeichnet (236, IV/1, 100 ff.) – mit Diktator ist hier kein Politiker, sondern nur derjenige, der die politischen und diplomatischen Briefe und Urkunden diktiert, gemeint) war der oberste Notar der Kommune. Ihm oblag das Abfassen aller wichtigen Dokumente, der Briefverkehr mit dem Ausland, die Überprüfung internationaler Verträge etc. Das Amt selbst gab es schon lange im 13. Jahrhundert, und Brunetto Latini hat es als erster längere Zeit ausgefüllt, während ansonsten nur Anstellungen für ein Jahr oder nur wenig mehr üblich waren. Salutati hat nun offenbar erstmals im 14. Jahrhundert das Amt wieder mit Format angereichert und es zu einer zentralen politischen Behörde mit Einfluß auf die Entscheidungen ausgestaltet. Wichtige (uns heute) zuunrecht nicht mehr als besonders bedeutend erscheinende Neuerungen stammen von ihm und seinen Mitarbeitern: so ist der florentiner Kanzleistil seiner Zeit richtungsweisend für eine grundlegende Erneuerung von Schrift und Sprache in Italien geworden[297] – die Entwicklung der humanistischen Minuskel, der letzten ausgeprägten Schreibschrift vor Erfindung der Buchdruckkunst, ist wesentlich Salutatis Verdienst. Für die Erneuerung der Sprachstudien holte er unter anderem den Griechen Manuel Chrysoloras[298] nach Florenz; und so ist Salutati mehr als allen anderen zu verdanken, daß Florenz dann im 15. Jahrhundert vor allen anderen Städten des Abendlandes zu solcher kultureller und vor allem literarischer Blüte kam. Wie sehr aber Salutatis Wirken mit alledem politische Ziele verfolgte und sicher auch erreichte, zeigt die oben erwähnte Äußerung des Herzogs von Mailand, Salutati schade ihm mehr als 1000 Ritter: die durch die literarischen Studien erreichte Wortgewandtheit bewirkte in einer Zeit des Umbruchs und der immer mehr verstärkten Schnellebigkeit, daß sich die Menschen, ja auch die angesprochenen Kommunen, durch die florentiner Diplomatie mitunter sehr schnell für die Interessen der großen Stadt gewinnen ließen[299].

So ist Salutatis Amt weniger politisch als es im ersten Augenblick scheinen mag – weil er eben der kommunale Notar ist und bleibt – aber doch erheblich politischer als man es gemeinhin einem literarisch so tätigen Humanisten wie ihm zutrauen würde. Mehr als 30 Jahre hat er das Amt des florentiner Kanzlers innegehabt und dabei alle politischen Wirren überstanden – vermutlich ist dies aber mehr Zeichen seines unentbehrlichen Wissens und Könnens als unmittelbarer parteipolitischer Orientierung.

Wir wissen durch seine Briefe recht viel auch über seine persönlichen politischen Anregungen und Eingriffe. Neben der schon erwähnten Bemühung um die Beseitigung auswärtiger Söldner und vor allem ausländischer Söldnerführer ist hier die Aufstellung einer stadteigenen Miliz zu nennen, die zum Zwecke der Bekämpfung von Unruhen innenpolitischer Art eingesetzt wurde und deren Mitglieder nahezu ausschließlich aus dem Bürgertum kamen (127, 190–196). Zum erstenmal wird hier eine bürgerlich-staatliche Sicherung nach innen mit militärischen Mitteln betrieben, mithilfe von Bewaffneten aus den eigenen Reihen. Hatten die Herrscher z. B. noch beim Ciompi-Aufstand fremde Ritter herbeiholen müssen, um die Revolution niederwerfen zu können, so kam nun ein Heer von Florentinern zustande, das aus Personen bestand, denen die Aufrechterhaltung des Systems persönlich am Herzen lag oder die der herrschenden Schicht zumindest treu ergeben waren; kein ad hoc herbeigerufener auswärtiger Condottiere konnte seine militärische Macht mehr dazu mißbrauchen, sich an die Macht zu bringen.

Soweit einige Streiflichter auf Salutatis Wirken. Der Hintergrund seines Tuns, seine Ideologie und seine Interessen sind nun herauszuarbeiten.

In einem Brief an den Fürsten von Rimini gibt er eine Definition dessen, was für ihn *humanitas* ist – und darin kommt sein ideologisches Manifest am deutlichsten zum Ausdruck:

„Erster und vorzüglicher Grund dafür, daß ich mich nicht scheue, dir zu schreiben, großmächtiger Herr, ist deine humanitas. Durch sie – denn dieses Wort hat viele Bedeutungen – übertriffst du an literarischer und wissenschaftlicher Bildung nicht nur die Fürsten, die man auf diesem Gebiet leicht besiegen kann, sondern auch die Männer, die sich vor allem den Studien widmen" (79, III/XII, 18).

Bereits diese Einleitung ist von einer solchen Aussage-Dichte, daß man nahezu jedes Wort dieses Programms interpretieren muß. Der Brief stammt von 1401, also aus Salutatis siebzigstem Lebensjahr, so daß man getrost davon ausgehen kann, jedes Wort sei mit Bedacht gewählt, insbesondere bei einem der Rhetorik derart verschriebenen Mann.

Der untertänige Ausdruck, mit dem sich Salutati nähert, ist nur auf den ersten Blick Frucht eines Komplexes gegenüber Feudalherren. Bereits im anschließenden Satz sagt er, warum er Achtung gerade vor diesem angesprochenen hohen Herrn hat: weil dieser eine erhebliche, vorzügliche Bildung besitzt. Das Bildungsbürgertum hat hier bereits ihr Selbstbewußtsein entwickelt und seine besonderen Leistungen zum Maßstab aller Dinge gesetzt, sodaß es solche Wertungen nunmehr auch an den Adeligen anlegen zu können glaubt. Der Seitenhieb auf die anderen Feudalherren, die durch ihre Banausität auffallen, ist keineswegs zufällig: Gerade mithilfe der Bildung will ja die bürgerliche Klasse unter anderem die ehemals Mächtigen aus ihren Ämtern vertreiben bzw. hat sie schon vertrieben.

Diese vom Bürgertum entwickelte wissenschaftliche und literarische Bildung ist nun – die *humanitas*; dies wird hier als Definition gesetzt. Salutati fährt fort:

„Zugleich zeigst durch sie gegen alle Milde und Leutseligkeit, da du die Furchtsamen aufrichtest, so daß sie deine Überlegenheit und Größe vergessen und in größer Ruhe mit dir sprechen".

Hier kommt ein weiteres Ideal zum Vorschein, das in die bürgerliche Denkweise eingeht: die Harmonisierung der Gesellschaft. Salutati rüttelt nicht an der Einteilung in Mächtige und Ohnmächtige, in Reiche und Arme, in Herrscher und Beherrschte – aber er empfiehlt, hier einen Ausgleich zu schaffen, der die notwendigen Sekundärerscheinungen von Macht, Herrschaft und Reichtum beseitigt: die Armen und Beherrschten sollen nicht mit Gewalt regiert werden, sie sollen mit Vertrauen und Ruhe auf den Herrscher blicken, mit ihren Sorgen zu ihm kommen, und er soll ihnen durch seine Milde und Weisheit das Gefühl geben, er sei für sie da. Salutati geht weiter und unterstreicht noch einmal:

„Ich möchte darum sagen, daß das Licht deiner Stellung und Würde keinen größeren Glanz auf dich wirft als das deiner Tugend und Gelehrsamkeit, die beide durch den einen Begriff humanitas ausgedrückt werden. Denn nicht nur jene Tugend, die man auch Güte zu nennen pflegt, wird mit diesem Namen bezeichnet, sondern auch Erfahrung und Gelehrsamkeit. Es ist also mehr in dem Wort humanitas begriffen als mancher gemeinhin meint. Die besten Autoren nämlich – Cicero und andere mehr – gebrauchen diese Bezeichnung für Gelehrsamkeit und moralisches Wissen. Und das ist nicht verwunderlich. Außer dem Menschen findet man ja kein Lebewesen, das lernen kann. Da es also dem Menschen eigentümlich ist zu lernen, und die Gelehrten mehr Menschliches besitzen als die Ungelehrten, bezeichnen die Alten folgerichtig mit humanitas auch die Gelehrsamkeit".

Der Zusammenhang all dieser Vokabeln spricht eine eigene Sprache – die Sprache der florentiner bürgerlichen Ideologie dieses Jahrhunderts: Die Milde (*mansuetudo*) gegen die Untergebenen, die Leutseligkeit (*comitas*), die Güte (*benignitas*) – all das sind die notwendigen Attribute des Herrschenden, der sich um humanitas bemüht; die *humanitas* aber hat er wiederum nur aufgrund der Wissenschaft (*litterae*) und der Erfahrung (*peritia*); das Ganze dient zu Gelehrsamkeit (*doctrina*) und ist faktisch nichts anderes als die Anwendung moralischer Philosophie (*scientia moralis*).

Nun werden die hinter solchen Aussagen stehenden Interessen aber erst richtig deutlich, wenn wir uns vergegenwärtigen, wer sich tatsächlich solche *doctrina* und *peritia* mithilfe eines jahrelangen Studiums der *litterae* erwerben konnte und wer deshalb in den Kreis derjenigen aufsteigen konnte, die so eigentlich erst Mensch sind, weil sie ja gelehrt (*docti*) sind und deshalb mehr humanitas als die Ungelehrten (*indocti*) besitzen: Es sind die Begüterten, die es sich leisten konnten, in die (lateinische) Sprache der *litterae* und *scientia* einzudringen und ihre Geheimnisse zu erkennen. Jene Menschen nur waren damit der *humanitas* fähig, die Geld und Muße genug hatten, eine viele Jahre währende Ausbildung mitzumachen und die dann – meist noch dazu auf Kosten der Gemeinschaft – in Ruhe und Abgeschiedenheit an Universitäten und höheren Schulen forschen, lehren und arbeiten konnten, oder die – wie Salutati – in Ämter einrückten, deren Verpflichtungen ihnen Zeit ließen oder sogar die Aufgabe übertrugen, sich mit solchen Dingen zu beschäftigen.

Neben der Abgrenzung nach oben, zum lernfaulen Adel hin, vollzieht Salutati damit also auch die Trennung nach unten, zum einfachen Volk, das sich das Studium nicht leisten konnte und das wahrscheinlich deshalb auch keinerlei Empfindung und Gefühl für die bildungsbürgerlichen Ideale aufbringen konnte. Da sie auf diese Weise nicht zur *humanitas* kamen, also die geforderte Leistung nicht vollbrachten, waren sie auch von der Führung der Gesellschaft auszuschließen – wie sollten sie lenken und leiten, wenn ihnen die Menschlichkeit, das wissenschaftliche Erkennen der menschlichen Dinge, von Grund auf abging. Die bürgerliche Klasse schließt sich in dieser Zeit ab – mithilfe des unverwechselbaren Merkmals der klassischen Bildung.

Dies ist auch die Begründung dafür, warum sich damals gerade die genannten Studien als Zentrum der neuen Ideologie etablieren. Aber es kommen dazu noch einige inhaltliche Momente, warum man als Hauptgegenstand nicht irgendeine Epoche der lateinischen Zeit nahm (schließlich war auch das Mittelalter noch von dieser Sprache beherrscht), sondern gerade das Zeitalter und die Sprache Ciceros. Der oben zitierte Lobpreis des Advokaten und Redners zeigte bereits einige Details auf: es ist die republikanische Epoche, die der Humanist Salutati in Beziehung zur – republikanischen – Verfassung von Florenz setzt und in Gegensatz zu den Fürstentümern der Nachbarn wie Venedig oder Mailand; Cicero wird zum unerschütterlichen Helden hochstilisiert, der die bürgerliche Staatsform gegen die beabsichtigte Tyrannis des Cäsar hochhielt. Weiterhin gemahnen die Kriege der italienischen Stadtstaaten gegeneinander Salutati an die Zeit der Bürgerkriege in Rom, die es durch eine Einigung des Reiches zu überwinden gilt (diesmal allerdings nicht unter der Führung Roms, sondern der von Florenz).

Es tritt noch ein weiterer Aspekt hinzu, wohl der wichtigste von allen. Wenn man nämlich Cicero zum Leitziel der Bildung macht, hat dies nur Wert, wenn man auch deutlich die Verhältnisse, in denen Cicero lebte, auf die jeweilige Gegenwart übertragen kann. Und in der Tat ist gerade die Zeit des Tullius und insbesondere seine Person in jeder Hinsicht dazu angetan, ein Vorbild für das zu sein, was die Florentiner jener Zeit dringend nötig haben (natürlich nur die herrschenden Schichten): einen Republikaner, der alles andere ist als ein Freund der Armen und Unterdrückten. Cicero hat sich ja tatsächlich in jeder Hinsicht an der Auspressung der unteren Schichten und an der möglichen Bereicherung durch die herrschenden Verhältnisse beteiligt[300], und seine moralischen Anweisungen für das Leben und die Sicht der Menschen und der gesellschaftlichen Klassen strotzen nur so vor Verachtung gegenüber allen Armen und vor allem gegenüber jenen, die produktiv mit ihren Händen und ihrem Körper arbeiten; und es zeigt sich die völlige Unterwerfung unter die Erfolgreichen, Leistungsstarken, Mächtigen[301].

So lassen sich Inhalt und Form der antiken Bildung aus der Zeit Ciceros nahezu nahtlos zu einer bürgerlich-oberschichtigen Ideologie ausbauen, die, wenn sie sich durchsetzt, sowohl den Abschluß der eigenen Klasse nach oben und unten sichtbar macht wie auch andererseits noch wichtige Anleitungen für die Technik des Regierens mitliefert, die ja in der Zeit Ciceros vor ganz ähnliche Aufgaben gestellt war: Das Beherrschen einer großen Masse Abhängiger und Unterdrückter für die Belange und Interessen einer sich darüber erhebenden Minderheit, die von der Arbeit und dem Schweiß der Ausgebeuteten lebt. In Rom waren das die Sklaven und Klientel, in Florenz die Massen der Arbeiter und der absinkenden Handwerker: das immer größer werdende Proletariat.

Bezeichnend für die Art, wie umfassend Salutati den Humanismus als ideologisches Vehikel seiner Interessen und der Interessen der Klasse, der er dient (der Händler und Bankiers) benutzte, ist die Absicherung seiner gesellschaftspolitischen Thesen durch wissenschaftliche Erörterungen. 1399 beendete er ein Werk, das hier fundamentalen Charakter hat: *De nobilitate legum et medicine* („Über den Vorrang der Gesetze(swissenschaft) vor der Medizin"). Hier sucht er zu erweisen, daß die logischen, erkennenden, exakten Wissenschaften – allgemein die Naturwissenschaften – gegenüber der Kunst des Staatslenkens, der Politik, der Fähigkeit des gesetzmäßigen Regierens, von sekundärer Natur seien. Die Naturwissenschaften – vertreten durch die Medizin – bemühen sich um die Erkenntnis der Wahrheit, sagt Salutati. Aber die Wahrheit ist ja kein Selbstzweck, wendet er ein: nützlich wird sie erst, wenn sie uns Anleitungen zum Handeln gibt. Wonach aber sollen wir unser Handeln ausrichten – welches ist das Ziel unseres Tuns, wenn wir unserer Bestimmung als Menschen gerecht werden wollen? Das Ziel ist das *bonum*, das Gute. Welches Gute ist aber damit gemeint? Es ist das Gute, das allen nützt, das *bonum commune*. Dieses *bonum commune* aber ist nun der Endzweck, auf den die Gesetze, die *leges*, abzielen. Im Einzelnen leitet er diese Aussagen folgendermaßen ab:

„Da die Menschen zu jener Glückseligkeit geboren sind, zu der niemand ohne die Beachtung der Gesetze gelangen kann, weil sie es ja sind . . . die als Maß und Regel unser Leben und unseren Charakter bestimmen, da sie von der Macht stammen, der man gehorchen muß: so scheint klar, daß die Gesetze notwendig sind"[302]. Und: „Das Gesetz war notwendig um des bonum commune, des Gemeinguts willen, das, wie es den Gesetzen gemäß geordnet und erstrebt wird, so auch zweifellos durch deren Beachtung bewahrt wird". Schließlich: „Weiterhin, wenn es nicht gut ist, daß der Mensch allein sei . . . und der Mensch ein politisches und geselliges Wesen ist, so sind die Vereinigungen der Menschen gut und naturnotwendig, denn ohne sie vermöchten wir gar nicht in einer Gemeinschaft zu leben . . . Denn wenn das Zusammenleben für die Menschen natürlich ist und dies nicht ohne eine gewisse Gleichheit untereinander bestehen kann, ist es notwendig, diese Gleichheit zu manifestieren, damit man nicht in Unsicherheit lebt. Aus diesem Grund wird es notwendig, Gesetze aufzustellen, die den Geist der Menschen so mit dem Gedanken der Gleichheit erfüllen, daß sie sich ihm nicht nur gern, sondern auch erfolgreich unterwerfen".

Es ist recht überraschend, wie hier die sozialisierende Wirkung der Gesetzgebung und ihr politischer Charakter zu jener Zeit klar erkannt und ausgedrückt werden. Das *bonum commune*, zu dem jeder Mensch zu streben hat, ist die politische Zielvorstellung, die die Gesellschaft mithilfe der Gesetze insgesamt zu erreichen sucht oder suchen soll; das angemessene Mittel dazu ist die gesetzliche Verankerung der Gleichheit (*equitas*) der Menschen untereinander. Hier wird wiederum ein tragender Pfeiler bürgerlicher Ideologie sichtbar: die bürgerliche Klasse nimmt in Anspruch, das zu wissen und zu erkennen, was für alle gut ist und es auch anzustreben, und sie behauptet für sich die Verwirklichung der *equitas*.

Vergleichen wir mit diesem Anspruch nun den nur zwei Jahre später geschriebenen und oben zitierten Brief an den Fürsten von Rimini, so sehen wir, wie auch Salutati den Gedanken der *equitas* sofort wieder durchbricht, wenn es um die Abschließung der bürgerlichen Klasse nach oben und nach unten geht: da gibt es dann doch Menschen, die mehr Mensch sind als andere. Er bestätigt dies auch in einem anderen Brief, den er auf die Studien bezieht, die zur *humanitas* führen sollen:

„Nicht nur deswegen heißt das Wissen frei, weil sich mit ihm Freie und nicht Menschen eines knechtischen Daseins beschäftigen, sondern weil es die menschlichen Geister befreit, sodaß sie leichter zur virtus streben" (79, II/VII, 6)

Salutati hat im Rahmen seiner politischen Nachforschungen auch als erster gründliche Überlegungen über den Zusammenhang von wirtschaftlichen Prinzipien und Regierungsformen angestellt. In seiner um 1400 entstandenen Schrift *De tyranno* („Vom Tyrannen"), zeigt er auf, daß die Frage nach der Herrschaftsform wesentlich pragmatischen Charakter hat. Er weist nach, daß eine Herrschaft nach ökonomischen Prinzipien grundsätzlich in allen Regierungsformen zum Tragen kommen kann – daß aber auch alle Herrschaftsformen, weil eben ökonomisch begründet, durch Tyrannen okkupiert werden können (weshalb Salutati zur Bewahrung der Freiheit den Tyrannenmord als jederzeit sittlich gerechtfertigt verteidigt)[303]. Er bestimmt die Relation zwischen Herrschaftsform und wirtschaftlicher Basis so:

„Es gibt eine königliche, eine politische und eine despotische Herrschaft. Denn entweder herrscht einer gemäß seiner politischen Einsicht und dem Urteil seines freien Willens ohne Gesetz bzw. ohne eine Definition irgendeines Gesetzes oder Menschen, zum Nutzen der Untertanen: diese Herrschaft ist die königliche. Oder es herrscht einer in seiner Autorität beschnitten durch Gesetze, die zu übertreten Frevel ist: diese Herrschaft wird die politische genannt. Oder es herrscht einer nach den Grundsätzen, nach denen einer Sklaven oder dem Vieh vorsteht, eine Herrschaft, in der es darum geht, den Besitz zu erhalten und den Nutzen des Besitzenden zu mehren: diese Art der Herrschaft wird von den Griechen im eigentlichen Sinn als despotische bezeichnet ... In diesen drei Herrschaftsformen wird jeder, der Übermut praktiziert, zum Tyrannen ... Herrschaft aufgrund wirtschaftlicher Prinzipien unterscheidet sich nicht von der königlichen, politischen oder despotischen, sondern umfaßt vielmehr alle drei". (78, I, § 3 u. 7)

Hier zeigt sich noch einmal das zu jener Zeit geradezu unglaubliche Bewußtsein Salutatis um die Grundlagen der eigenen Herrschaft bzw. der Herrschaft, der er dient. Sein Humanismus ist durch und durch politischer Natur, und wie kein zweiter seiner Zeit hat er alle Register der erwachenden bürgerlichen Wissenschaft zu ziehen vermocht, um diese Herrschaft zu rechtfertigen. Die *humanitas* wird ihm zum Kennzeichen derer, die berechtigt sind, aufgrund ihrer – nur ihrer eigenen Klasse möglichen – Ausbildung und Bildung die Nutzen der Gesellschaft zu erkennen und die Menschen damit zu führen.

Wie sehr ihn dieser gesellschaftlich umfassende Anspruch auch in seiner Ansicht der persönlichen Lebensführung von Petrarca abhebt, wird besonders klar an einer Stelle aus *De nobilitate legum et medicine*, die in hervorragender Deutlichkeit das Programm einer humanistischen Lebensweise im Sinne Salutatis zum Vorschein bringt:

„Ich will mich immer mit dem Handeln beschäftigen, das letzte Ziel anstreben, was immer ich auch tue, und mir selbst, der Familie, den Verwandten und vorzüglich vor allem den Freunden nützen, ich will dem Vaterland zu Diensten sein und so leben, daß ich der menschlichen Gesellschaft durch Beispiele wie durch Taten helfe, und bei all dem will ich immer an jenes letzte Glück denken, das wir in jedem Fall nur wollen können und das wir wegen nichts anderem als um seiner selbst herbeizuwünschen vermögen". (77, 178–180)

6.5 Die ökonomische Wurzel der beiden humanistischen Hauptlinien

Schärfer als es dieses eben zitierte Wort von Salutati und das im vorangegangenen Paragraphen wiedergegebene von Petrarca bezüglich der Erwartung und Vorstellungen an und über das menschliche Leben klarlegen, läßt sich die Differenz der beiden Grundansätze gar nicht fassen: Petrarca, der die Einsamkeit, das wesentlich unpolitische, einsiedlerische, autonome Leben sucht, und Salutati, dem Humanismus das Leben für die Gemeinschaft ist, das politische, soziale, in der Auseinandersetzung der aufeinander angewiesenen Menschen sich erfüllende Tun. Die Frage ist nun gegeben: sprechen hier zwei Klassen gegeneinander oder zumindest zwei Individuen, die von völlig verschiedener Basis aus denken, deren ökonomische und sozialisatorische Grundlagen diametral verschieden sind?

Nun können wir zweifellos gewisse Unterschiede im Lebenslauf der beiden feststellen; aber sie reichen mit Sicherheit nicht aus, hier so gravierende Unterschiede in der Einstellung zum Leben und zur Gesellschaft zu rechtfertigen. Die biographischen Gemeinsamkeiten überwiegen da eher: beide sind Söhne florentiner Emigranten (Petrarcas Vater war während der Auseinandersetzung der Schwarzen mit den Weißen verbannt worden, Salutatis Vater lebte zur Zeit der Geburt des Coluccio ebenfalls im Exil, in Mailand); beide haben zunächst ein Wanderleben geführt, das allerdings bei Salutati nach einiger Zeit abbricht; aber da ist er schon über vierzig Jahre alt – Petrarca, dem diese Ruhelosigkeit viel mehr nachgesagt wird, hat stattdessen schon mit 26 Jahren ein festes Landgut, auf dem er vorwiegend lebt, und er bleibt auch nach seinem Bruch mit den Colonna stets recht gern lange an einer Adresse haften, so etwa von 1351 bis 1361 in Mailand bei den Visconti; beide haben Jurisprudenz studiert; Petrarca hat das Studium allerdings nicht beendet, während Salutati konsequent die juristische Laufbahn weiterverfolgte.

Wie also kommt der Unterschied dieser beiden so bestimmenden Hauptvertreter jener beiden Linien des Humanismus zustande? Wir sehen nur eine Erklärung: beides ist die ganz und gar konsequente Antwort auf die ökonomische Entwicklung jener Zeit.

Petrarca hat das Leben in der politischen Verbannung mitgemacht, hat das bereits etablierte Bürgertum kennengelernt, hat dabei die großen Bankkräche im ersten Drittel des 14. Jahrhunderts erlebt, sah sich der Pest gegenüber und mußte das erste Aufwachen einer Klasse, die unter dem Bürgertum angesiedelt war, des Proletariats, deutlich erkennen. Seine Antwort auf diese Wirren, diese immer mehr fortschreitende Entfremdung des Menschen vom Menschen und von seinen Produkten, auf die in persönlicher wie gesellschaftlicher Hinsicht sich manifestierenden Krisen, ist die Flucht, die Hinwendung zu einer Einsamkeit, die nicht getrübt ist von jenen Entwicklungen. Die Hoffnung auf ein geeintes Italien ist ein Teil dieses Eskapierens, ist die Sehnsucht nach einem umfassenden und bergenden Leib, der den Sinnen des Individuums wohltut. Die Ästhetisierung der Politik, die er sucht, ist nicht eine ästhetische Politik, sondern Ausdruck des Davonlaufens vor der brutalen Realität, ist ein Sichhingeben an die Illusion berauschender Träume. Die immer wieder in seinen Werken durchkommende Verzweiflung belegt dies überaus deutlich[304].

Salutatis Antwort ist anders. Auch er kennt die Verbannung, die Wirtschaftskrisen, die Pest, die Aufstände der Volksmassen, und er erlebt dies alles sicher ebenso konzentriert wie Petrarca – aber er flieht nicht. Sogar während der Pestepidemien versieht er sein Amt; auch dieses persönliche Verhalten ist schon bezeichnend. Auf die Herausforderung seiner Zeit reagiert Salutati, indem er sich stellt und den Kampf aufnimmt. Nicht der Rückzug in die Einsamkeit, sondern die Offensive zum Erhalten und Bewahren des Systems ist seine Antwort. Wenn das Volk sich auflehnt und die von den Bürgern mühsam errungene Stellung bedroht, muß man eine Ideologie schaffen, die es zur Zufriedenheit mit seinem Schicksal anleitet oder ihm zumindest klar macht, daß es in den Etagen der Führer aus wohlerwogenen Gründen nichts verloren hat; andererseits muß man die Herrschenden dazu bringen, ihre Macht nicht mit dem Holzhammer auszuüben, sondern die herkömmlichen Verhaltensweisen zugunsten einer milderen und weicheren Haltung zu revidieren. Wenn die bürgerliche Herrschaft von Krisen, die in dem Wesen der neuen Produktion liegen, geschüttelt wird, so ist es umso wichtiger, sich hier den Rücken frei zu halten und das Volk – und auch die Angehörigen der herrschenden Schicht – selbst zu einer Ruhe und zu einem Vertrauen in das System anzuhalten.

Salutati durchdenkt die Grundlagen der eigenen Herrschaft, um aufgrund des dabei erworbenen Wissens die Regierung erst einmal krisenfest zu machen, sie zu bewahren und von außen her vor Einbrüchen und Anfeindungen zu sichern. Eine Flucht in die Einsamkeit würde das Feld nur jenen überlassen, die die bestehende Herrschaftsordnung abbauen wollen, würde damit den Zusammenbruch des Erreichten auch von innen her bedeuten – im Grunde ist für ihn einer, der das tut, ein Schmarotzer.

Beide, Petrarca und Salutati, reagieren auf die ersten großen Krisen der frühen bürgerlich-kapitalistischen Gesellschaft. Sie haben eine gemeinsame Grundlage, die im ökonomischen Unterbau wurzelt, in der neuen Produktions- und Distributionsform und den daraus entspringenden Konsequenzen. Die Verschiedenheit ihrer Reaktion, die zwar beide Male die „humanitas" als ideologischen Leitgedanken findet, diesen aber völlig unterschiedlich deutet, ist das erste Auftauchen dieser beiden Hauptlinien humanistisch-bürgerlicher Ideologie; wir können dies ganz analog in Deutschland des späten 18. und beginnenden 19. Jahrhunderts verfolgen, wo sich ein politischer Humboldt und ein apolitischer Ernesti, Wolf, ja auch im gewissen Sinne Herder gegenüberstehen.

Daß man in der bisherigen Forschung beide Hauptlinien gern in einen Topf geworfen hat, hängt wahrscheinlich mit all jenen Akzidenzien zusammen, die beiden Linien durchaus gemeinsam sind, ohne daß dadurch aber inhaltlich auch nur ein Fingerbreit der Annäherung zustandekommen würde:

– Die Verwendung einer nichtlebendigen (Kunst-)Sprache als wissenschaftliches und literarisches Verständigungsmittel.

– Die Wegwendung von der universellen Gottesidee, aus der der Mensch im Mittelalter sein Selbstverständnis bezogen hat, hin zur Autonomie des Menschen: bei den individualistisch-ästhetischen Humanisten hin zum einsamen, für sich denkenden und empfindenden Autonomen, bei den politischen hin zum sich vernunftgemäßer Prinzipien bedienenden sozialen Wesen.

– Die Hervorkehrung der Leistung als Gradmesser menschlicher Verwirklichung und menschlichen Wertes: bei den Individualisten die Intensität des ästhetischen Empfindens und Ausdrückens, bei den Politikern die ökonomisch-gesellschaftliche Leistung des Einzelnen.

– Die damit verbundene Neuinterpretation der Geschichte als vom Menschen (nicht von Gott vorgezeichnet) fabrizierte.

– Insbesondere aber das Bewußtsein, aufgrund des eigenen Strebens *humanitas* erworben zu haben oder weiter zu erwerben und damit zu jenen zu gehören, die im eigentlichen Sinne Menschen sind und denen deshalb die Führung und die Leitung der Menschen zufällt – in bestimmten Fällen waren ja auch die individualistisch-ästhetische empfindenden Humanisten wie Petrarca bereit, in die Niederungen der Politik herabzusteigen und Rezepte zu verteilen; allerdings ohne Konsequenz für das eigene politische Handeln.

Ziehen wir das Fazit unserer Erörterungen über das Aufkommen einer spezifisch florentiner Ideologie, so müssen wir feststellen: Nach einer noch ganz im Geist des Mittelalters verharrenden Periode im 12. und 13. Jahrhundert erscheint erstmals gegen Mitte des 14. so etwas wie ein Denksystem, das sich aus den Erfahrungen florentiner Wissenschaftler, Künstler und Politiker aufbaut. Wir haben gezeigt, daß die mittelalterliche Denkweise mit ihren Eckpfeilern der Hierarchie, der

Autorität und des blinden Gehorsams für die sich entwickelnde bürgerliche Oligarchie der ersten Jahrhunderte in keiner Weise hinderlich war, sobald man das System von der unmittelbaren Trägerschaft der Kirche und des Feudaladels abgelöst hatte, was aber schon im 12. Jahrhundert in Florenz bewekstelligt wurde; im Gegenteil, diese Ideologie war sogar ausgesprochen nützlich, hielt sie doch die Menschen noch immer in der Mentalität der Hoffnung auf ein besseres Jenseits, wofür es sich lohnte, im Diesseits viel Schlimmes zu ertragen. Die Unterstützung florentiner Auflehnung gegen den Kaiser durch die Päpste hatte zunächst tatsächlich die weltliche Autorität abgebaut, danach war es auch nicht schwer, die geistliche zu zerstören; an die Stelle der überkommenen Herrscher traten nun die städtischen Patrizier und danach die Reichen des Handels und des Bankgewerbes, ohne daß sich grundsätzlich etwas an dem Oben und Unten im Denken der Menschen änderte.

Auch als das Volk sich im 13. Jahrhundert konstituierte, war noch keine neue Ideologie zu beobachten; sie war noch nicht notwendig, da die Gehorsamsleistung des popolo bereits durch mäßige Zugeständnisse zu erreichen war. Das niedere Volk spielte noch immer keine Rolle.

Erst als im 14. Jahrhundert die bürgerliche Herrschaft, nun schon in nahezu vollendeter Ausformung, in Bedrängnis geriet, weil sich die Kehrseite der neuen Produktionsweise zeigte – erst da wurde nun der Anlauf zur Entwicklung einer eigenen Ideologie genommen, die nunmehr die Aufgabe bekam, die ins Wanken geratende Schichtung und das vom Zusammenbruch bedrohte System zu retten. Erstmals mußten die Herrschenden sich nun darüber klarwerden, wie ihre Herrschaft eigentlich funktionierte, um herauszufinden, wo die schwächsten Punkte waren, und um wirksame Gegenmittel zu entwickeln.

Es ist also erst die Krise, die die neue Ideologie produziert. Und diese neue Ideologie wird aus den Erfahrungen eben der krisenhaften Zeit entwickelt; sie ist keine Widerspiegelung einer entstehenden, sondern einer in die Krise geratenen bürgerlichen Gesellschaft.

Erst diese Erkenntnis macht das Phänomen des Humanismus, seine Entstehung und seinen zeitlichen Umfang, verständlich. Jeder Ansatz, der im Humanismus den zeitgemäßen Ausdruck der sich etablierenden Bürgerschicht sehen will, wird entweder die historische Abfolge oder die Logik der Aussagen jener Humanisten oder sogar beides vergewaltigen müssen. Wir glauben dies genügend nachgewiesen zu haben.

Kapitel 7
Ökonomische Veränderung — Arbeit/Beruf — Ausbildung/Bildung

Unsere Untersuchung hat die wechselseitige Beziehung zwischen Entwicklung der Produktivkräfte, Veränderung der Arbeit und der Arbeitsverhältnisse sowie der Ausbildung respektive Bildung zu zeigen versucht. Wir sind damit imstande, aufgrund der hier vorgelegten Fakten und Erkenntnisse eine Interpretation anzusetzen, die die verschiedenen Wechselwirkungen und Beziehungen zu klären versucht. Noch einmal sei hier allerdings auf die Vorläufigkeit der gesamten Deutung im Hinblick auf das noch immer nicht vollständig zugängliche Material hingewiesen, so daß jeder neue Fund bereits entscheidende Veränderungen an den aufgestellten Theorien bringen kann.

Der Entwicklung in Florenz von einer mittleren Flußsiedlung zum Handwerker- und Händler-Staat in der Zeit vom 11. bis zum 13. Jahrhundert entspricht eine starke Differenzierung der Handwerke und Berufe. Insbesondere das 12. Jahrhundert, in dem sich die Kommune bereits erfolgreich gegen die traditionellen Feudalherrschaften zur Wehr setzt, in dem auch der Handel erheblich ansteigt, läßt die Spezialisierung der handwerklichen Tätigkeiten schnell voranschreiten. In demselben Maß ergibt sich die zunehmende Organisierung der Produzenten in den Zünften. Die Ausbildung des Nachwuchses hat zu diesem Zeitpunkt noch einen relativ diffusen Charakter, weist noch keine formalisierte Organisation auf; dennoch bestehen noch aus dem Mittelalter übernommene Schultypen, die aber für die neue Produktionsweise und die neue Distribution keinen Wert haben. Das endende 12. Jahrhundert bringt erstmals den (alten, oberen) Zünften eine starke politische Beteiligung in der Stadt; gleichzeitig wird der sich bildende städtische Adel wie auch das Rittertum von seiner Alleinherrschaft verdrängt. Da sich im Gefolge dieser Veränderungen der Handel stark vergrößert – weil er mehr und mehr der überkommenen Fessel durch Abgaben und feudale Steuern entledigt wird – erhalten auch die Handwerker großen Auftrieb, da mehr bestellt und verkauft werden kann; immer mehr Gegenstände sowohl des täglichen Bedarfs wie auch des Luxus lassen sich zu Ware machen und finden das Interesse der Händler.

Im 13. Jahrhundert erleben wir bereits die ersten Höhepunkte städtischer Produktion und Politik – der popolo sieht sich durch seine expansive Handelskraft so gestärkt, daß er die Machtprobe mit dem Patriziat auf sich nimmt und im Gefolge davon tatsächlich zu einer ersten bürgerlichen Verfassung kommt. Die Zünfte bauen ihre Organisationen aus und wir erfahren auch erstmals etwas über die Ausbildung sowohl handwerklich-praktischer Art wie auch aus dem Händlergewerbe; daneben lassen sich immer mehr und immer häufiger Schulen und Schulgründungen nachweisen.

Umgekehrt wirkt diese Systematisierung in der Ausbildung und auch der Auftrieb im Absatz nun wieder auf die Basis zurück: alle Geschäfte werden verfeinert, verbessert, ausgebaut: in den selbständigen Geschäften kommt Buchhaltung und Kalkulation ins Spiel, in der Kommune wird die Statistik eingeführt, die Handwerker spezialisieren sich mehr und mehr auf die Herstellung eines oder weniger Gegenstände; im Bankwesen kommen Scheck und Wechsel als bargeldlose Zahlungsmittel auf und verbessern damit die Möglichkeiten großer Umsätze ohne langwierigen Geldtransfer. Das Wissen um die Münzwerte, um andere und neue Produktionsmethoden, die Einführung schnellerer und bequemerer Rechenarten (z. B. durch die arabischen Zahlen, die sich durchsetzen), kalkulatorische Hilfsmittel (wie die Rechenpfennige), die Vereinfachung der verdorbenen Schrift, der Zuwachs an Lesekundigen – all das sind Früchte der systematisierten Ausbildung, und all das macht die Händler und Handwerker wegemutiger, unternehmungslustiger.

Aber auch in diesem 13. Jahrhundert bilden sich noch während der Etablierung und Verfestigung der Zunftherrschaft Produktionsmethoden heraus, die den Zunftrahmen wieder sprengen – die Großbetriebe und Manufakturen. Die Zunftgesetze, eigentlich da, um Konkurrenz zu verhindern und die Existenz der einzelnen Handwerker und Händler zu sichern sowie die Qualität der Waren zu gewährleisten, werden umgangen, ausgehöhlt, sofern sie sich nicht anpassen. Der Zusammenschluß mehrerer oder sogar vieler Betriebe zu Assoziationen und auch das Aufkaufen verschiedener Betriebe durch Bankiers oder reiche Händler bringt eine erhebliche Rationalisierung der Produktion mit sich. Im Gefolge davon ergibt sich eine Vervielfachung des Ausstoßes an Waren, eine riesige Rendite – aber auch die Auspressung von immer mehr Leuten, das Absinken ganzer Schichten nicht mehr konkurrenzfähiger Handwerker zu unselbständigen Arbeitern. Die Entwicklung zieht tausende von Landleuten in die Stadt und preßt sie dort brutal in die neue Form der Produktion, wo der Mensch in seinen Handlungen nicht mehr wie eh und je in Korrespondenz mit der Natur, dem Wetter, dem Tageslicht steht, sondern nach dem Diktat der Uhr und des Warenmarktes arbeiten muß.

Eine neue Schicht entsteht: das Proletariat des frühen Kapitalismus. Zunächst noch tastend und unförmig, sucht es im 14. Jahrhundert zuerst Formen seiner Organisation und setzt sich in der Mitte dieses

Jahrhunderts so weit von anderen Schichten ab, daß es eigenständige Schritte zu unternehmen vermag.

Innerhalb der florentiner Gesellschaft durchzieht bereits seit dem 12. Jahrhundert eine eigenartige Spaltung die Gemeinschaft: die Scheidung in Handwerker und Händler. Denn während die Handwerker zwar die Produzenten der Waren sind und mit ihrer Arbeit den Reichtum der Kommune schaffen, sind es doch die Händler, die ihrerseits eben diese Reichtümer bei sich anhäufen und so zu ökonomischer Macht gelangen. Die übergroße Masse der Florentiner ist handwerklich beschäftigt, nur eine Minderheit ist im Handel tätig, und doch sind es diese wenigen, die sich dann auch zur politischen Herrschaft durchkämpfen, die sich den Ruhm beilegen, den alten Adel besiegt zu haben und sich dann mit Recht dem städtischen Patriziat – bestehend aus einigen Altadeligen, die den Sprung in die Zünfte geschafft haben, wenigen Rittern, die auch ins Geschäftsleben eingetreten sind, und eben den neuen Reichen – zurechnen. Es ist dies ein Patriziat, das auch nach seiner nominellen Entmachtung Ende des 13. Jahrhunderts nicht von der – künftig eben etwas verdeckten – Herrschaftsausübung abgebracht wird, auch wenn diese Oligarchen in sich durchaus nicht einig, sondern zerstritten und verfehdet sind. Diese Spaltung der Gesellschaft wirkt sich unmittelbar im Bereich der Ausbildung und Bildung aus. Jede Gruppe trachtet für sich die Autonomie der Ausbildung zu erhalten; das Bestehen der Zünfte und ihre Okkupierung vor allem der Berufsbildung erleichtert dies.

Allerdings zeigt sich die Spaltung auch in anderen Dingen. Während für die Handwerker die innerhalb des Meisterbetriebs, also unter Zunftkontrolle, geschehende Ausbildung in der Regel ausreicht, benötigt der Händlernachwuchs zusätzlich – bzw. vorangehend – andere Unterweisung: er ist auf Kenntnisse im Lesen und Schreiben und insbesondere im Rechnen angewiesen; weiterhin wird auch die noch aus den früheren Jahrhunderten erhaltene klassische Bildung zumindest in der Form des Lateinunterrichts für die Händler von Bedeutung – in Form der internationalen Vertragssprache und der Jurisdiktion. Und auch hier zeigt sich die Spaltung: während wir von einer Förderung handwerklicher Schulen, auch der für die Handwerker durchaus doch nützlich sein könnenden Elementarschulen bis weit ins 14. Jahrhundert hinein nichts hören, werden diejenigen Anstalten, die dem Handel dienen, schon sehr bald auch von den Kommunen selbst gefördert: Rechenschulen, Lateinschulen, Handelsschulen.

Das nichtzünftische Volk war von all dieser formalisierten und institutionalisierten Ausbildung weitgehend ausgeschlossen. Wer keine zünftische Lehrstelle hatte, bekam keine qualifizierte Ausbildung und konnte sich selbst nicht qualifizieren; und wer kein Geld hatte, konnte auch nicht zur Schule gehen. So erfolgte die Erziehung dieser Massen dort, wo sie sich gerade aufhielten: zuhause, am Arbeitsplatz, durch Nachbarschaftsorganisationen, durch Teilnahme an – meist illegalen –

Interessensgemeinschaften, durch Prediger, sicher auch durch die Kirche, oftmals aber durch Sektierer.

Den größten Einfluß wird dabei sicher der Arbeitsplatz gehabt haben – durchschnittlich 14 bis 16 Stunden Arbeit lassen alle anderen Bereiche zurücktreten. Hier zeigt sich eine dritte Art der Ausbildung, fern aller Formalisierung und Institutionalisierung und dennoch genauso zwingend und konsequent: die Ausbildung lediglich zum Kampf ums Überleben, zur Existenzsicherung.

Aber diese Art der wahrhaft elementaren Ausbildung hatte auch ihre andere Seite: sie förderte Eigenschaften und Haltungen, die dem Bürgertum z. B. niemals möglich geworden sind. So zeigt sich im 14. Jahrhundert erstmals bei den Arbeitern Solidarität als politisch-erfolgreiches Kampfmittel; und es ergibt sich auch ein neuer Anspruch für das Tun der eigenen Klasse: nicht mehr für sich zu sprechen, sondern für das gesamte Volk. Dies sind Tugenden, die nicht gelehrt worden sind, die nicht aus der Schule kommen und die kein Theoretiker den Arbeitern beigebracht hat; es war der unmittelbare Ausdruck ihrer Lage und der Empfindung ihrer Situation. Kein intellektueller Filter förderte die Kanalisierung der eigenen Armut in die Wege der jenseitigen Hoffnung oder der Resignation vor der umfassenden Schwierigkeit des Regierens. Die Spontaneität war noch nicht zerstört, sondern konnte ungehindert hervorbrechen, wenn der Druck auf zu viele zu groß wurde.

Das Bürgertum war zu allen Zeiten in sich zerstritten und zerrissen; es gab nur wenige Augenblicke, wo sich größere Teile davon zu gemeinsamer Aktion zusammenschlossen; und auch da zerbrach diese sofort nach dem Erreichen kurzfristiger Ziele: so etwa beim *primo popolo*, so auch bei den *ordinamenti di giustizia*. Nun aber trat im 14. Jahrhundert eine bisher vernachlässigte, nicht in Erscheinung gekommene Klasse auf, die ohne Bildung und Ausbildung war und die doch zu aller Erstaunen eine schnelle und umsichtige Organisationsfähigkeit entwickelte, die konsequente Forderungen vorwies und die keineswegs nur die bisherigen Verhältnisse auf den Kopf stellen wollte, sondern ein neues System forderte, in dem alle gleich sind. Das Niedergehaltenwerden, das Ungebildetsein, die Hoffnungs- und Aussichtslosigkeit, jemals zu etwas zu kommen, hatte eine neue Qualität der politischen Auseinandersetzung geschaffen, wo nicht mehr der ökonomische Konkurrenzkampf im Vordergrund stand, sondern im echten Sinne das Wohl aller Angehörigen der Gesellschaft. Das Mittel, zu dem die Arbeiter griffen – nur greifen konnten, weil sie nichts anderes hatten – war das der Verweigerung, und es wurde zu einem politischen Kampfmittel erster Klasse. Auch die schließliche Erfolgslosigkeit, das Zusammenbrechen der Organisationen, die Rücknahme schon erfüllter Forderungen später mindert diese Leistung nicht – sie war wegweisend und kam erst ein halbes Jahrtausend später voll zum Tragen.

Diese und ähnliche Ereignisse, Erfahrungen, brachten nun als Antithese im Bewußtsein der Bürger, die sehr wohl etwas zu verlieren hatten, das Gefühl der Zerbrechlichkeit und Krisenhaftigkeit ihres Systems hervor. Und die fortgeschrittensten Teile dieser Klasse machten sich daran, diesen Fakten den Kampf anzusagen, sie zu überwinden. Sie taten es mit den Mitteln, die sie als Bürger besaßen: mit ihrem Geld und mit ihrem Kopf. Da sie selbst innerhalb des Produktionsprozesses im Gesamt nur wenig leisteten – im Verhältnis zu den Arbeitern und Abhängigen waren sie ja nur wenige –, also durch Arbeitsverweigerung nicht weiter viel verloren gewesen wäre, griffen sie stufenweise zu den Methoden, die sie schon vorher kannten, um erst nach deren Scheitern zu Neuem überzugehen: zunächst bestachen sie, stellten Verräter ab, die das Volk unterwandern sollten und dies auch taten, versteckten ihre Rohstoffvorräte, brachten ihr Geld ins Ausland usw. Als das aber nur wenig half und sich insbesondere herausstellte, daß solches Schaden auch bei den Reichen selbst anrichtete und daß man auf diese Weise das sich organisierende untere Volk nicht aufhalten konnte, setzten sich diejenigen durch, die als neues Mittel die Behandlung der Untertanen durch ihren ·Kopf vorschlugen. So konstituierte sich im 14. Jahrhundert, insbesondere in seiner zweiten Hälfte, ein neues Mittel der Bürger, der Angst und der apokalyptischen Stimmung zu begegnen, die die Krise mit sich beachte: die Ideologie. Es galt, ein Denksystem zu entwickeln, dessen tätige Verwirklichung einerseits bürgerliche Abgrenzung und Instrument zur Niederhaltung derjenigen Schichten und Klassen sein sollte, die das Bürgertum bedrohten, und das andererseits die Rechtfertigung der eigenen Herrschaft und der Art ihrer Ausübung ergab; als zusätzliche Eigenschaft war gefordert, daß sich diese Denkkategorien wesentlich innerhalb der bürgerlichen Klasse selbst weitergeben ließen, so daß die nichtherrschenden Klassen sich ihrer nicht auch bedienen konnten.

Eine solche Ideologie fand das Bürgertum im Humanismus, und zwar in zwei Hauptlinien, dem individual-ästhetischen und dem politisch-gesellschaftlichen. Bildung als Kennzeichen einer Klasse: das war nur möglich, wenn es zu einer Leistung wurde, Bildung zu erwerben, die man nur als Angehöriger dieser Klasse erbringen konnte resp. nur als von ihr ausersehener Diener, der z. B. eine Verteilerfunktion übernehmen sollte, wie etwa ein Lehrer oder Professor.

Mit einem Wort: Bildung sollte jedenfalls so definiert sein, daß ihr Erwerb möglichst viel Geld und auch einige Mühe kostete, die nur der auf sich nehmen konnte, der von täglicher produktiver Arbeit freigestellt war; weiterhin mußte das Wissen hinreichend kompliziert sein, um nicht den Anreiz unmittelbarer Anwendbarkeit auch auf untere Schichten auszuüben. Damit war gewährleistet, daß das niedere Volk sich für diese Bildung überhaupt gar nicht erst interessierte – es hatte andere Dinge zu tun – und sich so freiwillig aus den Reihen derjenigen ausschloß, die dann zur Herrschaft zugelassen waren und die auch das für die immer komplizierter werdende Staatsapparatur notwendige Wissen und Können erwarben.

Erst zu dieser Zeit wird Bildung zu einem Machtfaktor, wird sie zur Ausbildung für die Herrschenden. Das Bürgertum half sich daher, so gut es konnte – gründete Schulen, Hochschulen, ja sogar die Universität; und auch außerhalb dieser Institutionen unterstützte es gelehrte Zirkel (wie z. B. das Paradigio degli Alberti, dessen herausragender Kopf Salutati war): mit der einen Maßgabe, daß sich alle diese Einrichtungen vor allem mit dem Aufbau der neuen Ideologie beschäftigten. In dieser Zeit nun veränderte sich auch der Charakter eines Teiles der mittleren Schulen: der produktiv-pragmatische Aspekt, der alle Schulen im 12. und 13. Jahrhundert gekennzeichnet hatte, wurde bei den mittleren Schulen zum Teil fallengelassen; das Wissen um des Wissens willen konnte hier seinen Einzug halten, wenn auch sicher noch ein beträchtlicher Teil wie bisher dem praktischen Wissen (z. B. beim Latein dem Kennenlernen urkundlicher Floskeln) vorbehalten war. Die lateinischen Schriftsteller wurden nun nicht mehr allein wegen der sauberen Grammatik gelesen, sondern wegen ihres Stils oder zumindest auch wegen ihres Stils. Selbst der so kühl berechnende Salutati wünscht diesen Aspekt einige Male ins Zentrum gerückt zu sehen. Diese Ästhetisierung der Ausbildung hin zu einer rein der Person anhaftenden Bildung ohne Rücksicht auf die gesellschaftliche Bildung diente nichtsdestotrotz genauso der neuen Ideologie wie die ausdrücklich auf den Erwerb von Herrschaftswissen gerichtete Pragmatik der politischen Humanisten. Beides suchte den Eindruck zu erwecken, daß in jedem Falle der Erwerb der humanitas das hohe Ziel sei, und daß die anderen Eigenschaften – Führerqualität, erhöhte Menschlichkeit etc. – nur konsequente Folgen dieses Erwerbs seien.

Wir müssen hier selbstverständlich differenzieren: Herrschen ist nicht gleich Herrschen. Wenn Salutati und seine politischen Nachfolger den Humanisten als den eigentlich zur Herrschaft bestimmten Menschen definieren, so heißt das noch lange nicht, daß tatsächlich die Herrschaft von den Humanisten ausgeübt worden ist. Aber Tatsache ist jedenfalls, daß sie, mehr als ein Jahrhundert lang, bis in die zweite Hälfte des 15. Jahrhunderts hinein, regieren – im Auftrag der dahinter stehenden und von den Früchten der neuen Ideologie zehrenden Magnaten und Oligarchen.

Damit sind wir aber schon bei der Frage, wie sich nun umgekehrt die humanistische Ideologie, der neue Überbau, auf die Basis, die Ökonomie, auswirkte. Hier zeigt sich nun, daß die humanistische Ideologie allenfalls aufschiebende Wirkung hatte, keine grundlegende Besserung der Verhältnisse zugunsten des Bürgertums hervorbrachte. Der Grundirrtum – sofern dies nicht sogar als bewußt in Kauf genommene Täuschung ausgeführt wurde – war, daß man glaubte, bestehende Antagonismen in den gesellschaftlichen Verhältnissen durch eine Kosmetik im Überbau korrigieren zu können. Die Widersprüche der Klassen blieben, und wer in der herrschenden Schicht lebte, konnte sich die von Salutati empfohlene Mildtätigkeit gar nicht leisten, ohne in die Gefahr des Absinkens zu geraten. Der Druck auf die Arbeiter war groß, vergrößerte sich bei den notwendig auftretenden Absatz- und Strukturkrisen noch weiter, so daß auch die schönsten Worte von „bonum commune" den leeren Magen nicht übertönen konnten. Der entscheidende Mangel im Aufbau des Humanismus war, daß seine Ideologie auf einer so komplizierten Denkweise und Wissenschaft, noch dazu in einer nichtlebendigen Sprache, basierte, daß man eine Massenagitation damit nur schwer durchführen konnte. So lebt der Humanismus auch ökonomisch nur davon, daß das Bürgertum hin und wieder außenpolitische und händlerische Erfolge zu verzeichnen hat, vielleicht auch prächtige und pathetische Kunstwerke vorzeigen kann, mit denen sich auch das Volk streckenweise identifizieren mag – aber bei der nächsten Krise ist es vorbei, die Klassenauseinandersetzungen brechen mit alter Stärke wieder auf.

So versuchte das Bürgertum auf dem Weg über eine klassenspezifische Form der Erziehung und Bildung seine Herrschaft zu stabilisieren. Und dies mithilfe einer Ideologie, die entstanden ist, als die Krise bereits eingetreten war, der Zerfall der bürgerlichen Gesellschaft schon begonnen hatte. Der Weg zum Prinzipat der Medici zeichnete sich ab, als auch die neue Ideologie im 15. Jahrhundert die Krisen nicht meistern konnte. Spätestens zu diesem Zeitpunkt war auch der politische Humanismus gescheitert und hatte sich zu ästhetisieren begonnen. Aber dies nachzuweisen wäre Aufgabe einer weiteren Arbeit; selbstverständlich gab es auch im 15. Jahrhundert und danach noch Figuren von politischer Relevanz, die wir dem Humanismus allgemein zurechnen, Giovanni Pico della Mirandola, Niccolo Machiavelli, Francesco Guicciardini etwa. Aber sie waren, soviel läßt sich auch hier feststellen, nicht mehr die Ideologien eines eben zur Macht gelangten und diese bereits wieder verlierenden Bürgertums – sie waren mehr die Ideologen eines in der Bedeutungslosigkeit versinkenden Florenz, das seine dominante Stellung aus dem 12. bis 14. Jahrhundert allmählich verloren hatte.

Arbeit und Beruf werden damit zur Klammer, die sich zwischen den Veränderungen der ökonomischen Basis, der Ausgestaltung der Produktionsformen und –verhältnisse und der Entwicklung des Gesellschaftssystems spannt, und zwar von den Anfängen der handwerklichen Differenzierung im Gefolge der Handelsausweitung im 12. Jahrhundert bis hin zu den Versuchen der Ideologen des 14. Jahrhunderts, mithilfe eines Überbaus unter dem Schlagwort des Humanismus die nun zerbröckelnde bürgerliche Ordnung zu retten. Die spezifische Weise, wie in Florenz gearbeitet wurde, wie die Verhältnisse zur Organisierung der Arbeit und der Berufsausübung geartet waren, wie sie von den damals lebenden Menschen gestaltet wurden, hat eine eigene Art der Entwicklung ermöglicht, die wir in dieser Eigenart nur in Florenz kennen – eine sehr frühe Entfaltung kapitalistischer Verhältnisse – zu einer Zeit, da andere Metropolen noch überhaupt nicht ahnten, daß eine solche Entwicklung möglich wurde. Aber diese besondere florentiner Geschichte ist trotzdem nicht ein historischer Zufall ohne prinzipiellen Charakter: das Besondere an Florenz ist, daß es eben schon zu jener Zeit eine Entwicklung durchmachen konnte, auf die die andere Welt zum großen Teil noch Jahrhunderte warten mußte. Der sich damals zeigende Kapitalismus war alles andere als entwickelt, was wir ja hervorgehoben haben; dazu fehlte es noch an dem fördernden Element der Vervielfältigung der Arbeitskraft durch Maschinen und Antriebskräfte: aber dieser frühe Kapitalismus hat nichtsdestoweniger nahezu alle wichtigen Aspekte des entwickelten Kapitalismus aufzuweisen, wenn auch nur im Keim, so doch sichtbar und nur im Grad verschieden. Das gilt von den Methoden zur Steigerung der Profitrate bis zu den Sanktionen gegen Arbeitnehmer, von der Entfremdung der Menschen voneinander und von ihren Produkten bis zur Ideologie – und nicht zuletzt bis zur Organisierung der Ausgebeuteten in Sekten und in proletarischen Gewerkschaften, die zunehmend gesellschaftsbewußten und revolutionären Charakter anzunehmen begonnen haben.

Der Papst beim Ketzergericht. Die Kleidung der gefesselten (knieenden) Personen zeigt, aus welchen gesellschaftlichen Bereichen – Bürgertum, Geistlichkeit, Männer wie Frauen – die Häretiker kamen. Rechts ein offenbar zum Widerruf gezwungener Sekten-Führer. Aus einer Miniatur des 14. Jahrhunderts (Berlin, Staatl. Museum)

Anmerkungen

1 Nach dem Buchtitel von Georg Voigt, Berlin 1859.

2 E. Keßler hat in seiner Dissertation eindrucksvoll belegt, wie sich die (wesentliche) Humanismusforschung seit mehr als einem halben Jahrhundert im Kreise dreht – von Cassirer über Curtius, Kristeller, Anagnine, Garin, Baron, Ullmann, Toffanin, Saitta, Gentile, Buck, Rüdiger bis zu Grassi. Vgl. hierzu das Literaturverzeichnis.

3 Vgl. hierzu Lit. 394; 818 sowie die Arbeiten des neuerdings auch in westliche Sprachen übersetzten sowjetischen Historikers V. I. Rutenburg (z. B. 620), der auch aufgrund von Materialien des Archivs der UdSSR in Leningrad Forschungen über die florentiner Geschichte des 14. und 15. Jahrhunderts unternehmen konnte.

4 Vgl. hierzu etwa die unter Anm. 3 genannten Arbeiten, insbesondere die von Kosminski und von Werner.

5 Engels, Brief an Bloch (464/37, 464): „Nach materialistischer Geschichtsauffassung ist das in letzter Instanz bestimmende Moment in der Geschichte die Produktion und Reproduktion des wirklichen Lebens . . . Wenn nun jemand das dahin verdreht, das ökonomische Moment sei das einzig bestimmende, so verwandelt er jenen Satz in eine nichtssagende, abstrakte, absurde Phrase. Die ökonomische Lage ist die Basis, aber die verschiedenen Momente des Überbaus – politische Formen des Klassenkampfes und seine Resultate – Verfassungen, nach gewonnener Schlacht durch die siegreiche Klasse festgestellt usw. – Rechtsformen, und nun gar die Reflexe aller dieser wirklichen Kämpfe im Gehirn der Beteiligten, politische, juristische, philosophische Theorien, religiöse Anschauungen und die Weiterentwicklung zu Dogmensystemen, üben auch ihre Einwirkung auf den Verlauf der geschichtlichen Kämpfe aus und bestimmen in vielen Fällen vorwiegend deren Form. Es ist auch eine Wechselwirkung aller dieser Momente, worin schließlich durch alle die unendlichen Mengen von Zufälligkeiten (d. i. von Dingen und Ereignissen, deren innerer Zusammenhang untereinander so entfernt oder so unnachweisbar ist, daß wir ihn als nicht vorhanden, vernachlässigen können) als Notwendigkeit die ökonomische Bewegung sich durchsetzt".

6 Man vergleiche hierzu einmal die umfangreich ausgetragene Polemik im ersten Drittel dieses Jahrhunderts zwischen Sombart, Delbrück, Below, Davidsohn, Salz, Hermes u. a. über diese Begriffe und ihre Anwendung. In den sechziger Jahren hat sich die Auseinandersetzung z. B. zwischen Rodolico und Rutenberg fortgesetzt. Vgl. das Literaturverzeichnis unter genannten Namen.

7 Vgl. hierzu etwa die Werke der Villani aus dem 14. Jahrhundert; später auch die Geschichte von Florenz des Leonardo Bruni oder des N. Machiavelli.

8 Santini, (644, X, 21, 33 desgl. 19, 4), zitiert eine Schwurliste von 519 Namen. Da es sich dabei um ein sehr kleines Stadtsechstel handelt, muß die Gesamtzahl der Schwörenden mehr als das Sechsfache betragen haben, also

wohl ca. 3500 bis 4000. Geschworen haben nur freie waffenfähige Männer im Alter von 18 bis 60 Jahren. Mit Angehörigen ergibt sich eine Zahl von 10–12000 einwohnende Bürger, wozu noch einmal maximal die gleiche Anzahl dort wohnender Nichtbürger gerechnet werden muß.

9 Hier beziehen wir uns u. a. auf die in der Chronik von G. Villani angegebenen Zahlen unter Berücksichtigung der in Beloch, (136, II, 129) gegebenen Einschätzung und Korrektur. Wir ziehen im folgenden die Berechnungen Belochs anderen Arbeiten vor, da er die u. E. bündigsten Nachweise erbringt. Fiumi (281) schließt sich relativ eng an Villanis Chronik an und greift sicher mit etwa 90 000 Einwohnern für 1300 zu hoch; dies bestätigt auch Rutenburg a.a.O. Werner a.a.O. schließt sich ohne weitere Begründung apodiktisch Fiumi an, ohne etwa die Nachweise Belochs zur Kenntnis zu nehmen.

10 Auskunft über diese Bevölkerungszahlen und die diesbezüglichen Bewegungen geben verschiedene Dokumente aus jener Zeit. Für das Jahr 1351 besitzen wir z. B. die Lega di Lando, eine Steuerliste (der sogenannte Estimo, die Vermögens-Schätzung) im Staats-Archiv Florenz, Archivio generale Nr. 2452. Dort wird die Anzahl der Besteuerten zu 10 787 angeführt. Gemäß späteren, relativ genauen Angaben über das Verhältnis von Besteuerten (also Vermögenbesitzenden) zu Nichtbesteuerten sowie das Verhältnis von Besteuerten zu ihren Angehörigen ergibt sich eine Einwohnerzahl von ca. 40 000 für das genannte Jahr 1351. Die Verluste durch die Pest drei Jahre vorher dürften (nach den Angaben von Villani) ca. 15 000 ausgemacht haben; nach den allgemeinen Zuzugsquoten in solchen Zeiten, die aus späteren Angaben hervorgehen, müssen dazwischen wieder ca. 5–6000 Neuzuzüge anzurechnen sein, eingerechnet die normale Anzahl der Geburten. Vgl. dazu auch Beloch (a.a.O., 132 ff.). Für die späteren Jahre genauere Angaben enthält: Staats-Archiv Florenz, Prestanze des Jahres 1378; ebendort, Libri dell'Estimo Reg. Nr. 367 ff. von 1379; ebendort für das Jahr 1400 die Codices 1836 ff. und für das Jahr 1404 Cod. 2041 ff.

11 Im Staats-Archiv Florenz innerhalb des Monte Commune a. 1370 (essenti dalle prestanze) sind für drei der sechzehn Stadtteile die Verhältnisse zwischen den völlig Mittellosen und den anderen Bürgern in Familienzahlen angegeben, woraus sich obige Koeffizienten ergeben. Vgl. dazu N. Pardi, (536).

12 G. Villani, (83, XI, 93): „Stimavasi avere in Firenze da 90 000 bocche tra uomini e femine e fanciulli . . . Troviamo, . . . ch'erano l'anno in questi tempi (1338) dalli 5 800 in 6 000 fanciulli".

13 Vgl. Beloch, (136, II, 138) dessen kritischer Einschätzung der älteren Angaben hier voll und ganz zuzustimmen ist.

14 Im Jahre 1622, bewiesen durch die Aufzählung des Manoscritto XXV, Nr. 1, 26 der Biblioteca Nazionale Florenz, beträgt das Verhältnis von Einwohnern über zu solchen unter 15 Jahren ziemlich genau 2:1; Beloch führt auch für andere Jahre denselben Koeffizienten auf, ebenso für andere Kommunen.

15 Beloch (136, II, 132). In späteren Jahren beträgt das Verhältnis zwischen Klerus und Nichtklerus durchweg 1:20, was z. B. aus dem schon zitierten MS XXV der Bibl. Naz. Flor, von 1622, hervorgeht. Desgleichen berichtet die Carte Strozzi 11, foglio 38 im Staats-Archiv Florenz. Ganz ähnliche Verhältnisse ergeben sich im 14. Jahrhundert für die Nachbarstädte Siena (Beloch a.a.O., S. 159 f.), Pisa (eb. S. 162), Pescia (eb. S. 104 f.), wobei es dort oft zu noch dichterer Klerikerbesetzung kommt. Es ist nicht einzusehen, warum da gerade Florenz eine Ausnahme machen sollte, zumal uns nirgends von Austreibung des Klerus berichtet wird.

16 Vgl. hierzu Davidsohn (236, II/1/2) und E. Werner (818), sowie, mit den gleich anzugebenden Einschränkungen, B. Stahl (724).

17 (724, 10–39). Stahl erkennt die Tragweite solcher Bestimmungen offenbar nicht. Hätte das deutsche Bürgertum im 18. und beginnenden 19. Jahrhundert solches durchgesetzt, wäre die Macht des Adels wesentlich früher zu brechen gewesen.

18 eb. Stahl hätte dies aus seinen eigenen Darlegungen entnehmen können.

19 Dieses Gesetz ist im Staats-Archiv Florenz, Provvisiono II, foglio 24 ff. erhalten. Ediert u. a. bei Villari (787, 290) Übersetzung nach Davidsohn (236, II/2, 355).

20 G. Villani (83, XI, 94). Vgl. auch Davidsohn (236, IV/2, Anm. zu S. 3, Nr. 3): dort wird eine weitere Quelle zitiert, die für 1342 die Zahl der Granden zu weniger als tausend angibt.

21 Dazu gehören z. B. im 2. Drittel des 13. Jahrhunderts die Buondelmonti, Adimari, Uberti, Tornaquinci, Donati, Abbati und die Amidei. Später stoßen dazu die Kaufmannsfamilien der Cavalcanti und Schiermontesi. Vgl. dazu Stahl (724).

22 Davidsohn (236, IV/2, 16) wobei hier der Nachweis für die genannte Zahl nicht geführt wird. Sie ist aber durch spätere Dokumente verbürgt, so etwa durch den Erlaß Ferdinands I. vom 24. September 1593, wonach die seit alters her in Florenz ansässigen 40 (41) Goldschmiede sich auf dem Ponte Vechio niederzulassen hatten.

23 Staats-Archiv Florenz, Capitoli (Urkundenbücher mit den Verträgen der Kommune) XXIII, foglio 100.

24 ebd. foglio 105 verso.

25 Vgl. die Anm. 23 der vorliegenden Arbeit.

26 Darüber berichtet uns im Staats-Archiv Florenz das Protokoll des Lapo die Gianni di Firenze, foglio 88 verso, unter dem 4. September 1312: „Giottus pictor . . . locavit Runicii . . . unum telarium francigenam stimatum communi concordia inter eos librae 10 fl. parv. hic ad six menses proximos pro pensione sold. 20 pro quobilet mense“ – woraus hervorgeht, daß Meister Giotto den Webrahmen für jährlich 120 % Gewinn vermietete.

27 (236, IV/2, 61). Den Kleinbetrieben war übrigens selbständiger Handel völlig untersagt, so daß sie auf Händler oder Verleger angewiesen waren. eb.

28 (236, IV/2, 94 f.). Das Einstandsgeld betrug z. B. bei der Ars lana 50 librae – so viel verdiente ein einfacher Wollarbeiter allenfalls in 10 Monaten (vgl. 2.8.). Die Seidenzunft nahm kein Einstandsgeld. Die Zukunft der Großhändler (Calimala) begnügte sich mit 5 librae. Bei Anverwandten meist halbiert, z. T. sogar ganz erlassen.

29 Vgl. hierzu im Literaturverzeichnis die Werke von Stefani, Compagni und der Villani; aus späterer Zeit Davidsohn, Santini, Rondoni, Werner, Rutenburg, u. a.

30 Man kann hier Stahl überhaupt nicht folgen, der die Auseinandersetzungen a.a.O. faktisch auf das Motiv der Blutrache beschränkt. Ein Blick auf die Interessen der Patrizier und Granden belehrt eines anderen, etwa wenn man die aus rein strategischen Gründen geführten Kämpfe der (guelfischen) Adimari gegen die (ghibbellinischen) Bonfanti 1242 ansieht (236, II/1, 278). Ebenso die Kämpfe der „schwarzen Guelfen“ gegen die „weißen“ am Ende des 13. Jahrhunderts und zu Beginn des 14. (236, II/1, 525–536).

31 Etwa die Uberti (vgl. 724, 83).

32 (236, II/1, 364 ff; 724, 108–120). Leider ist uns der erste „costituto del popolo“, die erste Verfassung, nicht im Original erhalten. Aber Florenz hat vier Jahre später der Stadt Volterra (nach ihrer Kapitulation) eine neue Verfassung aufoktroyiert, die, mit geringen Modifikationen, nach verbürgten Berichten identisch war mit dem florentiner Statut. Diese Verfassung von Volterra ist uns erhalten geblieben in der Biblioteca Guarnacci in Volterra unter

der Nr. Codex G 9, foglio 74–77 (hierzu: 34; 36; sowie 28, IV, 100, wo der Inhalt des Statuts (mit teilweise wörtlichen Zitaten) wiedergegeben ist).

33 Man denke nur an die Ereignisse des Calendimaggio 1300, die den Auftakt für den Bürgerkrieg zwischen den Schwarzen und den Weißen bildeten. (Vgl. 236, III, 100–165; 28, IV, 259–267).

34 Wir folgen hierin der Ableitung von Davidsohn (236, IV, 2,5), die am plausibelsten nachgewiesen ist.

35 Schon im ersten Drittel unseres Jahrhunderts war die Einschätzung sehr umstritten. Sie reichte von totaler Ablehnung („plünderungssüchtige Masse", „Auswurf des Werkstattproletariats")bei A. Doren über eine liberale Einschätzung bei Rodolico bis zur Deutung als erste kapitalistische Klassenkämpfe bei Gracianskij (zitiert bei Werner, 818, 17). Neuerdings haben sich vor allem Werner und Rutenburg mit der Materie auseinandergesetzt. Die Forschungen von Rutenburg, deren wichtigste jüngst in italienischer Sprache erschienen ist (620) verdienen besondere Aufmerksamkeit, da hierbei die Materialien aus Archiven der UdSSR – bisher nur wenig ausgewertet – mitverwendet werden konnten: Rutenburgs Ergebnisse bringen allerdings keine wesentlich neuen Erkenntnisse etwa gegenüber Rodolico und Sapori, wohl aber – was mindestens genauso wichtig ist – eine Erhärtung wichtiger Thesen z. B. über die Lage der Unternehmer, die Forderungen der Wollarbeiter, die Hintergründe des Verlaufs jener Aufstände etc., die Sapori und Rodolico aufgrund ihrer eigenen Materialien nur unzureichend hatten stützen können. Ebenso belegt Rutenburg auch die erstaunlichen und oft angezweifelten Daten von Villani über die Größe und den Umfang der florentiner Wollindustrie, auf die wir noch zu sprechen kommen werden.

36 Vgl. hierzu Berichte über andere Volksbewegungen, die ganz ähnliche Erscheinungen gezeitigt haben (721).

37 Vgl. Boncompagno, Retorica nova I c; Davidsohn (236, I, 673)

38 (236, I, 688). Die erste Erwähnung der Hoheitsrechte der Ritter findet sich 1184.

39 Friedrich hob 1245 das Kapitanat einfach durch Beschluß und Verordnung auf. Fünf Jahre später war es wieder installiert (724).

40 Die erste uns erhaltene Chronik stammt bereits aus dem 13. Jahrhundert und ist von einem Angehörigen des Richterstandes verfaßt, Sanzanome, und zwar bereits 1230 (mit dem Titel „Gesta florentinorum"). Auch die zweite stammt von einem Richter, Piero Bonfante, und sie ist in italienischer Sprache geschrieben. Aber diese Chroniken blieben doch noch recht einfache, reflexionslose, meist mythologisch verbrämte Berichte aus oft allzuenger Sicht. Erst als zu Beginn des 14. Jahrhunderts sich die Kaufleute der Annalistik annahmen, kam System in die Geschichtsschreibung. Gleichzeitig aber begann die Ideoligisierung der Berichte zugunsten zugunsten einer Vorherrschaft für Florenz in Italien, die den Expansiondrängen der Kaufleute Rückhalt verschaffen sollte. Vgl. 28, IV, 357 ff., wo die wichtigsten Chronisten vorgestellt werden, zusammen mit ihren Werken. Auch ders. 236, IV/3, 158–162. Sehr umsichtig und durch neuere Erkenntnisse ergänzt sowie mit kritischer Einschätzung versehen hat Rutenburg a.a.O. seinem Buch ein längeres Kapitel über die Quellen (Nota sulle fonto, S. 371–398) angehängt. Aber auch er hat, wie schon vor ihm der Sammler und Herausgeber der Quellen über den Aufstand der Ciompi, Scaramella (80) nur eine einzige Chronik gefunden, die Partei für die Arbeiter nimmt. Aber gerade diese – anonyme – Chronik (in der Literatur nach einem Vorschlag von Corazzini (1887) als Chronik des Squittinatore bezeichnet) bietet nur sehr fragmentarische Erkenntnisse und gibt Einblick allenfalls in einige – allerdings wichtige – Programmpunkte der Ciompi.

41 Er wird in einer Urkunde von 1307 (Staats Archiv Florenz, Provvisioni (Ratsbeschlüsse der Kommune) Nr. XIII, foglio 116 verso genannt. Davidsohn, Forschungen etc. III, erwähnt ihn in Regest 770 aus dem Jahr 1322 ebenfalls. Beidemale wird der als Angehöriger des Standes der Großkaufleute angeführt, sodaß an seiner Zugehörigkeit zu eben der Gruppe wie die Villani nicht gezweifelt werden kann.

42 Eine Urkunde vom 4. Februar 1306 im Staats Archiv Florenz (Davidsohn, Forschungen III, Regest 496) nennt ihn als Sozius der Accaiuoli im Bereich der Mercanzia.

43 Davidsohn stützt sich dabei auf eine Bulle Urbans I, die aus Florenz stammt.

44 Das florentiner Staats-Archiv enthält mehrere hundert urkundlicher Erwähnungen von Handwerkern und Händlern für die Zeit bis zum endenden 12. Jahrhundert, die aufzuzählen hier unsinnig wäre. Allein Davidsohn hat schon mehr als hundert (28, I, 152–156) angeführt. – Immerhin ist bereits im ersten Drittel des 12. Jahrhunderts etwa der Pferdestallbesitzer vom Pferdeverleiher begrifflich geschieden – ersterer heißt pagliajuolo, letzterer cavallaro. Die Weinhändler sind zu dieser Zeit aber offenbar noch nicht von den Weinschänkenbesitzern getrennt. Die später so wichtige Wolltuchindustrie hatte sich im 11. Jahrhundert noch kaum gebildet, weil die toskanische Wolle von sehr geringer Qualität war. Aber schon um 1100 beklagen konservative Schriften, daß man nun beginne, fremde Wolle einzuführen und zu verarbeiten. (236, IV/2, 56)

45 Vgl. wieder die Urkunden bei Davidsohn (28, I, 152–156), speziell vom Beginn des 12. Jahrhunderts an.

46 Vgl. 28, III, 205–221, in den Urkundenbüchern von San Gimignano.

47 Staats-Archiv Florenz, Passignano, September 1030. Die Pächterin hat für einen Weinberg jährlich die Hälfte der Erträge abzugeben und ansonsten den Weinberg zu versorgen.

48 Hierzu einige Beispiele aus den Archiven von Florenz, Rom und San Gimignano. Die Urkunde Staats-Archiv Florenz, Passignano berichtet unter dem Datum vom 15. Mai 1210 vom Verkauf des Klosters Passignano zwecks Dekkung von Zinsen und anderen Schulden. – Staats-Archiv Florenz, Cistercensi vom 14. September 1211 hält die Verpfändung von Hintersassen und Hörigen auf sechs Jahre zur Deckung der Schulden des Abtes von Settimo fest. – 1227 ist das Bistum Fiesole nahe Florenz derart verschuldet, daß der Papst eingreifen muß und mit der Kommune von Florenz ein Abzahlungsabkommen schließt. Zur Verhinderung weiterer Verschuldung wird der Bischofssitz gleichzeitig verlegt. Darüber im Archiv der Biblioteca Vaticana, Rom, Dep. Gregor IX, Tomus I, Fr. 144, foglio 47 verso. – Das Liber censuum des Archivs von Pistoia (Kopie zeitweilig in der Biblioteca Vaticana in Rom) berichtet von der Erhebung eines 20prozentigen Verzugszinsenzuschlags auf ein Darlehen zwecks Friedensschließung zwischen den Rittern und dem Popolo; 3. August 1237. Staats-Archiv Florenz, Badia, zeigt den Verkauf eines Grundstücks durch den Abt der Badia zwecks Deckung erheblicher Schulden an städtische Geldverleiher an. Da diese hier mit „equestris“ bezeichnet sind, gibt die Urkunde gleichzeitig wichtige Hinweise darauf, aus welchem Personenkreis sich zumindest ein Teil der städtischen Timokratie rekrutierte. Die Carte San Gimignano Fr. 35, foglio 45 berichtet unter dem Datum vom 13. April 1243 von ziemlich verzweifelten Versuchen der Gemeinde San Gimignano, Geldmittel zur Bezahlung der für die Gemeinde gedungenen Ritter aufzutreiben. Es wird beschlossen, das Geld, wenn irgend möglich, innerhalb der eigenen Kommune zu leihen und nur wenn gar kein anderer Weg bleibt, zu florentiner Bankiers zu gehen. – Staats-Archiv Florenz, Acquisto Strozzi Uguccioni berichtet vom Verkauf großer Ländereien durch den Grafen Guido an den Stadt-

bürger Buonacorsso am 31. Mai 1245. – Im Staats-Archiv Florenz, Domenico Maria, wird von einem größeren Darlehen berichtet, das vom Bankhaus Cerchi an den Grafen Manfredo di Guido Novello gegeben wird, und zwar am 31. August 1284. Bürgen, die der Bankier verlangt hat, sind Graf Guido di Battifolle und Ugolino de Senne. Soweit nachweisbar, verfällt die Bürgschaft, da das Darlehen nicht zurückbezahlt wird,. – Das Bankhaus Gianfigliazzi lieh dem Thronfolger von Viennois große Geldbeträge unter Verpfändung von allerlei Gütern – Staats-Archiv Florenz, Santa Croce vom 31. Oktober 1283. – Ebenso wurde dem König Jayme II. aus Bologna gegen Verpfändung seines Kronschmuckes Geld zur Kriegführung geliehen. Vgl. auch einige Berichte in Davidsohn, Forschungen aaO, die aber in der Wiedergabe meist so knapp sind, daß sich nichts Wesentliches daraus ableiten läßt.

49 Die Biblioteca Vaticana, Rom, enthielt vorübergehend eine Kopie der Geheimen Geschäftsbücher der Bardi, die sich offenbar immer noch in Privatbesitz befinden (Davidsohn, der sie im übrigen leider auch nicht ediert, schreibt sie dem Hause Ginori zu. Vgl. 28, IV, 272). Eine mehrere hundert Seiten umfassende Darstellung zählt den Katalog der Besitztümer der Bankiers auf, darunter eine erstaunliche Fülle von Haus- und Grundbesitz, Villen, Burgen, Palazzi, Seen usw. Nicht zu vergessen der wichtige Besitz von Krokusplantagen, deren Ertrag (Krokus als Basis für Saffrangewinnung) zeitweise sogar als Zahlungsmittel benutzt wurde (Vgl. hierfür die Carte San Gimignano im Staats-Archiv Florenz, 20.9.1227. Die acte San Gimignano haben uns sogar einen Umrechnungswert erhalten – 1 Pfund Krokus entsprach 36 solidi.) – Als die Bardi und die Peruzzi im 14. Jahrhundert konkurs machten, konnten sie immerhin fast die Hälfte, nämlich 47 % ihrer Passiva noch decken, und zwar den überwiegenden Teil infolge der riesigen Ländereien, die sich zusammengekauft hatten. Werner (818, 22); vgl. u. a. Sapori (661, 657).

50 Über die Höhe der Gewinne und Geldanhäufungen vgl. 2.7. der vorliegenden Arbeit. Ein instruktives Beispiel hier: Die Peruzzi arbeiteten von 1310–1324 faktisch ohne Einlagekapital, also nur mit den Umsatzbeständen. Totzdem erzielten sie doch noch nach Abzug aller Unkosten einen Gewinn von 18 % auf das früher einmal vorhandene Einlagekapital von 147 000 librae (Biblioteca Riccardiana 2412 ff.)

51 Darüber haben wir Erkenntnisse aus den Acte Can Gimignano, Staats-Archiv Florenz. Über den Waffenhandel auch Staats-Archiv Neapel. Reg. Ang. 147, foglio 243. – Ebenfalls Staats-Archiv Florenz, Prot. d. Boccadibue di Biagio III, foglio 80–84.

52 Staats-Archiv Florenz, Capitulae 132, 30. März 1090.

53 eb. Waffenlieferung erfolgten nach Deutschland ebenso wie nach Sizilien, wo etwa König Karl II. sich große Mengen kommen ließ. In Genua wie in Avignon und anderen Städten galten die florentiner Waffen als die besten (236, IV/2, 211).

54 Davidsohn (236, IV, 94). Vgl. auch die Reform der Statuten der Goldschmiede (Davidsohn, 28, III, 252, Regest 1273), wo alle Einzelheiten festgelegt sind.

55 Kosminski (394, I, 213), wobei er aber keine Beweise anführt. Ebenso Gebhardt. Für Italien ist der vorsichtigere Davidsohn auf ein sicheres Zeichen für das Bestehen von Zünften erst im 12. Jahrhundert gestoßen (236, IV62, 667).

56 236, IV/2, 667, gegen Ende des 12. Jahrhunderts.

57 326, IV/2, 88 und 394, I, 215–216. Wir haben über diesen Sachverhalt eine Reihe urkundlicher Zeugnisse. Staats-Archiv Florenz, Acquisto Stendardi (bei Davidsohn in Forschungen III als Regest 1186 veröffentlicht) gibt Zeugnis von einer Appellationsverhandlung wegen Zuwiderhandlung eines Zunftgenossen gegen die Statuen. Im Staats-Archiv Florenz, Provvisioni foglio 22 verso

wird die Beschwerde eines Handwerkers an den Gemeinderat behandelt, weil dieser sich durch die Zunft geschädigt fühlt – sie lasse ihn sein Handwerk nicht frei ausüben, stelle ihm keine Arbeiter zur Verfügung.

58 Darüber belehren die Capituli Nr. XXIII, foglio 105 verso im Staats-Archiv Florenz unter dem Datum des 6. Februar 1321, wo die Höhe der aufzubringenden Zahlungen festgelegt werden. Darüber mehr in 2.6. – Eine weitere Urkunde vom 17. März 1325 (Staats-Archiv Florenz, Provvisioni XXII, foglio 10 verso) zeigt, daß die Zünfte in Krisenzeiten zu kollektiven Sonderleistungen herangezogen wurden, z. T. in Form einer Anleihe.

59 Davidsohn (236, IV/2, 97). Der diesen Kartellbildungen steuernde Beschluß wurde aber zehn Jahre später wiederholt, da der erste Erfolg offenbar nicht hinreichend war. Die Kommune setzte daraufhin sogar Spione ein, um Ringbildungen ausfindig zu machen. Um die Kartelle zu brechen, wurde z. T. sogar eine Art freier Wettbewerb verordnet, etwa gegenüber den Schlächtern. – Die Ordinamenti die giustizia bedrohten Ringbildungen sogar mit der Todesstrafe (236, IV/2, 97 f.).

60 Die Statuten des Volkskapitals von 1322 bedrohten Zünfte, deren Mitglieder inflationäre Preispolitik betrieben, sogar mit dem Verlust der Zunfteigenschaft. Darüber berichten die Provvisioni X, foglio 216 recto im Staats-Archiv Florenz vom 4. April 1300. Ein Bäcker wurde tatsächlich wegen Preistreiberei gehenkt (236, IV/2, 98). Auch die Zunft der besonders reichen Calimala ging gegen Preistreiber in den eigenen Reihen vor (vgl. 2.5.), aber es ist kein Fall bekannt, wo ein Reicher wegen Preistreiberei ernstlich belangt worden wäre.

61 Die erste Erwähnung einer Sozietät im Bereich von Florenz ist in einer Urkunde im bischöflichen Archiv Volterra, Provenienz Montieri, vom Juni 1218 gegeben, wo eine Gemeinschaft von Bergwerksbesitzern, die gleichzeitig Händler waren, einen Bischof auf Zahlung einer bestimmten Summe belangen. 1299 finden wir eine Sozietät von 11 Leinenwebern, die auch Handel betrieben (Staats-Archiv Florenz, Protokoll des Matteo di Berliotto II vom 1. Februar 1301). – Für die allgemeine Entwicklung von Handels- und Kaufmannsgesellschaften vgl. auch Silberschmidt, 702 und 703.

62 Vgl. z. B. Sombarts Polemik gegen Villani in „Moderner Kapitalismus": „Eine verdächtige Ziffer sind die berühmten 100 000 Stück Tuch des Villani . . ."; oder die Abqualifizierung Villanis durch Gertrud Hermes in „Der Kapitalismus in der florentiner Wollindustrie", Zeitschrift für die gesamten Staatswissenschaften 72, 1916, S. 367–400, wo Villani „ein ebenso großer Phantast wie der Doge von Venedig" genannt wird, was Davidsohn in derselben Zeitschrift 1928 zu einer geharnischten Erwiderung herausforderte.

63 Hier ist vor allem Sapori, Studi etc. (652) zu nennen. Seine Studien beruhen auf der Kenntnis des gesamten Urkundenmaterials, das sich diesbezüglich hat auffinden lassen. Eine Überprüfung durch den Vf. anhand der wichtigsten Urkunden hat die Richtigkeit seiner Thesen voll bestätigt. Rutenburg kommt nach eigenen Berechnungen zu demselben Ergebnis (620, 25 ff.).

64 Cronica di Buonaccorso Pitti (ed. Manni, Florenz 1720, pag. 6.).

65 Libro de'danni dati, Staats-Archiv Florenz; Angaben von September 1260. Die Grundstücke und Häuser waren gemäß einer Urkunde von San Luigi VII, 260 im Jahr 1255 gekauft worden.

66 Im Staats-Archiv Florenz, Provvisioni XV, foglio 268 findet sich der in dieser Hinsicht wichtigste Beschluß, und er benutzt ausdrücklich den Begriff „monopolia": „Cum monopolia, jure, conspirationes et posture facte fuerint et fiunt cottidie . . .". Bei dieser Gelegenheit werden übrigens die aurifices, die Goldschmiede, zu besonderer Beachtung der Gesetze aufgerufen. Datum: 9. März 1318.

67 Staats-Archiv Florenz unter Santa Maria Nuova vom 5. Februar 1316.

68 Provvisioni XV, foglio 17 ff. im Staats-Archiv Florenz.

69 eb. – 1301, kurz vor Vertreibung der Weißen Guelfen aus Florenz, war anläßlich eines Einigungsversuchs eine Befragung der damals auf die Zahl von 72 Handwerkszweigen gekommenen Gewerkschaften durchgeführt worden. Davidsohn (236, III, 165) Geschichte III, S. 165. In welcher Form diese schon vorher organisiert gewesen sein könnten, wissen wir nicht.

70 Carte San Gimignano, a.a.O. 23, März 1319, Carte 265. Auch bei Davidsohn, 28, II, Regest 2388.

71 ebd. Regest 2211, 2212.

72 Staats-Archiv Florenz, Capitoli XXIII foglio 105 verso und Provvisioni XVII foglio 61.

73 Villani (83, XI, 94) berichtet, daß im ersten Drittel des 14. Jahrhunderts in Florenz jährlich durchschnittlich etwa 4 000 Stück Rind (einschl. Käbern) geschlachtet wurden, 60 000 Hammel, 6 000 Ziegen, 30 000 Schweine. Unter Zugrundelegung der oben genannten Steuersätze und der Umrechnung von 1 libra zu 240 Denaren und 1 librae zu 14 solidi sowie 1 Solidus zu 17 Denaren (Davidsohn, 28, IV, 321) erhalten wir nach diesen Zahlen einen Jahressteuersatz von ca. 5 500 librae. In der Tabelle sind als Vorauszahlung 325 Goldflorene angeführt, was in der Umrechnung ca. 1 200 librae entsprach und die Hälfte des Jahresbetrags ausmachte, der ganze betrug mithin ca. 2 400. Stellen wir das Kriegsjahr in Rechnung wie oben angegeben, so ist die Halbierung des sonstigen Jahresumsatzes als durchaus real anzusehen.

74 Davidsohn, eb. II, S. 429 verwendet bezüglich der Texte oft „pro Gewinn", was falsch ist; es muß „pro Wert" heißen.

75 Staats-Archiv Florenz. Provvisioni XXII, foglio 10 verso.

76 Daran beteiligten sich vor allem Sombart, Davidsohn, Delbrück, Below, Heynen u. a. Für die fünfziger Jahre vgl. Werner (818).

77 Staats-Archiv Florenz, Strozzi, Serie III, Nr. 270. Auszugsweise ediert bei Davidsohn, (28, III, 200)

78 Vgl. Davidsohn (28, III, 201), vor allem aber Sapori (661; 657). Derzeitiger Ort der Originale mir nicht bekannt.

79 Codex Riccardianus 2415. Auszugsweise bei Davidsohn (28, III)

80 Vgl. oben 1.2. – Weitere Beispiele solcher Abhängigkeiten finden sich z. B. im Staats-Archiv Florenz, Badia, vom 23. Januar 1315; desgleichen im Staats-Archiv Bologna in den Rifornimento f. f. 35. Die Erträge der Produktionsmittelverleihe waren unterschiedlich hoch; für hier ist wesentlich nur, daß diese Art von Abhängigkeiten tatsächlich bestanden und sogar aktenkundig sind.

81 Das berichtet im Staats-Archiv Florenz das Protokoll des Buto di Nuccio, foglio 7 verso vom 26. Oktober 1289 z. B. für den Lehrvertrag zwischen einem Schneidermeister und seinem Lehrling.

82 Diese Tendenz wurde schon während der Machtergreifung des Herzogs von Athen von den Arbeitern angeprangert; der Herzog beschnitt darauf die Macht der auswärtigen Aufseher. Vgl. Rodolico (598,35)

83 Statuten der Calimala, 1301, L. II R., 26, pagina 103; Davidsohn, (236, IV/1, 300 ff)
da sie sich auf den Warenumsatz bezieht, kann sie nur für händlerisch tätige gelten. Für frühere Zeiten haben wir übrigens keine analogen Bestimmungen.

84 Statut der Ars Cambio, 1300, R. 59–61, La Sorsa, pagina 125 f. Davidsohn (236, IV/1, 300 ff)

85 Staats-Archiv Bologna, Registro grosso I, foglio 238 verso vom 6. März 1220 nennt den Richter Boninsegna für Florenz. Er wird 1244 und 1247 nochmals als solcher urkundlich genannt. Vgl. Davidsohn (236, IV/1, 302), der sich hier auf Santini beruft.

86 Das von Davidsohn zur Stützung seiner These, daß alle Großzünfte die autonome Gerichtsbarkeit erstritten hatten, zitierte Statut des Kapitans von 1322 scheint mir nicht beweiskräftig genug.

87 Staats-Archiv Florenz, Provvisioni VII, foglio 204 vom 28. März 1208: "... quod laboreria eorum et dicte artis dantur et mittuntur diversis personis et locis, videlicet texitoribus ad texendum, filatoribus ad filandum ... Et quod multa furta committuntur in dicta arte lane, per quosdam malficos, qui vadant ad huiusmodi texitores et texitrices, filatores et filatrices et alios, et emunt ab eis lana et stamina et alia laboreria dicte artis, que data sunt eis ad laborandum a magistri artis predicte ..."

88 Darüber haben wir berichtet. Vgl. unsere diesbezüglichen Ausführungen in 2.7. und vorstehend.

89 Darstellung der sieben mechanischen Künste im Dom zu Florenz. Auf diesem Bild aus dem 14. Jahrhundert ist die Weberei als einzige mit einer Frauengestalt dargestellt.

90 Davidsohn IV/2, 72 u. 78 f. Dazu das Protokoll des Landi di Ubaldino foglio 108 verso im Staats-Archiv Florenz, mit Datum vom 5. April 1322; ebenso das Protokoll des Pepo di Nelle eb. vom 19. November 1328.

91 Davidsohn erwähnt z. B. zwei (mir nicht zugängliche) Codices aus dem 15. Jahrhundert mit diesbezüglichen Abbildungen.

92 Die großzügigste uns bekannte Regelung beträgt eine Entlohnung von 36 librae im Jahr, dafür aber keinerlei Unterhaltungszuschuß für Kleider oder Nahrung (Staats-Archiv Florenz, Protokoll des Lapo di Gianni, foglio 88 verso). In den meisten Fällen wurde überhaupt nichts bezahlt; nach dem Protokoll des Guinaldo di Compagno. eb. foglio 62 von 1301 mußte eine Mutter sich verpflichten, den gesamten Unterhalt des Sohnes zu besorgen. Beide hier genannten Fälle sind aus dem Schustergewerbe, doch waren die anderen um nichts besser. Vgl. Davidsohn (28, II, 221 ff.)

93 Ein Lehrvertrag aus dem Sattlergewerbe (Protokoll des Attaviano di Chiaro I, foglio 114 verso, eb.) nimmt ausdrücklich den Passus auf, daß der Knabe nicht davonlaufen darf. – Die Schlosser sahen sich gezwungen, in ihr Statut eine ausdrückliche Stelle über das Davonlaufen einzufügen. Statut der Chiavaiuoli v. 1308.

94 Vgl. Davidsohn (238, 233). Ebenfalls Davidsohn (236 IV/2, 81, Anm. 6) ist eine bedeutsame Auszählung zu finden: von 63 dem Autor bekannten Lehrverträgen aus den Jahren 1271 bis 1328 sind 25, also 40 %, mit jungen Menschen vom Lande geschlossen worden; ein Zeichen, wie sehr sich die Landbewohner mühten, in der Stadt Fuß zu fassen.

95 Boccaccio weist in seiner Einleitung zum Decamerone auf die verheerenden Folgen der Pest in den Arbeiter- und Elendsquartieren hin. Über die genannte Lohnerhöhung um hundert Prozent unterrichtet Matteo Villani (83, I, 2).

96 Vgl. Davidsohn (238, 244), unter Bezug auf eine Cronica Sanese di Donato, welche Muratori herausgegeben hat (mir trotz vielfältiger Bemühungen nicht zugänglich).

97 Für die weitere Entwicklung der florentiner Wollindustrie, aber auch allgemein der Wirtschaft vgl. Davidsohn (238, 251–255). Werner (818, 18) betont mit Nachdruck, daß Florenz in seiner Tuchindustrie bis ins 17. Jahrhundert große Vitalität bewahrt habe. Es sei nicht bestritten, daß diese Industrie bis dahin weiter bestand, aber der Rückgang auf etwa die Hälfte, den auch Werner durch Zahlen bestätigt, zeigt doch, daß hier ein Stillstand eingetreten war – sei es durch auswärtige Konkurrenz, sei es durch Marktsättigung, o. ä.

98 Testament eines gewissen Bernado aus S. Jacopo (Staats-Archiv Florenz, Protokoll des Obizo da Pontremoli vom 11. März 1297). Die Fraternität wird dort „fratres baptistis" genannt, was nach Davidsohn (28, IV, 396) unter

Berufung auf eine – mir selbst nicht vorliegende – Urkunde von 1308 identisch ist mit „Homines de soietate b. Johannis Batistis Flor.", und die ist eindeutig die ab 1317 sogar durch eigene Statuten bekannte „Compagia dei portatori". eb.

99 Z. B. im Statut des Podesta von 1325, L.V.R. 57, pagina 393 f. und L.V.R. 28, pagina 38 f.

100 Verboten wurde bei dieser Gelegenheit auch das – nichtzünftige – Tragen uniformähnlicher Kleidung. Statut des Kapitans von 1322, L.V.R.108 pagina 309.

101 Wie Anm. 99; vgl. auch Davidsohn (236, IV/2, 104)

102 Dieses Verbot mußte sogar von jedem Zunftangehörigen ausdrücklich beschworen werden. Davidsohn, eb.

103 Werner (818, 44 ff.) faßt die Gründe eindrucksvoll zusammen.

104 Im Januar 1302 zeigten sich in Florenz die ersten Anzeichen der Krise, als bekannte florentiner Familien in den Bankerott des Bankhauses Ammanati aus Pistoia hineingezogen wurden, darunter Angehörige des Hauses Agolante. Im darauffolgenden Monat brach das Warenhaus Nerli zusammen, das zur Zunft der Por Santa Maria gehörte und in aller Welt Niederlassungen hatte. Das war nun schon eine angestammte und in Florenz eingesessene Firma und man konnte dessen Falliment nicht mehr auf Machenschaften der Kurie – wie bei den Ammanati – zurückführen. 1303 machte in Florenz das Bankhaus Abati-Baccherelli pleite, desgleichen im selben Jahr auch das Haus Monsiri, die Sozietät Ranieri degli Ardinghelli, und auch eine Tochterfirma der Mozzi ging ein. Selbst bei den Frescobaldi war in diesen Jahren vorübergehend eine Zahlungsunfähigkeit zu beobachten. Vgl. Davidsohn (236, III, 214 ff.), wo auch die Belege zitiert und angegeben sind.

105 Darunter die Bardi, Peruzzi und Accaiuoli. Vg. (238, 239 f.)

106 Für naturwissenschaftlichen Unterricht in der angegebenen Zeit bleibt Günther jegliche datierte Nachweise schuldig.

107 Hier bringt er innerhalb des angegebenen Kapitels ebenfalls keine Nachweise. Später, im Absatz über die Humanisten wird im Kleingedruckten wenigstens anläßlich Dante und Petrarca kurz davon gehandelt.
Ein großer Teil der heute bei uns noch üblichen Darstellungen der Erziehungsgeschichte ist allerdings noch nicht einmal so weit gekommen. Man denke etwa an die Arbeiten von Driesch-Esterhuis, Reble, Ballauff, Blättner, Dolch, Russ, Paulsen, Weber u. a. Geringe dialektische Ansätze zeigt die – schon ältere – Darstellung von Willy Moog. Auch die vielbändige Geschichte der abendländischen Erziehung von Garin u. a. leidet unter einem Defizit an dialektischer Betrachtung. In diesem Zusammenhang bekennt sich auch der Verfasser der vorliegenden Abhandlung zu dem Mangel, den seine im Rahmen der Garinschen „Geschichte" erschienenen Bände tragen: Sie sind, 1967 entstanden, noch allzusehr auf die Dialektik innerhalb des Überbaus fixiert und unterlassen eine gründliche Darstellung des Wechselwirkungsverhältnisses zwischen Basis und Überbau und umgekehrt. Für alle hier genannten Autoren vgl. das Literaturverzeichnis.

109 Wir verweisen hier wieder auf unsere Ausführungen im Zusammenhang mit dem Brief von Friedrich Engels an Bloch, den wir in der Einleitung zitiert haben.

110 Selbstverständlich bilden wir uns nicht ein, gerade mit der hier vorliegenden Arbeit so etwas wie ein Musterbeispiel historisch-dialektischer Abhandlung auf materialistischer Basis zu leisten. Aber wir wollten doch so exakt wie möglich die Richtung angeben, in der wir unsere Interpretation ansetzen wollen, auch wenn es dabei noch zu vielen Schwierigkeiten kommen wird.

111 Staats-Archiv Florenz, S. Maria Nuova vom 5. Februar 1316. Buchführung wird hier für alle selbständigen Händler und Handwerker vorgeschrieben; aber da sie sich auf den Warenumsatz bezieht, kann sie nur für händlerisch tätige gelten. Für frühere Zeiten haben wir übrigens keine analogen Bestimmungen.
112 236, IV/3, 128; alle diese Institute sind durch Davidsohn sehr gut belegt.
113 Das wissen wir aus Biographien nahezu aller uns bekannter Autoren vor dem endenden 13. Jahrhundert. Vgl. Davidsohn (236, IV/3, 178 f.)
114 Die florentiner Dichtung vor Dante war wesentlich von der ausländischen, insbesondere französischen beeinflußt, und erst gegen Ende des 13. Jahrhunderts kommen eigenständige Gedanken auf. Davidsohn (236, IV/3, 176)
115 Soweit dem Verfasser bekannt, ist dieser Aspekt bis heute nirgends grundlegend herausgearbeitet worden; er wäre einer eigenen Untersuchung wert.
116 Im Protokoll des Rainieri di Baldesi foglio 8 im Staats-Archiv Florenz, vom 24. Oktober 1271, wird eine derartige Vertragslösung mit allem, was dazu gehört, beurkundet.
117 Vgl. das Statut der Schlosser von 1308 (Davidsohn, 236, IV/2, 81 Anm. 3)
118 (236, IV/2, 80) In dieser Zunft mitunter auch das sonst nicht beobachtete Verbot, Lehrlinge aufzunehmen, die älter als 25 Jahre sind – woraus wir schließen könne, daß solch ein Alter normalerweise für nicht zu hoch beim Eintritt ins Lehrlingsdasein betrachtet wurde.
119 Staats-Archiv Florenz, Protokoll des Rainieri di Baldesi, foglio 18 verso.
120 ebd. foglio 8.
121 Protokoll des Attaviano di Chiaro I, foglio 114 verso, Staats-Archiv Florenz.
122 Aus dem Sattlergewerbe: Protokoll des Rainieri aaO, foglio 41. Der erwähnte Vertrag aus dem Baugewerbe bei Attaviani aaO, foglio 54 verso: der Lehrling erhält danach ein Drittel des von der Firma erwirtschafteten Gewinns. Er ist offenbar volljährig, da er sich selbst in die Lehre gibt.
123 Prot. d. Matteo di Beliotto I, foglio 5 verso, St.-Arch. Florenz.
124 ebd. foglio 6
125 ebd.
126 ebd. foglio 8.
127 ebd. foglio 32.
128 Staats-Archiv Florenz, Protokoll des Boccadibue di Biagio I, foglio 58.
129 Z. B. im Staats-Archiv Florenz, Protokoll des Francesco di Lapo II, foglio 73 verso bei einem Apotheker. Bei einem Sattler wird am 1. September 1320 ein junger Mann von seinem Schwager in die Lehre gegeben. Staats-Archiv Florenz, Protokoll des Bondoni di Uguccione IV, foglio 33 verso.
130 Z. B. im Staats-Archiv Florenz, Protokoll des Guinaldo di Compagno foglio 150, bei einem Goldschmied.
131 Protokoll des Rainieri aaO, foglio 41.
132 Prot. d. Filippo di Contuceno I, foglio 35 (Staats-Arch. Florenz).
133 Staats-Archiv Florenz, Protokoll des Gradaloni I, foglio 35.
134 ebd., Protokoll des Lando di Ubaldini foglio 108 verso.
135 ebd. foglio 351 verso.
136 ebd. Protokoll des Pepo di Nelle, o. p.
137 Bei einem Maler. Prot. des Matteo di Beliotto, aaO. foglio 36 verso.
138 Davidsohn (28, III, 225, Regest 1134)
139 Davidsohn, ebd. druckt diese ab.
140 Protokoll des Rainieri aaO, foglio 19 verso und 20 verso.
141 ebd.
142 ebd.
143 ebd. foglio 23.
144 Staats-Archiv Florenz, Protokoll des Rudolfino di Tuccio (loses Blatt, bei Davidsohn 28, II, Regest 1104 erwähnt; mir nicht auffindbar).

145 Protokoll des Lapo di Gianni, aaO, foglio 171 verso.
146 Protokoll des Lando di Ubaldino, aaO, foglio 147 verso.
147 Bei einem Ölhändler finden wir eine vierjährige Lehrzeit (Protokoll des Giovanni Cantpochi, foglio 49, Staats-Archiv Florenz). Zwei Jahre forderte stattdessen ein Getreidehändler nur (7. November 1294, Protokoll des Matteo di Beliotto, aaO, I, foglio 30), und ebenso einer am 27. Oktover 1275 nur ein Jahr (eb. foglio 73 verso). Ohne genauere Detailangabe nahm ein mercator am 23. November 1298 nur ein Jahr Lehrzeit (Protokoll des Boccadibue di Biagio II aaO foglio 59 verso).
148 Vgl. die unter Anm. 147 genannnten Protokolle.
149 Statuten der Ars Cambio von 1300 R, 63, pagina 126 ff.
150 ebd.
151 Vgl. Staats-Archiv Florenz, Protokoll des Arnoldus I a, foglio 43.
152 Statuten der Ars Calimala von 1301 L. II R. pagina 103, ebenso die Statuten der Ars Cambio R 88 pagina 137.
153 Statuten der Calimala eb. L III R. 41 pagina 126 (immer nach Davidsohn, Geschichte IV, 2, Anm. Mir nicht zugänglich).
154 Statuten der Speziali etc. von 1314 L. III R. 61 pagina 51.
155 Vgl. Statuta Societatis Florentinorum Bononium commorantium (wiederum nach Davidsohn, da ich sie nicht auffinden konnte).
156 ebd.
157 (236, III, S. 802) Davidsohn zitiert hier Ficker. Die Originalausgabe ist auch mir nicht auffindbar.
158 ebd. ebenso. Auch S. 803.
159 Codex diplomaticus Laudense, Vignati, pagina 385 vom 10. März 1284 nennt ihn als Podestà in Lodi und bezeichnet ihn als „miles et doctor legum". Vgl. Davidsohn (28, IV, 565)
160 Er ist 1293 in Spoleto Podestà und wird „doctor legum" genannt. Vgl. Davidsohn (28 IV, 568).
161 Davidsohn (236, IV/3, 129) wobei er sich auf ein mir nicht zugängliches Buch aus dem Besitz des Marchese Begnesi-Ballincini stützt. Die von Davidsohn weiter angegebenen Regesten aus den Forschungen III enthalten aber m. E. keinen Hinweis auf diese Person.
162 Im Codex Laurentianus-Aidilius XXVII, 1. foglio 55.
163 Messer Boncompagno in seinen „Candelabrum".
164 Mag. Bene, Candelabrum eloquentie, National-Bibliothek Florenz, Palat. 700 foglio 42 verso.
165 Davidsohn (236, IV/3, 132). Aufgrund dieser Misere bestand in Bologna eine rege Buchhändlertätigkeit; Davidsohn hat dabei auch den einen oder anderen Florentiner Buchhändler entdeckt.
166 Kommunal-Bibliothek Bologna 16 G.G. I, 1; sowie Protokoll des Lapo di Gianni aaO, foglio 14 verso vom 21. Januar 1300.
167 Vgl. Denifle, Chartularium Universitätis Parisiennes; im Archiv für Literatur- und Kirchengeschichte III, S. 254.
168 Hinweise in den Carte San Gimignano Januar (Carte 176) und Juli (Carte 182) 1291 sowie Januar 1298 (Carte 206) (Vgl. 236, IV/3, 133)
169 Es sind uns davon aber nur wenige Namen bekannt. Davidsohn nennt einen Sohn des Landadelsgeschlechts Asinalunga.
170 Staats-Archiv Florenz, Biccherina 17 foglio 39, Juni 1250.
171 Im Codex National-Bibliothek Florenz VI, 152 foglio 21 f. finden sich einige Empfehlungsschreiben für die beiden jungen Grafen.
172 Villani, (83, XI, 94): „Troviamo ch'e fanciulli e fanciulle che stanno a leggere, da otto d diecimila. I fanciulli che stanno ad imparare l'abbaco e algorismo in sei scuole, da mille in milledugento. E quelli che stanno ad apprendere la

grammatica e loica in quattro grandi scuole, da cinchecentocinquanta in seicento".

173 Davidsohn zitiert (236, I, 807) eine Urkunde vom 4. Dezember 1021, die sich heute leider nicht mehr auffinden läßt.

174 G. Salvioli (635, 9 ff.), weist nach, daß bereits im 6. Jahrhundert der Begriff „magistri puerorum" gebräuchlich war.

175 Staats-Archiv Florenz, Santa Maria Novella, 29. April 1197.

176 Staats-Archiv Florenz, San Piero di Luco, 16. September 1170.

177 Das geht aus einer Urkunde besonderer Art hervor; 1198 mußten figliner Bürger einen Treuschwur für Florenz leisten, darunter waren vier magistri. Santini, Documenti dell'antica costituzione del commune di Firenze, Florenz 1895, S. 42 (nach Davidsohn mit falschem Tagesdatum ediert (10. statt April 1198)).

178 Wir hören in diesen Instituten nie etwas von Lehrplanreform oder gar vom Eingang bürgerlicher Erziehungsvorstellungen

179 Consuetudo vallymbrosane congregationes, Codex 259 foglio 22 ff. ebenso 4, 82 und 9 zeigt uns z. B., daß die wesentlichste Aufgabe der Zöglinge darin bestand, bei Prozessionen feierlich herumzuziehen und Lieder zu singen.

180 Debenedetti hat den ersten „Doctor puerorum" für 1277 angegeben (29, 329); aber der gründliche Davidsohn hat einen noch früheren Nachweis entdeckt: Im Staats-Archiv Florenz unter dem 23. August 1275, einen gewissen Fantinus Magister puerorum (236, IV/3, 114 Anm. 4)

181 Und zwar, soweit mir zugänglich, speziell in San Gimignano, Carte San Gimignano, 14. September 1270, Nr. 92 ohne pagina.

182 Staats-Archiv Florenz, Badia, vom 18. Januar 1065.

183 ebd. April 1071.

184 ebd. Januar 1073.

185 ebd. 11. Dezember 1079.

186 Dominici hatte in seinem Traktat „Regola del governo di cura familiare" (ed. v. G. Salvi, Florenz 1860) eine überaus harte Prügelpädagogik gefordert: „Häufige Schläge bringen den Kindern großen Nutzen, . . . denn dieses Alter, anfällig für das Böse, hat es nötig, im Zaum gehalten zu werden. Und das soll nicht nur dauern, bis sie drei, vier oder fünf Jahre alt sind, sondern solange sie es nötig haben, und wenn sie schon 25 Jahre alt sind". Besonders verurteilte er das wiedererwachte Studium der heidnischen Antike, und da wandte er sich direkt gegen Salutati. Dieser antwortete in einem scharfen Brief, in dem er Kunst und Literatur verteidigt und sie als die besten Schützer und Bewahrer der nützlichen und segensreichen Tugenden darstellt – eben der Tugenden, die Salutati für wichtige bürgerliche Eigenschaften hält – und ihnen damit enorme pädagogische Bedeutung zuerkennt (77, IV/1, 230; Übersetzung v. Dominici v. E. Keßler).

187 Debenedetti (29) zeigt in einem besonders eindrücklichen Längsschnitt anhand eines Klerikers namens Lapo Nuti aus der ersten Hälfte des 14. Jahrhunderts die Bedeutung und die Aktivität der klerikalen „doctores puerorum" auf.

188 Günther (347, 70 ff.). Besser dokumentiert und nachgewiesen: W. Wühr (826, 151)

189 In der Via Ghibellina (Davidsohn 236, IV/3, 115)

190 Die wichtigsten Passagen dieses Vertrages vom 3. November 1304 (Staats-Archiv Florenz, Protokoll des Corso Spinelli und Dino Boninsegna) lauten – unter Ausschreibung bzw. Fortlassung der Kürzel: „Domina Clementia doctrix puerorum, uxor Marchesis Bensii populationis Sante Marie maioris . . . pro pretio 40 fl., quos fuit confessa habuisse . . . ab infrascripto Lippo Casini' pop. S. Laurentii, promisit . . ., eidem . . . tenere, docere et instruere An-

dream, fratrem ipsius . . ., legere et scribere, ita quod convenienter sciat legere Psalterium, Donatum et instrumenta, et scribere, sine aliquo pretio".

191 (29, 342) Davidsohn (236, IV/3, 115) nimmt das sechste Jahr als Beginn der Elementarunterweisung an, ohne dies nachzuweisen.

192 Debenedetti (29, 342); die Quelle im Original ist mir selbst nicht bekannt.

193 Davidsohn (236, IV, 3, 115); Manchmal begaben sich schon Erwachsene in den Unterricht. Auch Debenedetti (29, 346).

194 Staats-Archiv Florenz, Protokoll des Cecho Chiari und des Lapo Segne vom 7. September 1300: „Casella . . . dedit ad pensionem magistro Bino . . . quandam apotecham cum orto . . ." Auch Debenedetti (29, 331).

195 Consuetudines valymbrosame, a.a.O. Davidsohn weist auch noch auf ein Gemälde im Chor von San Gimignano hin, das eine Züchtigungsszene enthält.

196 1307 wurde eine gewisse maestra Necchia zu 50 librae Strafe verurteilt, weil sie den Sohn des Ser Feio Gionte geschlagen hatte (Debenedetti 29, 342 Anm.) Es handelte sich offenbar um den Sohn eines angesehenen Bürgers, was die Anrede „Ser" bezeugt. – Später wurde die Strafe auf 5 librae ermäßigt. ebd.

197 Antonio Pucci, Sonett mit dem Titel „Quando l'Fanciul da piccolo sciocheggia" Ediert in: Volpi, Rime di Trecentisti minori, Storia Letteraria d'Italia, Bd. II, Mailand o.J.

198 Der Einfluß der Begüterten bei allzugroßer Härte der Lehrer ist in Anm. 196 deutlich geworden.

199 Davidsohn (236 IV/3, 116). Die Anmerkungen weisen auf eine Fülle von Belegen hin.

200 Vgl. die Ricordi des Francesco Giovanni di Durante, Nationalbibliothek Florenz II, III 280, Provenienz Barghiacci.

201 Nationalbibliothek Florenz XI, 87 (zitiert nach Davidsohn, da es unter dieser Nummer nicht auffindbar war).

202 Der erste Nachweis für arabische Ziffern in Florenz wird bei Davidsohn für 1234 angegeben (236, IV/3, 117, Anm. 3). Ich habe auch keine früheren Belege.

203 Etwa in dem in Anmerkung 204 zitierten Lehrbuch.

204 Nationalbibliothek Florenz XI, 88 (wiederum nach Davidsohn, da unter dieser Nummer nicht auffindbar (236, IV/3, 117).

205 Davon leitet sich der Name „abbachista" für den Rechenlehrer ab.

206 Diese ferlini bildeten sogar einen beliebten Ausfuhrgegenstand. „ferlini ad numerandum seu calculandum" werden sie z. B. in einer Verkaufurkunde nach Bologna vom 20. Oktober 1324 (Staats-Archiv Florenz, Mercanzia 1039 foglio 243) genannt.

207 Davidsohn (236, IV/2, 82 u. IV/3, 116) belegt dies nicht gut. Aus Debenedetti läßt sich diese Behauptung aber doch hinreichend rechtfertigen, auch wenn dieser selbst sie nicht aufstellt.

208 Im Codex Laurentianus Acquisti e Doni 154 aus dem 16. Jahrhundert wird immer noch ein rutenschwindender Abakist als typisch dargestellt.

209 Nach Davidson (236, IV/3, 116). Die Urkunde selbst ist mir wiederum nach der Angabe von Davidsohn nicht auffindbar gewesen.

210 Kommunal-Archiv San Gimignano Nr. 11, foglio 18 verso unter dem Datum vom 6. Oktober 1279. Der Magister abbachi wird in dem Protokoll zu einem magister albachi verderbt, seine Schule wird hospitium quo moretur ducendum genannt. Der Protokollant des Gemeinderates war wohl nicht auf der Höhe des klassischen Lateins; aber das ist in der damaligen Zeit keine Besonderheit – wir haben weiter oben bereits Beispiele dafür gehabt.

211 Carte San Gimignano (Staats-Archiv Florenz) Nr. 288 foglio 24 f. Es werden zwei „magistri qui erudiant puerulos" angestellt.

212 Die oben angeführte Liste der vorauszahlungspflichtigen Gewerbe nennt nur noch die Grammatiker und Abbachisten.

213 Die in der genannten Urkunde aufgeführten Beträge (18 für die Grammatiker) entsprachen ja, wie bemerkt, nur etwa der Hälfte des tatsächlich zu entrichtenden Betrages. S.o.

214 Vgl. Davidsohn (236, I, 808) mit einer Reihe sehr gut nachgewiesener Beispiele.

215 Vgl. den Codex Vaticanus in der Biblioteca Vaticana Rom unter der Nr. Latinus 4913 „Laborantis cardinalis operum nota".

216 Brunetto Latini war der erste Kanzler von Florenz, der schon den später durch Salutati ausgestalteten neuen Stil vorausnahm. Er gab der Kanzlei den Aspekt der Beredsamkeit, der kunstvollen Verfassung von Urkunden und insbesondere Briefen, was sich ein Jahrhundert später – bei Salutati – dann zu einer überaus wirksamen politischen Waffe entwickeln konnte. Latini hat uns in seiner „Ars dictandi", „Kunst des Briefeschreibens" und in einer Sammlung Ciceros schon im 13. Jahrhundert eine erste große Dokumentation des wiedererwachenden Sinnes für die Klassik gegeben: Latein wird darin als die Grundlage der artes liberales gekennzeichnet, weil es lehre, ohne Barbarismen zu reden und zu schreiben. Nat.-Bibliot. Florenz Cod. II, IV, 124.

217 Villani an der bereits zitierten Stelle.

218 Davidsohn, Geschichte IV, 3, S. 118 interpretiert eine Stelle in der Chronica des Morelli zurecht als Sozietätsvertrag und nicht, wie Debenedetti a.a.O. S. 341 als Pacht- und Prokuratsvertrag. Andere Sozietätsverträge zitiert Debenedetti S. 340 f. Seine Behauptung, es habe sie nur für Grammatiker gegeben, ist unbelegt.

219 Carte San Gimignano Nr. 92, 14. September 1270, sowie Carte 108.

220 ebd. Carte 107.

221 ebd. Carte 116.

222 ebd. Carte 121.

223 Kommunal-Archiv San Gimignano Nr. 22 foglio 11 verso.

224 ebd. foglio 36 verso.

225 Carte a.a.O. Nr. 288 foglio 24 f.

226 O. Bacci, Miscellania Storica della Valdelsa (1895) III, S. 88 ff. Davidsohn (236, IV/3, 119).

227 Die genannte Liste bei Bacci, a.a.O. führt diese Orte an.

228 Protokoll des G. di Buto, G. 367, 33 f. (Staats-Arch. Florenz).

229 Giani, Ser Convenevole da Prato, Prato 1913, S. 74.

230 Boncompagno erzählt z. B., daß er die Lateinschule unter Anleitung seines Lehrers innerhalb von 16 Monaten geschafft habe. Davidsohn eb. S. 117 und I, S. 805.

231 F. Villani (82, 36) berichtet über ihn und sein Werk.

232 National-Bibliothek Florenz II.II. 72 f.

233 Nach Kosminski (394, I, 531). Die Fundstelle wird leider nicht angegeben, doch klingt das Zitat durchaus wahrscheinlich.

234 Dante, Convivio II.

235 Im Staats-Archiv Florenz unter der Provenienz Passignano wird unter dem Datum des 28. Mai 1231 die Klosterschule Santa Maria Novella als Ort der Dominikaner bereits urkundlich erwähnt. Vgl. hierzu auch Davidsohn (28, IV, 466 ff).

236 J. Salvadori-Federici, I sermoni di Fra Remigio Girolamo, in: Scritti vari die Filologia, Rom 1901, S. 483; Davidsohn (236, IV/3, 123).

237 Vgl. seine Vita in Masetti, Monumenta et Antiquitates veteris disciplinae Ordinis Praedicatorum, Rom 1864, I, S. 302 ff.

238 Etwa den aus alter Patrizierfamilie stammenden Fra Ubertino, der auch päpstlicher Pönitentiar war; Fra Scolaio Squarce di Oltrarno, der besonders durch seine literarischen Tätigkeiten hervortrat und Fra Corrado da Penna und andere sind uns auch als Lehrer Dantes bekannt. Vgl. wiederum die oben (Anm. 238) zitierten Viten sowie Davidsohn (236, IV/3, 123 ff.).

239 Auswärtige Orden schickten gern ihre Mitglieder zum Studium nach Santa Maria Novella und holten sie dann, gelehrt, wieder zurück (Vgl. Douais, S. 1 638–652).

240 Statut des Kapitans, Staats-Archiv Florenz, L. V. R. 125, S. 138.

241 ebd.

242 L. Bianchi, Alcuni Documenti, che conoscerono la venuta in Siena nell' 1321 dei lettori e degli scolari dello Studio Bolognese, in: Giornale degli Archivi Toscani V, S. 237 ff, und 309 ff.

243 Gherardi (25, 277 App.). Weiterhin die Ratsbeschlüsse, aus denen oben zitiert wird, Staats-Archiv Florenz, Provosioni XVII, foglio 105 vom 14. Mai 1321. Für die gesamte Universitätsgeschichte vgl. Denifle (242).

244 Das Original des Urteils ist verschwunden; wir haben nur noch Abschriften aus dem 17. und 18. Jahrhundert in italienischer Übersetzung, etwa Nat.-Bibliot. Florenz Codex II, IV, 322.

245 Etwa Matteo Villani, (84, I, 8).

246 (29, 333) vgl. die schon zitierte Urkunde aus Pistoia.

247 Leonardo Bruni, De studiis et littertis, übersetzt von M. Gleiss (270/II). Der Brief wird in der Literatur über den Humanismus allgemein zur Interpretation des damaligen Lehrkanons herangezogen; man darf aber nicht vergessen, daß Bruni hier ausdrücklich an eine Frau schreibt und deren – seiner Ansicht nach – spezifische Eigenarten in Rechnung stellt. Man kann sonst leicht seine nicht gerade begeisterte Wertung der Naturwissenschaften unkritisch in eine allgemeine Abwertung dieser Disziplinen umdeuten, und das wäre sicher nicht richtig.

248 Davidsohn nennt ein einziges Zeugnis für ein rechnenlerndes Mädchen (Gesch. IV, 3, S. 116); es wurde später Nonne.

249 Vgl. die zitierte Urkunde von 1304. Die Ausbildung der doctrix muß also bereits im 13. Jahrhundert erfolgt sein.

250 Davidsohn, (28, II, Regesten 2397–2423).

251 Davidsohn, (236, IV/1, 332); Die Verurteilten entkamen aber noch, ehe die Prozedur begann.

252 (51, 360). Die Hinrichtungen wurden teilweise sogar auf den vornehmsten Plätzen etwa vor dem Palazzo Arnolfo, auch auf der Piazza Sant'Appolinare oder auf der Piazza dei Priori, vollzogen. Ebd. und Stefani (81, Rubr. 583). Vgl. auch Davidsohn, (236, IV/1, 333).

253 Davidsohn zählt bei dieser Gelegenheit mehr als ein Dutzend Urkunden aus verschiedenen Jahrzehnten auf, in denen uneheliche Kinder wie eheliche behandelt wurden. Die reichen Bürger erwähnten sie gern in ihren Rikordanzen, die Adeligen bedachten sie ausdrücklich in ihren Testamenten. Vgl. auch Villani (83, IX, 313).

254 Davidsohn eb. S. 365 aufgrund einer mir nicht zugänglichen, in den Anmerkungen genannten, Quelle.

255 ebd.

256 Nerone di Contalberti überließ 1311 seiner Tochter z. B. die Burg Vernio di Bisonzo samt dazugehörigen Gut. Staats-Archiv Siena (Generalarchiv), in Castro Vernii, 24. November 1311.

257 Staats-Archiv Florenz. Protokoll des Opizzo da Pontremoli vom 13. April 1301, 0, 2, foglio 8.

258 Die Rikordanzschreiber vergessen nie dieses erste Anlegen der Hosen in ihrer Biographie zu erwähnen. Z. B. Francesco di Giovanni im Libro di ricordi: „A die XVI di novembre 1337 mi misi le brache . . .“ Zitiert nach Debenedetti a.a.O., S. 345.

259 Davon zeugt ein Protokoll des Lapo di Gianni a.a.O., von 1300. Ein anderer Fall ist bekannt, in dem ein Mädchen eingesperrt wurde, auf Verlangen der Mutter, weil es ungehorsam war. Dasselbe Protokoll. – Am 17. Mai 1297 wurde im Rat der Hundert ein Beschluß gefaßt, wonach künftig in Gefängnissen getrennte Räume für Kriminelle und für solche, die aus anderen Gründen wie Schulden, kindlichen Ungehorsams etc. einsaßen, eingerichtet werden sollten. Eine Verwirklichung dieses Entschlusses erfolgte aber offenbar nicht. Staats-Archiv Florenz, Provvissioni VIII, foglio 51.

260 Einer der Strozzi hat z. B., wie schon berichtet, seine Geschäftseinlage aus der Mitgift seiner Frau um volle 200 librae erhöht.

261 Boccaccio, Decamerone, 2, Tag, 7. November.

262 Dazu führt Francesco di Barberino einige bezeichnende Sprichwörter an, deren plastischstes so lautet: „Buona femina et mal femina vuol bastone, buon caval et mal caval vuol i sproni“ – Stockhiebe braucht eine gute wie eine schlechte Frau genauso wie ein gutes und ein schlechtes Pferd die Sporen nötig hat. Documenti d'Amore II, S. 138 f.

263 Das Protokoll des Giovanni d' Buto im Staats-Archiv Florenz, 8. Januar 1302 zeigt die Verurteilung einer Frau, weil sie einige Zeit mit ihrem Freund zusammengelebt hatte; auf Antrag ihres Mannes wurde sie ins Gefängnis geworfen. Ebenso im Protokoll des Oldebrando di Accato, eb. vom 10. Oktober 1276. In den Provvisioni a.a.O., foglio 24 werden einige Regeln festgelegt: die Frau wird in Fällen des Treuebruchs meist zu hoher Geldstrafe verurteilt, ersatzweise Gefängnis, bis der Herr Gemahl verzeiht und sie feierlich küßt. – Von einer Verurteilung männlicher Zeitgenossen im analogen Fall hören wir nie etwas.

264 Wir müssen da vorsichtig sein: unter Umständen sind andere Vorfälle nicht aufgezeichnet worden. Es wäre aber verwunderlich, wenn die bürgerlichen Chronisten etwas ausgelassen hätten, das die nichtbürgerliche, proletarische Jugend schlechtmachen könnte.

265 Die einschlägigen Urkunden, auf die wir uns beziehen, sind bereits in Davidsohn (IV, 429 ff.) ediert bzw. registriert. Für die organisatorische Ausgestaltung der Kompagnien vgl. auch die Auswertung bei Davidsohn (236, IV/3, 97–103 und II/2, 288–294).

266 ebd.

267 (236, II/2, 290), wobei Davidsohn den Nachweis hierfür leider unterläßt. Aber die großen aus späterer Zeit nachweisebaren Zahlen von Mitgliedern und die Zahl der Genossenschaften – Varchi spricht 1530 von 73 Fraternitäten, Poccianti 1589 von 137 – läßt diese Behauptung durchaus glaubwürdig erscheinen.

268 Für alle diese Punkte wären die Capitoli der Compagnia die S. Giglio bzw. Sant'Egididio eine Fundgrube. Davidsohn hat diese exzerpiert und so manches erhalten – aber leider hat er vergessen, die Kodizierung zu notieren und so sind sie seit seinen Tagen – er hat es selbst noch beklagt – nicht mehr auffindbar. Auch meine eigenen Nachforschungen sind vergeblich geblieben. (Davidsohn, IV, 431 f.).

269 Die Bruderschaft von Or San Michele verzeichnete schon kurz nach Aufstellung eines Bildes der Heiligen Jungfrau Wunderwirkungen (um 1280). – (29, IV, 435 ff.) wo die einschlägigen Urkunden angeführt sind.

270 Die Mönche von Santa Croce waren gegenüber den Wundern von Or San Michele so skeptisch, daß sie dies auch öffentlich verkündeten. Villani (83,

VII, 155) berichtet darüber. Aber die florentiner Bürger ließen sich durch solche Einwände nicht abhalten, und die Genossenschaftskasse von Or San Michele quoll vor Spenden über, die Brüderschaft wurde die mitgliedstärkste und reichste, die es jemals in Florenz gab.

271 Man braucht wiederum gar nicht Boccaccio (Decamerone, 1. Tag, 6. November) zu bemühen – auch z. B. der bereits zitierte Salimbene, ein Minorit, berichtet über Umzüge mit geistlich gekleideten Strohpuppen, die man dann verbrannte. Monumenta Germaniae Historica XXXII, S. 510.

272 Staats-Archiv Florenz, Santa Maria Novella, 9. April 1304. Darin wird ein Privileg des Bischofs von Ostia dargelegt, das die Gründung durch Petrus Martyr nennt. Vgl. Davidsohn (29, IV, 429).

273 Neben diesen beiden Gründungen 1277 wird auch noch eine Societas S. Marie ecclesie Sanctorum Apostolorum genannt. Davidsohn ebd. meint, sie sei neben der Societas Sanctorum Apostolorum eine eigene Fraternität gewesen, da sie zusammen mit dieser genannt wird. Es spricht nichts gegen diese Annahme.

274 Über den Namen società mediocre vgl. Davidsohn (236, II/2, 291).

275 Auch wenn uns heute kaum mehr etwas sichtbar ist, so berichten doch Chroniken wie die der Laudesi-Kompagnien selbst von den vielen künstlerischen Werken. Davidsohn (29, IV, 425 ff.).

276 Leggende di alcuni santi venerati in S. Maria degli Angeli di Firenze (Scelta di curiosità letterarie Nr. 53). S. 137 ff. über Predigten im Freien und auf Plätzen Davidsohn (236, IV/3, 65).

277 Töpfer (751, 75 ff.). Die Anhängerschaft der Apostelbrüder kam offenbar vorwiegend vom Land; die Geißler wirkten auf die Städter.

278 Statut des Podestà von 1325 L.V.R. 51 S. 396, Staats-Archiv Florenz verbot Umzüge in Verkleidung. Auch Davidsohn, (236, IV/3, 290).

279 (236, IV/3, 305 ff). Man hatte bei den Herrschenden vor diesen Informationsträgern – die meist auch noch gebildet waren und denen man nicht nachsagen konnte, sie wüßten nicht, wovon sie sprächen – einige Angst. Das Statut des Podestà von 1325 z. B. verbot allen Beamten, mit solchen Informanten überhaupt zu sprechen.

280 (236, II/2, 466 ff.). Bei den drei Juristen handelte es sich um Donato di Alberti Ristori, Baldo Aguglioni und um ein Mitglied der sich eben größer aufbauenden Strozzi, Ubertino dello Strozza.

281 Dies gilt für nahezu alle Veröffentlichungen in deutscher Sprache und auch für den größten Teil der italienischen – vgl. hierzu das Literaturverzeichnis. E. Keßler hat „Das Problem des frühen Humanismus" (a.a.O.) interpretatorisch behandelt, kommt aber in dieser Arbeit noch nicht von der Deutung seines (wie auch meines) Lehrers E. Grassi los, der den Humanismus wesentlich von Gianbattista Vico her interpretiert – eines Humanisten des 17. Jahrhunderts. Salutati und Petrarca werden so bei Keßler noch nicht aus ihrer Zeit heraus erfaßt – und dazu trägt besonders bei, daß Keßler weder die herrschenden historischen (materiellen, gesellschaftlichen) Faktoren heranzieht noch auf die leitenden Interessen der Humanisten abbhebt.

282 Vgl. neben den Veröffentlichungen von Keßler auch die im Rahmen der „Huminastischen Bibliothek" erschienenen Bände; vor allem R. Schweyen, Philosophie und humanistische Pädagogik ist hier zu nennen. Leider erstreckt sich die oben vorgebrachte Kritik bezüglich der fehlenden Ökonomie auf alle diese Arbeiten.

283 Vor allem Kristeller und Curtius. Vgl. das Literaturverzeichnis.

284 Das zeigt sich schon beim Begriff „humanitas" selbst. Das Mittelalter hatte hierunter wesentlich den Gegensatz zu „divinitas" gesehen, zur Göttlichkeit: humanitas war damit ein Mängelbegriff, er wurde vor allem im Zusammen-

hang mit den Bezeichnungen „caduca", hinfällig, und „fragilis", gebrechlich, verwendet. Vgl. hierzu R. Pfeiffer (546). Bei Petrarca kommt aber bereits ein positiver Begriff von humanitas zustande, auch wenn noch mittelalterliche Reste mitschwingen. Vgl. die folgende Petrarca-Interpretation der vorliegenden Arbeit.

285 Bereits zu Salutatis Lebzeiten ist der Umgang mit den humanistischen Vokabeln Allgemeingut aller bekannten Denker der italienischen Kommunen. Man vergleiche etwa Vergerio oder Guarino von Verona, ebenso die Berichte, die wir über Platina haben. Im 15. Jahrhundert breitet sich die Terminologie über ganz Westeuropa aus. Vgl. hierzu Garin (270).

286 Diese – wie sich zeigen wird – falsche Ansicht liegt aufgrund einer heute leider sehr üblichen Verkürzung der Marx-Engelsschen Methode nahe: Da die Humanisten ohne allen Zweifel tatsächlich die bürgerliche Gesellschaft zu verteidigen suchen und da es sicher die Hauptaufgabe dieser Ideologie ist, diese Gesellschaftsform zu schützen, schließen wir, daß es sich seit eh und je um die Ideologie des Bürgertums (oder zumindest eine der Ideologien des Bürgertums) handelt und daß auch das frühe Bürgertum damit gearbeitet haben muß. Solche Schlüsse lassen die Frage völlig außer Acht, zu welchem Zeitpunkt eine sich entwickelnde Gesellschaftsform überhaupt erst einer Ideologie bedarf und eine Ideologie damit auch erst richtig entwickeln kann.

278 Vgl. die zitierten Werke von Rossi, Durant und Anagnine.

288 Petrarca, Epistolae familiares (69, I, S. 39, übers. v. E. Keßler in Erziehung–Anspruch–Wirklichkeit a.a.O., Bd. II, S. 98).

289 Petrarca, ebd. XII, 18, S. 534, aus dem Jahr 1350. Übersetzt von E. Keßler, a.a.O., S. 63.

290 Petrarca, De vita solitaria, 1366, ü. v. Keßler eb. S. 64.

291 Ep. variae, ü. v. E. Keßler (in Grassi 340, 186).

292 Epistolae familiares (69, VII, 7), deutsch v. Wolter, in: Petrarca, Dichtung und Prosa, Berlin 1968, S. 304. Brief von 1347.

293 Vgl. Petrarca, Dichtungen, Briefe, Schriften, hgg. v. W. Eppelsheimer, Frankfurt 1956, S. 95–107 und 113–115. Der erste Brief an Karl ist von 1353, der zweite von 1355. Dazwischen liegt die Kaiserkrönung in Rom.

294 Ebd. S. 111. Der Brief stammt von 1355, noch vor der Kaiserkrönung.

295 Salutati, Epistolario, (79, II/7) deutsch von B. Issler in Studia humanitatis 12, Darmstadt 1959.

296 ebd. I, X. Der Brief ist aus Stignano von 1366.

297 Vgl. A. Petrucci, Il protocollo notarile di C. Salutati, Mailand 1963.

298 Im Jahr 1397. Salutatis Nachfolger Leonardo Bruni war einer der ersten Schüler des Chrysoloras.

299 Den Einfluß der Rhetorik auf die Politik bei Salutati hat P. Herde in seiner Habilitationsschrift „Politik und Rhetorik in Florenz am Vorabend der Renaissance", (358) eingehend untersucht und nachgewiesen, daß Salutati in der Tat seine Wortgewandheit mehr pragmatisch denn ideologisch einzusetzen versucht hat, wobei allerdings gerade die ideologische Verbrämung immer wieder die enorme politische Wirkung gezeitigt hat.

300 So besaß er bekanntlich mehrere Mietblocks in Rom, aus denen er durch hohe Mieten erhebliche Gewinne zog und damit die herrschende Wohnungsnot weidlich ausnutzte. Vgl. zu Ciceros Geschäften Pöhlmann (561, II, 468 ff.).

301 Man vergleiche etwa Cicero, De officiis I, 150 f.: „Nunmehr noch ein Wort über die verschiedenen Erwerbszweige. Zu der Frage, welche dem freien Manne angemessen sind, welche dagegen als schmutzig zu bezeichnen sind, gilt herkömmlich etwa folgendes: Erstens werden alle diejenigen Gewerbe als verpönt angesehen, die, wie das der Zöllner und Wucherer, nur darauf hinaus-

laufen, sich bei den Menschen unbeliebt zu machen. Als unsauber und unedel gilt ferner der Erwerb aller ungelernten Taglöhner, deren Dienstleistungen man bezahlt; eine berufliche Ausbildung haben sie ja nicht genossen. Was sie als Lohn bekommen, ist ein Handgeld für ihren Dienst. Zu den schmutzigen Geschäften rechnet man auch die Zwischenhändler, die, was sie vom Großhändler verkaufen, sofort wieder verkaufen. Sie würden gar nichts verdienen, wenn sie sich nicht ganz auf die Lügerei verlegten. Es gibt wahrlich nichts Schändlicheres als Unehrlichkeit. Alle Handwerker fallen auch unter die unsaubere Zunft, was kann schon eine Werkstatt Edles an sich haben? Am allerwenigsten kann man sich einverstanden erklären mit Berufen, die nur sinnlichen Genüssen dienen: Heringshändler, Fleischer, Köche, Hühnermäster, Fischer, wie Terenz sagt. Meinetwegen nehme man noch hinzu die Quacksalber, Tänzer und das Würfelspiel. Diejenigen Berufszweige aber, welche eine tiefe Vorbildung verlangen und dem Nutzen aller dienen, wie die Heilkunde, die Baukunst, der Unterricht in den edlen Wissenschaften, sind anständig für jeden, der dazu berufen ist. Der Kleinhandel aber ist zu den unsauberen Geschäften zu rechnen, während der kapitalkräftige Großhandel, der die Verbrauchsgüter aus aller Welt herbeischafft und sie ehrlich den Massen zugute kommen läßt, durchaus untadelhaft ist ..." Man sieht hier deutlich, wo Ciceros Interessen liegen: Der Großhandel ist ehrenhaft, der Kleinhandel nicht: beim ersteren sitzt ja das Kapital. Handwerker und alle Dienstleister – von denen Cicero ja täglich lebt, da er sonst nichts zu essen und anzuziehen hätte – sind unehrenhaft: alles, was nichtintellektuell arbeitet, ist unanständig. – An anderer Stelle drückt Cicero aus, worum es in der Politik geht: „Ein Staatslenker hat in erster Linie dafür zu sorgen, daß der Privatbesitz keines Staatsbürgers angetastet wird". (eb. I, 49). Und weiter: „Das Verlangen nach Sicherung des Privatbesitzes war der Grund, weshalb sich die Menschen zu einer bürgerlichen Gemeinschaft ... zusammengeschlossen haben" (eb. II, 73). Schließlich: „Eintracht kann es nicht geben, wenn man dem einen sein Geld wegnimmt, um es dem anderen zu geben ... Man schafft so die Gerechtigkeit aus der Welt". (eb. II, 78). Bessere Leitgedanken für die Konstituierung einer Ideologie des von Ängsten und Krisen geschüttelten Florenz des 14. Jahrhunderts kann man sich nicht vorstellen.

302 Salutati, De nobilitate (77, 158 ff.) dt. v. Huber.

303 De tyranno, (78, II, § 1 und 2) Deutsch von E. Keßler.

304 Sehr deutlich z. B. in De contemptu mundi, in den Gesprächen über die Weltverachtung, dt. v. Hefele, Jena 1901, S. 62–64.

Verzeichnis der Quellen

I. Archivmaterialien und reine Quellensammlungen

1 Acta capitulorum Provincialium ordinis fratrum Praedicatorum, ed. Douais, Florenz 1902.

2 I Capitoli del Comune di Firenze: Inventario e regesto, ed. Guasti. Documenti degli Archivi Toscani per cura della R. soprintendenza generale agli archivi sopradetti, Florenz 1866 (auch: ed. Gherardi 1893).

3 Codex italiae diplomaticus, ed. Lünig, 3 Bde. Frankfurt 1725.

4 Consigli della Repubblica Fiorentina, ed. Barbadoro. R. Accademia dei Lincei, Commissione per gli Atti delle assemblee costituzionali italiane dal Medio Evo al 1831. Vorwort v. I. del Lungo, Bologna 1921. Hier: 3. Serie, Parlamenti e consigli maggiori dei comuni italiani.

5 Le consulte della Republica Fiorentina dall'anno 1280 al 1298, ed. Gherardi, Florenz 1896 ff.

6 Documenti di Storia Italiana. Pubblicata dalla R. deputazione sugli studi di storia per le province di Toscana e dell'Umbria e delle Marche, Florenz. Hier insbesondere Bd. 9: I l libro di Montaperti, ed, Paoli 1889; Bd. 10: Documenti dell'antica costituzione del Comune di Firenze, ed. Santini 1895 (Einleitung und Anhang von Rodolico, 1952).

7 Documenti inediti dei duchi e marchesi di Tuscia sec. VII al XII, ed. Falce, in: Archivio Storico Italiano 1927 und 1928.

8 Fonti e studi sulle corporazioni artigiani del Medio Evo, ed. R. deputazione di storia patria per la Toscana. Einzelbände von besonderer Bedeutung siehe unter „Statut etc.".

9 Monumenta Germaniae Historica.

10 Ordinamenta iustitiae Comunis et populi Florentiae anni 1293. ed. Bonaini, Archivio Storico Italiano, Nuova Seria 1855.

11 Quellen und Forschungen aus italienischen Archiven und Bibliotheken hgg. v. Deutschen Historischen Institut in Rom. Hier besonders Bd. 30 ff. Tübingen 1950 u. a.

12 Regesta imperii v. 1198–1272, ed. Böhmer, bearbeitet von Ficker und Winkelmann, Innsbruck 1881–1901.

13 Regesta pontificum Romanorum, ed. Potthast, Berlin 1874–1875.

14 Sanctae ecclesiae Florentinae monumenta, ed. Lami, Florenz 1758.

15 Statuta Populi et Comunis Florentiae, Freiburg 1778–1783.

16 Statuta Podestatis Comunis Pistorii anni 1296, ed. Zdekauer, Florenz 1887.

17 Statuti dell'Arte dei fornai e dei vinattieri di Firenze (1337–1339), ed. Morandini, Florenz 1956.

18 Statuti dell'arte della Lana di Firenze 1317–1319, ed. Agnoletti, Florenz 1940–1948.

19 Statuti dell'arte dei Rigatieri e Lignaiuoli a Firenze 1296–1340, ed. Sartini, Florenz 1940.

20 Statuti dell'arte del Cambio 1299–1316, ed. Marti, Florenz 1955.
21 Statuti dell'arte dei Legnaiuoli 1301–1346, ed. Morandini, Florenz 1958.
22 Statuti dell'arte dei Medici e Speziali, ed. Ciasca, Florenz 1922.
23 Statuti dell'arte di Por S. Maria del tempo della Repubblica, ed. Dirini, Florenz 1934.
24 Statuti della Repubblica Fiorentina, ed. Caggese, Florenz 1910 ff.; darin besonders (in Bd. 1) Statuti del Capitano del popolo degli anni 1322–1325.
25 Statuti della Universita, in: Documenti di Storia Italiana, Dep. di storia patria per la Toscana, ed. Gherardi, VII, App. 1.

Zusätzlich zu den genannten Quellenansammlungen wurden folgende Archive und Bibliotheken mit ihren zum Teil unedierten Materialbeständen herangezogen:

das Staats-Archiv Siena
das Staats-Archiv Neapel
das Staats-Archiv Bologna
das Staats-Archiv Lucca
das Staats-Archiv Pisa

die Biblioteca Vaticana in Rom
das Kommunal-Archiv San Gimignano

die Biblioteca Guarnacci in Volterra
das bischöfliche Archiv in Volterra

Vor allem wurden benutzt

die Biblioteca Nazionale in Florenz
die Biblioteca Mediceo-Laurenziana in Florenz
die Biblioteca Riccardiana in Florenz
das Kommunal-Archiv in Florenz

und insbesondere das Staats Archiv Florenz,
speziell die folgenden Abteilungen:

Archivio notarile (Protokolle der Notare)
Capitoli (Urkundenbücher)
Carte Strozzi (Geschäftsbücher)
Consuetudines vallymbrosane congregationes (Ordensregeln)
Libro dei danni dati (Konfinationen)
Liber fabarum (Abstimmungsprotokolle)
Monte Comune (Steuern)
Provvisiono (Ratbeschlüsse)

sowie

die Carte San Gimignano (Urkundenbücher der Stadt San Gimignano)

Hinweis:

Weitere wichtige Quellen sind im Archiv der Sektion Leningrad des Instituts für Geschichte der Akademie der Wissenschaften der UdSSR, Abteilung Westeuropa, vorhanden. Da diese Materialien mir selbst nicht zugänglich waren, habe ich mich auf deren Auswertung bei Rutenburg (s. das Literaturverzeichnis) verlassen müssen.

II. Darstellende Sammlungen, die teils in Regestenform, teils in auszugsweiser Wiedergabe Quellen und Archivmaterialien enthalten

26 Barbadoro, Gli atti consigliari del Comune di Firenze fino alla meta del Trecento, Archivio storico italiano 2, 1934

27 Bianchi, Alcuni Documenti, che conoscono la ventuta in Siena nell'1321 dei lettori e degli scholari dello studio Bolognese, Giornale degli Archivi Toscani V
28 Davidsohn, Forschungen zu (älteren) Geschichte von Florenz, Berlin 1896–1908, 4 Bde.
29 Debenedetti, Sui piu antichi „doctores puerorum" a Firenze, Studie medievali 2, 1906–1907
30 Ficker, Forschungen zur Reichs- und Rechtsgeschichte Italiens, Innsbruck 1868, 4 Bde.
31 Hartwig, Quellen und Forschungen zur ältesten Geschichte der Stadt Florenz, Marburg 1875 (Bd. 1), Halle 1880 (Bd. 2)
32 Lami, Catalogus Codicum manuscriptorum, qui in Biblioteca Riccardiana Florentiae adservantur, Libirn 1756
33 Lungo, II libro del chiodo e le sondannagioni fiorentine del 1302, Archivio storico italiano 1881, Seria 7
34 Rondoni, I piu antichi frammenti del costituto fiorentino, Florenz 1882
35 Salvemini, Magnati e popolani in Firenze dal 1280 al 1295. Con documenti: leggi di 1280, 1281, 1286; II pace del Cardinale Latino, Florenz 1899
36 Santini, Nuovi documenti dell'anticha costituzione del Comune di Firenze, Archivio storico italiano 1897, Seria 19
37 Scheffer-Boichorst, Florentiner Studien, Leipzig 1874
38 Stumpf, Die Reichskanzler, Innsbruck 1865–1881

III. Zeitgenössische Dokumente vorwiegend literarischer Art

39 Barberino, F. di, Del reggimento e costumi delle Donne, Mailand 1842
40 Bene, Candelabrum eloquentie, Nat. Bibl. Florenz Palat. 700
41 Boccaccio, Decamerone, bel. Ausgabe
42 Boncompagno, Testi riguardati la vita degli studenti a Bologna nel sec. XIII, Bologna 1968
43 Boncompagno, De malo senectudinis, ed. Novati, Florenz 1892
44 Boncompagno, Candelabrum eloquentie, Komm.-Bibl. Siena G IX 31 foglio 1 verso ff.
45 Brunetto Latini, Retorica, Rom 1546 (gedruckt)
46 Bruni, Leonardo, De studiis et litteris, ed. Baron Leipzig 1928
47 Bruni, Leonardo, Historia Florentini populi, ed. Santini (Rer. It. Scr.) Citta di Castello 1914 ff.
48 Compagni, Dino, Cronica, ed Luzzatto, Turin 1960
49 Compagni, Dino, Cronica delle cose occorenti ne'tempi suoi, ed. Lungo (nach den Rer. It. Scr.), Citta di Castello 1913
50 Dante Alighieri, Divina Comedia, div. Ausgaben
51 Diario d'un Anonimo Fiorentino, ed. Gherardi, in: Documenti di Storia Italiana etc. Es ist dies die mutmaßliche Fortsetzung der Chroniken der Villani.
52 Documenti inediti intorno Dino Compagni, ed. Santini, Archivio Storico Italiano 1872, Seria 16
53 Durante, Giovanni Francesco di, Ricordi, Nat. Bibl. Florenz, II, II, Provenienz Barghiacci
54 Eine florentiner Chronik zur Zeit Dantes, ed. Hartwig (Festschrift zum 80. Geburtstag von Carl Witte), Halle 1880
55 Ferretus, Historia rerum in Italia gestarum ab anno 1250 usque ad annum 1318, ed. Muratori (Rer. It. Scr.)

56 Fossati, Il tumulto dei Ciompi, Florenz 1875
57 Girolamo, Fra Remigio, I Sermoni, ed. Salvadori-Feredici, in: Scritti vari di Filologia, Rom 1910
58 Griffonibus, Mathaeus de, Memoriale Historicum ex rebus Bononiensium, ed. Frate et. al., Citta di Castello 1902
59 Lemmo, Diario dal 1299 al 1320 (Documenti di Storia Italiana), Florenz 1876
60 Landino, Cristoforo, Quaestiones Camaldolenses, Florenz 1480 (Incunabel)
61 Landucci, Diario Fiorentino dal 1450 al 1516, ed. Badia, Florenz 1883
62 Machiavelli, Storia Fiorentina, div. Ausgaben
63 Malespini, Istoria Fiorentina, ed. Carducci et. al. (nach den Rer. It. Scr.), Citta di Castello 1912
64 Morelli, Cronica, Florenz 1718
65 Mussato, Historia Augusta seu de Gestis Heinrici VII Caesaris (Rer. It. Src., ed. Muratori)
66 Mussato, Gesta Italicorum post mortem Heinrici VII Caesaris (Rer. It. Scr., ed. Muratori)
67 Mussato, Sette libri inediti del „Gesta Italicorum post . . .“ ed. Patrin, Venedig 1903
68 Petrarca, Francesco, Opera omnia, ed. Rossi, Florenz 1926 ff.
69 Petrarca, Epistulae familiares, ed. Rossi, Florenz 1933–1942
70 Petrarca, De vita solitaria, ed. Altamura, Neapel 1943
71 Petrarca, De sui ipsius et multorum ignorantia, ed. Capelli Paris 1906 (Übersetzung v. Hefele, Jena 1910)
72 Pitti, Buonaccorsso, Cronica, ed. Manni, Florenz 1720
73 Pucci, Antonio, Quando l'Fanciul da piccolo sciocheggia, in: Volpi, Rime di Trecentisti minori (Storia letteraria d'Italia Bd. II, Mailand o. J.)
74 Rerum Italicarum Scriptorum, ed. Muratori, Mailand 1723–1751. Neuausgabe Citta di Castello. Einzelne Bände sind hier gesondert angegeben.
75 Rodolico, La democrazia fiorentina nel suo tramonto, Bologna 1905 (Anhang)
76 Rodolico, Il popolo minuto, Bologna 1899
77 Salutati, Lino Coluccio, De nobilitate legum et medicine, ed. Garin, Florenz 1947
78 Salutati, De Tyranno, ed. Ercole, Berlin/Leipzig o. J.
79 Salutati, Epistolario, ed. Novati, Rom 1883 ff.
80 Scaramella (Hg.), Il tumulto dei Ciompi, Chronache e documenti, Florenz 1916–1934
81 Stefani, Istoria (Cronica) Fiorentina, ed. Ildefonso di San Luigi (auch in den Repr. It. Scr.) Citta di Castello 1903
82 Villani, Filippo, Le vite d'uomini illustri fiorentini, Venedig 1747
83 Villani, Giovanni, Cronica, 8 Bde., Florenz 1823; auch ed. Dragomanni, Florenz 1845; auch ed. 1802.
84 Villani, Matteo, Cronica, ed. Dragomanni, Florenz 1856

Ausgewählte Sekundärliteratur

85 Accaiuoli, A., Il tumulto dei Ciompi, Storici italiani 28, III, Bologna 1934
86 Adorno, F., La crisi dell'umanesimo civile fiorentino da A. Rinuccini al Machiavelli, Rivista critica di storia della filosofia VII (1952)
87 Amman, H., Neue italienische Quellen zur mittelalterlichen Wirtschaftsgeschichte, Vierteljahrsschrift für Sozial- und Wirtschaftsgeschichte, Stuttgart 1942
88 Ady, C. M., Florence and North Italy, 1414–92, Cambridge Medieval History, 8 Bde., Cambridge 1911–1936
89 Albery, L., L'assedio di Firenze, illustrato con inediti documenti, Florenz 1840
90 Albertini, R. von, Das florentinische Staatsbewußtsein im Übergang von der Republik zum Prinzipat, Bern 1955
91 Alvisi, E., La battaglia di Gavinana, Bologna 1889
92 Ammirato, S., Istorie fiorentine, ed. Ranalli, 6 Bde. Florenz 1845–1849
93 Anagnine, E. Il problema del Rinascimento, Nuova rivista storica XIII (1934)
94 Anagnine, E., Il concetto del rinascimento attraversa la storia (XII–XIV secoli), Nuova rivista storica XXIV (1940). XXV (1941), XXVI (1942)
95 Ancarana, C. G., egli, La cronica domestica toscana dei secoli XV e XVI, Lucca 1920
96 Andreas, W., Zur Geschichte von Florenz im Cinquecento, Historische Zeitschrift 182 (1956)
97 Andrzejewski, S., Military Organization and Society, London 1954
98 Angeleri, C., Il problemo religioso del rinascimento, Florenz 1952
99 Antal, F., Florence Painting and its Social Background: The Bourgeoise Republic before Cosimo de'Medici's Advent to Power, London 1949
100 Anzilotti, A., La crisi costituzionali della repubblica fiorentina, Rom 1969
101 Archivio storico italiano, fondato da Vieusseux e continuata a cura della R. Deputazione Toscana di Storia Patria
102 Aschenbach, W., Die platonische Geschichtsphilosophie als Fundament der mittelalterlichen, Münster 1932
103 Assum, C., Il conte Carmagnola, Turin 1937
104 Assum, C., Francesco Sforza, duce di Milano, Turin 1945
105 Assunto, R., Die Theorie des Schönen im Mittelalter, Köln 1963
106 Ayala, M., Bibliografia militare italiana, Turin 1854
107 Baeumker, C., Studien zur Geschichte der Philosophie: Gesammelte Vorträge und Aufsätze, Münster 1928
108 Baldasseroni, F., La guerra tra Firenze e Giovanni Visconti, Studi storici XI (1902), XII (1903)
109 Ballauff, Th., Pädagogik, Freiburg 1969, hier: Bd. 1, Von der Antike bis zum Humanismus
110 Banti, O., Noterelle sul tumulto dei Ciompi, Bollentino storico Pisano 1959
111 Barbadoro, B., I beni demaniali nella più antica finanza del Comune di Firenze, Archivio storico italiano 7, Seria 8, 2 (1927)
112 Barbadoro, B., Finanza e demografia nei ruoli fiorentini d'imposta del 1352–55, Pubblicazioni del Comitato Italiano per lo studio dei problemi della popolazione, Rom 1932
113 Barbadoro, B., Le finanze della Repubblica Fiorentina, Imposta diretta e debito pubblico fino all'istituzione del Monte, Florenz 1929
114 Barbadoro, B., Le fonti della più antica legislazione fiorentina, Estratto dal Bollentino della Commissione per la pubblicazione degli Atti delle Assemblee
115 Bardi, A., Carlo V. e l'assedio di Firenze, Archivio storico italiano XI, Seria 5 (1893)

116 Bargellini, P., La splendida storia di Firenze, Florenz 1967
117 Baron, H., Das Erwachen des historischen Denkens im Humanismus des Quattrocento, Historische Zeitschrift 147 (1932)
118 Baron, H., La rinascita dell'etica statale romana nell'umanesimo fiorentino del Quattrocento, Civiltà moderna VI (1934)
119 Baron, H., Lo sfondo storico del rinascimento fiorentino, Rinsacita (1938)
120 Baron, H., Cicero and the Roman Spirit in the Middle Ages and Renaissance, Bulletin of the John Ryland's Library XXII (1938)
121 Baron, H., Humanistic and Political Literature in Florence and Venice at the Beginning of the Quattrocento, Cambridge Mass. 1955
122 Baron, H., Leonardo Bruni Aretino, Humanistisch-Philosophische Schriften, Leipzig 1928
123 Baron, H., The crisis of the early Italian Renaissance – Civic humanism and republican liberty, Princeton, New Jersey 1955
124 Baron, H., Renaissance in Italien: Ein Literaturbericht, Archiv für Kulturgeschichte XVII (1927), XXI (1931)
125 Barsanti, P., Il pubblico insegnamento in Lucca dal sec. XIV alla fine del sec. XVIII, Lucca 1905
126 Battara, P., Le indagini congetturali sulla popolazione di Firenze fino al Trecento, Archivio storico italiano 93, (1935)
127 Bayley, C. C., War and Society in Renaissance Florenz, University of Toronto 1961
128 Beck, F. Studien zu Leonardo Bruni, Berlin und Leipzig 1912
129 Becker, M. B., Florentine politics and the Diffusion of Heresy in the Trecento, Speculum 34 (1959)
130 Becker, M. B., La esecuzione della legislazione contro le pratiche monopolistische delle arti fiorentini alla meta del secondo quattordecimo, Archivio storico italiano 117 (1959)
131 Becker, M. B., Un avvimento riguardante il Chronista Marchione di Coppo Stefani, Archivio storico italiano 117 (1959)
132 Becker, M. B., Una lettera in difesa della dittatura nella Firenze di Trecento, Archivio storico italiano 113 (1955)
133 Becker, M. B., Some aspects of oligarchial, dictatorial and popular „signorie" in Florence 1282–1382, Comparative Studies in society and history, The Hague 1960
134 Becker, M. B., The republican city state in Florence: an inquiry into its origin and survival 1280–1434, Speculum 35 (1960)
135 Becker, M. B., Florence in trasition, Baltimore 1967
136 Beloch, Bevölkerungsgeschichte Italiens, Berlin 1965 2 Bde.
137 Benaducci, G., Della signoria di Francesco Sforza nella Marca (1433–1437), Tolentino 1892
138 Bencini, I., Neri Capponi, Rivista delle bibliotheche e degli archivi XVI
139 Bencini, I., La battaglia d'Anghiari, Rivista delle bibliotheche e degli archivi XVIII (1907)
140 Bencini, I., Note e appunti tratti da documenti sulla vita politica di Neri Capponi, Rivista delle bibliotheche e degli archivi XX (1909)
141 Bencini, I., Alcuni documenti su Gino Capponi il vecchio, Rivista delle bibliotheche e degli archivi XXIII (1912)
142 Bertanza, E., Documenti per la storia della cultura in Venezia, Monumenti storici pubblicati dalla R. deputazione veneta di Storia patria, Seria I, Documenti Bd. XII
143 Bertalot, L., Zur Bibliographie der Übersetzungen des Leonardus Brunus Aretinus, Quellen und Forschungen aus italienischen Archiven und Bibliotheken XXVIII (1938)

144 Bertalot, L., Forschungen über Leonardo Bruni Aretino, Archivium romanicum XV (1931)
145 Bezold, F. von, Republik und Monarchie in der italienischen Literatur des 15. Jahrhunderts, Historische Zeitschrift 81 (1898)
146 Bibliographica philosophica 1934–1945, ed. de Brie, Utrecht und Brüssel 1950
147 Bignami, L, Francesco Sforza, Mailand 1938
148 Billanovich, G., I primi umanisti e la tradizione dei classici latini, Freiburg/Schweiz 1953
149 Billanovich, G., Petrarca letterato, Rom 1947
150 Birkenmajer, A., Der Streit des Alfonso von Carthago mit Leonardo Bruni Aretino, Beiträge zur Geschichte der Philosophie des Mittelalters XX (1922)
151 Biscaro, F., Francesco di Barberino al seguito di Corso Conati, Nuovi studi medievali I o. J.
152 Biscardo, G., Inquisitori ed. eretici a Firenze 1319–1324 o.O u. J.
153 Blättner, F., Geschichte der Pädagogik, Heidelberg[6] 1958
154 Bolgar, R. R., The Classical Heritage and its Benificiaries, Cambridge 1963
155 Bonfante, P., Le Istituzioni di diritto Romano, Mailand[5] 1912
156 Borghi, L., La dottrina morale di Coluccio Salutati, Annali della R. scuola normale superiore di Pisa, Nuova Seria III (1934)
157 Borghi, L., La conceziono humanistica di Coluccio Salutati, Annali della R. scuola normale superiore di Pisa, Nuova Seria III (1934)
158 Borinski, K., Die Weltwiedergeburtsidee in den neueren Zeiten, München 1919
159 Borkenau, F., Der Übergang vom feudalen zum bürgerlichen Weltbild, Paris 1934
160 Borsari, S., L'espansione economica fiorentina nell'oriente sino alla meta del trecento, Rivista storica italiana IXX (1958)
161 Borst, A., Die Katharer, Stuttgart 1953
162 Bowen, A., A history of Western Education, London 1972
163 Bowsky, W. M., Henry VII. in Italy, 1310–1313. Lincoln, Nebr. 1960
164 Boyd. W., The History of Western Education, London[9] 1969
165 Brandi, K., Die Renaissance in Florenz und Rom, Leipzig[3] 1909
166 Brentano, L., Die Anfänge des modernen Kapitalismus, München 1916
167 Brosch, M., Albizzi und Medici, Leipzig 1908
168 Brucker, G. A., The Medici in the Fourteenth Century, Speculum XXXII (1957)
169 Brucker, G. A., Two memories of Renaissance Florence: the diaries of Buonaccorsso Pitti and Gregorio Dati, tr. b. Martines, New York 1967
169a Brucker, G. A., The Society of Renaissance Florence, New York 1971
170 Brucker-Becker, The Arti Minori in Florentine Politics 1342–1378, Medieval Studies 18 (1956)
171 Buck, A., Die Krise des humanistischen Menschenbildes bei Machiavelli, Archiv für das Studium der neueren Sprachen 189 (1952)
172 Buck, A., Die ‚studia humanitatis' und ihre Methode, Bibliotheque d'humanisme et renaissance XXI (1959)
173 Buck, A., Grundzüge der italienischen Geistesgeschichte, Urach 1947
174 Buck, A., Zum Methodenstreit zwischen Humanismus und Naturwissenschaft in der Renaissance, Sitzungsberichte der Gesellschaft zur Beförderung der gesamten Naturwissenschaften zu Marburg 81 (1959)
175 Buck, A., Italienischer Humanismus: ein Forschungsbericht, Archiv für Kulturgeschichte XLI (1959)
176 Buck, A., Das Geschichtsdenken der Renaissance, Krefeld 1957
177 Burckhardt, J., Die Kultur der Renaissance in Italien, Stuttgart[13] 1922

178 Burd, L. A., Le fonti letterarie di Machiavelli nell'Arte della guerra, Atti della Reale Academia dei Lincei, Memorie della classa di scienze morali, storiche, e filoligiche IV, 1 (1897)
179 Burdach, K., Reformation, Renaissance, Humanismus, Berlin 1926
180 Burk, A., Die Pädagogik des Isokrates als Grundlegung des humanistischen Bildungsideals, Würzburg 1925
181 Büttner/Werner, Circumcellionen und Adamiten, Berlin/DDR 1959
182 Caggese, R., Su l'origine della parte guelfa e le sue relazioni col comune, Archivio storico italiano, Seri 5, XXXII (1903)
183 Caggese, R., Classi e comuni rurali nel Medioevo Italiano, Florenz 1907
184 Caggese, R., La Repubblica di Siena e il suo contado nel secolo XIII, Bollentino Senese di Storia Patria 13 (1906)
185 Caggese, R., Firenze della decadenza di Roma al risorgimento d'Italia, Florenz 1912–1921, 3 Bde.
186 Caló, G., La genesi del primo trattato pedagogico dell'Umanesimo, Dall'Umanesimo alla scuola del lavoro, Florenz 1940
187 Camagna, A., L'organizzazione interna delle arti maggiori in Firenze, Archivio storico italiano 90 (1932)
188 Camerani, S., Bibliografia medicea, Florenz 1940
189 Camelli, G., I dotti bizantini e le origini dell'umanesimo, Florenz 1941
190 Campana, A., The origin of the wort „humanist", Journal of the Warburg and Courtland Institutes IX (1946)
191 Campiche, C., Die Communalverfassung von Como im 12. und 13. Jahrhundert, Diss. Zürich 1929
192 Canestrini, G., La scienza e l'arte di stato desunta degli atti officiali della repubblica fiorentina e dei Medici, Florenz 1862
193 Capponi, G., Storia della Repubblica di Firenze, Florenz 1875
194 Capponi, G., Tumulto de'Ciompi, in: Manni, Chronichette antiche del buon secolo della lingua Toscana, Florenz 1733
195 Caraballese, F., La peste del 1348 e le condizioni della sanita pubblica in Toscana,
196 Caraballese, F., Le condizione dei poveri a Firenze nel secolo XV, Rivista storica italiana, Seria 3, XII (1895)
197 Cassirer, E., Individuum und Kosmos in der Philosophie der Renaissance, Leipzig/Berlin 1927, Nachdr. 1963
198 Cassirer, E., Das Erkenntnisproblem in der Philosophie und Wissenschaft der neueren Zeit, Berlin 1922
199 Castelli, E., Umanesimo e Machiavellismo, Padua 1949
200 Castelli, E., Umanesimo e scienza politica, Mailand 1951
201 Cechetti, B., Libri, scuole, maestri, sussidii allo studio in Venezia nei sec. XIV e XV, Archivio Veneto XXXII (1886)
202 Cessi, R., Note sulla storia della finanza fiorentina medievale, Archivio storico italiano 89, 2 (1931
203 Chabod. F., Del ‚Principe' di N. Machiavelli, Mailand und Rom und Neapel 1926
204 Chabod, F., Niccoló Machiavelli, Rom 1953
205 Chabod, F., Machiavelli and the Renaissance, London und Cambridge Mass. 1958
206 Chiapelli, L., L'amministrazione della giustizia in Firenze durante gli ultimi secoli del Medioevo e il periodo del risorgimento secondo le testimonianze degli antichi scrittori, Archivio storico italiano Seria 4, 15 (1885)
207 Chiapelli, L., La formazione storica del Comune cittadino in Italia, Territorio lombardo-tosco, Archivio storico italiano Seria 4, 6 (1926)
208 Chiapelli, L., Maestri e scuole in Pistoia fino al secolo XIV, Florenz 1920

209 Cian, V., Umanesimo e rinascimento, Florenz 1941
210 Ciasca, R., L'arte dei medici e speciali nella storia e nel commercio fiorentino dal secolo XII al secolo XV, Biblioteca Storica Toscana a cura della R. Deputazione di Storia patria, Florenz 1927
211 Cipolla, Storia delle signorie italiane dal 1313 al 1530, Mailand 1881
212 Cipolla, C., Compendio della storia politica della Città di Verona, Verona 1900
213 Cipolla, C. M., La storia rurale italiana del medioevo nella Cambridge Economic History, Rivista storica italiana 61 (1949)
214 Cochrane, E. W., Florence in the forgotten centuries 1527–1800, Chicago 1973
215 Codignola, E., Il problema dell'educazione, Florenz 1962–1967
216 Cognasso, F., Avviamenti agli studi di storia medievale, Turin 1951
217 Cole, P. R., A history of educational thought, Westpoint, Conn. 1972
218 Collison–Morley, The Early Medici, London 1934
219 Comittee on Renaissance Studies, American Council of Learned Societies, Surveys of Recent Scholarship in the Period of the Renaissance, New York 1945
220 Cordasco, F., A brief history of education, Totowa 1970
221 Corradi, A., Annali delle epidemie occorse in Italia, Bologna 1863
222 Corazzini, G., I Ciompi: Chronache e documenti, Florenz 1887
223 Corazzini, G., L'assedio di Pisa, Florenz 1885
224 Cristiani, E., Nobiltà e popolo nel Comune di Pisa dalle origini del podestariato alla signoria dei Donoratico, Instituto Italiano per gli storici, Neapel 1962
225 Croce, B., Die Philosophie G. B. Vicos, dt. Übers. v. Auerbach und Lücke Tübingen 1927
226 Curcio, C., La politica italiana del quattrocento, Florenz 1932
227 Curzio, F., Francesco Ferrucci e la guerra di Firenze 1529–1530, Florenz 1890
228 Curtius, E. R., Neuere Arbeiten über den italienischen Humanismus, Bibliothèque d'Humanisme et de la Renaissance X (1948)
229 Curtius, E. R., Europäische Literatur und lateinisches Mittelalter, Bern 1948
230 Czok, Zunftkämpfe, Zunftrevolutionen oder Bürgerkämpfe, Wissenschaftliche Zeitschrift der Karl-Marx-Universität Leipzig, Gesellschafts- und sprachwissenschaftliche Reihe 8 (1958/1959)
231 Dahm, G., Das Strafrecht Italiens im ausgehenden Mittelalter. Untersuchungen über die Beziehung zwischen Theorie und Praxis im Strafrecht des Spätmittelalters, namentlich im 14. Jahrhundert. Beiträge zur Geschichte der deutschen Strafrechtspflege 3, Leipzig 1935
232 Dahm, G., Untersuchungen zur Verfassungs- und Strafrechtsgeschichte der italienischen Stadt im Mittelalter. Idee und Ordnung des Reiches 4 (1941)
234 Dami, B., Un demagogo del secolo XIV: Salvestro dei Medici, Florenz 1899
235 Dami, B., Giovanni Bicci de'Medici nella vita politica 1400–1429, Florenz 1899
236 Davidsohn, R., Geschichte von Florenz, Berlin 1896–1927 4 Bde., Nachdr. Oldenburg 1969
237 Davidsohn, R., Die Entstehung des Konsulats, Deutsche Zeitschrift für Geschichtswissenschaft 6 (1891)
238 Davidsohn, R., Blüte und Niedergang der Florentiner Tuchindustrie, Zeitschrift für die gesammten Staatswissenschaften 85 (1928)
239 Davidsohn, Th., The education of the Greek people and its influence on civilization, New York 1971
240 Davidsohn, Th., A history of education, New York 1971

241 Delbrück, H., Geschichte der Kriegskunst, Berlin 1923 (hier: Bd. 8, das Mittelalter)
242 Denifle, H., Die Universitäten des Mittelalters bis 1400, Berlin 1885, Nachdr. Graz 1956
243 Dobb, M., Studies in the Developement of Capitalism. London 1947
244 Dolch, J., Lehrplan des Abendlandes, Ratingen 1959
245 Döllinger, I. v., Beiträge zur Sektengeschichte des Mittelalters, München 1890
246 Doren, A., Die florentiner Wolltuchindustrie vom 14. bis zum 16. Jahrhundert, Studien zur florentiner Wirtschaftsgeschichte, Stuttgart 1901
247 Doren, A., Italienische Wirtschaftsgeschichte, Handbuch der Wirtschaftsgeschichte hgg. v. Brodnitz, Jena 1934, hier: Bd. 1
248 Doren, A., Entwicklung und Organisation der Florentiner Zünfte im 13. und 14. Jahrhundert, Staats- und Sozialwissenschaftliche Forschungen 15, 3 (1897)
249 Doren, A., Studien aus der Florentiner Wirtschaftsgeschichte, Stuttgart 1901–1908, 2 Bde.
250 Doren, A., Untersuchungen zur Geschichte der Kaufmannsgilden des Mittelalters, Schmollers Forschungen 12, 2 (1893)
251 Dorini, U., L'arte della seta in Toscana, Florenz 1928
252 Dörschel, A., Geschichte der Erziehung im Wandel von Wirtschaft und Gesellschaft, Berlin 1972
253 Douie, D. L., The nature and the Effect of the Heresy of the Fraticelli, Manchester 1932
254 Driesch/Esterhuis, Geschichte der Erziehung, Paderborn[6] 1964
255 Duprè et. al., Problemi di eresiologia medioevale, Bolletino della Società di Studi Valdesi 76 (1957)
256 Durant, W., The Renaissance, A History of Civilization from 1304–1576, New York 1953
257 Ehlers, W. Homo, humanus, humanitas, in: Thesaurus Linguae Latinae, München 1942, hier: Bd. 6, 3
258 Ehrle, F., Die Spiritualen, ihr Verhältnis zum Franziskanerorden und zu den Fraticellen, Archiv für Literatur und Kirchengeschichte des Mittelalters 4 (188)
259 Enciclopedia Italiana di scienze, lettere ed arti, Mailand 1931–1939
260 Engel-Janosy, F., Sociale Probleme der Renaissance, Stuttgart 1924
261 Engels, Fr. – Marx, K., Werke, Berlin/DDR 1968 ff. u. a.
262 Engelsing, R., Analphabetentum und Lektüre. Zur Sozialgeschichte des Lesens in Deutschland zwischen Feudalismus und industrieller Gesellschaft, Stuttgart 1973
263 Enriques, A. M., La vendetta nella vita e nella legislazione fiorentina, Archivio storico italiano 91, 1 (1933)
264 Erben, W., Kriegsgeschichte des Mittelalters, München 1926
265 Ercole, F., Lo stato nel pensiero di N. Machiavelli, Palermo 1917
266 Ercole, F., La politica di N. Machiavelli, Rom 1926
267 Ercole, F., Dal comune al principato, Florenz 1929
268 Ercole, F., Da Bartolo all Athusio, Florenz 1932
269 Ernesti, J. Chr. Th., Lexikon technologliae Latinorum rhetoricae, Leipzig 1787, Nachdr. Hildesheim 1962
270 Erziehung–Anspruch–Wirklichkeit, Starnberg 1971, 6 Bde., hier: Bd. 2 Humanismus (E. Garin)
271 Eschmann, E. W., Humanismus und Hominismus, in: Umanesimo e Scienza Politica, Mailand 1951
272 Falletti-Fossati, P. C., Il tumulto dei Ciompi, Florenz 1875
273 Falletti-Fossati, L'assedio di Firenze, Palermo 1883

274 Fanfani, A., Le prime difficoltà finanzierarie di Giovanni Maria Visconti, Archivio storico italiano, Seria 5, IV (1939)
275 Fanfani, A., Le origini dello spirito capitalistico in Italia, Pubblicazioni della Università Cattolica del Sacro Cuore, Seria 3 XII, Mailand 1933
276 Felder, K., Geschichte der wissenschaftlichen Studien im Fanziskanerorden bis in die Mitte des dreizehnten Jahrhunderts, Freiburg 1904
277 Ferguson, W. K., The Revival of Classical Antiquity, or the First Century of Humanism: A Reppraisal, Canadian Historical Association, Report 1957
278 Ferguson, W. K., The Renaissance in Historical Thought. Five Centuries of Interpretation, Cambridge, Mass. 1948
279 Filippi, G., L'arte dei mercanti di Calimala in Firenze e il suo più antico statuto, Turin 1889
280 Fiumi, E. Fioritura, Archivio storico Italiano 117 (1959)
281 Fiumi, E., La demografia fiorentina nelle pagine di Giovanni Villani, Archivio storico italiano 108 (1950)
282 Fiumi, E., Economia e vita privata dei fiorentini nelle rivelazioni statistiche di Giovanni Villani, Archivio storico italiano 111 (1953)
283 Fiumi, E., L'imposta diretta nei comuni medioevali della Toscana, Studi in onore di A. Sapori, Mailand 1957
284 Fiumi, E., Sui rapporti economici tra città e contado nell'eta comunale, Archivio storico italiano 114 (1956)
285 Fiumi, E., Storia economia e sociale di San Gimignano, Biblioteca storica Toscana XI (1961)
286 Fossati, A., Corso di storia economica: L'evoluzione storica della ricchezza e le sue fonti, Turin 1941
287 Fossati, C., Il tumulto dei Ciompi, Florenz 1875
288 Francheschini, E., La prima compagnia di ventura italiana, Bollettino senese di storia patria XLVIII (1941)
289 Freudenthal, J., Leonardi Bruni als Philosoph, Neue Jahrbücher für das klassichesche Altertum XIV (1911)
290 Freville, E. de, Des grandes compagnies au quatorzieme siecle, Bibliotheque de L'Ecole des Chartres III (1841)
291 Friedmann, A., Der mittelalterliche Welthandel von Florenz in seiner geographischen Ausdehnung, Wien 1923
292 Fumi, L., Eretici e Ribelli nell'Umbria dal 1320 als 1330, Bollettino della R. deputazione di storia patria per l'Umbria 3 (1897)
293 Gabotto, F., Dizionario dei maestri di grammatica, Turin 1895
294 Gallinoni, G., Di un trattato militare inedito del secolo XIV, Rivista storica italiana, Seria 5, III (1938)
295 Gand, L., Alberts des Großen Verhältnis zu Plato, Beiträge zur Philosophie des Mittelalters XII (1913)
296 Gandi, G., Le corporazioni nell'antica Firenze, Florenz 1928
297 Gandino, A. di, Quaestiones Statutorum, Biblioteca juridica medii aevi III o. J.
298 Garin, E., I trattati morali di Coluccio Salutati, Florenz 1944
299 Garin, E., Der italienische Humanismus, Bern 1947
300 Garin, E., Dal medioevo al rinascimento, Florenz 1950
301 Garin, E., L'umanesimo italiano: Filosofia e vita civile nel rinascimento, Bari 1952
302 Garin, E., Medioevo e rinascimento, Studi e ricerche, Florenz 1954
303 Garin, E., La filosofia, Storia dei generi letterari italiani 2, Mailand 1947
304 Garin, E., Umanesimo e vita civile, Florenz 1947
305 Garin, E., Medioevo e Rinascimento, Bari 1961
306 Garin, E., Arisotelismo e Platonismo del rinascimento, La Rinsacità II (1939)

307 Garin, E., Le traduzione humanistiche di Aristotele, Atti della Accademia fiorentina di scienze morali XVI (1947–50)
308 Garin, E., Per la storia della tradizione platonica medioevale, Giornale storico della filosofia italiana XXVIII (1949)
309 Garin, E., Contributi alla storia del Platonismo medievale, Annali della R. scuola normale di Pisa Seria 2, XX (1951)
310 Garin, E., I cancellieri umanisti della repubblica fiorentina da Coluccio Salutati a Bartolomeo Scala, Rivista storica italiana LXXI (1959)
311 Gaspary, A., Zur Chronologie des Streites der Griechen über Plato und Aristoteles, Archiv für Geschichte der Philosophie III (1890)
312 Gebhardt, Handbuch der deutschen Geschichte, Stuttgart[6] 1954–1960, hier: Bd. 1
313 Gaudenzi, A., Sulla cronologia dell'opera dei dettatori bolognesi da Buoncompagno. Boll, dell'Ist. di St. italiano 14 (1895)
314 Gentile, G., Il carattere del Rinascimento, in: Il pensiero del Rinascimento, Opere complete Bd. XI, Florenz 1955
315 Georgetti, A., Lorenzo de'Medici, capitano generale della republica fiorentina, Archivio storico italiano Seria, 4. II (1883)
316 Gerola, G., Fra Moreale in Toscana, Archivio storico italiano, Seria 5, XXXVII (1906)
317 Gherardi, A., Alcuni notizie intorno a Leonardo Bruni e alle sue ‚Storie fiorentine', Archivio storico italiano, Seria 4, XV (1885)
318 Gherardi, A., La guerra dei Fiorentini con papa Gregorio XI detta la Guerra degli Otto Santi, Archivio storico italiano 5 (1867)
319 Gilbert, F., Su alcuni discorsi de'uomini politici fiorentini e la politica di Clemente VII per la restaurazione medicea, Archivio storico italiano XLVI (1935)
320 Gilbert, F., Political Thought of the Renaissance an Reformation, Huntington Library Quarterly IV (1941)
321 Gilbert, F., Bernardo Rucellai and the Orti Orciellari, Journal of the Warburg and Courtland Institutes XII (1949)
322 Gilbert, F., Florentine Political Assumptions in the Period of Savonarola and Soderini, Journal of the Warburg and Courtland Institutes XX (1957)
323 Gilson, E., Humanisme médieval et Renaissance, in: Les Idées et les Lettres, Paris 1932
324 Gmelin, H., Humanismus und Geschichte: Personendarstellung bei den florentiner Geschichtsschreibern, Leipzig und Berlin 1927, Nachdr. Hildesheim 1973
325 Gmelin, H., Das Prinzip der ‚imitatio' in den romanischen Literaturen der Renaissance, Romanische Forschungen XLVI (1932)
326 Goetz, W., Italien im Mittelalter, Leipzig 1942
327 Goetz, W., Die Entstehung des Wirklichkeitssinnes vom 12. zum 14. Jahrhundert, Archiv für Kulturgeschichte 27 (1937)
328 Goetz, W., Das Werden des italienischen Nationalgefühls, Sitzungsberichte der Bayrischen Akademie der Wissenschaften Phil.-Hist. Klasse 7 (1939)
329 Gothein, E., Platons Staatslehre in der Renaissance, Sitzungsberichte der Heidelberger Akademie der Wissenschaften, Phil.-Hist. Klasse 5 (1912)
330 Grabmann, M., Mittelalterliches Geistesleben, Abhandlungen zur Geschichte der Scholastik und Mystik, München 1926
331 Grabmann, M., Der Neoplatonismus in der deutschen Hochscholastik, Philosophisches Jahrbuch XXII (1910)
332 Graff, T. B. de, Plato in Cicero, Classical Philology XXXV (1940)
333 Grassi, E., Vom Vorrang des Logos, Das Problem der Antike in der Auseinandersetzung zwischen italienischer und deutscher Philosophie, München 1939

334 Grassi, E., Der Beginn des modernen Denkens. Von der Leidenschaft und der Erfahrung des Ursprünglichen, in: Geistige Überlieferung, Ein Jahrbuch, Berlin 1940

335 Grassi, E., Vom Wahren und vom Wahrscheinlichen bei Vico, Kantstudien 42 (1943/43)

336 Grassi, E., Die Verteidigung des individuellen Lebens. Studia humanitatis als philosophische Überlieferung, Bern 1946

337 Grassi, E. und Uexküll, Th., Von Ursprung und Grenzen der Geisteswissenschaften und Naturwissenschaften, Bern 1950

338 Grassi, E., Das Schöne in der Antike, Köln 1962

339 Grassi, E., Die Macht des Bildes, München 1969

340 Grassi, E., Humanismus und Marxismus, Reinbek 1973

341 Graus, F., Die erste Krise des Feudalismus, Zeitschrift für Geschichtswissenschaft 3 (1955)

342 Grazioli, F., I grandi capitani italiani, Rom 1936

343 Green, L. F., Chronicle into history. An essay on the interpretation of history in Florentine fourteenth-century chronicles, Cambridge 1972

344 Grundmann, H., Dante und Joachim von Fiore, Deutsches Dante-Jahrbuch 14 (1932)

345 Gualazzini, U., Rapporti fra capitale e lavoro nelle industrie tessile lombarde del medio evo, Turin 1932

346 Gukovskij, M. A., Chi fu a capo della sommossa dei Ciompi, Studi in onore di A. Sapori, Mailand 1957

347 Günther, K. H. et. al., Geschichte der Erziehung, Berlin/DDR 1968 u. a.

348 Günther, K. H. et. al., Quellen zur Geschichte der Erziehung, Berlin/DDR 1966 u. a.

350 Hanauer, G., Das Berufspodestat im 13. Jahrhundert, Innsbruck 190

351 Haffter, N., Neuere Arbeiten zum Problem der ‚humanitas', in: Philologus C (1956)

352 Hefele, H., Die Bettelorden und das religiöse Volksleben Ober- und Mittelitaliens im 13. Jahrhundert, Jena 1910

353 Hegel, C., Geschichte der Städteverfassung in Italien, Leipzig 1847

354 Heinemann, L. v., Zur Entstehung der Stadtverfassung in Italien, Leipzig 1896

355 Heinze, R., ‚Auctoritas', Hermes LX (1925)

356 Heitmann, K., ‚fortuna' und ‚virtus'. Eine Studie zu Petrarcas Lebensweisheit, Studi italiani Bd. 1, Köln/Graz 1958

357 Helleiner, K., Europas Bevölkerung und Wirtschaft im späten Mittelalter, Mitteilungen des Instituts für österreichische Geschichtsforschung 62 (1954)

358 Herde, P., Politik und Rhetorik in Florenz am Vorabend der Renaissance, in: Archiv für Kulturgeschichte 47 (1965)

359 Hermes, G., Der Kapitalismus der Florentiner Wollindustrie, Zeitschrift für die gesammte Staatswissenschaft 72 (1916)

360 Herlihy, D., The Agrarian Revolution in Southern France and Italy, Speculum 33 (1958)

361 Hessel, N., Geschichte von Bologna 1116–1280, Berlin 1910

362 Heyfelder, E., Die Ausdrücke Renaissance und Humanismus, Deutsche Literaturzeitung 34, Nr. 36 (1913)

363 Hicks, D. L., Sienese Society in the Renaissance, Comparative Studies in society and history 2 (1959/1960)

364 Hörburger, A., Geschichte der Erziehung und des Unterrichts, Wien 1967

365 Huizinga, J., Geschichte und Kultur, Stuttgart 1954

366 Iannizzotto, M., Saggio sulla filosofia di Coluccio Salutati, Padua 1959

367 Ilarino da Milano, L'istituzione dell'Inquisizione monasticopapale a Venezia nel sec. XIII, Coll. Franc. 5 (1935)

368 Il mondo antico nel rinascimento: Atti del 5. Congresso internazionale di studi sul rinascimento, Florenz 1956
369 Imberciadori, I., Mezzadria classica toscana: con documantazione inedita del IX al XIV secolo, Florenz 1951
370 Jähns, M., Handbuch der Geschichte des Kriegswesens von der Urzeit bis zur Renaissance, Leipzig 1880
371 Jähns, M., Geschichte der Kriegswissenschaften vornehmlich in Deutschland, München und Leipzig 1889–1891, 3 Bde.
372 Janoska-Bendl, J., Niccolo Machiavelli: Politik ohne Ideologie, Archiv für Kulturgeschichte XL (1958)
373 Jecht, H., Studien zur gesellschaftlichen Struktur der mittelalterlichen Städte, Vierteljahrsschrift für Sozial- und Wirtschaftsgeschichte 19 (1926)
374 Jones, P., Florentine Families and Florentine Diaries in the Fourteenth Century, Papers of the British School at Rome XXIV (1956)
375 Kantorowicz, E. H., ‚Pro patria mori' and Medieval Thought, American Historical Review LVI (1951)
376 Kapp, I. und Meyer, E., ‚Exemplum' im Thesaurus Linguae Latinae, Leipzig 1931–1953, Bd. V, 2
377 Kamp, N., Konsuln und Podesta, balivus comunis und Volkskapitän in Viterbo im 12. und 13. Jahrhundert, Viterbo 1960
378 Kellenbenz, h., Der italienische Großkaufmann und die Renaissance, Vierteljahrsschrift für Sozial- und Wirtschaftsgeschichte XLV (1958)
379 Keßler, E., Das Problem des frühen Humanismus, München 1968
380 Keßler, E., Theoretiker der humanistischen Geschichtsschreibung, München 1971
381 Kiezkowwski, B., Studi sul platonismo del rinascimento in Italia, Florenz 1936
382 Kibre, P., The intelectual Interests reflected in Libraries of the Fourteenth and Fifteenth Centuries, Journal of the History of Ideas VII (1946)
383 Klibansky, R., Ein Proklus-Fund und seine Bedeutung, Abhandlung der Akademie der Wissenschaften zu Heidelberg, Phil.-hist. Klasse 5 (1929)
384 Klibansky, R., The Continuity of the Platonic Tradition during the Middle Ages, London 1950
385 Klingner, F., Humanität und Humanitas, Beiträge zur geistigen Überlieferung, Godesberg 1947, auch in: Römische Geisteswelt München 1956
386 Knoche, U., Magnitudo animi, Leipzig 1935
387 Knorrek, F., Das Gefecht bei Arbedo am 29, Juni 1422, Berlin 1910
388 Koch, J., Platonismus im Mittelalter, Krefeld 1948
389 Kohler, C., Les Suisses dans les guerres d'Italie, de 1506 à 1512, Paris 1897
390 Köhler, G., Die Entwicklung des Kriegswesens und der der Kriegsführung in der Ritterzeit, Breslau 1886–1889, 3 Bde.
391 Köhler, J., Die Keime des Kapitalismus im sächsischen Silberbergbau (1168–1500), Berlin 1955
392 Kötzschke, R., Allgemeine Wirtschaftsgeschichte des Mittelalters, Jena 1924
393 Kohler, J. et. al., Das Florentiner Strafrecht des 14. Jahrhunderts, einem Anhang über den Strafprozeß der italienischen Statuten. Mannheim und Leipzig 1910
394 Kosminski et. al., Geschichte des Mittelalters, dt. Übers. Berlin DDR 1958, hier: Band I
395 Kopp, K. A., Vergerio, der erste humanistische Pädagoge, Festschrift der Kantonalschule Luzern, Luzern 1893
396 Kornhardt, H., ‚Exemplum', eine bedeutungsgeschichtliche Studie, Diss. Göttingen 1936
397 Krause, H., Geschichte der Erziehung, Wiesbaden 1968

398 Krautheimer, R., Lorenzo Ghiberti, Princeton 1957
399 Kretschmeyer, H., Geschichte von Venedig, Gotha 1903–1934, 3 Bde.
400 Kristeller, P. O., Studies in Renaissance Thought and Letters, Rom 1956
401 Kristeller, P. O., The place of classical Humanism in Renaissance Thought, Journal of the History of Ideas IV (1943)
402 Kristeller, P. O., Movimenti filosofici nel Rinascimento italiano, Giornale Critico della Folisofia italiana XXIX (1950)
403 Kristeller, P. O., Umanesimo e Filosofia nel Rinascimento italiano, Umanesimo et Scienza Politica, Mailand 1951
404 Kristeller, P. O., Il pensiero filosofico di M. Ficino, Florenz 1953
405 Kristeller, P. O., The Classics and Renaissance Thought, Cambridge Mass. 1955
406 Kristeller, Po. O., Il Petrarca, l'Umanesimo e la Scolastica a Venezia, La civiltà Veneziana del Trecento, Florenz 1956
407 Kristeller, P. O. et al., The study of the Renaissance philosophies, Journal of the History of Ideas II (1941)
408 Kristeller, P. O., Florentine Platonism and its Relations with Humanism and Scholasticism, Church History VIII (1939)
409 Kristeller, P. O., Augustine and the Renaissance, International Scienze I (1941)
410 Kristeller, P. O., Humanism and Scholasticism in the Italien Renaissance, Byzantion XVII (1944)
411 Kroll, W., Rhetorik, Leipzig 1937
412 Kulischer, A. und E., Kriegs- und Wanderzüge, Berlin 1932
413 Kulischer, J., Allgemeine Wirtschaftsgeschichte des Mittelalters und der Neuzeit, Handbuch der mittelalterlichen und neueren Geschichte Abt. 3 München und Berlin 1928
414 Kurda, J., Platon und die Staatslehre der italienischen Frührenaissance, Breslau 1940
415 Labande, E. R., Rinaldo Orsini, comte de Tagliacozzo, München und Paris 1939
416 Ladolini, A., Papato-imperio-republica: L'assedio di Firenze 1529–1531, Bologna 1930
417 Ladner, G. B., Some Recent Publications on the Classical Tradition in the Middle Ages and the Renaissance and on Byzantium, Traditio X (1954)
418 Landogna, F., La politica dei Visconti in Toscana, Bollettino della Società pavese di storia patria XXVIII (1928)
419 Landucci, L., A Florentine diary from 1450 to 1516, 1971 o. O.
420 Lange, K., Münzkunst des Mittelalters, Leipzig 1942
421 Lastig, G., Die accomendatio. Die Grundform der heutigen Kommanditgesellschaften in ihrer Gestaltung vom 13. bis zum 19. Jahrhundert und benachbarte Rechtsinstitute, Halle 1907
422 Lastig, G., Beiträge zur Geschichte des Handelsrechts, Zeitschrift für das gesamte Handelsrecht 22, 24 (1879)
423 Laurend, L., L'histoire dans les discours de Ciceron, La Musee belge XV (1911)
424 Lausberg, H., Handbuch der literarischen Rhetorik, München 1960
425 Lawrence, E. S., The origins and growth of modern education, Baltimore 1970
426 Lehmann, P., Die ‚Instituto oratoria' des Quintilianus im Mittelalter, Philologus LXXXIX (1934)
427 Lehnherdt, M., Zu den Briefen des Leonardi Bruni von Arezzo, Zeitschrift für vergleichende Literaturgeschichte V (1892)

428 Lenel, W., Zur Forschung über die Florentiner Frühzeit, Historische Zeitschrift 147 (1933)
429 Lestocquoy, J., Les villes de Flandre et d'Italie sous le gouvernement des patriciens, Verona 1973
430 Leva, G. di, Il tumulto dei Ciompi, Verone 1973
431 Levy, A., Beiträge zum Kriegsrecht im Mittelalter, Breslau 1889
432 Libera cattedra di storia della civilta fiorentina. Il trecento, Florenz 1953
433 Lisini, V., Un contratto per insegnare a leggere, Miscellanea senes di erudizione storica VI (1903)
434 Litta, P., Famiglie celebri italiani, Mailand und Turin 1847–1899, 1 Bde.
435 Loomis, L. P., The Greek Renaissance in Italy, American Historical Review XIII (1907)
436 Lopez, R. S., The Trade of Medieval Europe: the South. The Cambridge Economic History of Europe, Cambridge 1952
437 Lot, F., L'art militaire et les armées au moyen âge et dans la proche orient Paris 1946
438 Luchaire, J., Les democracies italiennes, Paris 1915
439 Luiso, F. P., Riforma della cancelleria fiorentina nel 1437, Archivio storico italiano, Seria 5, XXI (1898)
440 Lungo, I. del, Dino Compagni e la sua cronica. Florenz 1879
441 Lütge, F., Das 14./15. Jahrhundert in der Sozial- und Wirtschaftsgeschichte, Jahrbuch für Nationalökonomie und Statistik 162 (1950)
442 Luzzatto, G., Storia economica d'Italia, Rom 1949, hier: Bd. 1
443 Luzzatto, G., L'inurbamento delle popolazioni rurali in Italia nei secoli XII e XIII. Studi di storia e diritto in onore di Enrico Besta per il quarantesimo anno del suo insegnamento, Mailand 1939
444 Maffei, E., L'esilio di Salvestro de'Medici, Archivio storico italiano XCVII (1940)
445 Mallet, M' E., The sea consuls of Florence in the fifteenth century, London 1973
446 Manacorda, G., Bededetto Varchi, l'uomo, il poeta, il critico, Pisa 1903
447 Mancarella, A., Firenze, la Chiesa, e l'avvenuto di Ladislao il Durazzo al trono di Napoli, Archivio storico per le provincie napolitane XLIV (1919), XLV (1920)
448 Mancini, A., Per la storia dell'umanesimo in Lucca: Il ser Cristoforo Terretini e Leonardo Bruni, Bollettino storico lucchese XI (1939)
449 Mancini, A., Storia di Lucca, Florenz 1950
450 Manni, E., Questioni e problemi di metodo per la storia del principato mediceo e degli stati toscani, Rivista storica italiana LIII (1941)
451 Manselli, R., La Lectura super Aposcalipsim di Pietro di Giovanni Olivi, Rom 1955
452 Maselli, R., Per la storia dell'eresia catara nella Firenze del tempo di Dante, Bollettino dell'Istituto storico italiano per il Medio Evo 62 (1950)
453 Manuzio, P., Commentarius in M. T. Ciceronis epistolas, Leipzig 1779
454 Marchesi, C., L'etica nicomachea nella traduzione latina medievale, Messina 1904
455 Mariani, U., Il Petrarca e gli Agostiniani, Rom 1946
456 Marks, L. F., La crisi financiari a Firenze dal 1494 al 1502, Archivio storico italiano CXII (1954)
457 Marongiu, A., Storia di diritto pubblico, Mailand-Varese 1956
458 Marquardt, J., Römische Staatsverwaltung, Handbuch der römischen Altert. 6 Leipzig 1885
459 Martin, A. v., Soziologie der Renaissance, Frankfurt 1949, München 1969

460 Martin, A. v., Der Humanismus als soziologisches Phänomen, Archiv für Sozialwissenschaft und Sozialpolitik LXV (1931)
461 Martin, A. v., Coluccio Salutatis Traktat vom Tyrannen. Mit einer Einleitung über Salutatis Leben und Schriften und einem Essay über seine philologisch-historische Methode, Berlin-Leipzig 1913
462 Martin, A. v., Mittelalterliche Welt- und Lebensanschauung im Spiegel der Schriften von Coluccio Salutati, München 1913
463 Martin, A. v., Salutati und das humanistische Lebensideal, Leipzig 1916
464 Marx, K. und Engels, Fr., Werke, Berlin/DDR 1968 ff.
465 Marzi, D., La cancelleria della repubblica fiorentina, Rocca San Casciano 1910
466 Masi, G., I Banchieri fiorentini nella vita politica della citta sulla fine del Dugento, Archivio giuridico 105 (1931)
467 Masi, G., Il popolo a Firenze alla fine del Dugento, Archivio giurdico 99 (1928)
468 Masi, G., La struttura sociale delle fazioni politiche ai tempi di Dante, Dantesco 31 (1930)
469 Masius, A., Flavio Biondo: Sein Leben und seine Werke, Leipzig 1879
470 Masséna, A., Roberto Valturio, Pesaro 1927
471 Mayer, E., Italienische Verfassungsgeschichte von der Gotenzeit bis zur Zunftherrschaft, Leipzig 1909
472 Mayer, J., Humanitas bei Cicero, Diss. Freiburg 1952
473 Mayer, M., Geschichte der abendländischen Erziehung und Bildung, Freiburg 1955
474 Mazzeo, J. A., Renaissance und revolution: the making of european thought, London 1965
475 McKeon, R. M., Rhetoric in the Middle Ages, Speculum XVI (1942)
467 Mehl, E., Die Weltanschauung des Giovanni Villani, Leipzig 1927, Nachdr. Hildesheim 1973
477 Melzing, O., Das Bankhaus der Medici und seine Nachfolger, Jena 1906
478 Mengozzi, G., La città italiana nell'alto Medioevo. Il periodo langobardo-franco, Florenz² 1931
479 Mesquita, D. M. B. de, Giangaleazzo Visconti, Duke of Milan (1352–1402), Cambridge 1941
480 Mesquita, D. M. B. de, Some Condottieri of the trecento and their relations with Political Authority, Proceedings of the British Academy XLVI (1951)
481 Michel, P. H., Un Ideal humain au XVe siècle: La pensée de L. B. Alberti, Paris 1930
482 Mirot, L., La Politique française en Italie de 1380 a 1422: Les prêliminaires de l'alliance florentine, Paris 1934
483 Mirot, L., Sylvestre Budes et les Bretons en Italie, Bibliothéque de l'Ecole des Chartes LVIII (1897), LIX (1898)
484 Mirot, L., Un Conflict diplomatique au XVe siècle: L'arrestation des ambassadeurs florentines en France (1406–1408), Bibliothèque de l'Ecole des Chartes XCV (1934)
485 Mommsen, Th. E., Petrarch's conception of the Dark Ages, Speculum XVII (1942)
486 Monnier, P., Le Quattrocento: Essai sur l'histroire littéraire du XVe siècle italien, Paris 1901
487 Monroe, P., A text-book in the History of Education, New York 1970
488 Monteleone, G., Di Leonardo Bruni Arentino e le sue opere, Sora 1901
489 Monti, G. M., Problemi di storia medievale e moderna nel quinquennio 1936–1940, Neapel 1942
490 Monzani, C., Di Leonardo Bruni Aretino, Archivio storico italiano, Seria 3, V. (1857)

491 Moog, W., Geschichte der Pädagogik, Ratingen – Hannover[8] 1967
492 Moreni, D., Bibliografia storico-ragionata della Toscana, Florenz 1805
493 Moreni, D., Serie di autori di opere risguardanti la celebre familglia Medici, Florenz 1826
494 Mori, A. et. al., Firenze nelle vedute e piante, Florenz 1926
495 Moriani, M. A., Giovanni Guicciardini ed un processo politico in Firenze (1431), Florenz 1954
496 Müller, A. v., Ständekampf oder Revolution, in: Geiss/Tamchina, Ansichten einer künftigen Geschichtswissenschaft, 2, München 1974
497 Müller, H., Aegidi Romani de regimine principum libri abbreviati per M. Leoninum de Padua, Zeitsch. f. d. gesamte Staatswissenschaft XXXVI (1880)
498 Müntz, E., Precursi e propugnatori del rinascimento, Florenz 1920
499 Muralt, L. v. Machiavellis Staatsgedanke, Basel 1945
500 Muratori, L. A., Antiquitates italicae medii aevi, Mailand 1738–1742, 6 Bde.
501 Naldini, L., La'tallia militum societatis tallie Tus cie'nel 2a metà del secolo XIII, Archivio storico italiano LXXVIII (1920)
502 Natale, A., La felice società dei balestrieri e dei pavesati a Roma, Archivio storico romano LXII (1939)
503 Natalucci, M., Lotte di patria e manifestationi ereticali nella Marca agli inizi del secolo XIV, Studia Picena 24 (1956)
504 Nef, J. U., War and Human Progress, Cambridge, Mass. 1950
505 Negri, G., Istoria degli scrittori fiorentini, Ferrara 1722
506 Nelson, N. E., Cicero's ‚De officiis' in Christian Thought 300–1300, Universitiy of Michigan Studies in Language and Literature X (1933)
507 Niese, H., Deutsche Ritter in Italien, Quellen und Forschungen aus italienischen Bibliotheken und Archiven VIII (1905)
508 Niethammer, F. J., Der Streit des Philanthropinismus und des Humanismus in der Theorie des Erziehungsunterrichts unserer Zeit, 1808 o. O.
509 Nilsson, M. P., Moyen âge et renaissance, Paris 1933
510 Nolhac, P. de, Petrarque e l'Humanisme, Paris 1907
511 Norden, E., Die antike Kunstprosa, Leipzig 1923
512 Nordström, J., Moyen Age et Renaissance, Paris 1933
513 Norton, A. A., Readings in the history of education – medieval universities, Cambridge – New York 1969
514 Novati, F., La giovinezza di Coluccio Salutati, 1331–1353, Turin 1888
515 Novati, F., Le serie alfabetiche proverbiali, Giornale storico della letteratura italiana VIII (1890)
516 Novati, F., Nuovi Studi su Albertino Mussato, Giornale storico do letteratura italiana VI (1888)
517 Olgiati, F., L'anima dell'umanesimo, Mailand 1924
518 Oliger, F., Beiträge zur Geschichte der Spiritualen, Fraticellen und Clarener, Zeitschrift für Kirchengeschichte 45 (1926)
519 Oliver, F. P., Plato and Salutati, Transactions of the American Philogical Association LXXI (1940)
520 Oman, C. W. C., History of die Art of War in the Middle Ages, London 1924
521 Origo, I., The Merchant of Prato: Francesco di Marco Datini, London 1957
522 Otto, E., Von der Abschließung des Ritterstandes, Historische Zeitschrift CLXII (1940)
523 Ottokar N., Il comune di Firenze alla fine del Dugento, Turin[2] 1962
524 Ottokar, N., Criteri d'ordine, di regolarità e d'organizzazione nell'urbanistica ed in genere nella vita fiorentina dei secoli XIII–XIV, Archivio storico italiano 98,2 (1940)
525 Ottokar, N., Studi communali fiorentini, Florenz 1948

526 Pagnini, G. F., Della decima e di varie gravezze imposte dal comune di Firenze, Lissabon und Lucca 1765–1766, 4 Bde.
527 Palmarocchi, R., I Villani: Giovanni, Matteo, e Filippo Villani, secolo XIV, Turin 1937
528 Palumbo, P. F., Politica e cultura nel rinascimento italiano, Rivista storica italiana LIX (1942)
529 Palumbo, P. F., Gli studi italiani di storia del medio evo, Rom 1941
530 Panella, A., Gli studi medicei in Italia ed all'estero, Atti del secondo convegno regionale di studi sul rinascimento, 96–117 (1940)
531 Panella, A., Storia di Firenze, Florenz 1949
532 Paoli, C., La cavallate fiorentine, Archivio storico italiano, Seria 1, II (1865)
533 Paoli, C., Della signoria di Gualtieri duca d'Atene in Firenze, Giornale storico degli Archivi Toscani 6 (1862)
534 Paparelli, G., Feritas – Humanitas – Divinitas, Messina und Florenz 1960
535 Papini, C., Pensieri sul Rinascimento, La Rinascita I (1938)
536 Pardi, N., Disegno storico della demografia die Firenze, Archivio storico italiano LXXIV, (1916)
537 Passerini, I., Gli Alberti di Firenze, Florenz 1869–1870 2 Bde.
538 Pastorello, E., Indici per nome d'autore e per materia delle pubblicazioni sulla storia medievale italiana (1899–1910), ed. Cipolla, Venedig 1916
539 Paulsen, F., Geschichte des gelehrten Unterrichts auf den deutschen Schulen und Universitäten vom Ausgang des Mittelalters bis zur Gegenwart, Berlin 1960
540 Pellegrini, F. C., Sulla repubblica fiorentina al tempo di Cosimo il vecchio, Pisa 1889
541 Pellegrini, A., Tre anni di guerra tra le repubbliche di Firenze e di Lucca (1430–1433), Studi e documenti di storia e diritto XIX, 1 (1898)
542 Perrens, F. T., Histoire de Florence, Paris 1877–1882, 6 Bde.
543 Perrens, F. T., Histoire de Florence depuis la domination des Médicis jusqu' à la chute de la république (1434–1531) Paris 1889–1890, 3 Bde.
544 Pesenti, G., Le scuole di greco a Firenze nel primo rinascimento, Athen und Rom, Nuova Seria XII (1931)
545 Petrini, E., Veniticinque secoli di educazione e scuola in Italia, Florenz 1965
546 Pfeiffer, R., Humanitas Erasmiana, Leipzig – Berlin 1931
547 Piattoli, R., Genova e Firenze al tramonto della libertà di Pisa, Giornale strorico e letterario della Liguria VI (1930)
548 Piattoli, R., Il problema portuale di Firenze, Rivista storica degli archivi toscani VIII (1933)
549 Piazzo, M. del, Il protocollo del corteggio delle signorie di Firenze 1459–1468, Rom 1969
550 Pieri, P., La fanteria in Italia nel periodo comunale, Rivista storica italiana, Nuovo Seria XI (1933)
551 Pieri, P., La scienza militare italiana del rinascimento, Archivio strorico italiano, Serie 4, IV (1933)
552 Pieri, P., Intorno alla storia dell'arte della seta a Firenze, Bologna 1927
553 Pieri, P., Intorno all'arte della guerra di N. Machiavelli, Bologna 1927
554 Pieri, P., La crisi militare italiana nel rinascimento nelle sue relazione con la crisi politica ed economica, Neapel 1934
555 Pieri, P., Firenze fino al tumulto dei Ciompi, Turin 1956
556 Plesner, J., L'émigration de la campagne à la ville libre de Florence au XIIIe siècle, Kopenhagen 1934
557 Pirenne, H., Histoire économique de l'occident médiéval, Brügge 1951
558 Pivano, S., Lineamenti storici e giurdici della cavalleria medioevale, Atti della R. Accademia die Torino: Classe di scienze morali, storiche, e philologiche LV (1954)

559 Pohler, J., Bibliotheca historico-militaris, Leipzig 1887–1889, 4 Bde.
560 Pöhlmann, R., Die Wirtschaftspolitik der florentiner Renaissance und das Prinzip der Verkehrsfreiheit, Leipzig 1878
561 Pöhlmann, R., Geschichte des antiken Communismus und Sozialismus, München 1893
562 Portigliotti, G., Condottieri, Mailand 1935
563 Postan, M. M., Some Economic Evidence of Declining Popolation in the Later Middle Ages, The Economic History Review 3 (1950)
564 Preston, R. A. et. al., Men in Arms: A History of War and its Inter-relationships with Western Society, New York 1956
565 Prezzolini, G., Reportorio bibliografico della storia e della critica della letteratura italiana dal 1902 al 1932, Florenz 1937
566 Problemi ed orientamenti critici di lingua e di letteratura, ed. Momigliani, Mailand 1948
567 Progress of Medieval and Renaissance Studies in the United States and Canada, ed. Thompson, Boulder, Colo. 1925–1961 ff.
568 Professone, A., Siena e le compagnie di ventura, Civitanuova 1898
569 Quastiones di storia medievale, ed. Rota, Turin 1946
570 Radetti, G., Le origini dell'umanesimo civile fiorentino nel quattrocento, Giornale critico della filosofia italiana, Seria 3, XII (1959)
571 Rado, A., Dalla repubblica fiorentina alle signoria medicea: Maso degli Alberti e il partito oligarchico in Firenze dal 1382 al 1393, Florenz 1926
572 Rait, R. S., Life in the medieval University, Cambridge Mass. 1972
573 Razzi, S., Vita di Pietro Soderini, Padua 1727
574 Reale Accademia Lucchese, Miscellanea di studi storici e leterari: Castruccio Castracani degli Antelminelli, Lucca 1934
575 Realencyclopedie der classischen Alterthumswissenschaft, ed. Pauli und Wissowa, Stuttgart 1938
576 Reble, A., Geschichte der Pädagogik, Stuttgart^5 1965
577 Rechtsmann, H. J., Geschichte der Pädagogik, München^3 1969
578 Redlich, F., De praeda militari, Wiesbaden 1956
579 Renard, G., Histoire du travail à Florence, Paris 1913–1914, 2 Bde.
580 Renaissance Siciety of America, Studies in the Renaissance, Austin und New York 1954–1960 ff.
581 Renaudet, A., Le problème historique de la renaissance italienne, Bibliotheque d'humanisme et de renaissance IX (1947)
582 Renouard, Y., Le compagie commerciali fiorentine del Trecento dai documenti dell'Archivio Vaticano, Archivio storico italiano 96 (1938)
583 Renouard, Y., Les hommes d'affaires italiens du moyen âge, Paris 1949
584 Renucci, P., L'aventure de l'humanisme européen au moyen age (IVe au XIVe siècle), Paris 1953
585 Repetti, E., Compendio storico della città di Firenze, Bologna 1949
586 Reumont, A. v., Lorenzo de'Medici, London 1876
Reumont, A. v., Geschichte Toskanas, Gotha 1876
587 Reynolds, B., Bruni and Perotti present à Greek Historian, Bibliotheque d'humanisme et renaissance XVI (1954)
588 Ricci, M., Regno di Carlo I, Archivio strorico italiano, Seria III, 25 (1880)
589 Rice, E. F., The Renaissance Idea of Wisdom, Cambridge Mass. 1958
590 Ricotti, E., Storia delle compagnie di ventura in Italia, Turin 1844–1845, 4 Bde.
591 Ridolfi, A., La setta dei catari a Firenze e la Mandetta di Guido Cavalcanti, Nuovo rivista storica 14 (1930)
592 Ridolfi, R., Opusculi di storia letteraria e di erudizione, Florenz 1942
593 Ridolfi, R., Vita di Girolamo Savonarola, Florenz 1952

594 Ridolfi, R., Vita di Niccolò Machiavelli, Rom 1954
595 Riekel, A., Die Philosophie der Renaissance, München 1925
596 Ristori, G. B., I Paterini in Firenze nella prima metà del secolo XII, Rivista strorico-critica delle scienze teologiche 1 (1905)
597 Robinsohn, W. C., Money, Population and Economic Change in Late Medieval Europe, The Economic Review 12 (1959)
598 Rodolico, N., Il popolo minuto, Bologna 1899, Nachdr. Florenz 1968
599 Rodolico, N., La democrazia fiorentina, Bologna 1905
600 Rodolico, N., Note statistiche su la popolazione fiorentina nel XIV secolo, Archivio storico italiano Seria 30, 5 (1902)
601 Rodolico, N., The struggle for the Right of Association in Fourteenth Century Florence, History VII (1922)
602 Rodolico, N., Proletario operaio in Firenze del secolo XIV, Archivio storico Italiano 101 (1943)
603 Rodolico, N., I Ciompi, Florenz 1945 und 1971
604 Pomano, G., Gli studi sul medio evo nella storiografia del rinascimento in Italia, Pavia 1892
605 Roon-Bassermann, E. v., Die Weißen und die Schwarzen von Florenz, Freiburg 1954
606 Rörig, F., Die europäische Stadt und die Kultur des Bürgertums im Mittelalter, Göttingen 1955
607 Roscoe, W., Life of Lorenzo de'Medici, London 1846
608 Rosmini, C., Vita di Francesco Filelfo da Toletino, Mailand 1808
609 Ross, J., Lives of the Early Medici as Told in Their Correspondence, Boston 1911
610 Rossi, L., Umanesimo, rinascomento, contrariforma, Florenz 1940–1941, 2 Bde.
611 Rossi, V., Il Quattrocento, Mailand[5] 1953
612 Roth, C., The Last Florentine Republic, London 1925, Nachdr. New York 1968
613 Rubieri, E., Francesco Sforza: Narrazione historica, Florenz 1879
614 Rubinstein, N., La lotta contro i magnati a Firenze, Florenz 1949 (vorher: Teil 1 in Archivio storico italiano 93, 2 (1935))
615 Rubinstein, N., The Beginning of Political Thought in Florence, Journal of the Warburg and Courtland Institutes V (1942)
616 Rubinstein, N., The Beginnings if Niccolo Machiavellis Career in the Florentine Chancery, Italian Studies XI (1956)
618 Rüdiger, H., Wesen und Wandlung des Humanismus, Hamburg 1937
619 Rüegg, W., Cicero und der Humanismus. Formale Untersuchungen über Petrarca und Erasmus, Zürich 1946
620 Rutenburg, V. I., Popolo e movimento popolare nell'Italia del '300 e '400, Bologna 1971
621 Rüthing, H., Die mittelalterliche Universität, Solingen 1973
622 Ruß, W., Geschichte der Pädagogik im Abriß, Bad Heilbrunn[8] 1968
623 Sabbadini, R., Briciole umanistiche, Giornale storico della letteratura italiana XVII (1891)
624 Sabbadini, R., Tito Livio Frulovisio, umanistica del secolo XV, Giornale storico della letteratura italiana CIII (1934)
625 Sabbadini, R., Storia del Ciceriniamismo e di altri questioni letterarie nell'età della rinascenza, Turin 1885
626 Sabbadini, R., Studi sul Panormita e sul Valla, Florenz 1891
627 Sabbadini, R., Storia critica di testi latini, Catania 1914
628 Sabbadini, R., Il metodo degli umanistici, Florenz 1922
629 Saitta, G., Il pensiero italiano nell'Umanesimo e nel Ricascimento, Florenz 1960

630 Salvatorelli, L., Geschichte Italiens, Berlin 1942
631 Salvemini, G., La dignità cavalleresca nel Comune di Firenze Florenz 1896
632 Salvemini, G., Magnati e popolani in Firenze dal 1280 al 1296, Florenz 1899, Nachdr. Turin 1960
633 Salvemini, G., Gli ordini della giustizia del 6 luglio 1295, Archivio storico italiano, Seria 5, 10 (1892)
634 Salvemini, F., I balestrieri del comune di Firenze, Bari 1905
635 Salvioli, G., L'istruzione pubblica in Italia nei secoli VIII, IX e X, Florenz 1898
636 Salz, A., Anmerkungen zu Werner Sombarts „Hochkapitalismus", Zeitschrift für die gesammte Staatswissenschaft 85 (1928)
637 Salzer, E., Über die Anfänge der Signorie in Oberitalien, Berlin 1900
638 Sandys, J. E., History of Classical Scholarship, Cambridge 1903–1921, 3 Bde.
639 Sanesi, I., La vita e l'opera di Conato Giannotti, Pistoia 1889
640 Santini, E., La fortuna della ‚Storia fiorentina' di L. Bruni nel rinascimento, Studi storici XX (1911)
641 Santini, E., La Protestatio de iustitia nella Firenze medicea del secolo XV, Rinascimento X (1959)
642 Santini, E., Firenze e i suoi ‚oratori' nel quattrocento, Palermo 1927
643 Santani, E., Leonardo Bruni Aretino e i suoi ‚Historiarum fiorentini populi libri XII, Annali della Reale Scuola normale superiore di Pisa XXII (1910)
644 Santini, P., Documenti di Storia Italiana X, I., Archivio storico italiano, Seria 19, 5 (1897)
645 Santini, P., Società delle torri in Firenze, Archivio storico italiano, Seria 20, 4 (1887)
646 Santini, P., Studi sull'antica costituzione del Comune di Firenze, Archivio storico italiano Seria 16, 5 (1895), 25, 5 (1900),26, 5 (1900), 31, 5 (1903), 32, 5 (1903)
647 Sapori, A., L'età della Rinascita, sec. XIII–XVI, Mailand 1958
648 Sapori, A., Economica e morale alla fine del Trecento, Studi senesi 64 (1952)
649 Sapori, A., La produzione volgare di L. Bruni Aretino e il suo culto per ‚le tre corone fiorentine', Giornale storico della letteratura italiana LX (1912)
650 Sapori, A., I primi viaggi di Levante e di Ponente delle galere fiorentine, Archivio storico italiano CXIV (1956)
651 Sapori, A., Luci e ombre sui mercanti fiorentini del rinascimento, Nuova antologia CCCCLXXIV (1958)
652 Sapori, A., Studi di storia economica medioevale, Florenz 1946
653 Sapori, A., Le Marchand italien au moyen âge: Conférences et bibliographie, Paris 1952
654 Sapori, A., Studi di storia economica: secoli XIII–XIV–XV, Florenz 1955
655 Sapori, A., Compagnie e mercanti di Firenze antica, Florenz 1957
656 Sapori, A., Una compagnia di Calimala ai primi del Trecento, Florenz 1932
657 Sapori, A., Le crisi delle compagnie mercantili dei Bardi e dei Peruzzi, Florenz 1926
658 Sapori, A., Medio Evo e Rinascimento, Spunti per una diversa periodizzazione, Archivio storico italiano 115 (1957)
659 Sapori, A., Mercatores, Mailand 1941
660 Sapori, A., Il personale delle compagnie mercantili del Mediovo, Archivio storico italiano 97, 2 (1939)
661 Sapori, A., I libri di commercio dei Peruzzi, Mailand 1934
662 Sapori, A., I secoli d'oro del mercante di Firenze, Libera cattedra di storia della civiltà fiorentina, Florenz 1953
663 Sapori, A., Storia interna della compagnia mercantile dei Peruzzi, Archivio storici italiano 92, 2 (1934)

664 Sasso, G., Sul VII capitolo del Principe, Rivista storica italiana LXIV (1952)
665 Sasso, G., Florentina libertas e rinascimento italiano nell'opera di Hans Baron, Rivista storica italiana LXIX (1957)
666 Sasso, G., Niccolo Machiavelli. Storia del suo pensiero politico, Neapel 1958
667 Sautier, A., Papst Urban V. und die Söldnerkompagnien in Italien in den Jahren 1362–1367, Zürich 1911
668 Savini, S., Il catarismo italiano ed i suoi vescovi, Florenz 1958
687 Schnitzer, J. Savonarola: Ein Kulturbild aus der Zeit der Renaissance, München 1924
688 Schultz, N., Das häusliche Leben der europäischen Kulturvölker vom Mittelalter bis zur 2. Hälfte des XVIII' Jahrhunderts, München 1903
670 Scala, A., Storia delle fanterie italiane, Rom 1950–1955, 9 Bde.
671 Scaramella, G., Firenze allo scoppio del tumulto dei Ciompi, Pisa 1914
672 Scaramella, G., La dominazione viscontea in Pisa (1399–1405), Studi storico III (1894)
673 Schäfer, K. H., Deutsche Ritter und Edelleute in Italien während des 14. Jahrhunderts, Paderborn 1911–1940, 4 Bde.
674 Schaller, K., Auctoritas und Potestas, Hamburg 1968
675 Schalk, K., Soziale Momente in der Verfassungsgeschichte in der florentiner Republik, Mitteilungen des Instituts für Österreichische Geschichtsforschung, Ergänzungsband 6 (1901)
676 Schaube, A., Handelsgeschichte der romanischen Völker des Mittelmeergebietes bis zum Ende der Kreuzzüge. München und Bern 1906
677 Scheffer-Biochorst, P., Florentiner Studien, Leipzig 1974
678 Schelb, W., Staatsverwaltung und Selbstverwaltung, staatliche Rechtspflege und Sondergerichtsbarkeit im Stadtstaat Bologna, Diss. Freiburg i. Br., Karlsruhe 1910
679 Scherillo, N., Dante e lo studio della Poesia classica, Arte, scienze e fede ai giorni di Dante, Mailand 1902
680 Schevill, F., The First Century of Italien Humanism, New York 1928
681 Schevill, F., History of Florence, New York 1936
682 Schevill, F., The Medici, New York 1949
683 Schmitthenner, P., Krieg und Kriegsführung im Wandel der Weltgeschichte, Potsdam 1930
684 Schneider, F., Zur sozialen Genesis der Renaissance, in: Wirtschaft und Gesellschaft, Festschrift f. F. Oppenheimer, Frankfurt 1924
685 Schneider, F., Entstehung von Burg- und Landgemeinden in Italien. Studien zur historischen Geographie, Verfassungs- und Sozialgeschichte, Berlin 1914
686 Schneider, F., Die Reichsverwaltung in Toskana von der Gründung des Langobardenreiches bis zum Ausgang der Staufer 568 bis 1268, Berlin 1914
689 Schulze, W., Der Ritter und sein Gefolge im späteren Mittelalter, München 1940
690 Schwarz, K., Untersuchungen zur Geschichte der deutschen Bergleute im späteren Mittelalter, Freiburger Forschungshefte, Kultur und Technik D 20 (1958)
691 Schweyen, R. Philosophie und humanistische Pädagogik: Guarino Veronese, München 1971
692 Sciaccia, G. M., La visione della vita nell'umanesimo e Coluccio Salutati, Palermo 1954
693 Seidlmayer, M., Petrarka, das Urbild des Humanisten, Archiv für Kulturgeschichte XL (1958)
694 Seidlmayer, M., Geschichte des italienischen Volkes und Staates vom Zusammenbruch des römischen Reiches bis zum Weltkrieg. Die große Weltgeschichte 9, Leipzig 1940

695 Sellery, G. Cl., The Renaissance, Its Nature and Origins, Madison, Wisc. 1950
696 Semprini, G., I platonici italiani, Mailand 1926
697 Sestan, E., Il comune nel Trecento, Libera cattedra di storia di civiltà fiorentina, Florenz 1953
698 Siciliano, I., Medio Evo e Rinascimento, Mailand 1936
699 Sieni, S., Firenze boia. Fatti di cronaca nera dal cinquencento al settecento, Florenz 1973
700 Sieveking, H., Die Handlungsbücher der Medici, Sitzungsberichte der kaiserlichen Akademie der Wissenschaften zu Wien, Phil-hist. Klasse CLI (1906)
701 Sieveking, H., Aus Genueser Rechnungs- und Steuerbüchern, Sitzungsberichte der kaiserlichen Akademie der Wissenschaften zu Wien, Phil.-hist. Klasse CLXII (1909)
702 Silberschmidt, W., Die Commenda in ihrer frühesten Entwicklung bis ins 13. Jahrhundert, Würzburg 1884
703 Silberschmidt, W., Die italienische Commendaforschung der jüngsten Zeit, in: Studia in memoria di Albertoni, Padua 1936
704 Silva, P., Pisa sotto Firenze dal 1406 al 1438, Studi storici XVIII (1909)
705 Simeoni, L., Le signorie, Mailand 1950
706 Smeaton, W. H. O., The Medici and the Italien Renaissance, New York 1902
707 Smith, F., Beiträge zur florentinischen Verfassungs- und Heeresgeschichte, Leipzig 1914
708 Solieri, Alberigo da Barbiano, Jesi 1908
709 Solmi, A., Le corporazioni romane nelle città dell'Italia superiore nell'alto Medio Evo, Mailand 1929
710 Solmi, A., Storia del diritto italiano, Mailand[3] 1930
711 Solmsen, F., Aristotle and Cicero an the Orator's Playing upon the Feelings. Classical Philology XXXIII (1938)
712 Sombart, W., Das Wirtschaftsleben im Zeitalter des Hochkapitalismus, München und Leipzig 1902 und 1927
713 Sombart, W., Der Bourgeois, München und Leipzig 1923
714 Soranzo, G., Collegati, raccomandati, aderenti negli stati italiani dei secoli XIV e XV, Archivio storico italiano XCIX (1941)
715 Sorbelli, A., La signoria di G. Visconti a Bologna e le sue relazioni con la Toscana, Bologna 1901
716 Spaventa, B., Della filosofia italiana nelle sue relazioni con la filosofia europea, Bari[3] 1926
717 Spirito, U., Machiavelli e Guicciardini, Rom 1945
718 Spongano, R., L'Umanesimo e le sue origini, Giornale Critico della Letteratura italiana CXXX (1958)
719 Spreti, V., Enciclopedia storico-nobiliare italiana, Mailand 1928–1935, 9 Bde.
720 Spunda, F., Geschichte der Medici, München 1944
721 Städtische Volksbewegungen, Tagung der Sektion Mediävistik, hgg. v. E. Engelmann, Berlin/DDR 1960
722 Stadelmann, R., Zum Problem der Renaissance, Neue Jahrbücher für Wissenschaft und Jugendbildung X (1934)
723 Stadelmann, R., Persönlichkeit und Staat in der Renaissance. Die Welt als Geschichte 5 (1939)
724 Stahl, B., Adel und Volk im Florentiner Dugento, Köln-Graz 1965
724 Staley, E., The Gilds of Florence, London 1906
725 Steger, F., Geschichte Franz Sforzas und der Italienischen Condottieri, Leipzig 1853
726 Stein, A., Der römische Ritterstand, München, 1927
727 Sticca, G., Le origine della letteratura militare italiana, Rivista militare italiana LVI (1911)

728 Stiglmayr, J., Kirchenväter und Klassizismus, Freiburg i. Br. 1913
729 Strassburger, H., Concordia ordinum: Eine Untersuchung der Politik Ciceros, Leipzig 1931
730 Studi in onori di Armando Sapori, Mailand 1957
731 Studies in Italian History presented to Mrs. E. M. Jamison: Papers of the British School at Rome XXIV London 1956
732 Sutter, C., Aus Leben und Schriften des Magisters Boncompagno, Ein Beitrag zur italienischen Kulturgeschichte des 13. Jahrhunderts, Freiburg und Leipzig 1895
733 Sylvester, D. V., Educational documents 800–1916, London 1970
734 Taylor, F. L., The Art of War in Italy, 1494–1529, Cambridge 1921
735 Taylor, K. W., Some Aspects of Population History, Demografic Analysis, Glencoe 1956
736 Temple-Leader, J. und Marcotti, G., Sir John Hawkwood: Story of a Condottiere, Florenz 1889
737 Tenenti, A., Firenze dal comune a Lorenzo il Magnifico, Mailand 1970
738 Thomas, A., Francesco da Barberino et la littérature provencale en Italie au moyen âge, Paris 1883
739 Thorndike, L., University records and life in the Middle Ages, New York 1971
740 Tiraboschi, G., Storia della letteratura italiana, Venedig 1822–1827, 26 Bde.
741 Tocco, F., Studi francescani, Neapel 1909
742 Tocco, F., Quel che non c'è nella Divina Comedia, Bologna 1899
743 Tocco, F., I Fraticelli, Archivio storico italiano 35 (1905)
744 Tocco, F., L'Isagogicon moralis disciplinae di Leonardo Bruni Aretino, Archiv für die Geschichte der Philosophie VI (1893)
745 Tocco, F., L'eresia nel medioevo, Florenz 1884
746 Toderini, I., Francesco Sforza e Venezia, Archivio veneto IX (1875)
747 Toffanin, G., Storia dell'umanesimo dal 13. al 16 secolo, Neapel 1933
748 Toffanin, G., Storia dell'umanesimo, Bologna 1950
749 Toffanin, G., L'uomo antico nel pensiero del rinascimento, Bologna 1957
750 Toffanin, G., Geschichte des Humanismus, dt. v. Sartorius, Amsterdam 1941
751 Töpfer, B., Die Apostelbrüder und der Aufstand des Dolcino, in: Städtische Volksbewegungen, Berlin/DDR 1960
753 Tommasini, O., La vita e gli scritti di N. Machiavelli nella loro relazione col machiavellismo, Turin und Rom 1882–1911, 2 Bde.
754 Torre, A. Della, Storia dell'accademia platonica di Firenze, Florenz 1902
755 Toynbee, P., Manetti, Leonardo Bruni, and Dante's Letter to the Florentiners, Modern Language Review XIV (1919)
756 Traub, G., Studien zum Einfluß Ciceros auf die höfische Moral, Greifswald 1933
757 Trexler, R., Economic, political, and religious influences of the papal interdict on Florence 1376–1378, Frankfurt 1964
758 Tugarinov, W. P., Die Kategorien ‚gesellschaftliches Sein' und ‚gesellschaftliches Bewußtsein', Sowjetwirtschaft, Gesellschaftswissenschaftliche Beiträge 6 (1958)
759 Turolla, E., Plato e platonismo nel rinascimento italiano, Venedig 1943
760 Turri, V., und Renda, U., Dizionario storico-critico della letteratura italiana, Turin 1941
761 Ugurgieri della Berardenga, C., Gli Accaiuoli di Firenze nella luce dei loro tempi 1160–1834, Biblioteca storica Toscana XII (1962)
762 Ullman, B. L., Studies in the Italian Reneaissance, Rom 1955
763 Ullman, B. L., Some aspects of the origin of Italian Humanism, Philological Quarterly XX (1941)
764 Ullmann, B. L., The Humanism of Coluccio Salutati, Padua 1953

765 Ullman, B. L., Leonardo Bruni and the Humanistic Historiography, Medievalia et humanistica IV (1945)
766 Vaccari, P., L'affrancazione dei servi nell'Emilia e nella Toscana, Bologna 1926
767 Valeri, N., L'eredità di Giangaleazzo Visconti, Turin 1938
769 Valeri, N., La vita di Facino Cane, Turin 1940
770 Valeri, N., La libertà e la pace: Orientamenti politici del rinascimento italiano, Turin 1942
771 Valeri, N., Gli studi viscontei-sforzeschi, Archivio storico italiano 93 (1935)
772 Valeri, N., Lo stato visconteo alla morte di Gian Galeazzo, Nuova rivista storica XIX (1935)
773 Valori, A., La difesa della repubblica fiorentina, Florenz 1929
774 Valsecchi, F., Le corporazioni nell'organismo politico del medio evo, Mailand 1931
775 Vanderpol, A., La doctrine scholastique du droit de guerre, Paris 1919
776 Varillas, G., Les anecdotes de Florence, ou l'histoire secrete de la maison de Médici, La Haye 1685
777 Vedovato, G., Note sul privilegi capitolari fiorentine del secolo XV, Archivio storico italiano XCVII (1939)
778 Venturi, A., Le orazioni nelle ‚Istorie fiorentine' di Giovanni Cavalcanti, Pisa 1896
779 Vergottini, G. de, Arti e popolo nella prima metà del secolo XIII, Pubblicazioni della scuola di perfezionamento in discipline corporative della R. università di Pisa, Nuova Seria 4, Mailand 1943
780 Vergottini, G. de, Studi sulla legislazione imperiale di Federico II in Italia, Pubblicazioni straordinarie dell'Accademia delle Scienze di Bologna, Classe di scienze morali, 11 (1952)
781 Vermiglioli, G. B., Vita di Malatesta IV Baglione, Perugia 1839
782 Vernon, K. D., The Constitutional Position of Cosimo de'Medici, English Historical Review XV (1900)
783 Vesme, C. B. di, Brevi considerazioni sulla storiografia fiorentina e sul pensiero politico del XV secolo, Turin 1953
784 Vigo, P., Le repubbliche di Genova e di Firenze per il possesso di Livorno, Livorno 1915
785 Villari, P., Niccolò Machiavelli e i suoi tempi, Mailand 1895–1897, 3 Bde.
786 Villari, P., The Life and the Times of N. Machiavelli, tr. L. Villari, London o. J.
787 Villari, P., I primi due secoli della storia di Firenze, Florenz 1893–1894, 2 Bde.
788 Violante, C., La società milanese nell'età precomunale, Bari 1953
789 Vogel, K. H., Zur rechtlichen Behandlung der römischen Kriegsgewinne, Zeitschrift der Savigny-Stiftung für Rechtsgeschichte, Römische Abteilung LXVI (1948)
790 Vogt, J., Ciceros Glaube an Rom, Stuttgart 1935
791 Voigt, G., Die Wiederbelebung des classischen Alterthums oder Das erste Jahrhundert des Humanismus, Berlin 1859, Nachdr. der 3. Auflage Berlin 1960
792 Volkmann, R., Die Rhetorik der Griechen und Römer, Leipzig 1885, Nachdr. Hildesheim 1963
793 Volkmann, R., Studi istituzionali di Pisa, Annali della R. Scuola normale superiore di Pisa, Filosofia e filogogia 15 (1902)
794 Volpe, G., Una nuova teoria sulle orgini del Comune, Archivio storico italiano Seria 33, 5 (1904)
795 Volpe, G., Il medioevo. Collona Storica 24 (1933)
796 Volpe, G., Medioevo Italiano, Biblioteca storica Sansoni, Florenz 1961

797 Volpe, G., Aspetti del quattrocento italiano, Nuova antologia CCLII (1927)
798 Volpe, G., Movimenti relegiosi e sette ereticali nella società medioevale, Florenz 1922
799 Volpialli, L., Storia dei problemi pedagogici, Bari 1972–1973
800 Walser, E., Coluccio Salutati, der Typus des Humanisten der ältesten Schule, Gesammelte Studien zur Geistesgeschichte der Renaissance, Basel 1932
801 Wagenführer, H., Handelsfürsten der heidnischen Antike, Stuttgart 1957
802 Warburg, E., Die Erneuerung der heidnischen Antike, Leipzig 1912
803 Weimer, H., Geschichte der Pädagogik, Berlin[17] 1967
804 Weise, G., Der Humanismus und das Prinzip der klassischen Geisteshaltung, Bibiliothèque d'humanisme et renaissance XVI (1954)
805 Weise, G., Il publice concetto di rinascimento, Rivista storica italiana LXVIII (1956)
806 Weise, G., Die geistige Welt der Gotik und ihre Bedeutung für Italien, Halle a. d. Saale 1939
807 Weisinger, H., Ideas of History During the Renaissance, Journal of the History of Ideas VI (1945)
808 Weisinger, H., Who began the revival of learning? The Renaissance point of View, Papers of the Michigan Academy of Science, Arts and Letters XXX (1944)
809 Weisinger, H., The Renaissance theory of the reaction against the Middle Ages as a cause of the Renaissance, Speculum XXX (1945)
810 Weisinger, H., The English origins of the Sociological Interpretation of the Renaissance, Journal of the History of Ideas XI (1950)
811 Weiss, R., The Dawn of Humanism in Italy, London 1947
812 Weiss, R., Il primo secolo dell'umanesimo: Studi e testi, Rom 1949
813 Weiss, R., Leonardo Bruni Aretino and Early English Humanism, Modern Language Review XXXVI (1941)
814 Weiss, R., Lineamenti per una storia del primo umanesimo fiorentina, Rivista storica italiana LX (1948)
815 Welter, J.-Th., L'exemplum dans la littérature religieuse et didactique du Moyen Age, Paris-Toulouse 1927
816 Werner, E., Volkstümliche Häretiker oder sozial-politische Reformer? Wissenschaftliche Zeitschrift der Karl-Marx-Universität Leipzig, Gesell.- u. sprachwiss. Reihe 8 (1958/9)
817 Werner, E., Formen der Feudalrente auf dem Balkan, Zeitschrift für Geschichtswissenschaft 7 (1959)
818 Werner, E., Probleme städtischer Volksbewegungen im 14. Jahrhundert, in: Städtische Volksbewegungen, Tagungen der Sektion Mediävistik, Berlin/DDR 1960
819 Whitfield, J. H., Petrarch and the Renaissance, Oxford 1943
820 Whitfield, J. H., Machiavelli and Castruccio Castracani, Italian Studies VIII (1953)
821 Wilkins, E. H., Petrarch's Correspondence, Padua 1960
822 Wilkins, E. H., The Life of Petrarch, Chicago 1961
823 Woehlken, Das Wesen der Pest, Studium generale 9 (1956)
824 Woody, Th., Life and Education in early societies, New York 1970
825 Wotke, K., Beiträge zu Leonardo Bruni aus Arezzo, Wien 1889
826 Wühr, W., Das abendländische Bildungswesen im Mittelalter, München 1950
827 Zabughin, V., Storia del rinascimento cristiano in Italia, Mailand 1924
828 Zdekauer, M., Sulle origine dello Studio Senese, Siena 1900
829 Zanoni, E., Donato Giannotti nella vita e negli scritti, Rom 1900
830 Zielinski, T., Cicero im Wandel der Jahrhunderte, Leipzig 1929

Register

In das Register wurden Begriffe, Ort- und Eigennamen aus dem Darstellungsteil (nicht aus den Anmerkungen aufgenommen). Bei im Deutschen geläufigen Begriffen wurden diese als Hauptbegriffe aufgenommen und andere Korrelatbegriffe mit Querverweisen versehen; war der lateinische Ausdruck durch deutsche Wörter nur unzureichend wiederzugeben, wurde dieser vorgezogen, ein möglicher Übersetzungsbegriff als Querverweis eingeführt. Bei Eigennamen wurde der Hauptname als Einordnungsorientierung verwendet; bei Namen, die nur eine Ortsherleitung (z. B. „da Verona") enthalten, wurde der erste Name als Alphabetisierungsentscheid benutzt.

Sachregister

ab(b)acco 136
abbachista s. Rechenlehrer
Absatzkrisen 35
Adel 20, 28, 29, 38, 45, 60–63, 93, 133–134, 137, 141, 146, 191, 210, 211, 219–226
Adel, städtischer, s. Patriziat
Akademie, platonische 135, 163
Akkumulation 36, 91
aktives Leben 200–217
Alexandria 150
Algorismo 136
Allgemeinbildung 121
Alphabetlettern, -bretter 144
Altertum 173, 207
Altertum, griechisches 13
Altertum, klassisches 12, 13, 115, 195–218
Altertum, römisches 13, 212
Ammen 176, 179–181
Amnestie 47
Amtsadel 40, 118
Anpassung 170, 186
Anschauung 112
Antifeudalismus 28
Antike s. Altertum
Anzianen, Anzianat 50–51, 192
Apostelbrüder 187
apotecha 142–143, 147
Apotheker s. Ärzte und Apotheker
Arbeit 10, 12, 15, 16, 17, 24, 54–110, 173, 194, 195, 219–226
Arbeiter 15, 20, 32, 33, 34, 37, 40, 42–49, 52–53, 54–57, 68, 72–73, 94–110, 146, 168, 181–182, 187, 188, 191, 192–194, 201, 212, 219–226
Arbeiterbewegung 106–110
Arbeiterorganisationen 42–49, 102–110
Arbeitskraft 19, 20, 21, 36
Arbeitslosigkeit 47–48, 102
Arbeitsmittel s. Geräte
Arbeitsorganisation 42–49, 65–110
Arbeitsteilung 33–34, 37, 58–59, 64–110
Arbeitsverhältnisse 54–110
Arbeitsverträge 57, 95–96
Arbeitszeit 96–97, 122
Arezzo 59, 75, 132, 134, 156
Arithmetik 149, 166
Armbruster, balestriere 64
Arme und Almosenempfänger 25, 99, 136, 142–144, 146, 176, 178, 187, 189, 210, 212
arringium 49–50
ars Calimala s. Großhandelszunft
ars Cambio s. Wechselzunft
ars Lana s. Wollzunft
ars Medici e Speciali s. Ärzte- und Apothekerzunft
ars Por San Maria s. Detailhandel
artes liberales 149
arti maggiori s. Oberzünfte
arti minori s. niedere Zünfte
Aristotelismus 202–203
Ärzte und Apotheker 83, 34, 96–90, 144
Ärzte- und Apothekerzunft 67
asbergherio 64
Ästhetik 120, 155, 157–158, 166, 170–171, 199–208, 224
Astrologie 166
Aufseher 97, 101

Augustiner 160, 166
Ausbildung 10, 16, 17, 18, 24, 56–57, 65, 110, 111-135, 173, 194, 195, 214, 219–226
Ausbildungsverträge s. Lehrlingsverträge
Auspressung, Ausbeutung 19, 94–110
Autonomie 207, 215
Autorität 146–148, 159, 170, 187, 202–204, 218
Avignon 45

Bäcker 32, 83, 86–90, 100, 125
Bakkalaureat, 159
balestriere s. Armbruster
Banken, Bankiers 17, 31, 36, 49, 54–57, 58, 62, 70, 73–94, 126–131, 144, 146, 180, 212–213
Bankierszunft s. Wechselerzunft
Bankkräche s. Konkurs
Bannerträger 50, 52
Bannerträger der Gerechtigkeit s. gonfaloniere di giustizia
Barbiere 87
Barcelona 149
Barone 62
Basis, ökonomische 10, 12, 13, 15, 17, 18, 113, 138, 145, 156, 195, 100, 120, 224
Bauern 58–63, 174, 188
Bauernbefreiung 29–30, 58–60
Bauhandwerk 86, 124
Baumeister 86
Beamte 108, 126
Begabung 147
Begabungstest 123
Beichte 183
benignitas, Güte 211
Beruf 10, 16, 17, 24, 28, 35, 83–90, 111–135, 173, 194, 195, 219–226
Berufsbildung 111–135
Berufsverbot 70, 98, 122
Betriebe 54, 65, 72, 94–95, 121–131
Bettfedernhändler 87
Bevölkerungszahl 24–25
Beutler 87
Bilanz 104
Bildung 16, 24, 53, 65, 110, 115, 116, 119–121, 131–135, 170–171, 173, 194, 214, 219–226
Bildung, musische 166
Bildungswesen in Florenz 136–171
Bischöfe 62, 145
Bischofsschulen 118
Blutrache 31, 41
Bogenmacher 64
Bologna 59, 75, 125, 131, 132, 133, 134, 156, 160–161, 162, 165
bonum, das Gute, 205–207
bonum, commune, Gemeinwohl 205, 213–217
Böttcher 87
botthega 65–69, 94
Boykott 35
Bruderschaften s. Fraternitäten
Brutalität 168–171, 175, 180
Buchdruck 120, 133, 209
Bücherverbrennungen 165
Buchführung, Buchhaltung 83, 117, 151
Bürger, Bürgertum 10, 13, 19, 20, 22, 30, 41, 50–53, 112, 113–115, 131, 133, 139, 141, 143, 155, 157, 190–193, 198, 200, 201, 209, 210, 212, 216–226
Bürgerkrieg in Rom 207–212

Calendimaggio 107, 189
Calimala-Zunft 54
Camaldoli 48
capitano del popolo 50–53, 80, 93, 108, 134, 157, 161
cervellario 64
Champagne 149
Chroniken als Geschichtsquellen 54–57
Ciompi 44–49, 52–53, 75, 108–110, 146–147, 154, 176, 181, 191
Ciompi-Aufstand 34, 44–49, 52–53, 66, 72, 73, 75, 81, 96, 98, 102–103, 108–110, 144, 164, 171, 184, 196, 201, 209
Colle di Val d'Elsa 154
comitas, Leutseligkeit 211
commune maius 50
commune militum 50
compagnia dei portatori 107
Compagnien 182–187
condottieri 209
consilium 49
contado 38, 39, 43
contium 49–50
corazzaio 64
cutellaio 64

Decimo 24–27, 175–176
Demografie 24–27, 175–176
Demokratie 36, 42, 50, 53, 69, 190–193

Demut 146
Detailhandel 86–90, 99, 129
Deutschland, Deutsche 36, 103–104, 175
Dialektik 13, 14, 17
Dichterberuf 119–120
Distributionsformen 12, 64, 76, 155, 217, 219
Disziplinierung 57
doctores puerorum 139
doctrina, Gelehrsamkeit 211
Dogmatismus 13
Dolchmacher, pungitore 64
Dominikaner 158–159, 185
Drechsler 87
Dürre 44, 59, 102

Ehe 179–181
Eidleistung 100
Einschulung 145
Elementarbildung, -schüler 113, 116–117, 126–131, 136–148
Elementarlehrer 136–148, 151–152, 163–167
Emanzipation der Arbeiter 43
England 175
Entfremdung 37, 76–77, 216, 226
Epidemien 102, 174, 193, 216
Erfahrung 211
Erziehung 10, 16, 17, 18, 24, 53, 56–57, 65, 106, 110, 111–226
Erziehungsgewalt im Lehrverhältnis 122
Europa 69, 71, 111–115, 188
Exkommunikation 99, 146

Fabrik 33–34, 37
Faktotum 65, 128
Falliment s. Konkurs
Familienerziehung 146, 172–182
Familiensozietät 92–93, 128
Färber 46, 47 67, 107, 108
fattore 128
Fechtschulen 118
Feiertage 96, 105, 178
Feinkosthändler 86–88
Feste 188–189
Festgesellschaften 107–108
Feudaladel 20, 30, 37, 39, 41, 51, 59, 61–63, 94, 101, 104, 105, 134, 146, 190, 201, 210, 218
Feudalismus, Feudalgesellschaft 10, 13, 28, 35, 37, 39, 58–63, 103–106 111–115, 139, 140, 174, 191, 219

Fiesole 132, 139
Figline 139
Flamen 103
Fleiß 104
Fleischer 86
Florenz 10, 15, 16, 17, 19, 23–226
Florenz als Gegenstand historischer Forschung 9, 17, 23
Folterungen 98–99, 168–172
Fordismus 76
Frankreich, Franzosen 103–104, 175
Fraternitäten 106–107, 157–158, 181–187
Frauenarbeit 32, 100
Freiheit als Menschenrecht 29
Frühkapitalismus 13, 14, 15, 19, 42, 112–115

Gärtner 87
Gastwirte 32, 83, 86–90, 100
Gebrauchswert 76
Gefängnis 98–99, 109, 148, 180
Gehilfe 128
Gehorsam 146
Geißlerbrüder 186–187
Geistliche s. Klerus
Geldkapital 62
Gelehrsamkeit s. doctrina
Gelehrtenzirkel 135
Generalstudien 158–163
Genossenschaften 42
Geografie 117
Geometrie 149, 150, 166
Geräte 21, 28
Gerber 86–90, 123, 125
Gerichte 57
Geschichte 117
Geschlechtertürme 40
Gesellen 35, 44, 46, 65–69, 72–73, 97–110, 122–131, 188
Gesellenvereine 112
Gesellschaft, gesellschaftliche Entwicklung 17, 18, 23, 112, 141, 195–226
Gewerbe 28, 35, 51, 58, 71, 73–90, 117
Gewerbesteuer s. Steuersystem
Gewerkschaften 35, 42, 46, 73, 75, 106–110, 226
Gewinne der Unternehmer 33, 91–93, 102
Ghibellinen 28, 30, 31, 39, 41–42, 51, 59, 62, 74–75, 134, 141, 168, 187, 190

Glaser 87, 152
Gleichheit 42, 47, 109, 213
Goldschmiede 32, 67, 82, 97, 107, 125
gonfaloni 50
gonfaloniere 50
gonfaloniere di giustizia 45, 47
Grafen 62, 89
Grafschaft s. contado
Grammatiklehrer 151, 152, 164–165
Grammatik 134, 139, 147, 151–156
Grammatikschulen s. Lateinschulen
Granden 20, 31, 32, 40, 41, 42, 45, 72, 88, 169, 190, 191
Greise 25
Griechen, Griechenland 13, 115
Griechisch 14, 163, 171, 195
Großbetriebe 33, 34, 68, 78–79, 106, 220
Großfamilie 178–179
Großgrundbesitz 93–94
Großhandel 31, 54, 62, 86–93, 116, 188
Großhandelszunft, Calimala 67, 78, 81, 92–93, 99, 100, 128
Grundrente 91
Grundschule 116
Grundstücksspekulation 62, 91
Guelfen 28, 30, 31, 39, 41–42, 51, 59, 90, 168
Guelfen, Schwarze 42, 44, 189, 215
Guelfen, Weiße 42, 189, 215
Gürtler 86, 100, 124
Güte s. benignitas
Gymnasium 137, 142
Gymnasium, humanistisches 9

Halbbauer s. Halbpächter
Halbpächter 60–61
Handabhacken 80, 99, 168
Handarbeiten 166
Handel, Händler, Kaufleute 12, 17, 19, 20, 21, 28, 31, 33, 36, 39, 40, 41–42, 46, 49–53, **54–57**, 58–63, 64, 66, 69–110, 116–135, 141, 146, 150, 153, 188, 191, 212, 219–226
Handelskapitalismus 19, 58–63
Handelsschule 150, 221
Händlerausbildung 116, 126–131, 141, 143, 167
Handwerk, Handwerker 21, 34–35, 36, 37, 41–42, 49, 58–110, 116–135, 141, 153, 155, 174, 183 188, 191, 212, 219–226
Handwerkerausbildung 116–126, 141, 143, 167
Harmonisierung der Gesellschaft 210–211
Hauslehrer 148, 164
Heimarbeit, Heimarbeiter 21, 34, 37, 76
Herrschaft 20, 49, 118, 133, 146, 186, 189–190, 208–217, 224–225
Herrschaftsformen 15
Hilfsarbeiter 65–68
Hinrichtungen 168, 170
Hintersassen 61
Hochschulen s. Universitäten
Hörigkeit 29, 30, 59–61
Humanismus 9, 10, 12, 14, 15, 16, 111–115, 119, 121, 152–156, 169, 170, 195–218, 223–226
Humanismus, individualistisch-ästhetischer s. Ästhetik, s. Individualismus
Humanismus, Humanismus-Interpretationen 199, 200
Humanisten 16, 111–115, 150, 154, 166–167, 168, 195–218
humanitas 196–197, 204–205, 210–217
Hungersnöte 44

Ideologen 15, 118, 131–135, 156
Ideologie 9, 10, 13, 111–115, 116, 156, 158–163, 196–218, 223
Imitation, imitatorisches Lernen 144
Individualismus 170–171, 199–207
Industrialisierung 36, 73–79
Inflation 44, 47, 72, 80–81
Information 188–190
Innungen 35
Italien 13, 35, 60, 64, 71, 96, 114, 132, 161, 175, 184, 191, 195, 202, 206, 216
Italienisch 14

Jugendliche 25–26
Jungfernschaft 180
Juristen 55, 144, 192, 215
Juristenschulen, Jurastudium 118, 131, 160, 161

Kaisertum 28, 38, 39, 44, 51, 134, 190, 191, 206, 218

Kalkulation 130, 142
Kämpfe, militärische im Klassenkampf 38
Kanzlei der Kommune 118, 157, 196, 208–209
Kapitalflucht 75
Kapitalismus 10, 16, 19, 21, 36–37, 48, 53, 60–63, 68–110, 140, 140, 145, 152, 155, 196, 198, 220, 226
Kapitalismus, halbargrarischer 19, 60–63
Kapitalismus, unentwickelter 16, 193
Kapitan s. capitano del popolo
Kapitane der Compagnien 182
Kartäuser 160
Kartelle 72, 79–81
Katholizismus 114
Kaufleute s. Händler
Ketzer 144, 146, 186–187
Ketzerkreuz 144
Kinder, Anzahl der 25–26
Kinder, uneheliche 178–179
Kinderarbeit 100, 124–125
Kirche 13, 111, 114, 131, 138, 146, 183, 222
Klassen und Schichten 19, 20, 23, 28–37, 113, 116, 120, 132–135, 176, 190, 212–214, 215, 224
Klassenbewußtsein 20, 40, 53, 106, 109–110
Klassenkämpfe 23, 28, 37–49, 106–110
Kleinbetriebe 34
Kleinbürgertum 47, 48, 91–94, 146, 180, 182
Kleinhändler 126
Klerikalismus 13
Klerus 26, 30, 113, 119, 132–133, 134, 139, 143, 145, 146, 153, 183, 184, 186
Klientel 212
Klippschulen 143–144
Klöster 62, 100, 119, 129, 131, 143, 145
Klosterschulen 118
Knabenbrüderschaften 184
Koalitionsverbot 107
Kolonen 29
Kommune von Florenz 22, 23, 29, 30, 37, 57, 80, 83, 98, 99, 100, 117, 189, 201, 219
Kommune von Paris 48
Kommune von San Gimignano 153–155
Kommunikation 15, 105, 133, 172, 173, 188–190
Konkurrenz 19, 36, 41, 67–68, 69–73, 78, 220
Konkurs, Falliment 78, 102, 110, 130
Konsortien 62
Konsuln der Kommune, städtische Konsuln, Volkskonsuln 50, 70
Konsuln der Zünfte 49–53, 70–72, 80, 122
Kontenplatives Leben 200–218
Konvente 78
Körperstrafe 125, 129
Körperversehrte 25
Kreuzzüge 58, 62
Krüppel 25, 99
Küfner 87
Kündigung 95
Kündigungsfrist 95
Kunst 120
Küraßmacher 32, 97
Kürschner 32, 78, 86–90, 124
Kürschnerzunft 67

Laienbrüderschaften 182–187
Landadel 28, 29, 52, 59–60, 71
Landarbeiter 43, 58–63, 104
Landbewohner 20, 58–63, 128, 175
Landflucht 24, 59–60
Landwirtschaft 60
Latein 13–14, 115, 119, 133, 136, 139, 152–156, 195, 212, 221, 224
Lateinlehrer 153–157, 198
Lateinschulen 133, 136, 139, 152–156, 158
Laterina 154
Laudesi 157–158
Leben, aktives, s. aktives Leben
Leben, kontenplatives, s. kontenplatives Leben
lectores 159
Lehrbücher 148
Lehrer 83, 87, 131–132, 138–171
Lehrerbesoldung 151–156, 163–165
Lehrerinnen 165–167
Lehrlinge 35, 46, 57, 65–69, 72–73, 98, 100–101, 106, 121–131
Lehrlingsverträge 96, 100–101, 121–131
Lehrverhältnisse 57, 121–131
Leibeigenschaft 29, 101, 190
Leibesübungen 170
Leihwesen 34
Leistungsideologie 217

Lernformen 144–167
Lesen 116–119, 126–131, 136–148, 150, 183–184, 221
Leutseligkeit s. comitas
Literat als Beruf 119–120
litterae s. Wissenschaft
Logik 136, 153
Lohn 20, 21, 33, 43, 47, 95–96, 100–110, 123–131
Lohndrückung 43, 95–96, 102
Lohnerhöhungen 47, 102, 193
Lombardei 186–187
Lösung von Lehrverträgen 122–124
Lucca 59, 75, 154, 208
Lumpenproletariat 25

Macht s. Herrschaft
Mädchenausbildung 124–125, 157–158, 165–167, 176, 179–188
Mädchenerziehung 178–181
magister 132, 138, 139–140, 142, 143, 151, 154
magister studentium 159
magister theologiae 159
Magnaten 31, 36, 40, 41, 45–49, 52, 62, 71–73, 191, 224
Mailand 59, 157, 209, 215
Makler 78–79
Maler 87, 100, 107, 123
Mallorca 149
mansuetudo, Milde 211
Manufaktur 19, 21, 22, 34, 35, 37, 62–63, 65, 67–68, 72, 73–79, 94–110, 117, 220
Mathematik 150
Mäzene 120
Medizin 134, 161
Medizinfrauen 100
Mehrschichtigkeit der Ausbildung 116–119
Meister 32, 34, 35, 44, 65–69, 94–110, 117–118, 121–131, 146
Meisterbetrieb 65–69, 121–131
Meisterinnen 100, 122, 124
Menschenrechte 29
Messerschmied, cutellaio 64
Messina 150
mezzandria 60
Mezzeria 60
Milde s. mansuetudo
Miliz 45, 48, 50, 52, 81, 89, 186, 191, 209
Minoriten 159–160
Misericordia 107
Mittelalter 10, 12, 13, 59–61, 111–115, 139, 145, 146, 149, 153, 170, 173, 178, 184, 190, 196, 198, 204 205, 207, 212, 217
mittlere Zünfte 48, 52, 192
Monopole 79–81
Montaperti 51
Montegrossoli 138–139
Montevarchi 154
Morde 40–42, 150, 168–171
Mugello 138
Müller 100
Münchner Schule der Humanismus-Interpretation 196–197
Musikschule 118, 157–158
Muttersprache 112

Nachtarbeit 96
Nationalismus 205–206
Naturkunde 159
Naturwissenschaften 112, 114, 159, 165, 213
Neapel 17
niedere Zünfte 44, 46–49, 52–53, 192
notaio dell'inquisizione 99
Notare s. Richter und Notare
Notar der Kommune 208–209
Notstand 52

Oberzünfte 45–49, 52, 54, 67, 71, 93, 99, 102
Ökonomie, Geschichte und Entwicklung der 9, 12, 13, 14, 15, 44, 53–110, 141, 155, 195–196, 197–198, 215–217
Oligarchie 51, 52, 53, 75, 92, 173, 178, 183, 201, 218, 221, 224
Orden 134
ordinamenti di giustizia 31–32, 36, 52–53, 72, 93, 141, 190–191, 222
Ordnungen der Gerechtigkeit s. ordinamenti di giustizia
Organisationsfreiheit 47
Orient 188
Or San Michele 185
otto della guerra 45
otto santi del popolo di Dio 48

Pachtwesen 34
Padua 75, 134, 156
Papst, Papsttum 28, 38, 39, 44–45, 51, 59, 102, 145, 157, 187, 191, 218
Paradigio degli Alberti 135, 224

Paris 92, 133, 134, 159
Patarener 144
Patriotismus 208
Patriziat, Patrizier 20, 31, 37, 40, 52, 70, 71, 81, 133, 141, 165, 168, 169, 218, 219, 221
Pelzmacher 87, 152
Pergamenter 87
peritia, Erfahrung 211
Perugia 162
Pest 24, 25, 44, 102, 174, 193, 216
Philosophie 131, 136, 158, 185, 200
Pisa 59, 75, 102, 154
Pistoia 131, 132, 154
Podesta 50, 93, 134, 157
Poggibonsi 138
Politik, politische Verhältnisse 17, 23, 12, 145
Popolanen 20, 43, 47, 50–53, 141, 190–193, 218
popolo di Dio 44, 109, 193
popolo grasso 31, 33, 43, 45, 46–49, 101–102, 109, 165, 181
popolo minuto 31, 45–49, 52–53
Poppi 154
Pranger 98
Prato 38, 154
Prediger 146–147, 181–190, 222
Preisfestsetzung 21, 66, 72, 79–81
Preisstopp 47–48, 81
Priester 198, 143
primo popolo 42, 43, 50, 51, 71–72, 141, 191, 222
Prinzipat 75, 225
Prioren 70
Probezeit 123
Produktionsformen 12, 15, 16, 19, 58–110, 112, 121, 145, 151, 170, 217, 219
Produktionsmittel s. a. Geräte 12, 16, 19, 20, 34, 95, 104, 105, 116–117, 143
Produktionsstätten 19
Produktionsweise, feudale 58–59, 68, 114, 119
Produktionsweise, städtische 67–63, 119, 197, 220
Produktivkräfte, Entfaltung der 12, 16, 110, 169, 194
Profit 67, 80–81, 105, 130, 226
Programm von Ronco 46–47, 193
Proletariat 19, 20–21, 22, 36, 36, 48, 52–53, 102, 106–110, 141, 144, 181, 193, 201, 212, 216, 210–221
Prügelstrafe s. Strafe
Psalter 145
pungitore s. Dolchmacher
Pünktlichkeit 104

Quadrivium 149

Räte 45–53, 57, 80, 93, 183
Rationalismus 134
Realismus 112
Realschule 150
Rechenbücher 149–150
Rechenlehrer 149–152, 155, 164–165
Rechenschulen 149–152
Rechnen 116–119, 126–131, 147, 149–152, 167, 221
Reggio 156
Rektoren der Studenten
Rektoren der Universitäten 133
Rektoren der Zünfte 49, 70, 108, 122
Religion 145–146, 207
remendatori 33–34
Renaissance 10, 13, 113–115, 152–153, 207
Repetitor 164
Republik 207–208, 212
Reservearmee 101
Residenzpflicht der Adeligen 29
reveditori 33–34
Revisoren der Wollbearbeitung 33–34
Rhetoren 50
Rhetorenschulen 118, 157
Rhetorik 157, 166–167, 210
Richter und Notare 81, 83, 86, 89–90, 119–120, 122
Richterzunft 70
Ringbildungen 72, 79–81
Ritter 20, 29, 30–31, 32, 36, 39, 40, 41, 42, 50–51, 72, 111, 186, 201, 209, 219, 221
Rittersozietät 31, 51, 71–72, 192
Rohstoffe 19, 21, 34, 35, 48, 69, 78, 81, 85, 95, 98, 102, 105, 126, 130, 156, 223
Rom 17, 55, 59; 115, 187, 205–207, 212
Römer 13
Ronco 46–47
Rüstungsmacher s. a. asbergherio, corazzaio, cervelleraio 86–90

Sailer 125
Sänger, fahrende 189

San Gimignano 40, 56, 151, 153–155, 168
San Lorenzo 134
San Silvestro 185
Santa Croce 185
Santa Maria del Carmine 185
Santa Maria Novella 157–159, 185
Santa Reparata 185
Sant'Egidio 185
Santi Apostoli 185
Sattler 87, 123–124
Schichten s. Klassen
Schildmacher 87
Schlachter 78, 83, 85, 88
Schlosser 86, 90, 97
Schmiede 58, 86–90
Schneider 83, 87
Scholaren 135, 161, 188–190
Scholastik 13, 158–163, 202–203
Schreiben 116–119, 126–131, 136–148, 150, 184, 221
Schreiner 87–90
Schrifterneuerung 118, 209
Schuhmacher 32, 75–76, 86–90, 125
Schulalter 26
Schulbücher 112
Schulden 95
Schule 112–121, 136–172, 174, 175, 176, 184, 221–222, 224
Schüler 136–172
Schuljahr 147
Schulsystem s. Bildungswesen
Schutztürme 40
Schwachsinnige 25, 54
Schwertfeger, spadaio 64, 125
scopatori s. Geißlerbrüder
Seidenhändler 126
Seidenspinnerei 100, 124
Sekten 144, 186–187, 222
Selbständige 32, 35, 94–95, 98, 106
Semifonte 29
Sensual 83, 84
Serviten 160, 185
Sesselmacher 87, 152
Seuchen, s. a. Pest 43, 44
Siena 17, 56, 59, 132, 134, 148, 151, 154, 156, 161
Sklaven 212, 214
Sklavenhaltergesellschaft 13, 111
societa mediocre 185
Söldner 29, 59, 81, 205, 209
Sonntagsarbeit 96
Sorbonne 134
Sozietäten 62, 72, 73–79, 92, 153
spadaio s. Schwertfeger
Sparsamkeit 104
Spinnen s. a. Seidenspinnerei 100, 103
Spinnerinnen 132
Sprachstudium 118
Staatskanzlei s. Kanzlei der Kommune
Stadtadel s. Patriziat
Stadtbewohner s. Bürger
Städte 20, 44, 59, 64, 72, 173–175, 187, 191
Stadtstaat 10, 14, 22
Staufer 28
Steinmetze 97
Sterblichkeitsrate 26
Steuerlisten 24, 32, 82–90
Steuersystem 25, 50, 59, 70, 82–90
Steuerverkürzung, Steuerhinterziehung 84
Strafen 125, 147–148, 150–151, 168, 180
Strafverfolgung 80, 97–101, 105, 108, 110, 122, 168
Streik 43, 108–109, 188
Studenten 133, 158–163, 189
studium generale, Generalstudien 118, 131, 158–163
Super-Gewinn 92
Syrien 150

Tagelöhner 60
Talglichtzieher 67, 87
Tanzen 166
Tanzschulen 157–158
Taufen, Anzahl der 25
Tauschwert 76
Teilbau 60–61
Theologie 118, 158
Timokratie 45, 51, 52, 71–72, 201
Tischler 97
Todi 208
Toskana 28, 58, 61, 138, 140, 154, 158
Trödler 86–88
Trödlerzunft 99
Troja 132
Tuchhandelzunft 67
Tuchveredelung 67
Tuchweberei 123
Tyrannen 214
Tyrannenmord 214

Überbau, kultureller 10, 12, 13, 14, 15, 17, 65, 110, 113–115, 120–121, 131–226

Umsätze der Gewerbe 84–90
uneheliche Kinder, s. Kinder, uneheliche
Ungelernte 95
Universitäten und Hochschulen 113, 118, 131–135, 154, 155, 156, 158–163, 211, 224
Unternehmen, Unternehmer 20, 21, 33, 36, 40, 42, 43, 56–59, 54, 57, 67–68, 72–81, 94–106, 146
Unternehmereigentum 106
Urgesellschaft 111

Vagantentum 113
Venedig 59, 151, 156
Verfassung 23, 32, 49–53, 145, 190–193, 212
Verleger, Verlagswesen 34, 36, 61, 66, 78, 88, 94, 117
Verona 151
Verstaatlichung des Schulwesens 116, 151
Verwaltung 52, 151
Vicenza 156
Volgare, toskanische Volkssprache 14, 114–115, 153
Volkserhebungen 190–194
Volkskapitan s. capitano del popolo
Volkskonsuln s. Konsuln der Kommune
Volkskunst 185–186
Volksmassen, Volk 15, 113, 120, 141, 157, 216
Volkssprache s. Volgare
Volljährigkeit 179–180
Vorkapitalismus 19
Vorproletariat 19

Waffenschmiede, Waffenindustrie 58, 64, 75
Wanderprediger s. Prediger
Waren, Warenproduktion 12, 19, 64, 67, 90, 98, 102, 155, 220
Wäscherinnen 132
Weberei 34, 47, 100, 103
Webstuhl 21, 34, 74, 94
Wechsler s. Bankiers
Wechslerzunft 67, 78, 98–99, 128–129
Weihen, geistliche 129
Weinhändler 32, 86–90
Welfen 28
Weltgeistliche 134
Werkstattarbeiter 47
Werkstätten 54, 65–69, 72
Winkelschulen s. Klippschulen
Wissenschaft 131, 211, 213, 225
Witwen 25
Wohnverhältnisse 76
Wollarbeiter 20, 43–49, 73, 82, 100, 101, 124, 164, 181
Wollherstellung und -verarbeitung 33–34, 67, 102, 124
Wollindustrie 32–34, 67, 74–69, 86–90, 102, 103, 124
Wollzunft 42, 43, 44, 46, 64, 67, 71, 78–79, 84–85, 96, 98, 107, 108

Zeichenunterrricht 123
Ziffern, arabische 149–150
Ziffern, römische 149–150
Zimmerer 97
Züchtigung s. Strafen
Zunftausschluß 70
Zünfte 20, 34–35, 36, 49–53, 65–110, 112, 118, 122–131, 189, 192, 219–226
Zünfte, mittlere s. mittlere Zünfte
Zünfte, niedere s. niedere Zünfte
Zunftgerichte 43, 57, 69–70, 98
Zunftkonsuln s. Konsuln der Zünfte
Zunftrichter 43
Zunftstatuten 57, 58, 80
Zunftvorsteher s. Konsuln der Zünfte
Zweckausrichtung der Erziehung 119–121

Namensregister

Abbati 93
Abaelard, Petrus 113, 114
Accaiuoli 55, 92, 102
Acciaiuoli, Bartolomeo 131
Actio 140
Adimari 93
Aelfrink 111
Alberti 28–29, 38–39, 133
Alberti, Leon Battista 200
Ambrosius 165
Anagnine, E. 200
Aristoteles 203–204
Augustinus 166

Baldovinetti 93
Bardi 62, 91–92, 102, 133, 134
Bardi, Federigo di 133
Baron, H. 200
Bartolomeo da Margnano 160
Bartolomeo grammaticus 154
Basilius der Große 166
della Bella 71
Beloch, M., 26, 198
Berthold von Regensburg 111
Billincione 131
Bitschin, Konrad 112
Boccaccio, Giovanni 14, 162
Boethius 132, 154
Boncompagno 153, 198
Bonittus magister 140
Bostichi 92
Brandini, Ciuto 108–109, 193
Brienne de Gauthier, Herzog von Athen 31, 42–44, 52, 101–102, 108, 169, 193, 201
Bruni, Leonardo 166–167, 199
Bruno, Giordano 199
Brutus 205
Buck, A., 199–200
Buonaccorso degli Elisei 131
Buonaccorso Pitti 74
Buondelmonti 93
Buoninsegna d'Becchengi 131

Camillus 205–206
Cambii 51
Caposachi 93
Cäsar 212
Casini, Bruno 157
Castiglione, Baldassare 199
Castruccio 84–85, 162
Cavalcanti 41, 71, 93
Cecca von Ascoli 162
Cerchi 92
Chiermontesi 41
Christian von Mainz 28
Chrysoloras, Manuele 209
Ciandonati 93
Cicero 166, 171, 204, 206, 207–208, 210, 212
Clementia magistra 145, 164
Cola di Rienzi 205–207
Colonna 215
Compagni, Dino 55
Cyprianus 166

Dante Aleghieri 114, 119, 132, 134, 153, 158
David von Augsburg 111
Davidsohn, R., 18–19, 23, 56, 73, 85, 100, 112–113, 117, 123, 125, 129, 134, 137, 139, 167, 178
Debenedetti 139
Dino del Mugello 131
Dolcino 186–187
Dominici, Giovanni 142, 148–149
Donatus 164
Doren, A., 33
Durant, W. 200

Engels, F. 14, 114–115
Erasmus von Rotterdam 112
Ernesti, J. A. 217

Falconieri 51
Fifanti 71
Filippo di Simone 46
Firidolfi 137
Francesco di Barberino 167, 172
Frescobaldi 41, 51, 134
Frescobaldi, Fresco 134
Friedrich I. 28, 39
Friedrich II. 134

Garin, E., 197, 200
Gentile, G., 199–200
Geri d'Arezzo 197
Gherardi 149, 150
Gianfigliazzi 93
Giordano di Rivalto 186
Giotto 34, 94
Giovanni degli Ascoli 162

Grassi, E. 197, 200
Gregor von Nazianz 165
Guasparre de Riccio 144, 164, 176
Guicciardini, Francesco 225
Guicciardo de Bononia 160
Guadalotti 74–75
Guidi 28–29, 38, 134, 139
Guido I. 29
Guido Guerra 137
Guigni 93
Günther, K.H. 13–14, 111–115, 140

Henricus de Settemello 132, 153
Herzog von Athen, s. Brienne de Gauthier
Herder, J. G. A. 217
Hieronymus 166
Homer 166
Humboldt, W. v. 217

Incontri 93

Jacopo von Montpellier 149
Jacopo da Pazzi 169
Johannes XXXI., Papst 134
Johannes Chrysostomus 166
Johannes magister 14

Karl V. 206
Karl d. Große 198
Keßler, E. 197–198
Kosminski, J. A., 14–15, 111–115
Kristeller, P. O. 199–200

Laborans, Kardinal 153
Lactantius 166
Landino, Cristoforo 200
Latini, Brunetto 132, 153, 157, 157, 208
Lotto degli Angeli 131
Lovati, Lovato 197
Ludwig von Bayern 189

Machiavelli, Niccolo 199, 225
Marx, K. 34, 114–115
Marsilius von Padua 134
Martinus clericus 139
Mathilde von Tuszien 38, 131
Medici 135, 225
Medici, Salvestro, 45–47
Michele di Lando 47–48, 97–98
Morelli 170–171
Mozzi 92
Mussato, Albertino 160, 168, 197, 198

Nicholaus de Bononia 154
Novati, F., 144–145

Obaldus 131
Ottavante d'Riganletti 131

Pagolo del Bodda 46
Palmieri, Matteo, 147
Pepo judex 131
Pepo magister 140
Peruzzi 62, 91–92, 102
Petrarca, Francesco, 14, 120, 197, 198–218
Petrus magister 138, 140
Pico della Mirandola, G., 29, 225
Pitti, Buonaccorso s. B., P.
Poliziano, Angelo 199
Pucci, Antonio 148, 180

Rainald von Dassel 28
Remigio de'Girolamo 159
Rodolico, N., 47
Romulus, S., 132
Rossi, L., 200
Rüdiger, H., 199–200
Rutenburg, V. I., 56

Sachetti 93
Saitta, G., ,199–200
Salterelli, Lapo 131
Salutati, Lino Coluccio 14, 120, 132, 135, 142, 147–148, 157, 163, 166, 196, 197–218, 224, 225
Sapori, A., 33, 56
Scipio Africanus 206
Seneca 154
Simancino 46
Spini 92
Stahl B., 29–30, 56, 93
Steffani, Coppo 55
Strene grammaticus 154
Strozzi 91, 93
Strozzi, Rosso 91–92

Theuzo grammaticus 139
Thomas von Aquin 159
Tommaso magister 134
Tornaqunici 93
Tosinghi 93
Ubaldini 133
Uberti 93
Uberto Guidi 159
Ubertus judex 131

Varchi, Benedetto 184
Venturio di Bergamo 186–187
Vergil 154, 166
Vico, Gianbattista 197, 199
Villani 54–57, 172
Villani, Filippo, 56
Villani, Giovanni 25, 26, 31, 32, 33, 54–57, 73–74, 84, 92, 103, 136–137, 142, 147. 149, 166
Villani, Matteo 56
Villani, Stoldo 55
Visconti von Mailand 157, 209, 215
Voigt, G. 197

Walahfried Strabo 111
Walther von der Vogelweide 111
Werner, E., 47, 56, 144
Wolf, F. A., 217
Wolfram von Eschenbach 111

Detlev Albers
Demokratie und Sozialismus
in Italien
Der ›historische Kompromiß‹ und
die Strategie der Parteien und Gewerkschaften
299 S., ISBN 3-593-32263-3

Rudolf Wolfgang Müller
Geld und Geist
Zur Entstehungsgeschichte von
Identitätsbewußtsein und Rationalität
seit der Antike
423 S., ISBN 3-593-32170-X

George Rudé
Die Volksmassen
in der Geschichte
Unruhen, Aufstände und Revolutionen
in England und Frankreich 1730–1848
Aus dem Englischen von Siglide Summerer
und Gerda Kurz
2. um ein Register erweiterte Auflage.
268 S., ISBN 3-593-32223-4

Gilbert Ziebura
Frankreich 1789–1870
Geschichte einer nationalen Gesellschaftsformation
Ca. 208 S., ISBN 3-593-32361-6